사상사로 본
중국왕조사

새우와 고래가 함께 숨 쉬는 바다

사상사로 본 중국왕조사
–한 권으로 읽는 오천년 중국왕조사

지은이 | 이동연
펴낸이 | 황인원
펴낸곳 | 도서출판 창해

신고번호 | 제2019–000317호

초판 1쇄 인쇄 | 2022년 11월 18일
초판 1쇄 발행 | 2022년 11월 25일

우편번호 | 04037
주소 | 서울특별시 마포구 양화로 59, 601호(서교동)
전화 | (02)322–3333(代)
팩스 | (02)333–5678
E-mail | dachawon@daum.net

ISBN 979–11–91215–65–6 (03910)

값 · 28,000원

Publishing Club Dachawon(多次元)
창해·다차원북스·나마스테

思想史
사상사로 본
중국왕조사

한 권으로 읽는
오천년
중국왕조사

창해

여는 글

중국은 어떤 나라이며 중국인은 누구인가?

이제 중국에 대한 이해는 선택이 아니라 필수가 되었다. 글로벌 최강의 지위를 두고 미국과 경쟁 중인 중국을 잘 알아야만 대응할 수 있기 때문이다. 이 책은 그런 목적으로 집필했다.

한 나라를 잘 알려면 역사를 알되 그 역사를 움직인 동인動因까지 알아야 한다. 우선 중국의 역사는 확대지향적이었다. 황하 유역에서 출발한 오천년 왕조는 수없이 이합집산을 반복했지만, 결국은 작은 회오리가 커져 가듯 동심원을 그리며 뻗어 나갔다.

이를 추동하는 힘은? 바로 중화사상이다. 그 중화사상의 기반은 춘추시대의 유교와 도교다. 여기에 한나라 때 들어온 불교가 가세해 유불선儒佛仙이라는 고유 명칭이 동양 사상을 상징하게 된 것이다.

공자와 노자가 유가儒家와 도가道家를 창시할 때 무엇을 근거로 했을까. 5,000년 전 중원의 황토 고원을 근거지로 활동한 삼황오제였다. 삼황오제의 선두에 '복희와 여와'가 있다. 그중 복희의 '음陰(--) 양陽(—)'론이 바로 동양 문화의 뿌리다.

이 뿌리에서 싹이 나며 춘추시대 초기, 즉 주나라의 문왕이 《주역》을 집대성했다. 이런 흐름을 타고 춘추 말기에 노자와 공자를 필두로 제자백가가 나왔다.

고대 사회에서 중국 왕조의 정치는 물론 사상까지 특히 동아시아에 그 영향력이 절대적이었다. 중국 왕조의 특징은 정치와 사상이 같이 간다는 것이다. 그래서 공자도 왕의 승계를 도통道統의 계승이라 보고 '요순우탕문무주공堯舜禹湯文武周公'이라 했다.

유불도적 동양식 사유는 주관과 객관을 철저히 분리하는 서양적 사유와 다르다. 정신과 물체, 자연과 인간을 굳이 나누려 하지 않는다. 이를 전국시대 순자荀子가 예론禮論에서 한마디로 압축했는데, '천지합이만물생天地合而萬物生 음양접이변화기陰陽接而變化起'라 했다. 하늘과 땅이 합하여 만물이 생기고, 음양이 만나 변화가 일어난다는 것이다. 이러한 관점이 양자물리학과 조화를 이룬다. 현대물리학이 5,000년 전 고대 근동의 사유를 다시 불러낸 것이다.

중국왕조사는 단지 정치 역사일 뿐 아니라 동양적 사유의 변천 과정이 녹아 있는 현장이다. 그런 데다 어떤 소설보다도 더 역동적이라 알면 알수록 묘미가 새롭다. 가히 인간사에서 일어날 모든 일, 인간이 품어 볼 만한 모든 사유를 담고 있기 때문이리라.

중국은 오랫동안 황하와 장강 유역, 그리고 두 강과 떨어진 지역

등 세 곳의 문화 차이가 컸다. 그뿐 아니라 오천년 왕조 동안 이민족의 한족漢族 동화 과정이 끊임없이 진행되었다. 그러니 역사의 폭과 깊이가 엄청날 수밖에 없다.

따라서 중국 역사를 단편적으로 접근하기보다 매 왕조마다 음양론을 기초로 새롭게 변주해 가는 사상을 함께 살펴보아야 한다. 중국의 역대 왕조는 황제를 정점으로 거대 가족 구조처럼 형성되어 있다. 이 구조는 무너져도 곧 복원되었는데, 이민족이 중원을 점령했다가 물러난 여러 과정에서도 충분히 입증되었다.

동양의 천天은 신이 아니라 인간이 추구할 성인聖人의 모형이다. 여기서 천인합일天人合一의 경지가 나왔다. 동양의 전래적 사유에는 서양처럼 절대 신을 떠받드는 종교가 없다. 물론 무속은 있다. 특히 상나라는 점치는 나라였다. 어떤 일을 앞두고 점친다는 것은 기본적으로 그 일에 천지天地의 조화가 어떻게 연결되느냐를 예측하는 것이지만, 이마저도 주나라에 와서 희미해졌다.

화이트헤드가 서양 철학을 플라톤의 각주에 불과하다고 했지만, 중국 철학이야말로 제자백가, 특히 유가와 도교의 재해석사라 볼수 있다. 장강 유역에서 시작된 도가는 서민에 기반을 두고 발전했다. 이에 비해 황하 유역에서 출발한 유가는 사대부 등 지배층 중심으로 전개되며 동양인의 집단 무의식에 도가, 집단 초의식에 유가가 자리 잡은 것이다.

유가와 도가의 기반이 서로 다른 것처럼 성인에 대한 정의도 다르다. 유가의 성인은 인륜의 극치를 이룬 사람이고, 도가의 성인은 무위의 극치를 이룬 사람이다. 이처럼 무위無爲해야 성인이 된다는 도가와, 인위人爲해야 성인이 된다는 유가는 어떻게 싸우지 않고 동양의 사상을 대표하게 되었을까? 정반합正反合을 믿는 《주역》의 이치 때문에 서로 융합하면서도 고유한 관점을 유지하는 것이다. 정반합의 이치가 중국 왕조 5,000년 역사에도 고스란히 담겨 있다.

05 | 진나라   음양오행적 사고와 법가적 통치

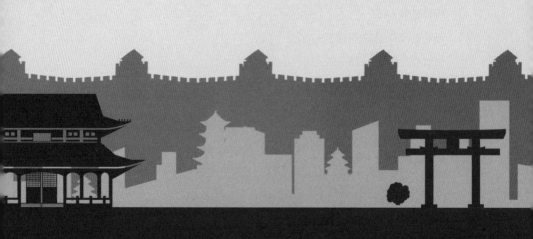

01

천지개벽과
삼황오제

—

양기와 음기

중국 고대인들은 신화神話를 괴怪라고 불렀다. 신화의 개념이 없었던 것이다. 중국에도 고대 설화說話는 풍부했다. 설화를 신격神格 중심인 신화와 인격人格 중심인 전설傳說로 구분한다면 중국은 후자에 가까웠다. 본서에서 전설의 군주라고 칭한 이유다.

중국 신화는 그리스의 제우스 같은 주신主神이 없다. 이에 대해 노신魯迅은 한족漢族이 살던 황화 유역이 수시로 범람하여, 이를 이겨내느라 무엇보다 실질을 중시하다 보니 신화를 축적할 수 없었다고 말한다.

조물주 반고

천지만물은 어디서 나왔을까?

허무虛無였다. 허무에서 혼돈이 나왔다. 알 모양의 혼돈을 태역太易이라고도 한다. 아직 아무것도 보이지 않고 들리지 않아 적막했기 때문이다.

알 모양의 혼돈 속에 원기元氣가 생겨났다. 이것이 천지의 태초太初다. 원기에서 형상이 드러나기 시작했는데, 이를 태시太始라 하며, 그 태시의 존재가 곧 반고盤古였다. 알 속의 반고가 1만 8,000년 동안 서서히 자라났다.

어느 날 의식이 생겨 둘러보니 만물이 혼합된 흑암의 상태였다. 답답한 기분으로 도끼를 휘둘러 알을 깼다. 그때 양기陽氣가 솟아올라 하늘이 되었고, 음기陰氣는 내려가 땅이 되었다.

여기서 양기를 혼, 음기를 백이라 하여 혼백魂魄이라는 말이 나왔다. 이를 《관자管子》에서는 '하늘에서 정기가 내려오고 땅에서 형체가 왔다(천출기정天出其精 지출기형地出其形)'라고 했다.

반고는 하늘과 땅이 다시 붙지 못하도록 발로 땅을 딛고 머리로 하늘을 받치며 버텼다. 날마다 하늘은 3.3미터씩 높아졌고 땅도 3.3미터씩 두툼해졌다. 그만큼 반고도 자라서 키가 9만 리가 되도록 1만 8,000년의 세월을 버텼더니 천붕지괴天崩地壞의 염려는 사라졌다. 하지만 기진맥진해져 숨을 거두고 말았다. 그동안 반고가 흘린 눈물이 강을 이루며 흐르기 시작했고, 두 눈은 해와 달이 되어 사방의 어둠을 몰아냈다. 반고가 내쉰 숨은 바람과 구름이 되고 음성은 우레가, 머리카락은 하늘의 별이 되었다. 거대한 반고의 사체가 만물로 변한 것이다.

서양에도 반고와 비슷한 신이 있다. 신들의 왕 제우스에게 반항한 형벌로 대지에 서서 아직도 하늘이 무너지지 않도록 떠받들고 있는 아틀라스다. 서양에서 하늘은 하늘이고 땅은 땅이다. 동양은 하늘이나 땅이나 모두 반고의 몸에서 나왔다. 만물의 근원이 하나인 것이다.

중국은 창조신이 따로 없다. 굳이 신이 무엇이냐로 따진다면 만물을 묘하게 하는 묘용妙用이다. 《주역周易》에서는 만물을 미묘하게 이루는 것을 일컬어 신이라 했다(신야자神也者 묘만물이위언자야妙萬物而爲言者也). 만물을 기묘하게 이루어 간 것이 바로 원기다. 이 기가 삼라만상의 본질이다. 기로써 만물이 유기적으로 역동하며 조화를 이루어 가는 것이다.

하지만 서양의 신은 인격적이며 절대 지존이다. 우주를 창조했을 뿐 질적 연관성은 없다. 여기서 프톨레미Ptolemy(100~170)의 천동설이 나왔고, 중세 가톨릭은 이를 진리라 여겨 지동설을 주장하는 갈릴

레오^{Galileo Galilei}(1564~1642)를 정죄한 것이다.

이처럼 동서가 보는 사물의 본질, 즉 존재론은 차이가 있다.

반고 설화의 영향으로 노자는 우주의 본질을 고요하고 공허한 상태(적혜요혜寂兮廖兮)라 했다. 아무것도 보이지 않아 '이夷'고, 아무것도 들리지 않아 '희希'며, 아무것도 잡히지 않아 '미微'다.

이희미夷希微가 하나인 '황홀恍惚한 상태'. 바로 여기서 우주가 나왔다. 이 우주가 팽창의 극에 달하면 다시 혼돈 상태로 돌아간다. 이것이 '대왈서大曰逝 서왈원逝曰遠 원왈반遠曰反'이다. 커지면 가고, 가면 멀어지고, 멀어지면 다시 돌아온다는 말이다.

이러한 순환 과정에 굳이 이름을 붙여야 한다면? 그것이 바로 '도道'다. 이 흐름은 '저절로 그러한 것自然'으로 누가 만든 것이 아니다. 공자孔子는 이런 이치理致가 하늘에 있다고 보았다. 이를 송대 주희朱熹(1130~1200)가 '천즉리天卽理'라 정리했다. 이처럼 '이理'가 궁극의 존재이며 만물 생성의 원인인 '천天'이 되는 것이다. 이 '천리天理'가 사람과 만물에 내재하면 그것이 곧 '성性'이다.

성은 본래의 '이'와 차이가 있다. 성을 언급하는 순간 개체의 기질氣質과 연결되기 때문이다. 기질의 기는 물리학의 두 힘인 척력斥力, repulsive force, 그리고 인력引力, attrative force과 같다고 볼 수 있다.

삼황

여와

삼황에 대해서는 여러 가지 설이 있다. 천황天皇, 지황地皇, 인황人皇이라고도 하고 수인燧人, 복희伏羲, 신농神農 또는 복희, 여와女媧, 신농 등 일곱 가지가 넘는 설이 있다. 본서에서는 부부신으로 등장하는 복희와 여와를 대표한 여와, 그리고 수인과 신농을 다룬다.

광활한 대륙을 황하와 장강이 위아래서 가로질러 흐르고 있다. 1만 년 전 추위와 맹수를 피해 동굴 등에 거주하던 사람들이 빙하기가 끝나자 동에서 서로 뻗은 두 강 유역에 모여들었다. 이들이 황하 이북은 하북, 이남은 하남, 장강의 동쪽은 강동, 서쪽은 강서, 장강 중간의 호수인 동정호를 기준으로 북은 호북, 남은 호남이라고 부르기 시작했다.

신석기시대로 접어든 기원전 6000년경, 황하 유역에 앙소仰韶 문화, 장강 유역에 하모도河姆渡 문화가 피어났다.

처음 중원中原이라 불린 곳은 앙소 문화가 발생한 황하 중상류 남북 연안이지만, 차츰 하모도 문화와도 교류가 일어나며 중원의 범위가 장강과 황하 사이로 확대되었다. 중원 외의 사방을 사이四夷(동이東夷, 서융西戎, 남만南蠻, 북적北狄)라 했고, 그중 요하遼河에서도 기원전 4000년경 홍산 문명이 일어났다. 이들 문명이 수레바퀴처럼 교류하면서 동아시아 고대 문명을 만들어 나갔다.

그 가운데 삼황오제 설화가 등장한다. 이 중 삼황의 설화에 구석기와 신석기 사회의 특징이 담겨 있다. 삼황의 순서는 사료마다 다양하지만, 여기서는 문명에 기여한 역할을 중심으로 배열했다.

반고가 죽으며 출현한 천지 사이에 가장 먼저 여와가 등극했다. 여와는 모계 사회 전체를 대변하며 상징은 뱀이었다. 복희라는 남편도 있지만 여와조인女媧造人이라 하여 혼자서 황토로 인간을 만들었다. 훗날 부계 사회로 변해 갈 때에서야 복희가 여와 앞에 나타난다.

홀로 왕이 된 여와는 친히 다스릴 대상을 만들었다. 정월 초하루에 닭을 만들고 나서 날마다 개, 양, 돼지, 소, 말, 사람, 곡식, 조, 보리를 만들었다.

사람을 만들 때였다. 진흙으로 한 명씩 만들다 보니 시간이 너무 걸렸다. 등나무 가지를 진흙탕에 담갔다 공중에 흔들었더니 사방에 튀긴 흙탕물이 모두 사람이 되었다. 이 과정은 하나의 은유인데, 모계 사회의 최고 신인 대지모신大地母神이 여와라는 것이다.

유구한 모계 사회가 BC 5000년에서 BC 3000년 사이 부계 사회로 전환하며 결혼 제도가 정착될 즈음 복희가 여와의 남편으로 등

여와, 복희

장했다. 고문서에 복희와 여와가 함께 나타난 것은 진한秦漢 이후다. 여와는 혼자 인간을 창조한 신이고 복희는 그 뒤에 등장한 신이지만, 더 근본적으로 여와 복희 신화는 메소포타미아 등지에서 발원해 남방을 거쳐 유입되었다고 보기도 한다.

중국은 엄밀한 의미의 신화는 없고 설화만 있었다. 그 설화조차 천국이나 지옥은 없고 현생의 삶이 있을 뿐인데, 어떤 사유 대상이든지 경험 가능한 영역으로 편입시키려는 경향 때문이다.

복희가 여와처럼 뱀의 상징을 위해 인면사신人面蛇身의 모양이 될 즈음, 모계 사회가 부계로 바뀌었다. 그 무렵부터 인류의 신들도 여성에서 남성으로 바뀌었다.

신화의 내용도 남성우월주의로 변한다. 성서의 에덴 설화가 대표 사례다. 에덴 설화는 수메르 신화에서 차용한 것으로 뱀이 이브를 유혹하고 이브는 아담을 유혹한다. 여성이 남성에게 타락의 원인을 제공하는 열등한 존재로 묘사되었다.

복희는 여와가 만든 인간에게 어로漁撈와 수렵狩獵을 가르쳤다. 거미줄을 본떠 그물을 만들고 덫을 만든 것이다. 그리고 팔괘八卦를 만들어 세계를 이해하는 관점을 제공했다. 우주의 기본 원리를 음陰(--)과 양陽(—)으로 설정한 다음 음양의 변화에 따라 건乾(하늘), 태兌(못), 이離(불), 진震(우레), 곤坤(땅), 간艮(산), 감坎(물), 손巽(바람)이 나왔다고 본 것이다. 여기에 부호를 붙여 건☰, 태☱, 이☲, 진☳, 손☴, 감☵, 간☶, 곤☷으로 표시했다. 이 팔괘를 기초로 훗날 《주역》이 나온다. 이로써 팔괘는 지금까지도 중국인 사유의 핵심으로 작동한다.

숲에 번갯불이 붙어 타오를 때였다. 복희는 두려워 떠는 원시인들에게 겁만 먹지 말고 그 불로 고기도 굽고 추위도 막으라며 불 사용법을 전수해 주었다.

복희의 후손 무상務相은 남방 종리산鍾離山의 붉은 동굴에 거주했다. 당시 남방에는 번씨樊氏, 담씨瞫氏, 상씨相氏, 정씨鄭氏 네 부족이 각각 검은 동굴에 살고 있었다. 이 부족을 통합해 우두머리가 된 자를 늠군凜君이라 했다. 이들은 넓은 터로 나가 이성夷城을 쌓았다. 훗날 이들의 후손이 파국巴國을 세운다.

수인

구석기인은 복희의 도움으로 불 사용법을 알았으나 불을 직접 피울 줄은 몰랐다. 불 피우는 법을 수인이 알아냈다. 눈이 3개인 수인은 그만큼 호기심이 많았다. 위로 별들을 면밀하게 관찰(수인상관진성燧人上觀辰星)하더니 1년을 봄, 여름, 가을, 겨울로 나누고 한 계절을 90일로 정했다. 아래로 다섯 종류의 나무를 살펴보고 불을 피웠다(하찰오목이위화下察五木以爲火). 돌이나 나무를 부딪치거나 나무에 구멍

수인

을 뚫고 비벼서 불을 일으킨 것이다. 그 뒤 불 피우는 법을 인간에게 전수했다. 수인의 수燧는 '부싯돌'이다. 그 불을 이용해 익혀 먹는 화식火食도 개발했다.

서양의 프로메테우스는 신의 불을 훔쳐다 인간에게 주었는데, 동양의 수인은 스스로 불을 피워 낸 것이다. 그 즈음 삼황에 들지는 않지만, 인간을 동굴에서 나오게 해 준 인물이 있다. 나무를 엮어 집을 만든 유소씨有巢氏다. 비록 초라한 집이지만 그 집에 살면서 비로소 인간은 수인씨가 발견한 불로 추위도 막고 맹수도 막을 수 있었다.

참고로 수인 대신 축융祝融이 삼황에 들어가기도 한다. 축융은 호랑이를 타고 불의 깃발을 든 불의 신으로 알려져 있다.

신농

인신우수人身牛首의 모습을 한 신농은 수렵채집시대에 농경을 선도한 부족의 족장이며 화하족華夏族의 시조로 본다. 신농은 최초로 짐승을 사육하고, 쟁기와 낫 등 농기구를 발명하여 농산물 생산량을 크게 늘렸다. 장터도 열어 물물교환을 시작했는데 거래 시간은 하늘에 태양이 떠 있을 때로 정했다. 또한 백초百草의 맛과 효능을 밝혀냈다. 본초학本草學이 그렇게 탄생했다. 독초, 약초, 식초를 구별하느라 독초에 70번이나 중독된 날도 있었는데, 결국 단장초斷腸草를 핥다가 내장이 타서 죽었다.

신농이 죽은 뒤 인간에게 농사, 의약, 상업을 가르친 업적을 인정하여 태양신 염제炎帝로 추앙하며 염제 신농이라고도 한다. 중국은 신농처럼 기념비적인 업적을 남기면 신이라고 불렀다.

중국은 주신主神이 없는 터라 신들의 뚜렷한 계보도 없고 영웅의 유형도 서양과 다르다. 신농은 자연과 조화로운 인간 생존의 조건을 확보하려다 죽었다. 반면 서양의 헤라클레스는 자연을 이겨 내려는 불굴의 의지가 가득했다. 서양 사상의 모태인 그리스 신화도 초기의 내용은 중국의 여와 신화와 유사하다. 태초에 혼돈으로부터 대지의 여신 '가이아'가 나왔다.

그러나 2350년경 시리아 사막의 유목민 셈족이 수메르를 정복하고 기존 문화를 완전히 파괴하며 서구에 대지의 여신이 몰락했다. 대신 위엄에 찬 '하늘 아버지Havenly father'가 나타나 자연을 정복하라고 명한다. 여기서 부권 사회의 패러다임인 신-남성-여성-자연의 수직 문화가 시작되었다.

그 뒤 서양 신화에서 여신은 남신 아래로 격

신농

하되었으며, 여와, 복희, 신농 같은 반인반수 유형은 모두 신성모
독으로 정죄되어야 했다. 그리스 신화의 반인반수인 미노타우로스
도 크레타 미궁에 갇히고 테세우스에게 죽어야만 했다. 메두사도
페르세우스에게 죽어야 했다. 히드라는 헤라클레스가 죽였다.

오제

황제

문자의 발명과 귀신의 통곡

신농씨의 후손이 천하를 다스릴 때였다. 부보^{附寶}라는 처녀가 황하의 지류인 희수^{姬水}로 밤중에 물을 길으러 갔다가 벼락을 맞았다. 그 뒤 2년 만에 황제^{黃帝} 헌원씨^{軒轅氏}가 태어났다. 황제가 성장하여 각지의 제후들을 제거하면서 중원 최초의 패권 전쟁이 시작되었다.

모든 제후가 황제에게 항복했는데, 신농씨의 후손인 구려^{九黎} 부족 치우^{蚩尤}는 달랐다. 황제의 '귀신 부대'가 치우의 '도깨비 부대'와 10년 전쟁을 치렀지만 승부를 내지 못했다. 치우는 청동 무기를 사용하고 소머리 투구를 썼으며, 그의 병사들은 모래와 돌이 주식이었다. 이들이 안개를 피우면 황제의 귀신 부대는 방향을 잃고 좌충우돌하다 도망쳐야 했다.

고민에 빠진 황제가 전쟁의 여신 현녀^{玄女}를 찾아갔다.

"지남거指南車(나침반을 단 수레)를 타고 태양을 등진 채 싸워라."

황제의 군대가 먼저 탁록涿鹿의 벌판으로 나가 태양을 등지고 진을 쳤다. 잠시 후 치우의 군대가 안개를 피우며 나타났다. 선봉자 우사雨師와 운사雲師가 비바람으로 공격하기 시작했다. 그때였다. 황제의 딸 발魃이 가슴에 용광로를 품고 나타났다. 그녀의 불꽃에 우사와 운사의 비바람이 멈추니, 태양이 도깨비 부대를 정면으로 비췄다. 눈이 부신 도깨비 부대가 머뭇거리자 황제군이 급습해서 승리를 거두었다(涿鹿之戰,《山海經》).

발은 이 전쟁에서 천계天界로 돌아갈 힘까지 다 쏟아 내는 바람에 지상에 머물러야만 했다. 그 한을 품고 가는 곳마다 한발旱魃(가뭄)을 일으켰다.

치우를 이겨 여러 씨족사회를 통일한 황제는 곤륜산에 올라 천하를 다스렸다. 황제의 측근 중 욕수蓐收는 야금술에 능했고, 창힐蒼頡은 조족鳥足 등을 보고 문자를 만들었다. 문자가 만들어지던 날, 대낮에 좁쌀비가 내리고 밤새 귀신이 통곡했다. 용도 강으로 숨어들어 더 이상 나오지 않았다. 문자를 사용하면서 주술적 세계관이 물러나고 이성의 시대가 도래했다는 의미다.

씨족사회는 제정일치 사회여서 족장이 무당을 겸했으며 모두가 평등했다. 이런 문화가 청동기 초기까지 유지되었다. 그 뒤 황제 같은 군장君長이 출현하면서 사유 재산과 계급의 분화가 나타났다.

이 시기에 잠신蠶神 설화가 나왔다. 어떤 홀아비가 외동딸과 수말 한 마리만 남겨 두고 먼 여행을 떠난다. 아버지를 기다리다 지친 딸이 말을 만지며 중얼거렸다.

"누가 아빠를 데려올 수 있을까? 내가 색시라도 되어 줄 텐데……. 설령 너라도 말이야."

그러자 말이 펄쩍 뛰더니 고삐를 달려 나갔다.

며칠 후 멀리 있던 아버지가 갑자기 찾아온 말을 보고 반가워 올라타자 말이 곧장 집으로 달려왔다. 아버지는 딸에게 자초지종을 들었다. 하지만 짐승을 사위로 맞이할 수는 없는 노릇이라 말을 마구간에 묶어 두고 좋은 꼴로 대우했다. 하지만 말은 꼴을 입에도 대지 않고 사납게 날뛸 뿐이었다. 아버지는 이러다가 딸까지 다칠까 싶어 말을 죽였고, 그 가죽을 나뭇가지에 걸어 두었다.

외출한 딸이 돌아와 말가죽을 보고 걷어차며 말했다.

"짐승 주제에 감히 나를 색시로 삼으려 하다니 잘 죽었다."

그 말이 끝나기 무섭게 말가죽이 딸을 둘둘 감고 날아가 버렸다.

아버지가 놀라서 딸의 행방을 찾아다니다 뽕나무에서 말가죽에 둘러싸인 딸을 발견했다. 딸은 이미 누에로 변해 가늘고 긴 실을 토해 내고 있었다. 잠신이 된 것이다.

황제가 치우를 이기자 그 잠신이 축하 잔치에 나타나 금줄과 은줄을 바쳤고, 이 옷감으로 어의御衣를 지었다.

백년치세를 마친 황제는 용을 타고 승천했다. 이후 농경민인 하화족은 용을 토템으로 삼았다. 참고로 유목민인 동이족의 토템은 봉황이다. 토템은 왜 나왔을까?

신석기시대에 '애니미즘'이 토테미즘으로 진화하며 나왔다. 애니미즘은 종교의 씨앗으로 농경에 중요한 태양, 비, 바람 등을 포함한 모든 삼라만상에 영혼anima이 깃들었다고 본다. 현상을 객관적으로 보지 않고 주관적으로 해석하고 확신한다. 따라서 애니미즘은 자기 관념의 만능이라 할 수 있다.

애니미즘 사고를 가진 원시인들은 자연 현상을 통제해 보려고 주술 방식을 동원했다. 이것이 모방 주술imitative magic과 접촉 주술contagious magic이다. 무당도 그 연장선에 있다. 이러한 주술 행위가 시대를 거듭하며 심리의 지층에 누적되어 아직도 민담이나 신화 등으로 남은 것이다. 민속 설화나 신화는 집단이 대대로 축적해 온 '동경의 원리'이며 개인에게 집단 무의식으로 내재되어 있다. 이를 칼 융Carl Jung은 인간의 원초적 그림자라 했다.

무리 사회가 씨족사회로 진행될 때 애니미즘도 토테미즘으로 나아갔다. 자기 씨족의 기원을 동식물이나 별 등과 연결하여 숭배하는 것이다. 이것이 토템이며 곧 수호신이다. 애니미즘보다는 숭배 대상이 줄어든 셈이다. 씨족사회가 군장 사회를 거쳐 고대국가로 가는 것처럼, 토테미즘은 애니미즘에서 집단 종교로 나가는 경로였던 것이다. 애니미즘이 개인 관념의 만능이라면 종교는 집단 관념의 만능이다. 원시 문화에 정통한 타일러Edward B. Tylor는 집단적 '추론의 오류mistaken logical inference'라고 했다.

한편 황제는 승천하여 4개의 얼굴로 사방을 다스린다. 여기서 사면팔방四面八方이 나왔고, 황제라는 명칭이 우두머리를 지칭하는 단어가 되었다.

전욱

종교 개혁

황제의 아들 창의^{昌意}가 한류^{韓流}를, 한류가 전욱^{顓頊}을 낳았다. 전욱은 동방의 소호^{少昊} 밑에서 자랐다. 98세까지 78년간 제위에 머물렀는데, 등극하여 가장 먼저 '절지천통^{絶地天通}'을 선언했다. 이는 신정 사회를 고대국가로 전환하는 출발이었다. 절지천통이란 땅의 인간과 하늘 신의 교통을 단절한다는 뜻이다.

왜 그랬을까? 백성들이 맹신에 빠져 기도와 신앙 생활만 일삼는 것을 막고 공도^{公道}를 세우기 위해서였다. 무당들이 신과 직통한다며 바람과 비도 부른다(호풍환우^{呼風喚雨})고 하니 여기에 백성들이 현혹당한 것이다. 특히 동방의 구리 부족이 미신에 현혹되었다. 집집마다 무당을 둘 정도로 도가 어지러워지고 덕이 사라졌다(난도패덕^{亂道敗德}).

전욱의 절지천통은 인간과 신이 교류한다는 생각을 단절시켰다. 이는 인문주의를 모색하는 단초였다. 덕분에 중국의 이상 시대인 요순 시대가 가능했던 것이다. 절지천통 이후 공개적으로 신과 직통하는 방식은 자취를 감추고 제사, 점복 등 은폐된 방식으로 대체되었다.

전욱의 종교 개혁은 중세기 서양보다 3,000년 앞섰으며 그 방향도 정반대였다. 서양은 사제 중심에서 '만인 제사장'으로 나갔다. 그러나 전욱은 사제로만 한정했다. 자기 손자 중^重을 남정^{南正}에 임명해 하늘의 일(천문과 제사)을 보게 한 것이다. 다른 손자 려^黎는 땅의 일(지리, 민정)을 돌보도록 화정火正에 임명했다. 그 결과 종교 개혁 이후 수 세기에 걸친 교리 논쟁으로 살육전을 벌인 서양과 달리 중국은 교리 논쟁이 아니라 삶의 원리를 둘러싼 백가쟁명百家爭鳴으로 나갔다.

전욱은 해와 달의 주기를 연구하고 전국을 구주九州(기주冀州, 서주徐州, 예주豫州, 형주荊州, 연주兗州, 청주靑州, 양주揚州, 양주梁州, 옹주雍州)로 나눴다. 부권을 더욱 강화하는 법도 제정했다. '부인불벽남자우로자婦人不辟男子于路者 불지우사달지구拂之于四達之衢'. 길가에서 여자가 남자를 만나고도 양보하지 않으면 그 여자를 사거리 대로에서 추방하며 수치를 주라는 뜻이다.

그 때문일까. 전욱의 아들 스물네 명 중 셋이 태어나자마자 죽었다. 이들이 요귀妖鬼가 되었는데, 인간에게 학질을 옮기는 학귀瘧鬼, 소아마비를 일으키는 소아귀小兒鬼, 사람을 유혹하는 도깨비 망량귀魍魎鬼다. 또한 궁선窮蟬이라는 아들은 부뚜막신이 되어 아궁이 불 등을 관리하며 조왕신竈王神이라고도 불렸다.

제곡

최초의 가요, 〈제비 날아간다〉

제곡帝嚳은 황제의 증손자이며 이름은 준俊이다. 고향이 고신高辛이라 제곡帝嚳 고신씨高辛氏라고도 한다. 아버지는 교극蟜極, 어머니는 악부握裒다. 어느 날 악부가 거인의 발자국을 따라갔다가 제곡을 낳았다.

제곡은 소년 시절부터 전욱을 도와 명성이 높았고 30세에 천자에 올랐다. 공공씨共工氏가 반란을 일으키자 제압하고 유주幽州로 귀양을 보내기도 했다. 태평성대를 이루어 105세까지 살며 70년을 통치했다.

제곡에 대해 공자는 "어질면서도 위엄이 있고, 은혜를 베풀면서도 믿음이 있으며(인이위仁以威 혜이신惠而信), 자신을 바르게 했기 때문에 천하가 복종했다(수신이천하복修身而天下服)"라고 했다.

제곡은 농사에 유익하도록 계절에 맞춰 절기節氣를 정했으며, 다양한 악기와 노래도 만들어 백성들과 함께 즐겼다. 이 시대에도 부권이 강화되었지만 아직 자유로운 습관이 남아 있었다.

그래서인가, 제곡의 부인들도 제곡의 어머니처럼 임신한다. 네 부인 중 정비正妃인 강원姜原은 어느 날 들판에 찍힌 거인의 발자국에 자기 발을 맞춰 보고 임신하여 주 왕조의 시조 후직后稷을 낳았다. 제곡은 첫아들 후직이 태어나자 곧바로 내다 버리고 기棄라 부르게 했다. 부계가 강화되는 시대라 아버지가 누군지 중요했던 것이다. 두 번째 부인 간적簡狄도 그랬다. 어느 봄날 동생 건자建疵와 강물에서 목욕을 하는데 현조玄鳥(제비)가 날며 알을 낳았다. 간적이 떨어지는 알을 그대로 삼키며 "제비, 날아간다. 제비가 날아간다"라고 노래했는데, 최초의 가요다. 그로 인해 은민족殷民族의 시조 설契이 탄생했다. 셋째 아내 경도慶都 역시 황하 주변을 거닐다가 붉은 용이 일으키는 풍파를 마시고 요堯를 낳았다.

거인 발자국, 제비 알, 용의 풍파에서 태어났다는 것도 모계만 분명하다는 의미다. 후직에 이어 설, 요까지도 부계가 불확실하다. 결국 제곡은 넷째 부인 상의常仪가 낳은 지挚에게 제위를 물려주었다. 하지만 제지帝挚가 사죄四罪(공임孔壬, 환두驩兜, 곤鯀, 삼묘三苗)와 어울리며 백성의 신망을 잃고 재임 9년 만에 쫓겨나자 요가 즉위했다.

요

명군의 표준

요尧는 역사상 명군名君의 표준이면서 좌우에 현신賢臣을 두었다. 겉모습과 실제 행동이 다른 공임 같은 자들을 내쫓고 농사農師에 후직后稷, 공사工師에 수倕를 앉혔으며 교육은 순舜, 법관은 고요皋陶, 악관樂官은 기夔, 군정軍政은 설契에게 맡겼다. 이들 대부분이 다음 순임금 때까지 요순시대의 성세를 주도했다 하여 '고기직설皋夔稷契'이라 불리며 현신의 대명사가 되었다.

요임금은 갈대와 통나무로 엮은 궁전에 살았다. 음식은 현미玄米와 들풀의 즙汁이었다. 어느 날 하늘에 10개의 태양이 떠올라 순식간에 온 땅이 말라붙었다. 이때 명궁 예羿가 9개의 태양을 쏘아 떨어뜨리고 하나만 남겼다. 그 공로로 곤륜산의 서왕모西王母가 예에게 불사약을 주었다. 이 불사약을 예의 아내 항아嫦娥가 훔쳐 먹고 월궁月宮(달)으로 숨었다.

요의 신하는 모두 뛰어났지만 특히 세 사람이 더 특출났다.

먼저 후직은 농사에 흥미가 많았다. 직접 야생 곡물을 길러 보며 오곡재배법五穀栽培法과 간단한 농기구를 개발했다. 덕분에 수렵 채집으로 살던 사람들이 신농법으로 농사를 지으며 윤택해졌다.

고요는 초록색 얼굴에 입이 말처럼 돌출되었다. 그가 기르는 반려동물도 기이했다. 뿔이 하나뿐인 해치獬豸(해태)인데 독심술讀心術이 있어서 고요가 시비곡직을 판결할 때면 거짓말하는 자를 들이받았다. 덕분에 나라의 기풍이 바로잡혔다. 요임금은 고요의 겉모습이나 괴상한 취미가 아닌 품성과 역량을 보고 중용했던 것이다. 그 뒤 순임금과 우임금까지 3대가 고요를 중용했다.

기도 외모가 특이했다. 동해 유파산流波山의 기우夔牛를 닮아 본래부터 기둥처럼 굵은 외다리였다. 음악에 재주가 뛰어나 돌조각만 두드려도 곡조를 만들어 냈다. 그 소리에 새들과 짐승들까지 춤을 추었다. 격렬한 논쟁이 벌어질 때 그가 작곡한 대장大章을 연주하면 금세 화합했다. 훗날 장자莊子(BC 369~289)는 "기연현夔憐蚿 현연사蚿憐蛇 사연풍蛇憐風 풍연목風憐目 목연심目憐心 심연기心憐夔"라고 했다. 기는 지네를, 지네는 뱀을, 뱀은

요임금

바람을, 바람은 눈을, 눈은 마음을, 마음은 기를 부러워한다는 말이다. 외부의 무엇을 부러워하지 말고 자족하라는 무위자연의 가르침이다.

요임금의 통치에 무위의 성향이 나타난다. 즉위 50년째였다. 하루는 허름한 옷을 입고 민심을 살피러 나섰다가 이런 노래를 들었다.

해 뜨면 일하고 해지면 쉬네(일출이작日出而作 일입이식日入而息)
밭 갈아 먹고 우물물을 마시는데(경전이식耕田而食 착정이음鑿井而饮)
임금의 권력이 무슨 소용이란 말인가(제력우아하유재帝力于我何哉)

요임금이 바라보니 여든 노인이 배를 두드리며 뛰놀고 있었다. 이것이 '고복격양鼓腹擊壤'이다. 임금의 권력이 필요 없어 누가 임금인지 몰라도 되는 세상. 바로 그런 세상을 요임금이 만들어 가고 있었다. 이런 역사적 경험이 훗날 노자의 《도덕경道德經》에 무위지치無爲之治로 나타난다.

'최상의 임금은 백성이 그가 있다는 정도만 아는 것이고, 다음은 임금을 친근하게 여기는 것이고, 그다음이 무서워하는 것이며, 마지막은 비웃는 것이다(태상하지유지太上下知有之 기차친이예지其次親而譽之 기차왜지其次畏之 기차모지其次侮之).'

노자의 시각에서도 요는 최상의 임금이었다. 그러니 요임금이 천하를 물려줄 현인賢人을 찾고 찾은 끝에 허유許由를 만나 뜻을 전했는데도 허유가 개울물에 귀를 씻고 기산箕山으로 숨어 버린 것이다.

순

계모 학대 설화

요임금에게 아들 단주丹朱가 있었지만 용렬庸劣했다. 바둑을 가르쳐 깨우치려 해도 쉽지 않았다. 요임금은 군주란 천하를 위한 존재일 뿐 천하가 군주를 위해 존재하는 것이 아니라면서 후계자를 물색하는 가운데 허유도 만났던 것이다. 그런데 허유가 종적을 감추어 허탈해하자 족장들이 찾아와 순舜을 추천했다.

"규수嬀水 출신으로 장님 아버지 고수瞽叟와 계모 사이에서 자랐습니다. 계모가 친아들 상象을 편애했는데, 고수마저 계모 편을 들어 순을 자주 때렸습니다. 그런데도 효를 다했고 동생 상도 잘 돌봤습니다만, 나날이 심해지는 계모의 학대를 견디다 못해 집을 나와 역산歷山 기슭 조그만 오두막에 머물렀습니다. 혼자 밭을 갈 때면 새들이 씨를 뿌려 주고 코끼리가 쟁기를 끌어 주었습니다. 농부들도 모여들었습니다. 다시 뇌택雷澤이라는 어촌으로 이사하니 어부들이 몰려왔고, 도자기 굽는 하빈河濱으로 가자 도공들이 몰려와 촌락을 이루었습니다. 순이 가는 곳마다 사람들이 몰려 1년이면 마을, 2년

순임금

이면 도시를 이룹니다."

요임금이 기뻐하며 순과 자신의 두 딸 아황娥黃, 여영女英을 혼인시켰다. 순이 임금의 사위가 되자 계모와 상이 질투하며 순의 자리를 가로챌 궁리를 했다.

상속 문화의 흐름은 모계 사회의 집단 상속에서 형제 상속을 거쳐 부자 상속으로 진행되었다. 당시만 해도 형제 상속의 풍습이 남아 있어 형제가 죽으면 재산은 물론 아내까지 다른 형제가 차지할 수 있었다. 만일 순이 죽으면? 이복동생 상이 천자의 사위가 될 수 있었던 것이다.

계모가 아버지를 꼬드겨 순에게 '곳간 수리'를 하러 오라고 했다. 순이 곳간 지붕에 오르자 불을 지르고 사다리를 치워 버렸다. 상옥추제上屋抽梯 계략이었다. 다행히 순은 준비해 둔 큰 삿갓을 붙잡고 뛰어내려 살아났다. 여기서 멈출 계모가 아니었다. 이번엔 가족의 우물물을 파 달라고 했다. 순이 우물을 깊이 파고 있을 때 위에서 바윗돌로 막아 버렸다. 순은 영리한 토끼는 3개의 굴을 뚫는다는 '교토삼굴狡兔三窟'의 전략대로 만약을 대비해 우물 옆에 다른 굴을 뚫어 놓은 터였다.

서양의 백설공주, 한국의 콩쥐팥쥐와 장화홍련 등 계모 학대 서사는 동서양을 막론하고 전승된다. 모권이 부권으로 교체되는 사회에서 가부장적 편견이 생겨나 계모를 부정적으로 보는 풍조가 생겨난 것이다.

최초의 교육 기관

순은 계모에게 두 번이나 큰 곤욕을 치르고도 효와 우애가 한결같았다. 그래서 요임금이 순을 사도司徒에 임명해 오전五典(부의父義, 모자母慈, 자효子孝, 형우兄友, 제공悌恭)의 교화敎化를 맡긴 것이다. 당시 사회는 아버지의 위엄, 어머니의 자애, 자식의 효성, 그리고 형의 우애와 동생의 공손을 중시했다. '오전'은 후에 삼강오륜의 골격이 된다.

순의 노력으로 백성들이 '오전'을 잘 지켰는데, 과연 교육은 어디서 했을까? 곡물 창고인 '상庠'이었다. 최초의 학교는 쌀 창고에 세워진 것이다. 상에서 '오전'과 궁술을 가르쳤다. 여기서 비롯되어 후대의 교육 기관을 하나라는 교, 은나라는 서, 주나라는 상이라 했다(하왈교夏曰校 은왈서殷曰序 주왈상周曰庠).

세 나라 다 교육 목적은 인륜을 밝히는 것이었다. 참고로 춘추시대 노나라에 이르러 상은 곡물 창고, 즉 미름米廩이라고도 했다.

그러면 교수는 누구였을까? 주로 경험 많은 노인들이었다. 상상上庠과 하상下庠으로 나누어 상상에서는 국정 연륜이 있는 조정의 원로들이, 하상에서는 평범한 노인들이 민간 전승과 일상의 지혜를 학생들에게 전수했다. 물론 임금도 상상과 하상에서 강의했을 것이다.

아롱진 죽순

요임금은 '오전'을 통한 순의 교화 방식을 보고 그가 천자의 재능과 덕을 갖추었음을 인정하여 마지막으로 담력 시험을 한다. 여름 장마가 시작되기 전에 순을 험준하고 깊은 산속에 홀로 둔 것이다. 사방이 캄캄해지더니 엄청난 뇌우雷雨가 몰아쳐 나무와 울창한 수풀이 요괴처럼 춤을 추기 시작했다. 그런데도 순은 흔들림 없이 왔던 길을 되돌아 나왔다. 그제야 요가 은거하며 순에게 천자의 일을 보게 한다.

순은 천하를 12주로 나누고 도량형을 표준화했다. 그리고 요가 죽자 그의 아들 단주에게 천자의 자리를 양보하고 은거했다. 그런데 제후와 백성들이 순에게 몰려와 그 앞에서 조회를 여는 게 아닌가. 순도 어쩔 수 없어 천자의 자리로 돌아왔다.

순임금 때도 나라의 법도를 고요가 맡았더니 나라가 태평했다. 순과 고요는 그 공을 상대에게 돌렸다. 또한 기에게 왕족과 귀족의 자제를 맡기며 다음과 같은 인성을 기르게 했다.

'올곧되 온화하고(직이온直而溫), 너그럽되 위엄이 있고(관이율寬而栗), 굳세되 사납지 않고(강이무학剛而無虐), 간소하되 오만하지 않아야 한다(간이무오簡而無傲).'

치수는 곤鯀이 맡아 물길을 막았지만 거듭 실패했다. 결국 단죄를 받고 우산羽山으로 추방당해 죽었다. 얼마 후 또 대홍수가 일어 곤의 아들 우禹에게 치수를 맡겼다. 우는 아버지 곤의 실패를 거울삼아 물길을 막는 대신 13년 동안 바다로 물길을 터 주며 전답을 크게 늘렸다.

순은 가무에만 빠져든 아들 상균商均 대신 우를 후계자로 삼았다. 요에 이어 순도 선정을 베풀었을 뿐 아니라 부권 문화의 상징인 세습까지 포기하고 선양했다. 이로써 요순이 후대 군주가 따라야 하는 성군의 모델이 된 것이다.

순임금은 재위 39년이 되는 해 남방 순행 중 숨을 멈췄다. 이 소식에 아황과 여영이 슬픔에 빠져 소상강瀟湘江에서 울다가 덩달아 생을 마감했는데, 그 자리에 아롱진 죽순이 피어나며 소상반죽瀟湘斑竹을 이룬다.

02

하나라

—

홍범구주

군주 계보도(BC 2070경~BC 1600경)

1대 우禹 - 2대 계啓 - 3대 태강太康 - 4대 중강中康 - 5대 상相 - 6대 소강少康 -

7대 저杼 - 8대 괴槐 - 9대 망芒 - 10대 설泄 - 11대 불강不降 - 12대 경扃 -

13대 근厪 - 14대 공갑孔甲 - 15대 고皋 - 16대 발發 - 17대 걸桀

중국 사상의 기본 코드

우禹가 즉위하기 전이었다. 치수하느라 빗물로 목욕하고 바람에 빗질하는 '목우즐풍沐雨櫛風'의 세월을 보내며 혼인할 틈도 없이 서른이 넘어갔다. 어느 날 갑자기 하얀 구미호九尾狐가 나타나 꼬리를 흔들더니, 여교女嬌를 만나 혼인했다. 하지만 산허리를 끊어 물길을 잡는 공사 때문에 다시 출장을 나가야 했다. 얼마나 바쁜지 집 앞을 지나가도 들어갈 여유조차 없었다. 이런 과문불입過門不入 중에 계啓가 태어났다는 소리를 듣자 과연 자기 혈통인지 의심할 수밖에 없었다. 설화에도 여교가 곰처럼 일만 하는 우를 보다가 숭고산崇高山의 바위가 되었는데, 그 바위를 가르고 계가 튀어나왔다고 한다.

우는 즉위하자 백익伯益을 시켜 전국 9주의 신화, 풍속, 풍물 등을 총망라한 《산해경山海經》을 발간하고, 9주의 수장들이 바친 청동으로 거대한 구정九鼎(9개의 세발솥)을 제작했다. 여행할 때 참고하도록 구정 표면에 각지의 야수, 요괴 등을 그려 넣었다.

다음엔 고요를 불러 구덕九德의 통치에 관해 물었다. 고요가 대답한 구덕 중에 관이율寬而栗과 직이온直而溫은 앞에서 순이 언급한 내용이고, 그 외 일곱 가지는 다음과 같다. 부드러우면서도 바로 서 있고(유이립柔而立), 성실하면서도 공손하고(원이공愿而恭), 다스리면서도 정중하고(난이경亂而敬), 어지러울 때도 굳세고(요이의擾而毅), 대범하면서도 청렴하고(간이렴簡而廉), 강하면서도 치밀하고(강이색剛而塞), 굳세면서도 도리에 맞아야 한다(강이의彊而義). 이 구덕을 따라 우임금은 천하를 위한 노고를 마다하지 않았다. 묵자가 우임금을 최고의 성인으로 추앙한 까닭이다.

어느 날 우임금이 낙수에서 치수하다 큰 거북의 등에 묘한 그림이 있는 것을 보고 천하를 다스리는 아홉 가지 원칙을 세웠다. 이것이 홍범구주洪範九疇이며, 차후 중국 고대 제국의 통치 이념은 물론 사상의 기초가 된다. 홍은 크다는 것이며, 범은 법이고, 구주는 아홉 종류다. 홍범구주는 9개의 큰 법, 즉 헌법인 것이다.

첫째, 오행五行(목木, 화火, 토土, 금金, 수水)

둘째, 오사五事(모貌, 언言, 시視, 청聽, 사思)

셋째, 팔정八政(식食, 화貨, 사祠, 사공司功, 사도司徒, 사구司寇, 빈賓, 사師)

넷째, 오기五紀(세歲, 월月, 일日, 성신星辰, 역수曆數)

다섯째, 황극皇極

여섯째, 삼덕三德(정직正直, 강극剛克, 유극柔克)

일곱째, 계의稽疑(우雨, 제霽, 몽夢, 역驛, 극克, 정貞, 회悔)

여덟째, 서징庶徵(우雨, 양陽, 욱燠, 한寒, 풍風, 시時)

아홉째, 오복五福(수壽, 부富, 강녕康寧, 유호덕攸好德, 고종명考終命)과

육극六極(흉단절凶短折, 병病, 우憂, 빈貧, 악惡, 약弱)

우임금에게서 비롯된 홍범구주는 상나라를 거쳐 주나라 말기인 전국시대까지 1,200년 이상 이어지며 각 항목에 구체적인 덕목이

부가되었다. 이를 참조해 살펴보면 다음과 같다.

오행五行은 우주의 운행 원리이며 물은 아래로 흐르니 짠맛이다. 불은 타오르며 번지니 쓴맛이다. 나무는 싹이 나서 뻗어 오르니 신맛이고, 금은 차갑게 굳어 수렴하는 기세이니 매운맛이다. 토는 심기도 하고 추수도 할 수 있어 음陰도 되고 양陽도 되는 중中으로 단맛이다.

오사五事는 윤리의 기본이다. 공손한 태도와 엄정한 말, 똑바로 보고 듣고, 슬기롭게 생각하라는, 이 모언시청사貌言視聽思는 임금이 먼저 수양해야 할 덕목이다. 임금이 공손해야 엄정할 수 있고, 잘 분별할 수 있어야 충언을 듣고 슬기로운 성인이 되는 것이다.

팔정八政은 행정에 관한 것으로 식량, 재화, 제사, 토지, 교육, 형벌, 외교, 국방이다.

오기五紀는 연월일과 별자리와 달력으로 계절의 순환 원리다. 왕은 연을, 중앙관리는 월을, 지방관리는 일을 관리하여 농사가 제때에 이루어지도록 도와야 한다.

다섯 번째인 왕도王道는 황극皇極이며 홍범구주의 중앙에 있다. 여기서 왕이 덕을 쌓고 도리로 통치한다는 내성외왕內聖外王이 나왔다. 그래야 왕이 한쪽에 치우치지 않는 탕평蕩平을 할 수 있다.

치수하는 우왕

삼덕三德은 통치 원리다. 정직하되 굳세면서도 부드럽게 통치해야 한다.

샤머니즘 문화가 투영된 계의稽疑는 점친다는 뜻이다. 비가 올지, 쾌청할지(우제雨霽), 꿈에 불과할지, 이루어질지(몽역극夢驛克), 평안할지, 후회할지(정회貞悔) 알아보는 것이다. 이를 위해 당대 최고의 지성인인 무당을 뽑아서 국사의 자문을 구했다. 왕이 추구하는 국사가 무당의 점괘에도 잘 나오고 관리와 백성도 동의한다면 이를 대동大同이라 했다. 그대로 따르면 모두 건강하고 자손들까지 좋아진다고 본 것이다. 유가 정치의 이상인 대동 사회가 여기서 나왔다.

서징庶徵은 현재 날씨나 기온 등 자연 현상을 통해 징조를 보는 것이다.

마지막으로 장수, 부요, 건강, 덕, 편안한 죽음의 오복五福과 이와 반대되는 요절, 질병, 우환, 가난, 사악, 허약의 육극六極이 있다.

이러한 홍범구주는 중국 문화의 기본 코드가 된다. 전국시대 이후 1,500년이나 흐른 송나라의 주희는 황극을 천자로 해석하면서 홍범구주야말로 천하의 대강大綱을 갖추었다고 했다.

동양의 이상향, 대동 세계

우임금은 즉위한 지 10년째 되는 해 동방을 순행한다. 회계會稽에 이르러 임종을 맞이하자 백익을 후계자로 지목했다. 백익은 우의 3

년상을 묵묵히 치르고 기산 북쪽으로 들어가 종적을 감췄다.

급하게 모인 부족장들이 계^啓를 부족들의 수령으로 옹립한다. 계는 최초의 왕조 하夏나라(BC 2070~BC 1600)를 창건하고 우를 시조로 모셨다. 이후 임금의 자리는 선양에서 세습으로 굳어졌다. 부족사회가 부족 연맹 국가로 변하면서 일어난 현상이었다. 《예기禮記》에서는 대동大同의 세계가 소강小康의 세계로 변했다고 말한다.

춘추전국시대의 공자가 신농씨 제사에 참석한 뒤 성문에 앉아 탄식하며 자유子游 등 제자들에게 일렀다.

"대도가 행해졌을 때는 천하가 모두의 것이었다. 이것이 대동이다. 대도가 사라진 지금은 천하가 개인의 것이 되었다. 이것이 소강이다(대도지행야大道之行也 천하위공天下爲公 시위대동是謂大同 금대도개은今大道旣隱 천하위가天下爲家 시위소강是謂小康)."

계 이전의 사회가 천하일가天下一家로 대동 사회였다면, 이후 세습이 되며 일가천하一家天下로 바뀌었다는 것이다. 공자가 묘사한 이상 사회는 이랬다.

"선량하고 유능한 자를 뽑아 신信을 가르치고 화목을 닦게 하면 자기 부모와 자식뿐 아니라 과부, 홀아비, 병자, 고아 등도 똑같이 친애한다. 그러면 간사할 필요가 없고 도둑도 없으니 대문을 닫을 필요도 없다. 하지만 천하를 사사로이 여기고 오직 가족만 친애하면 잔꾀가 생겨나고 싸움이 일어 성곽을 지어야 한다. 사회 기강을 세우기 위해 군신과 부자, 부부 사이의 예의를 세워야 한다."

그렇게 하지 않으면 난세가 된다. 이리하여 유가는 사회를 대동-소강-난세로 구분한다.

장자도 "대동이무기大同而無己 무기無己 오호득유유惡乎得有有"라고 했다. '대동은 자기가 없는 것이며, 자기가 없다면 굳이 내 것有有에만 집착하지 않는다'라는 뜻이다. 장자나 공자나 대동 사회를 지향했다. 다만 공자는 소강 사회의 현실을 인정하고 예의를 세워 대동으로 나가자는 것이다. 이에 대해 장자는 예의를 부자연스러운 것이라 보았다.

군자君子에 대한 관점도 차이가 있다.

장자는 '있는 것만 보면 옛 군자이며, 없는 것도 보아야 천지의 벗(도유자覩有者 석지군자昔之君子 도무자覩无者 천지지우天地之友)'이라 했다. 장자는 공자가 주나라 예법을 중시한다고 비판한 것이다.

공자의 유가는 현실에서 전개되는 소강 사회를 이상적인 군자가 다스려서 대동 사회로 진화해 나가야 한다고 역설했다. 그 군자의 이상으로 요순을 내세웠다. 이에 비해 노자의 도가는 황제를, 공리주의자인 묵가는 우임금을 중시했다. 이처럼 중국의 이상향은 문명화되기 이전, 아주 먼 과거에 투영되어 있다.

혼군의 표상

하 왕조의 도읍지는 황하의 범람과 여러 부족에 맞서 싸우면서 수시로 바뀐다. 초기에는 산서성山西省 서남단의 안읍安邑으로 정했는데, 근처에 소금 생산지가 있었다.
그 뒤 도성을 하남성 서부, 산서성 남
부 등으로 자주 옮겨 다녔다.

백익이 사라지고 부족장들이 계를
세웠을 때였다. 이는 미풍美風을 저해
한 세습이라며 계와 동성인 유오씨有扈
氏 부락이 반발한다. 계는 이들을 토벌
해 모두 목수牧豎(가축 기르는 일)로 만들

하녀의 등에 앉은 걸왕

고 왕위를 아들 태강太康에게 물려주었다. 그런데 태강이 사냥에만
몰두하다 이족夷族인 유궁씨有窮氏의 후예后羿에게 쫓겨났다.

후예는 태강의 남동생 중강中康을 4대 왕으로 내세우고 막후에서
실권을 행사했다. 그러자 희씨羲氏와 화씨和氏 부족이 반발한다. 두
부족의 족장은 요임금 때부터 천지사시天地四時를 살피는 천문을 관
장했지만, 음주에 빠져 농사 시기 등을 제대로 알려 주지 못했다.
이에 문책을 받자 반란을 일으킨 것이다. 중강이 윤후胤侯를 보내
토벌했다. 그 뒤 중강은 윤후를 보내 후예의 세력까지 섬멸하려 했
으나 도리어 감금당하고 즉위 13년 만에 화병으로 죽었다.

후예는 다시 중강의 아들 상相을 5대 왕으로 세워 두고 여전히 막
후통치를 했다. 그러나 최측근 한착寒浞을 믿고 전권을 맡겼다가 배
신당하고 만다. 한착이 상까지 죽이고 왕위를 찬탈했다. 한착은 원
래 덕이 없는 데다 거짓과 술수로 일관하자 백성의 원성이 높아만
갔다. 마침내 상의 유복자 소강少康이 외가인 유잉씨有仍氏와 순임금

의 후손 유우씨有虞氏의 후원을 받아 한척을 처형하고 나라를 다시 세웠다. 그리고 소강중흥小康中興을 이루었다.

그 뒤 14대 공갑孔甲에 이르러 허황된 귀신이나 용을 따르는 바람에 나라가 기울기 시작하더니 17대 걸傑의 폭정으로 걷잡을 수 없이 난세에 빠진다. 본디 걸왕은 맨손으로 맹수를 때려잡을 만큼 호걸이었다. 그가 변한 것은 산동 유시씨有施氏를 정벌하러 나선 후였다. 진상품으로 말희妹喜를 데려온 것이다. 그녀의 말이라면 무조건 따르기 시작했고, 궁정은 주지육림酒池肉林으로 변했다. 말희는 조국을 유린한 걸왕을 무너뜨리기 위해 복수심을 감추고 그를 미혹한 것이다. 걸왕은 말희의 요염에 빠져 날이 갈수록 더 난폭해졌다.

결국 주변의 의로운 신하는 다 떠나고 간신들만 남는다. 여기서 '잘 걷지 못하는 당나귀는 망가진 맷돌과 어울린다(가려배파마瘸驴配破磨)'는 속담이 나왔다. 심지어 '개도 걸왕을 닮아 요임금을 보고도 짖는다(걸견폐요桀犬吠堯)'는 말까지 돌았다. 결국 학정을 참다 못한 부족들이 반란을 일으켰다. 먼저 기와 만드는 곤오씨昆吾氏 부족이 일으켰고, 다음은 탕湯이 반란의 여세를 모아 걸왕을 몰아내고 새 왕조를 개창했다.

03

상나라

—

상제와 육십갑자

왕조 계보도(BC 생략)

1대 천을天乙 탕成湯(1600~1589) — 2대 외병外丙(1588~1587) — 3대 중임中壬(1586~1583) —

4대 태갑太甲(1582~1571) — 5대 옥정沃丁(1570~1542) — 6대 태경太庚(1541~1517) —

7대 소갑小甲(1516~1500) — 8대 옹기雍己(1499~1487) — 9대 태무太戊(1486~1422) —

10대 중정中丁(1421~1401) — 11대 외임外壬(1400~1386) — 12대 하단갑河亶甲(1385~1377) —

13대 조을祖乙(1376~1358) — 14대 조신祖辛(1357~1342) — 15대 옥갑沃甲(1341~1337) —

16대 조정祖丁(1336~1328) — 17대 남경南庚(1327~1322) — 18대 양갑陽甲(1321~1315) —

19대 반경盤庚(1314~1287) — 20대 소신小辛(1286~1252) — 21대 소을小乙(1251) —

22대 무정武丁(1250~1192) — 23대 조경祖庚(1191~1148) — 24대 조갑祖甲(1148) —

25대 늠신廩辛(1148) — 26대 경정庚丁(1148) — 27대 무을武乙(1147~1113) —

28대 태정太丁(1112~1102) — 29대 제을帝乙(1101~1076) —

30대 제신帝辛 주왕紂王(1075~1046)

10개의 태양과 12동물

상商나라의 시조는 제곡의 부인 간적이 목욕 도중 제비 알을 삼키고 낳은 설契이다. 그런데 왜 하필 새였을까? 유웅씨 부락의 거주지가 요서 지방으로 추정되는데, 그 일대는 난생설화권卵生說話圈이었다. 발해만 유역의 토템이 새였기 때문이다. 천신의 후손인 자신들을 새가 인도해 준다고 믿은 것이다. 설은 우임금의 치수 사업을 도운 공으로 사도司徒에 임명되었고, 그 뒤 14대째가 탕왕이다.

상족 족보

설契 — 소명昭明 — 상토相土 — 창약昌若 — 조어曹圉 — 명冥 — 왕해王亥 진振 — 상갑上甲 미微 — 보정報丁 — 보을報乙 — 보병報丙 — 주임主壬 — 주계主癸 — 성탕成湯

은허 갑골문

상족은 설부터 부계 중심의 씨족으로 진입한 뒤 손자 상토相土에 이르러 하나라의 여러 부족 중 가장 강대해졌다. 3대 족장 상토는 야생마를 잘 길들였고, 그의 손자 왕해王亥는 야생 소를 잘 길렀다. 이 시기에 유목 단계를 지나 목축업으로 발전했다는 의미다. 상족은 방목을 하느라 목초지를 따라 발해 주변의 산동을 비롯하여 화북 지역에서 여덟 번씩 옮겨 다녔다.

8대 족장 상갑上甲 때, 상족은 한층 더 번성했다. 이후 족장의 칭호를 갑을병정甲乙丙丁 식으로 정했는데, 이미 십간十干(갑甲, 을乙, 병丙, 정丁, 무戊, 기己, 경庚, 신辛, 임壬, 계癸)이 통용된 것이다.

고대인들은 하늘에 10개의 태양이 있다고 믿었으며, 태양마다 이름을 붙여 십간이라 했다. 십간, 즉 10개의 태양이 매일 교대로 떠오르기 때문에 열흘이면 일순一旬한다. 이를 초순初旬, 중순中旬, 하순下旬이라 했다. 매달은 첫날인 갑일甲日로 시작해 열흘째인 계일癸日로 끝난다. 십간, 즉 10개의 태양이 세 번 지나면 한 달이 된다.

하늘에 10개의 태양이 있다면, 땅에는 12동물인 자子(쥐), 축丑(소), 인寅(호랑이), 묘卯(토끼), 진辰(용), 사巳(뱀), 오午(말), 미未(양), 신申(원숭이), 유酉(닭), 술戌(개), 해亥(돼지)가 있다. 이것이 십이지十二支다. 이 12동물이 23시부터 두 시간씩 순서대로 왕성하게 움직인다. 예를 들어 자시인 23시부터 다음 날 1시까진 쥐가 뛰고, 축시인 1시부터 3시까지는 소가 되새김질을 한다는 것이다. 이러한 간지를 이용해 연도와 일자를 구분하고 기록했다.

상족이 나날이 발전하는 데 비해 하나라 걸왕의 폭정은 점점 더 심해지자 이를 염려한 충신 관용봉關龍逢이, 사방 10리의 연못에 술을 채우고 배를 띄워 궁녀들과 즐기는 걸왕을 찾아와 눈물로 아뢰었다.

"옛 군주는 인의를 중시하고 재물을 아껴 치세를 도모했나이다. 하온데 폐하께서는 정반대로 하시니 민심이 다 떠나고 있습니다."

걸왕이 대노하여 관용봉을 극형에 처했다.

요리의 이치와 통치의 이치

걸왕의 요리사 이윤伊尹도 직언했다가 미움을 받았다. 탕이 그 소식을 듣고 이윤을 다섯 번이나 초빙하려고 노력했지만 번번이 거절당했다. 이를 오청오반五請五反이라 한다. 이것이 전례가 되어 인물을 구하려고 정성을 다하는 문화가 조성되었다. 삼국시대 유비는 공명을 삼고초려三顧草廬로, 명나라를 세운 주원장은 유기劉基를 삼요사청三邀四請하여 책사로 삼았다.

맹자에 의하면 이윤은 '요순의 도堯舜之道'를 좋아했다. 누가 요순 같은 임금이 될지 물색하고 있었던 것이다. 탕의 정성에 감동한 이윤이 요리를 바치며 조언했다.

"통치와 요리는 이치가 같습니다. 물을 어떻게 가열하느냐, 조미료를 언제 얼마나 넣느냐에 따라 맛이 달라지듯 정치도 형세에 따라 어떤 법도를 언제 어떻게 시행하느냐가 요체입니다."

그때부터 이윤과 탕이 전략을 세우기 시작한다. 이윤이 직접 첩자로 하나라에 잠입하여 정세를 파악한 뒤 이를 바탕으로 먼저 하나라의 속국인 곤오昆吾, 고顧, 위韋의 제후들을 제거하고, 마침내 걸에게 창끝을 돌렸다.

탕이 왕좌를 차지하고 7년 동안은 극심한 가뭄이 이어졌다. 기우제를 지내도 소용이 없었다. 탕왕은 천재지변을 왕에 대한 하늘의 경고로 받아들여 거친 베옷을 입고 장작더미에 올랐다.

"내가 죄인이다. 백성이 죽어 가는데 나만 살 수 없는 노릇이니 나를 태워라."

그 순간 맑기만 하던 하늘에 먹구름이 몰려오며 장대비가 쏟아졌다.

당시 기우제를 지내도 가뭄이 계속되면 무당을 불사르는 인신공양人身供養 풍속이 있었다. 탕왕은 왕이면서 신을 대변하는 제사장이었던 것이다. 이처럼 신권과 왕권을 공유한 제정일치 문화가 천인상관설天人相關說의 기원이며, 훗날 한나라 동중서에 의해 천명설天命說로 부각된다.

상나라의 세계관, 육십갑자

왕위 세습이 하나라 470년 동안 지속되었다. 이로써 왕은 왕의 후손만 가능하다는 사회 관념이 정착되었는데, 탕이 최초로 역성혁명을 일으켰다. 여기서 인의를 버린 폭군은 쫓아내야 한다는 방벌放伐의 개념이 등장했으며, 후대 왕조들의 교체 명분으로 작동한다.

인의는 천리에 따른 것이라 왕도 이를 행해야 오복을 누리고 버리면 육극을 받는다. 하나라 우임금이 세운 홍범구주가 어느덧 고대 중국인들의 집단 심리로 깊이 각인된 것이다.

역성혁명으로 상나라를 연 탕왕은 인의의 정치를 펴기 위해 이윤 등 측근들에게 수시로 일렀다.

"물을 보면 자기 모습을 볼 수 있듯이 백성을 보면 잘 다스리는지 아닌지 알 수 있다(인시수견형人視水見形 시민지치부視民知治不)."

탕왕 이후 상나라 왕의 이름 뒤에 태어난 날의 일간日干이 들어갔다. 상나라의 세계관이 '간지干支(십간과 십이지)'였던 것이다. 여기에 음양오행陰陽五行이 결합하면서 하늘의 태양인 십간은 양陽이 되고, 땅의 동물인 십이지는 음陰으로 분류한다. 십간과 십이지를 조합하면 전부 60개가 나온다. 이를 육십갑자六十甲子라 하여 연도를 구분하는 기준으로 삼았다.

육십갑자표

갑자	을축	병인	정묘	무진	기사	경오	신미	임신	계유
甲子	乙丑	丙寅	丁卯	戊辰	己巳	庚午	辛未	壬申	癸酉
갑술	을해	병자	정축	무인	기묘	경진	신사	임오	계미
甲戌	乙亥	丙子	丁丑	戊寅	己卯	庚辰	辛巳	壬午	癸未
갑신	을유	병술	정해	무자	기축	경인	신묘	임진	계사
甲申	乙酉	丙戌	丁亥	戊子	己丑	庚寅	辛卯	壬辰	癸巳
갑오	을미	병신	정유	무술	기해	경자	신축	임인	계묘
甲午	乙未	丙申	丁酉	戊戌	己亥	庚子	辛丑	壬寅	癸卯
갑진	을사	병오	정미	무신	기유	경술	신해	임자	계축
甲辰	乙巳	丙午	丁未	戊申	己酉	庚戌	辛亥	壬子	癸丑
갑인	을묘	병진	정사	무오	기미	경신	신유	임술	계해
甲寅	乙卯	丙辰	丁巳	戊午	己未	庚申	辛酉	壬戌	癸亥

음과 양의 강약에 따라 삼라만상의 요소인 오행五行(목木, 화火, 토土, 금金, 수水)이 나온다. 여기서 물물거래를 하는 5일장 풍속이 비롯되었다. 이 오행의 관계는 상생相生과 상극相克이다. 상생 관계는 목생화木生火, 화생토火生土, 토생금土生金, 금생수金生水, 수생목水生木처럼 서로 도움을 주지만, 상극 관계는 목극토木剋土, 토극수土剋水. 수극화水

剋火. 화극금火剋金, 금극목金剋木처럼 서로 제어한다. 참고로 목생화와 목극토를 보면 나무는 불을 살리지만, 땅은 뚫고 들어가 영양분을 빼앗는다. 상생과 상극의 작용으로 만물의 다섯 요소가 도움과 억제를 통해 균형을 이루는 것이다.

오행의 시작인 목木은 해가 뜨는 동쪽이며 첫 계절인 봄이다. 화火는 여름이며 남쪽이고, 토土는 중앙이고, 금金은 가을이며 서쪽이다. 마지막으로 수水는 북쪽이며 겨울이다. 이처럼 음양오행은 만물의 요동搖動을 나타내는데, 훗날 제자백가시대의 추연鄒衍이 역학으로 집대성한다.

흰옷을 즐겨 입는 풍속도 탕왕 때 시작되었다.

상 왕조는 10대 중정中丁 이후 계승 문제로 숙질, 형제 간에 다툼이 일어나서 외임外壬, 하단갑河亶甲, 조을祖乙, 조신祖辛, 옥갑沃甲, 조정祖丁, 남경南庚, 양갑陽甲 등에 걸친 '9대의 내분'이 지속되었다. 이 때문에 수시로 천도해야 했고 제후들도 조회하러 오지 않았다.

19대 반경盤庚(1314~1287)에 이르러서야 옛 도읍지인 하남의 은殷으로 도성을 옮기고 탕의 법도를 시행하면서 국운이 살아난다. 그래서 은나라라고도 부르는 것이다.

반경이 천도할 때 반대하는 백성들에게 "사람은 오래도록 함께 해야 하지만, 그릇은 아니니 헌것을 새것으로 바꿔야 한다(인유구구人惟求舊 기불구구器非求舊 유신惟新)"라고 설득했다. 여기서 유신惟新이 나왔다.

노비 출신 재상 부열의 교학상장

반경시대의 중흥을 기반으로 22대 무정武丁이 상나라의 태평성대를 연다. 이를 도운 재상이 노예 출신의 부열傳說인데, 그 공적을 기리기 위해 사후에 부열성傳說星이라 했다. 부열을 등용하는 과정이 이채롭다. 즉위 초 무정이 널리 현인을 구했으나 얻지 못했다. 낙심 중에 도성 밖에서 노역奴役하는 열을 만나 얘기해 보니 보통 인물이 아니었다. 부씨 성을 하사하여 재상으로 삼았는데 과연 기대 이상이었다.

무정이 부열에게 "내가 술을 빚고자 하면 그대가 누룩이 되고, 국을 끓이고자 하면 소금이 되어 달라"며 "훌륭한 뜻을 세우도록 가르쳐 달라"고 했다.

부열이 아뢰었다.

"가르치는 것이 배움의 반이니, 시종 배움에 전념하면 어느덧 덕이 쌓입니다(유효학반惟敎學半 염종시전우학念終始典于學 궐덕수망각厥德脩罔覺)."

여기서 유가의 교학상장敎學相長이 나왔다.

부열의 탁월한 안목으로 상나라가 일취월장했다. 그 공적을 기리는 뜻으로 무정이 부열에게 "세상이 가물면 그대를 빗줄기로 삼았다(약세대한若歲大旱 용여작림우用汝作霖雨)"라고 했다.

당시 상나라는 씨족 중심의 읍제邑除 국가여서 왕의 직할지로 상읍商邑 등 대읍大邑이 있고, 그 주변에 제후의 족읍族邑이 있으며, 그 아래 혈연으로 이루어진 소읍小邑이 1,000여 개 있었다. 족읍의 제후를 방백方伯이라고 했으며, 이들이 모인 연맹의 맹주가 곧 왕이었다. 상비군도 따로 두지 않고, 전쟁이 나면 각 제후국의 군대를 소집하는 족병제族兵制로 운영했다. 전쟁 방식은 전차戰車를 동원한 거마전車馬戰 위주였다.

무정 통치 50년이 상나라 550년 중 가장 강성했다. 그만큼 대대적으로 사방을 개척했다. 특히 왕비 부호婦好의 활약이 두드러졌다. 상 왕조 최대의 적인 귀방鬼方과 강방羌方, 토방土方, 공방邛方, 파방巴方 등을 능수능란한 기습과 퇴로 차단 전술로 정복했다.

이런 과정을 거치며 읍제 국가였던 상나라의 통치 구조가 왕권을 강화하는 전제화로 나아갔다. 그러나 통치의 기반은 원시적 종교관에 머물렀다. 여전히 씨족이 연대한 신정 국가였다.

무당의 통치

하늘에 일월성신, 땅에 지신, 산에 산신, 강과 바다에 하신 등이 있다. 그중 제帝가 가장 높다 하여 상제上帝라 했다. 바로 그 제帝가 무수한 자연신을 지배하며 만사를 섭리한다고 믿었다. 이러한 일원적 다원신 형태가 상나라의 통치 구조에 그대로 반영되어 있다.

그러면 최고의 신인 제는 누구인가? 바로 죽은 조상들인데 그중 상나라 왕의 조상이 최고였다. 현직 왕은 최고 신의 가호를 받고, 다음은 제후다. 그런 식으로 백성까지 내려가는 것이다.

어떻게 죽은 조상이 신이 될 수 있을까? 이 또한 음양의 원리에서 도출된 것이다. 인간도 음과 양의 조화로 형성된다. 그중 양기가 혼魂이고, 음기는 백魄이다. 사람이 죽으면 혼은 위로 올라가 신神이 되고, 백은 아래로 내려가 귀鬼가 된다. 이렇게 탄생한 귀신도 시간이 흐르면 흔적을 잃고 자연과 똑같아진다.

훗날 주나라 때 공자는 그런 귀신의 일을 굳이 알려 하거나 가까이할 필요가 없다고 했다. 하지만 상나라 때만 해도 귀신을 통해 흉凶과 화禍를 멀리하고 길吉과 복福을 불렀다.

나라의 최고 의사 결정 기구도 정인貞人(무당)으로 구성했다. 왕은 나라의 최고 무당이었고, 제후들은 각 부족의 최고위 무당이었다. 이들이 모여 점복卜을 통해 주요 국사를 결정했다. 이 행사의 주관자는 왕으로 최고 정인이었으며, 왕의 정치적 명령은 신의神意를 대행하기 때문에 언제나 절대적이었다.

이들은 어떻게 신의 뜻을 파악했을까? 거북, 소, 사슴, 말, 양 등의 뼈에 열을 가해 갈라지는 모양을 살폈다. 이들 짐승 중 거북의 배 껍질 모양이 가장 선명해서 자주 이용했다. 이것이 한자의 초기 형태인 갑골문甲骨文이다.

과학적 인과 관계에 어두울 수밖에 없던 시절, 정인은 단순한 점쟁이가 아니었다. 당대 최고의 지식인이자 정책 결정권자로서 난제에 부딪히면 신비한 존재를 설정해 두고 해법을 찾으려 한 '주술적 리얼리스트magical realist'였다. 초기에는 낭만적이기도 했던 점복 행사가 후기로 갈수록 왕의 뜻을 합리화하는 수단이 되어 버렸다.

무정에 이어 24대 조갑祖甲 때도 태평성대는 이어졌다. 조갑은 왕조 초기부터 선대 왕인 형 조경祖庚 때까지 시행해 오던 제사 범위를 대폭 축소하는 제례 혁명을 일으킨다. 수많은 조상신 중 근조선공近祖先公만 남겨 두고 원조선공遠祖先公을 없애 버렸다. 왕실이 주관하는 제사에도 왕실과 가까운 직계 조상만 모시고 상갑미上甲微 이전의 먼 조상과 토착신을 제외해 버린 것이다. 연맹 행사에 다른 부족들의 조상 제사권을 공식으로 제거한 것인데, 일종의 사상 통제였으며 상 왕조의 직계 조상을 다른 부족의 조상보다 예우하는 일이었다. 당연히 제후들이 크게 반발했다.

그러나 조갑은 천연덕스럽게 받아쳤다.

"왕실과 가까운 조상만 숭배해야 수확도 늘고 하는 일마다 잘되느니라."

조갑은 방탕한 면이 있었으나 직접 백성의 생활을 체험해 보며 정책을 세웠다. 이것이 '무일無逸'이며, 주나라를 거치면서 성군이 되는 기본으로 확립된다. 다스리는 자가 일신의 안일과 즐거움만 추구해서는 안 된다는 것이다.

그러나 조갑 이후의 왕들은 확연히 달랐다. 어려서부터 금지옥엽으로 자라 아랫사람이나 농부의 수고를 당연하게 여기며 즐길거리만 찾아다녔다. 왕들뿐 아니라 귀족들도 마찬가지였다. 그런 분위기로 인해 조갑의 두 아들 늠신廩辛과 경정庚丁 때까지만 치세였고, 조갑의 손자인 27대 무을武乙부터 나라가 약해져 도성을 은허에서 하북으로 옮겨야 했다.

특히 무을은 사천射天(귀신 잡는 놀이)을 즐겼는데, 혁낭革囊(가죽 주머니)에 사람이나 짐승 피를 가득 채워 높이 매달고 화살을 쏘아 터뜨리며 소리쳤다.

"천신天神아, 맛 좀 봐라. 네까짓 게 뭐라고. 하하하."

조상신, 자연신, 천신을 섬기는 신하들은 무을의 행동을 보며 두려움에 떨었다. 그러나 무을은 귀신과 싸워 이겼다며 의기양양했다. 그러던 중 황하 근처로 사냥을 나갔다가 벼락에 맞아 죽었다. 우연의 일치였지만 신화적 세계관을 가진 상나라 사람들은 천벌로 여겼다.

주왕과 달기

무을과 태정太丁, 그리고 제을帝乙을 지나 그다음이 상나라 마지막 왕 주왕紂王이다. 주왕은 정력적으로 정벌전을 벌여 인방人方, 우방盂方, 임방林方의 세력을 꺾었다. 그만큼 용맹했지만 오만했다. 신하가 옳은 말을 해도 뛰어난 언변으로 눌렀으며 스스로 봉호封號를 내려 천왕天王이라 칭했다. 그런 주왕이 유소씨有蘇氏를 정벌하러 가서 데려온 달기妲己에게 넋이 나간다. 하필 유소씨의 토템이 구미호九尾狐라니……. 《봉신연의》에서는 그녀를 '천년 묵은 여우'라고까지 했다.

주왕이 달기를 후궁으로 들여서 달기 말만 따르니 제후들이 반발하기 시작했다. 이를 억압하기 위해 달기가 포락지법炮烙地法을 만들었다. 숯불 위에 기름 바른 구리 기둥을 놓고 걷게 하는 것이다.

그 광경을 보고 즐기는 주왕에게 숙부 비간比干이 만류했다.

"이러시면 화가 닥칩니다."

그때 달기가 주왕의 귀에 속삭였다.

"성인은 심장에 7개의 구멍이 있다는데 보고 싶사옵니다."

"그래, 나도 궁금하구나."

주왕이 비간의 심장을 꺼내 보는 등 패악이 계속되었다.

결국 민심이 주왕을 떠나서 부족 가운데 가장 강한 주족周族에게 쏠린다. 원래 산간족이던 주족은 섬서성陝西省 위수渭水 유역으로 내려와 터를 닦은 터였다. 제후는 서백西伯 희창姬昌(훗날 주 문왕文王)으로 생선 파는 교격膠鬲을 발탁해 주족이 성장하고 있었다.

어느 날 희창이 주왕을 찾아갔다.

"은나라의 거울이 멀리 있지 않고 하나라에 있습니다(은감불원재하후지세殷鑑不遠在夏后之世)."

주왕을 하나라 걸왕에 비유한 것이다. 주왕은 화가 치밀었지만, 주족의 세력 때문에 희창을 죽이지는 못하고 옥에 가둬 버렸다. 외부와 완전히 차단된 희창은 복희씨가 창안한 8괘를 중첩하여 주역의 핵심인 64괘를 만들고 괘사卦辭를 썼다.

그 64괘사의 핵심이 건괘乾掛에 나오는 '원형이정元亨利貞'이다. 원은 만물의 시작인 봄이고, 형은 성장과 여름, 이는 성숙과 가을, 정은 완결과 겨울이다. 사계가 돌고 돌듯이 원형이정도 순환한다. 이 사상이 유가나 도교 등에 영향을 미치며 동양 사상의 한 원류가 된다.

백이와 숙제

희창은 옥에 갇혀 《주역》을 완성하며 때를 기다렸다. 장남 백읍고伯邑考가 주왕을 찾아 공물을 바치며 아버지를 풀어 달라고 청원했다. 달기가 백읍고를 보고 유혹했지만 거절당하자 앙심을 품어 걸왕에게 백읍고를 삶게 한 뒤 희창을 불러 그 국물을 건넸다.

주왕이 달기에게 속삭였다.

"성인聖人이라면 마시지 않겠지."

하지만 희창이 단숨에 마시니 그제야 주왕이 "누가 서백을 성인이라 했더냐. 자식을 끓여 만든 국인 줄도 모르는 멍청이"라며 경계를 풀었다.

서백도 국물의 정체를 모를 리 없었다. 하지만 주왕의 의심을 풀기 위해 어쩔 수 없었다. 때맞춰 서백의 신하인 굉요閎夭와 산의생散宜生 등이 주왕을 찾아와 진기한 보물을 바쳤다.

그렇게 하여 7년 만에 석방된 희창은 상나라를 무너뜨리기로 결심하고 위수가에서 낚시하던 강태공을 군사軍師로 삼는다. 얼마 후 희창이 죽고 아들 희발姬發(주 무왕武王)이 강태공과 함께 상나라 정복에 들어간다.

먼저 서부 산악 지역의 소방갋方, 강羌, 용庸, 파巴, 촉蜀, 팽彭 등 800여 부족장을 황하의 하구 맹진孟津에 모아 회맹식을 가졌다. 여기서 희발이 맹주가 되어 아버지 희창의 위패를 수레에 모신 채 훈련에 몰두한다.

그런데 고죽국孤竹國 제후의 두 아들 백이伯夷와 숙제叔齊가 찾아왔다.

"아직 부친의 상중喪中인데 전쟁을 하신다면 효孝가 아닙니다. 또한 제후가 군주를 치는 것은 인仁이 아닙니다."

희발이 두 사람을 죽이려 했으나 강태공이 '의로운 사람들'이라며 말리고 돌려보냈다.

얼마 후 희발의 동맹군 40만 명이 상나라와 전쟁을 시작했으나 고전을 면치 못하고 회군해야 했다. 다시 2년 뒤인 기원전 1050년 주왕이 동쪽 인방과 전쟁하느라 서쪽을 텅 비운 틈을 타서 희발이 다시 70만 병사를 모아 황하를 건너 목야牧野까지 진격했다. 그제야 주왕이 달려왔다.

희발이 기마대 선두에 서서 한 손에 도끼를, 다른 손에 소꼬리를 매단 막대를 들고 진격 명령을 내렸다. 제후군 가운데 특히 파와 촉의 병사들이 용맹했다. 이들은 노래하고 춤추며 거침없이 최전선으로 달려나갔다.

주왕도 언덕에 올라 북을 치며 항전을 독려했지만 군사들이 나아가지 못하고 머뭇거리기만 했다. 본디 상나라 군대는 귀족과 평민으로 구성되는데, 주왕 때 제후들이 이탈하면서 억지로 노예를 모아 놓은 것이다.

집단 항명

상 왕조에서 노예란 가축처럼 매매 대상이라 주인이 죽을 때 부장품처럼 순장殉葬되기도 했기 때문에 도망 다니는 자가 많았다. 나라에 충성심이 있을 리 없었다. 그래서 주왕이 항전을 독려해도 머뭇거린 것이다. 그뿐이 아니었다. 상나라 군사 중 선봉대가 창을 거꾸로 들어 주왕을 겨냥하는 것이 아닌가. 이것이 전도도과前徒倒戈, 전쟁 사상 처음으로 일어난 '군대 집단 항명'이었다.

이로써 대세가 기울었다. 화들짝 놀란 주왕은 곧장 도성으로 도망치더니 보물로 가득 찬 누대에 올라가 불을 지르고 연기로 사라졌다.

이 전쟁은 시작 전에 승패가 결정되어 있었다. 주왕만 몰랐을 뿐. 끌려온 노예들이 주왕을 위해 싸워야 할 이유가 무엇이랴.

노예 제도는 대략 5,000년 전 모계 씨족이 부계 중심의 씨족으로 변하면서 나타난 사회 변화의 산물이었다. 사유 재산 제도가 강화되면서 부락 간의 전쟁도 빈번해졌다. 전쟁에 져서 포로가 된 종족은 이긴 종족의 신에게 제물로 바쳤는데, 이를 '벌伐'이라 했다. 포로 중에 똑똑하고 유순한 자만 골라 '신臣'과 '첩妾'으로 삼았다.

이것이 가내 노예의 출발이었다. 그중 힘이 센 자를 따로 뽑아 신전, 왕실 또는 족장의 토지 등을 경작하게 했다. 이들을 중衆이라 불렀다. 중인衆人 중에 반골 성향을 보이는 자는 한쪽 눈을 찔러 표시를 만들고 '민民'이라 했다.

이 노예들이 하나라와 상나라 통치 기간에 끊임없이 계급 투쟁을 벌였다. 갑골문을 보면 반항하는 노예 2,656명의 머리를 자른 경우도 있다. 상나라의 멸망도 이와 무관하지 않았다.

제을과 주왕 양대에 동남 지방을 평정하고 수많은 포로를 끌고 와 노예로 만들었는데, 《사서史書》에서 '유억조이인有億兆夷人이나 이심이덕離心離德'이라 했다. 대 노예소유주 상 왕실에 덕이 없어 민심이 떠났다는 것이다.

희발이 그런 주왕을 징계한다고 하자 상나라에 수탈당한 산악족들이 가세한 것이다. 이를 두고 맹자는 사람의 마음을 얻은 자가 승리한다며 '득도다조得道多助'라 했다.

유가에서 인仁을 무시하면 적賊이고 의義를 무시하면 잔殘인데, 이 둘을 합친 잔적殘賊을 필부匹夫라 했다. 그 필부가 바로 주왕이라, 주왕을 죽이는 것은 임금을 시해하는 것이 아니라 도道를 세우는 일이었다.

이로써 왕권신수설로 통치되던 상나라가 망했다.

상 왕조는 부족의 조상이 죽으면 하늘로 올라가 신이 되었는데 그중 최고의 신이 상족의 조상신이라며 상족의 통치권을 영원불변한 것으로 만들려 했지만, 주왕의 폭정 앞에서 무력화되고 말았던 것이다.

04

주나라

—

제자백가

주周 부족의 시조는 제곡의 부인 강원이 큰 발자국을 밟고 낳은 농업의 신 후직이었다. 큰 발자국을 곰 발자국으로 보면 곰이 주족의 토템이었을 것이다. 희창 때 이웃 족장들과 연합하여 큰 세력이 되었고, 무왕에 이르러 호경鎬京을 도성으로 삼고 주나라를 건국했다. 희창은 문왕으로 추숭되었다.

그 뒤 300년이 서주西周(BC 1046~BC 771) 시대였고, 기원전 771년 내부 반란에 견융犬戎의 침략이 겹치자 낙양으로 천도하면서 동주東周(BC 770~BC 256) 시대가 된다. 동주 500년은 제후들이 각자 독립 국가를 지향하면서 다시 춘추시대(BC 770~BC 403)와 전국시대(BC 403~BC 221)로 나뉜다.

춘추시대는 그나마 나라 사이에 패자가 있어 중원의 질서를 유지했으나 각국 내부에서 하극상이 심했다. 반면 전국시대는 나라 사이의 약육강식이 횡행했으나 군주권의 강화로 내부의 하극상은 없는 편이었다. 특히 춘추 말기부터 전국시대의 어지러운 세상을 사회적 가치를 세워 해결해 보려는 제자백가諸子百家가 출현한다.

왕조 계보도(BC 생략)

1대 무왕武王(1046~1043) – 2대 성왕成王(1042~1021) – 3대 강왕康王(1020~996) –
4대 소왕昭王(995~977) – 5대 목왕穆王(976~922) – 6대 공왕共王(922~900) –
7대 의왕懿王(899~892) – 8대 효왕孝王(891~886) – 9대 이왕夷王(885~878) –
10대 여왕厲王(877~841) – 공화共和 섭정(841~828) – 11대 선왕宣王(827~782) –
12대 유왕幽王(781~771)

국가와 인민

무왕이 상나라를 정복했지만, 워낙 강대했던 나라여서 무시 못
할 잔존 세력이 있었다. 이들을 무마하기 위해 주왕의 아들 무경武
庚을 제후로 삼아 은허殷墟를 맡기고 상나라 때의 제사도 계속하도
록 허락했다. 그곳이 송나라였다. 그리고 무왕의 동생 관숙管叔, 채
숙蔡叔, 곽숙霍叔을 주변 지역의 제후로 임명하여 무경을 감시하게

했다. 이들을 삼감三監이라고도 불렀다. 개국에 큰 공을 세운 동생 주공周公은 곡부曲阜의 제후로 임명했다.

이런 식으로 건국 초기에 분봉된 71개 제후국 중 왕실과 같은 혈족인 희씨姬氏가 53개를 차지했다. 가부장 제도에 기초해 '분봉건국分封建國'을 한 것이다. 민간까지 가부장적 가족 질서가 퍼졌으며, 토지도 읍락 단위로 분배하고 9분의 1만 거두는 정전제井田制를 실시했다. 이것이 주나라의 봉건 제도였다.

제후들도 공公·후侯·백伯·자子·남男 다섯 작위爵位로 나누어 상응하는 봉지封地를 주었다. 이런 기틀을 주공단이 세우면서 제후들은 각 봉지에서 절대군주가 되는 대신 정기적인 중앙 조회에 참석하고 조공도 바쳐야 했다.

천자는 천하를 다스리고, 제후는 국國 또는 방邦을 다스리며, 아래 대부大夫는 식읍食邑 또는 채읍采邑을 주니 이를 가家라 했다. 여기서 국가國家라는 말이 비롯되었다. 이때 국의 지배층은 인人, 피지배층은 민民으로 구별했다. 민은 피정복민처럼 노예 같은 신분이었으나 차츰 지도층과 대비되는 백성百姓으로 바뀐다.

참고로 중국 노비 제도에서 특이한 점은 노비 신분이 세습되지 않았다는 것이다. 당나라 때는 관노비라도 70세가 되면 양인 신분을 주었다. 노예로 자신을 팔거나 전쟁 포로 혹은 형벌로 노예가 되더라도 자식이 부모의 노비 신분을 잇는 경우는 거의 없었다. 송나라 때는 노비도 임노동자賃勞動者로 대체된다.

천자처럼 제후와 대부도 세습되었지만 제후는 천자가, 대부는 제후가 임명권을 가지고 있었다. 평상시 개인은 수신修身하고, 대부는 제가齊家(식읍 관리)하며, 제후는 치국治國(봉지 관리)하다가 전란이 일어나면 천자의 명을 받들어 평천하平天下해야 했다.

이런 신분 제도가 전국시대를 거쳐 점차 유명무실해지자 수신제가치국평천하修身齊家治國平天下의 의미도 누구든 수신하고 제가하면 치국하고 평천하할 수 있다는 것으로 확대되었다. 이로써 유가의 수신제가치국평천하가 정립된다. 유가에서 수신은 자기 성찰에서 출발하여 대상과의 관계, 즉 가족과 나라, 천하로 동심원처럼 확대해 나가는 것이다.

인본주의의 탄생

주나라에 들어와 신의 명칭도 '제帝'에서 '천天'으로 교체된다. 이로써 주나라의 신은 더 이상 조상이 아니라 하늘天이 된다. 신의 역할도 달라졌다. 상나라의 조상신인 제가 상족의 수호신이었다면, 천은 천하 조화와 질서의 원리여서 인격이 없으므로 이를 대신할 천자天子가 필요해지는 것이다. 그것이 천명天命이다. 유사 이래 종교적으로 사고하던 사회가 인문학적 성찰을 중시하는 사회로 진화한 것이다.

천명天命은 치治의 기본 원리와 같은 것으로 곧 덕치德治다. 천자는 천을 대신하여 덕치를 해야 할 의무가 있는 것이다. 이후 주나라 왕들은 스스로 천자라 칭했고, 적장자嫡長子에게 왕위를 물려주었다. 적장자는 대종大宗, 둘째부터는 소종小宗으로 구분하는 종법宗法 제도에 따른 것이다. 적장자는 종가宗家의 대표도 된다.

주나라 정치의 근간이 종법 제도와 봉건 제도였다. 제후가 천제에게는 소종이지만 본국에서는 대종이고, 그 아래 대부 또한 제후에게는 소종이지만 자기 식읍에서는 대종으로 대표 역할을 한다. 종법 제도에서 대종, 즉 장남은 제사 지낼 권리와 함께 유산을 상속받았다.

귀족 중 대부가 될 수 없는 사람을 사士라 했다. 이렇게 하여 고급 귀족은 제후, 중급 귀족은 대부, 하급 귀족은 사가 되었으며, 다음이 서민庶民이었다. 사인士人은 하급 관료 일을 보기 때문에 예악에 정통했다. 공자도 사 계급 출신이다. 사인이 수신하고 정진하면 군자君子가 되지만 타락하면 소인小人이라 불렸다.

주나라도 상나라처럼 아직은 제정일치 사회였지만 내용은 달랐다. 상나라는 하늘이 정한 뜻을 점을 쳐서 알아내려 했다면, 주나라는 인간이 어떻게 하느냐에 따라 운명이 호전되거나 악화된다고 보았다. 상나라는 운명론運命論이고, 주나라는 수양론修養論이었다. 여기서 인본주의가 태동하며 후에 인仁의 개념으로 발전한다.

이처럼 주나라는 상나라와 달리 귀신보다 인간을 중시하기 시작했다. 천天도 본래 사람人의 정수리를 가리켰지만, 차츰 하늘과 하느님으로 파생되었다. 하느님도 인간의 정수리, 곧 두뇌에서 나왔다는 것이다. 이것이 '천인합일天人合一' 사유다. 이는 훗날 한나라에 이르러 동중서의 '천인감응론天人感應論'으로 발전한다. 천과 인을 하나로 보는 데서 덕치德治가 나왔다.

상나라의 신 '제帝'는 인간이 바치는 재물을 좋아했다면, 주나라의 신 '천天'은 덕을 좋아하고, 덕 그 자체라 할 수 있다. 덕 있는 자가 민심을 얻기에 민심이 곧 천심이며, 덕인德人이 곧 천명을 받은 것이 된다. 천명론으로 신정주의는 약화되고 인문주의가 강화되었다.

이제 민심이 동요하면 언제든 혁명을 일으킬 수 있었다. 덕치는 어떻게 구현될까? 백성을 예악禮樂으로 교화하는 것이다. 이로써 주나라의 4대 제도(봉건, 정전, 종법, 예악)가 확립되었다.

이러한 통치 기반은 무왕이 동생 주공의 도움을 받아 만든 것이다. 주공이 만든 주례周禮는 주나라의 기본 이념이 되었을 뿐 아니라 이후 중국 왕조의 전범典範이 된다.

유가 예교론의 원형

주공은 은나라 말기에 아버지와 형의 죽음을 지켜보면서 은이 무너진 요인을 제대로 짚어 냈다. 바로 종교적 제사였다. 따라서 주공은 종교 의례가 아니라 덕으로 민심을 보존하는 '경덕보민敬德保民'을 추구했으며, 이는 유가 예교론의 원형이 되었다.

또한 아버지 문왕이 만든 《주역》의 64괘에 각각 6효를 두어 384효를 만들었다. 그리고 384효에 하나씩 부합하는 효사爻辭를 붙였다.

무왕이 주공과 함께 나라의 기반을 닦던 중 개국 3년 만에 병사하고 무왕의 아들 성왕이 즉위했으나 아직 어려서 주공이 섭정해야 했다.

주공은 문왕의 아들 18명 중 넷째였다. 큰아들 백읍고는 이미 죽었고, 둘째가 무왕, 셋째가 관숙, 다섯째가 채숙, 그리고 여덟째가 곽숙이었다. 이런 가족 상황을 이용해 송나라 제후 무경이 이간책을 편다. 은허, 즉 송나라 주변에서 자신을 감시하는 삼감(관숙, 채숙, 곽숙)을 찾아다니며 성왕이 어려서 주공의 형인 관숙이 섭정해야 마땅하다고 충동질한 것이다. 여기에 넘어간 삼감이 동방의 회이淮夷, 동東, 영盈, 웅熊, 서이徐夷, 엄이奄夷, 박고薄姑 등 17개 부족을 동원해 난을 일으켰다.

주 왕실이 동요하는 가운데 주공이 동정東征에 나서 3년여의 치열한 전쟁 끝에 평정했다. 주공이 무경을 죽인 뒤 송나라 제후의 자리를 상나라 주왕의 이복형제인 미자微子 계啓가 이었다. 이제 주공은 천자 이상의 위세를 누리게 되었다. 그런데도 섭정 7년 뒤 성왕에게 권력을 물려주고 신하의 위치로 돌아간다. 이런 주공이기에 공자도 흠모했던 것이다.

성왕 치세부터 강왕康王까지 40여 년이 '성강의 치成康之治'였다. 처벌받은 자가 한 명도 없을 만큼 천하도 안정되었다. 주공의 주례가 정착되었기 때문이다. 그 뒤 4대 소왕昭王이 주공이 닦아 놓은 덕치가 아니라 흥치興治를 하면서부터 국력이 기울기 시작한다. 한량 기질이 있어 틈만 나면 재미를 찾아 천하 주유에 나선 것이다.

한번은 남쪽 월상씨越裳氏가 흰 꿩 몇 마리를 바치러 온다고 하여 직접 마중 나갔는데, 소왕이 지나가는 연도沿道의 나라들마다 대접하느라 진땀을 빼야 했다. 그중 귀경길까지 챙겨야 하는 초국楚國의 부담이 가장 컸다. 짜증이 난 초국은 소왕 일행이 탈 배를 만들며 선체를 아교阿膠로 붙여 버렸다. 그 배를 타고 왕 일행이 한수漢水를 건너다 아교나 녹는 바람에 모두 수장되었다.

다음 5대 목왕穆王은 소왕보다도 더 유흥을 좋아했다. 천하 주유를 위해 여덟 마리 말이 끄는 특별한 수레까지 만들었다. 이 수레를 타고 서방을 돌던 중 곤륜산에서 여선女仙들의 대장 서왕모西王母를 만났다. 목왕이 불로장생의 복숭아가 열려 있는 그녀의 과수원에서 사랑에 빠져 인간 세계에 돌아오는 것도 잊고 지내는 사이 동이東夷 부족이 반란을 일으킨다. 그제야 목왕이 달려가 겨우 진압했다.

그다음의 공왕共王과 의왕懿王, 효왕孝王도 실정을 거듭했으며, 9대 이왕夷王은 기紀나라 제후의 참소를 받고 제나라 애공哀公을 삶아 죽였다. 그 뒤 제후들 사이에서 권위가 추락했으며 10대 여왕厲王이 즉위할 무렵엔 제후들이 주 왕실에 겉으로만 신하의 예를 갖출 뿐이었다. 그런데도 여왕은 천자의 위엄을 과시한다며 공포 정치를 폈다. 특히 변방 제후국인 영국榮國에서 착취로 악명이 높은 이공夷公을 특채하고 국가 독점 정책인 전리專利를 시행했다. 이는 산림천택山林川澤을 강점하는 것으로 서민의 경제 기반을 허무는 일이었다. 백성들의 불만이 커지자 유언비어를 막는다며 길에서 나누는 사사로운 대화도 금지해 버렸다.

정치란 백성의 입을 여는 것

소召 목공穆公이 여왕을 찾아와 경계했다.

"치수治水가 물길을 뚫는 채용소도采用疏導이듯이, 치민治民은 누구나 하고 싶은 말을 다 하게 하는 창소욕언暢所欲言입니다. 물길을 막는 것보다 백성의 입을 막는 것이 더 위험하니 한 번 터지면 천하가 무너집니다."

하지만 여왕은 듣지 않았고, 3년 뒤인 기원전 841년 '국인國人의 난'이 일어난다. 기록상 최초의 민란이다. 성안에 살면 국인, 성 밖에 살면 야인野人이라 했으니, 도성 내 백성들이 곡괭이, 낫 등을 들고 왕궁으로 우루루 몰려간 것이다.

결국 여왕은 체彘(산서성 곽현)로 도망쳤다. 국인들이 여왕의 태자를 죽이려고 찾아다니는데 소 목공이 자기 집에 숨겨 두고 또 다른 재상 주周 정공定公과 함께 왕권 대행 체제를 구성했다. 인류 최초의 공화共和 정치가 14년간 지속되었다.

왕 없이도 나라가 돌아가다니……. 그동안 왕의 통치에 길들어진 국인들은 물론 제후들도 큰 충격을 받는다. 하늘을 대리한다는 천자는 도망갔고 태자도 종적을 감추었다. 그런데도 주나라가 멀쩡하게 돌아갔다. 그때부터 제후들이 천자의 허락 없이도 군대 동원령을 내리기 시작했다. 백성들도 영향을 받아서 새로 출현하는 제국들의 부패가 극에 달할 때마다 민란을 일으켜 왕조 교체의 추진력으로 작용한다.

여왕이 체 땅에서 죽고 나서야 태자가 선왕宣王으로 등극하며 공화정이 끝났다.

5년 뒤 선왕이 사냥터에서 숨을 거두고 유왕幽王이 치세하면서 모리배인 곽공虢公, 제공祭公, 윤구尹球에게 정사를 맡겼다. 충신들이 이들 3인을 못 견디고 모두 떠났다. 그런데도 유왕은 후궁 포사褒姒를 총애하여 왕비 신후申后와 태자 의구宜臼까지 쫓아냈다. 분노한 왕비의 아버지 신후申侯가 견융犬戎과 연대하여 주나라를 공격하기 시작한다. 유왕이 봉화를 올려 제후들에게 알렸지만 아무도 오지 않았다. 황급히 도망치던 중 여산驪山에서 견융족을 만나 살해되었다.

문왕과 무왕이 세운 주나라를 여왕과 유왕이 망가뜨렸다. 이를 두고 "문왕이나 무왕이 다스릴 때는 백성들도 어질었고, 유왕과 여왕이 다스릴 때는 백성들도 포악했다(문무흥文武興 즉민호선則民好善 유려흥幽厲興 즉민호폭則民好暴)"라고 했다.

한편 호경을 점령한 견융족은 아예 눌러앉으려고 했다. 이에 신후가 제후들에게 밀서를 보내 견융을 몰아내자고 요청한다. 제후들이 견융을 쫓아내고, 폐태자 의구를 평왕平王으로 세웠다.

평왕이 파괴된 호경을 떠나 동쪽 낙읍洛邑으로 천도함으로써 서주 시대가 끝나고 동주, 즉 춘추시대가 시작된다.

동주
(춘추전국시대)

춘추전국시대 514년간 1,600여 회 전쟁이 일어난다. 주왕을 정점으로 한 혈연적 봉건 제도가 세월과 함께 퇴색되며 나타난 필연적 현상이었다. 이 시기에 인류는 주술적 사고를 벗어나 자아에 눈을 돌린 '축의 시대$^{Axial Age}$(BC 900~BC 200)'에 진입하고 있었다. 소크라테스가 '너 자신을 알라'고 가르치며, 붓다가 '일체유심조^{一切唯心造}'를 설파하는 등 주체적 자각의 중요성이 부각된 것이다.

이런 문명사적 조류와 함께 주나라에서 제후들과 주 왕실의 혈연적 연대가 약해지는 만큼 제후들과 토착민의 결속이 강화되었다. 주나라 전체의 정체성보다 각 제후국의 독특한 토착 문화가 더 중요해진 것이다. 이는 제후국 간의 '연대 의식 감소'와 '갈등 심화'를 의미했다. 급기야 강대한 제후국들이 약소 제후국을 멸국겸병^{滅國兼}^{倂}하기 시작했다. 이로써 춘추 초기 180여 제후국이 춘추 말기에 14개로 줄어든다. 열국이 무한 경쟁을 벌이는 가운데 관료 체제가 갖춰지고, 전문 인력인 사^{士}의 수요도 급증한다. 춘추시대는 사가 곧 병사^{兵士}였으며, 서민은 전쟁에 동원하지 않았다.

전쟁을 시작하기 전에는 시간과 규칙, 전선까지 합의했다. 상대가 전열을 정비할 때까지 기다렸으며, 만일 새벽에 교전을 시작하면 아침 식사 전에 끝내거나 아무리 길어도 일몰 전에는 그만두었다. 전투도 청동제 칼을 든 귀족들의 차전車戰 위주로 전개되었고, 어느 쪽이든 패배를 인정하면 더 추격하지 않고 돌려보냈다. 낭만적인 요소가 다분했는데 전쟁 목적이 영토 병합이 아니라 정치 지배였기 때문이다.

천자가 구심력을 상실하자 제후들끼리 누가 천하 질서를 세울 패자霸者가 되느냐를 놓고 다툰 것이다. 전쟁도 천자의 이름으로 진행되었으며, 제후들이 통수統帥가 되고 대부는 장군, 사는 전사가 되었다. 춘추시대의 전쟁은 귀족들의 싸움이었다. 평민과 노예는 식량과 물자를 공급하는 일만 했다.

그러나 전국시대는 달랐다.

7웅雄(연燕, 위魏, 제齊, 조趙, 진秦, 초楚, 한韓) 간의 대결로 압축되며 교전 건수는 반으로 줄었지만 전쟁 규모와 기간은 대폭 늘어났다. 예를 들어 춘추시대 진초대전 같은 경우 전차 4,000승에 4만 병력 정도라면, 전국시대는 100만 대군이 동원되었다. 때맞춰 철제 무기가 도입되며 사거리가 화살보다 먼 쇠뇌까지 개발했다. 수레 위의 사격이 무용지물이 되자 평민으로 구성된 보병步兵 중심의 격렬한 전투가 벌어졌다. 이때부터 평민도 적의 수급만 많이 베면 귀족으로 상승했다.

전국시대 들어와 교전이 수단과 방법을 가리지 않게 된 이유는 무엇일까? 상대 영토의 병탄倂吞이 목적이었기 때문이다.

춘추시대

　　춘추 사회를 움직이는 근본 요인은 두 가지, '주 왕실의 약화'와 '각 제후의 독자성 강화'였다. 제후마다 패권을 추구하면서도 주나라 왕을 받들고 오랑캐를 내몰겠다며 '존왕양이尊王攘夷'를 내세웠다. 그러나 속셈은 천자를 내세워 천하를 호령하려는 것이었다. 춘추시대 292년을 풍미한 패자는 제齊 환공桓公(BC 685~BC 643), 진晉 문공文公(BC 636~BC 628), 초楚 장왕莊王(BC 613~BC 591), 오吳 합려闔閭(BC 544~BC 496), 월越 구천勾踐(BC 496~BC 464)이며, 이들 5패 중 최초의 맹주가 제 환공이었다.

정 장공, 천자를 이기고 제후 시대를 열다

주나라가 낙읍으로 천도한 뒤 먼저 두각을 나타낸 나라는 제나라가 아니라 도성 근처의 정鄭나라였다. 천도 당시 정 무공武公이 큰 공을 세우고 왕실의 경사卿士가 되었던 것이다.

아들 장공莊公(BC 744~BC 701) 역시 경사가 되어 정국을 주도하는 가운데 평왕이 치세 50년 만에 죽고 손자 환왕桓王이 뒤를 이었다.

혈기방자한 환왕은 정 장공을 부담스러워하더니, 2년 뒤부터 입조할 때 노골적으로 무시하고 괵虢나라 괵공虢公을 더 중용했다. 정 장공은 모멸감에 치를 떨며 왕실 직할지의 곡물을 약탈해 갔다. 신하가 주군의 곡식을 훔쳐 가는 하극상이 벌어진 것이다. 이후 정 장공은 일절 입조하지 않았으며, 기원전 715년 노나라에 방枋을 주고 허許(허창)를 받았다. 서로 바꾼 땅은 모두 2대 성왕이 하사한 땅이었다. 방 땅은 정나라가 주 왕실을 대신해 태산에서 왕실 제사를 드린 대가로 하사했고, 허 땅은 노나라가 주 왕실에 입조할 때 체류할 수 있도록 하사한 것이다.

정나라가 그토록 유서 깊은 땅을 노나라와 바꿨다는 것은 더 이상 주 왕실의 제사를 드리지 않겠다는 의미였다. 아직은 춘추 초기라 왕실의 권위가 백성은 물론 제후들에게도 어느 정도 남아 있었다. 덕분에 소국인 정나라도 주 왕실의 재상宰相을 지내며 강국 노릇을 했던 것이다. 그런데도 장공이 주 왕실을 능멸하는 땅 교환을 한 것이다.

화가 난 환왕은 기원전 707년 진陳, 채蔡, 괵虢, 위衛의 군사를 징발해 정나라로 쳐들어갔다. 정 장공도 대부 제중祭仲과 고거미高渠彌를 앞세워 가장 약한 진나라를 집중 공략했다. 진나라가 후퇴하자 채와 위도 도주했다. 그 와중에 천자의 어깨에 축담祝聃의 화살까지 박혀 버렸다. 주 왕실의 권위는 더 추락했고, 정나라의 맹위는 황하 중류를 넘어 전국에 미치면서 제후들이 앞다퉈 정 장공을 만나려고 했다.

모친의 미움

정나라 최고 전성기를 연 장공의 어린 시절은 편견으로 얼룩져 있었다. 어머니 무강武姜이 난산 끝에 장공을 낳자 자신을 괴롭혔다며 미워하고 순산한 동생 단만 예뻐한 것이다. 편애는 성장한 뒤에도 이어졌다. 무공에게 장공이 엉큼하니 착한 단을 후계자로 세우라고 조른 것이다. 장공이 간신히 제후에 오르자 이번에는 큰 고을 경성京城을 동생 단에게 주라고 다그쳤다.

단이 경성으로 떠나는 날, 무강이 신신당부를 했다.

"장차 이 나라는 네가 다스려야 한다. 경성에 가면 군사를 길러서 쳐들어오너라. 안에서 내가 도와주마."

장공이 이를 눈치 채고 어느 날 천자를 도우러 가는 척했다.

무강이 급히 단에게 연락하여 당장 신정新鄭(정나라 도성)으로 달려

오라고 했다. 단의 군대가 신정을 향해 질주한 지 이틀 뒤 장공이 경성을 차지했다는 급보를 받았다. 장공이 낙양으로 가는 척하고 우회하여 경성으로 갔던 것이다.

단의 군사들이 동요하며 모두 도망쳤다. 홀로 남은 단은 '어머니의 지독한 편애가 나를 망쳤다'며 자결했다.

정 장공은 단의 시체에서 무강의 편지를 발견하고 신하들 앞에서 절규했다.

"황천黃泉에 갈 때까지 어머니를 보지 않겠다."

그 뒤 정 장공이 불효자라며 민심이 흔들렸다. 그렇다고 맹세를 어기면 제후의 권위가 무너질 것 같아 고민하는데 영고숙潁考叔이 계책을 내놓았다.

"땅굴을 파고 만나십시오. 그곳이 곧 황천 아닙니까?"

장공은 어머니의 집까지 땅굴을 파고 만났다.

"불효자를 용서해 주십시오."

"아니다. 다 내 잘못이다."

장공은 아기 때부터 어머니의 노골적인 외면 속에 자랐다. 그런 적대적 성장 환경은 불안을 야기하고, 자기 존재 가치에 대한 회의감과 여기서 비롯된 수치심을 유발한다. 양육자가 유아의 요구에 적절한 반응을 보일 때, 유아의 자기 가치감이 확립되는 것이다.

모친의 멸시 속에 자란 장공은 어떻게 춘추 초기를 풍미한 제후로 성장했을까? 아버지 무공의 긍정적 지지가 있었다. 덕분에 자기 존재에 대한 수치심이 희석되었고, 일찍이 어머니와 자신은 서로 다른 독특한 존재라는 것을 깨달았다. 장공이 어려운 환경을 성공적으로 승화한 것이다.

오히려 모성애를 독차지한 단이 더 문제였다. 성장 후에도 어머니와 '분리−개별화seperation-individuation' 과정을 끝내지 못하고 '성인 아이adult children'에 머문 것이다.

그러나 장공은 어려서부터 어머니와 다른 자기만의 심리적 공간을 만들어 놓아야만 했다. 이 때문에 무강이 장공을 보고 '엉큼'하다 했고, 훗날 송나라 여조겸呂祖謙도 장공을 낚시꾼과 사냥꾼에 비유했다.

"낚시꾼이 물고기를 속이는 것이지, 물고기가 어찌 낚시꾼을 속였겠는가(조자부어釣者負魚 어하부어조魚何負於釣). 사냥꾼이 짐승을 속이는 것이지, 짐승이 어찌 사냥꾼을 속였겠는가(엽자부수獵者負獸 수하부어렵獸何負於獵)."

장공이 동생 단과 어머니가 반역을 일으킬 걸 알면서도 모르는 척 내버려 두었다는 것이다. 그래야 동생을 공격해도 정나라 사람들이 장공을 이해할 게 아닌가.

천자에 대해서도 마찬가지였다. 자신을 무시하자 쳐들어오도록 상황을 조성하여 천자가 화살을 맞는 수모를 겪게 만들었다. 그 뒤 천자에게 의사를 보내 사죄 흉내도 냈다. 하지만 그때부터 주 왕실이 제후들을 통제하는 종법 제도 자체가 무너졌다.

이렇듯 천자를 능멸하면서도 허許나라 등과 싸울 때, '천자를 받들어 죄를 묻노라(봉천토죄奉天討罪)'라는 글자를 써 놓은 모호기蝥弧旗

(제후들의 비단 깃발)를 수레에 꽂아 놓았다. 주나라 백성들에게 천자는 모든 제후의 군주이며 천하의 어버이라는 고정관념을 의식한 조치였다. 이러한 장공의 모습을 제후들이 본받아 실상 패권을 다투면서도 천자를 우대하는 척하기 시작했다.

장공의 '봉천토죄'가 삼국시대까지 내려가 조조曹操의 '협천자령제후挟天子令諸侯'로 이어진다. 어머니의 편애가 장공이 성공하는 데 보약이 된 것이다.

제 관중의 사농공상 분류

장공이 죽고 정나라가 네 아들의 다툼으로 쇠퇴할 즈음이었다. 제나라 양공襄公(BC 698~BC 686)이 한창 국력을 키우자 노나라 환공桓公(BC 711~BC 694)이 부인 문강文姜을 데리고 제나라를 찾아갔다.

양공은 문강의 이복 오빠이며 결혼 전에는 은밀한 연인 사이였다. 이를 모르는 환공이 문강과 함께 제나라를 방문했고, 양공이 다시 문강과 통간을 한다. 그제야 눈치 챈 환공은 귀국을 서두른다.

양공이 놀라서 아들 팽생彭生을 보내 환공을 모살한 뒤 노나라도 달래고 비밀도 지키기 위해 팽생까지 죽여 없앤다. 하지만 비밀이 밝혀져 민심을 잃어버린다. 그때부터 제 양공이 난폭해지기 시작했다. 국정은 내팽개치고 정적이 될 만한 자는 모조리 핍박했다. 이복동생인 공자 규糾는 외조부 나라인 노나라로, 공자 소백小白은 이웃 나라 거국莒國으로 망명해야만 했다.

견디다 못한 대부 연칭連稱과 관지보管至父가 반란을 일으켜 제 양공을 살해하고, 양공의 사촌동생 무지無知를 세웠다. 무지는 옹림雍林에 유람 갔다가 주민들에게 암살당한다.

그리고 소백이 제후가 되니, 그가 바로 춘추 첫 맹주인 제 환공桓公(BC 685~BC 643)이다. 환공은 기지는 갖췄지만 완고해서 관중管仲을 등용한 뒤에야 성과를 낼 수 있었다. 원래 관중과 환공은 정치적 적대 관계였다.

무지가 살해당했을 때였다. 대부들이 규를 제후에 앉히기로 정하고 그를 호위할 군대를 보내면서, 관중에게 먼저 소백의 귀국길을 차단하라고 했다. 관중은 밤낮으로 달려 소백을 막아섰다. 그리고 자신의 화살에 소백이 쓰러지는 것을 확인한 뒤 여유 있게 수도 임치臨淄로 돌아왔다. 그런데 소백이 제위에 앉아 있는 것이 아닌가. 관중의 화살이 소백의 철제 허리띠를 맞혔고, 소백은 죽은 듯 가장한 것이었다.

환공이 관중을 옥에 가두고 죽이려 하자 포숙鮑叔이 만류했다.

"관중은 공자 규의 측근으로 할 일을 한 것뿐입니다. 주공께서 제나라만 다스리겠다면 저 하나로도 충분합니다. 하지만 천하를 다스리려면 관중이 필요합니다."

그제야 환공이 관중을 상국相國에 임명한 것이다. 그 뒤 관중은 기원전 645년까지 40년 동안 국정을 주도해 나갔다.

상국에 오른 관중은 환공에게 5인(습붕隰朋, 영척寧戚, 동곽아東郭牙, 빈서무實胥無, 성보成甫)을 천거했다.

"이들은 제게 없는 장점을 하나씩 가지고 있습니다. 영척은 황무지 개간에 재주가 있으니 전관田官을, 습붕은 예절에 밝으니 외교(대행大行)를, 동곽아는 입바른 소리를 잘하니 간신諫臣을 맡기고, 옳고 그름이 정확한 빈서무는 법관(대사리大司理)에 임명하십시오."

관중의 국정 철학은 먼저 백성이 부유해지는 것(필선부민必先富民)이었다.

"곳간이 차야 예절을 알고, 의식이 풍족해야 부끄러움을 안다(창품실이지족절倉稟實而知足節 의식족이지영욕衣食足而知榮辱)."

이런 관점은 2,500년 뒤 현대 인본주의 심리학자 매슬로A. H. Maslow의 욕구단계설과 같다. 인간이란 '생리적 욕구'가 채워져야 안전 욕구와 소속 욕구, 존경 욕구, 자아 실현 욕구 등도 생겨난다는 것이다.

맹자 역시 유항산有恒産 유항심有恒心이라 하여 백성들이 어느 정도 재산이 있어야 민심이 안정된다고 보았다. 군주가 할 일은 백성의 이익을 극대화하는 것이다.

그 방법의 하나로 관중은 '사농공상士農工商'의 분업화를 추진한다. 차별이 아니라 역할 분담이었다. 서로 토론하고 기술을 비교하여 함께 지식을 늘려 가기(상어이사相語以事 상시이교相示以巧 상고이지사相高以知事) 위해서였다. 같은 일을 하는 사람들끼리 거주하며 직능 기교의 향상을 도모한 것이다.

이런 정책으로 제나라의 국력이 급상승했다. 제후들도 갈등이 생기면 환공을 찾아왔다. 어느덧 제나라가 중원 외교의 중심지가 된 것이다. 그러자 관중은 환공을 제후들의 우두머리로 만들기 위해 노력한다. 그래야만 제나라는 물론 자신도 안전하다는 것을 간파했기 때문이다.

1대 맹주 제 환공

환공은 대소고처大所高處하며 사물 파악을 잘하지만, 한량 기질 때문에 성과를 만들어 내는 데는 약했다. 환공 본인도 잘 알아서 관중에게 넌지시 물어보기도 했다.

"내가 사냥, 술, 여색에 빠져 나라를 잘 다스릴지 걱정이오."

"좋다고 할 수 없지만 중요하지는 않습니다. 대신 성실성과 결단력은 있어야 합니다. 우유부단하면 백성이 망하고, 근면하지 않으면 어떤 일도 이루지 못합니다."

군주는 개인의 수양보다 시기에 맞는 결단력이 더 중요하다는 의미이며, 당시의 고정관념인 '수신제가치국평천하'를 깨는 말이었다.

환공이 이제 그만 돌아가라고 했으나 관중은 계속해서 주장했다.

"오늘 할 일을 다른 날로 미루면 안 됩니다. 식견이 넓고 예의 바른 공자 거擧를 노나라에, 통찰력과 재치가 있는 공자 개방開方을 위나라에, 세심하게 말을 잘하는 조손숙曹孫宿을 초나라에 보내 친교를 맺어 두십시오."

그 즉시 세 사람은 각 나라에 사신으로 떠났다.

제나라가 외교를 활발하게 전개하니 제후국들이 하나둘씩 복종하기 시작했다. 그러자 나름대로 중원의 강자라 자부하던 노나라가 기원전 681년부터 반발한다. 두 나라가 다섯 차례 전쟁을 벌인 끝에 전패한 노나라가 수읍遂邑을 바치는 조건으로 회담을 제안했다.

그 자리에 노나라 장수 조말曹沫이 갑자기 뛰어들어 환공의 목에 비수를 들이댔다.

"그동안 빼앗아 간 노나라 땅을 모두 반환하라."

환공이 놀라서 엉겁결에 응낙하고는 회담이 끝난 뒤 조말을 죽이겠다고 하자 관중이 말렸다.

"위급해서 그러셨지만 약속은 약속입니다. 이를 무시하면 제후들이 불신할 것입니다."

결국 제 환공은 조말도 살려 두고 점령한 땅도 노나라에 고스란히 돌려주었다.

이때부터 제후들이 제 환공을 신뢰하기 시작한다. 2년 뒤 제후들이 모여 회맹을 열고 제 환공을 맹주로 추대했다. 그리고 소와 짐승의 피를 마시며 존왕양이尊王攘夷를 맹세했다. 환공을 중심으로 주나라 희왕을 받들어 호시탐탐 중원을 노리는 사방의 오랑캐들을 물리치겠다는 것이다. 천자가 유명무실했지만 백성들의 명망이 높아 제후들도 그 명분을 내세워야 했다.

제 환공의 재위 43년간 제후들을 26번 규합했는데, 이는 관중의 의지였다. 공식 회맹만 아홉 차례, 세 번은 군대를 사열하는 병차지회兵車之會, 여섯 번은 위의威儀를 갖춘 의상을 입고 만나는 의상지회衣裳之會였다.

이미 언급했듯이 제 환공은 쉽게 방심하는 성격으로 '솔수장궤甩
手掌柜(무책임한 군주)'였다. 그래서 관중이 수시로 국가적 대사업을 벌
였다. 그래야만 환공이 향락에 눈을 덜 돌리고 군주의 일을 하며
국력을 결집했기 때문이다.

초 웅통, 왕 호칭을 사용하다

그즈음 초나라가 장강 중류에서 세력을 불리더니 중원을 노리기
시작했다. 이들은 천자만 사용할 수 있는 '왕' 호칭도 사용하고 있
었다. 기원전 704년 초나라 웅통雄通이 "내가 삼황오제 전욱의 후손
이고, 주 문왕의 스승 죽웅鬻雄도 바로 내 조상이다"라며 왕이라 부
르기 시작한 것이다. 이는 춘추대의를 깨는 일이었다. 게다가 초楚
성왕成王(BC 671~BC 626)에 이르러 주나라에 바치던 조공마저 중단하
더니, 정나라를 공격해 장수 담백까지 끌고 갔다.

제 환공이 중원의 맹주인데 좌시할 수 없는 일이라 기원전 656년
8개 연합군을 결성해 한수漢水를 가운데 두고 초나라와 대치했다.
먼저 초 성왕이 굴완屈完을 보내 화해를 청하자 연합군 측 대표로
관중이 나가서 협상을 시작했다.

"제나라는 북해에 있고, 우리는 남해에 있어 풍마우불상급風馬牛不
相及(바람난 말과 소도 서로 미치지 못할 거리)입니다. 그런데 우리 땅까지

오다니 어찌 된 일입니까?"

굴완의 질문에 관중이 대답했다.

"옛날 주 소왕께서 남정했을 때 돌아오지 못하셨고, 지금은 조공을 바치지 않으니 그 까닭을 알려고 온 것입니다."

관중이 초나라 정벌에 나선 근본 의도인 왕명 사용 포기를 요구하지 않고 320년도 더 지난 주 소왕 일을 꺼낸 까닭은 무엇일까? 이미 초나라가 3대째 왕명을 사용하고 있어 만일 포기를 강요한다면 중원이 장기간 참혹한 전쟁에 휘말려야 하는데, 양측이 군사력도 엇비슷하여 결과를 장담할 수 없었다. 그래서 관중은 주나라의 왕도 유명무실해졌는데 굳이 명칭에 집착할 필요가 없다고 판단한 것이다.

과연 굴완은 어떻게 답변했을까?

"조공은 바치도록 하겠습니다. 하나 소왕의 죽음에 대해서는 저 강에 물어보십시오."

아주 오래전 한수에 빠져 죽은 소왕의 일을 이제 와 따져 본들 뭐 하겠느냐는 뜻이다. 이로써 초나라의 왕 칭호를 묵과하는 대신 초나라가 천자의 제후국이라는 의미에서 주 왕실에 다시 공물을 바치게 되었다.

춘추 사회의 기본 규칙

제 환공의 최고 절정기는 기원전 651년에 열린 규구葵丘의 회맹 때였다. 주 왕실 5금법을 정하고 제후들과 함께 선서했다.

첫째, 불효자는 베고 적자를 바꾸지 않으며 첩을 본처로 삼지 않는다.

둘째, 현자를 존중하고 인재를 육성하며 덕 있는 자는 표창한다.

셋째, 노인을 공경하고 아이를 아끼며 나그네를 대접한다.

넷째, 관직의 세습과 겸직을 금지한다.

다섯째, 흐르는 물길을 막지 말고 식량 거래를 보장하며 새 거주지를 개발할 때는 알려야 한다.

이날 제후들의 맹약은 춘추시대의 가정, 교육, 약자 구휼, 인사 제도, 경제 등의 기초가 된다. 주 양왕도 제 환공을 신하 이상으로 여겼다. 환공에게 하사품으로 붉은 화살과 제사에 사용한 고기를 수레에 실어 보내며, 엎드리지 말고 서서 받으라고 전했다. 환공이 그대로 하려는데 관중이 극구 만류하여 엎드려 절하고 받았다.

이때부터 제후들 사이에 '환공이 교만해졌다'는 소문이 돌았다. 아니나 다를까, 환공은 천자만 가능한 '봉선제封禪祭'까지 지내려고 했다. 이때도 관중이 겨우 말렸다. 환공이 오랜 세월 중원의 정점에 머물더니 수시로 자기 과시 욕구를 분출하려 했다. 그럴 때마다 관중이 거듭 만류했고 환공이 싫어하는 눈치를 보이자 역아易牙, 수초竪貂, 개방開方이 달라붙었다.

권력자가 자제력이 부족하면 비위를 맞춰 주는 간신들에게 휘둘릴 수밖에 없다. 하루는 환공이 "인육人肉만 빼고 천하 진미는 다 먹어 보았다"고 자랑하니, 역아가 세 살짜리 아들을 요리해 바쳤다. 환공은 이를 충忠으로 받아들였다. 그 뒤 간신들이 더 날뛰었다. 수초는 스스로 거세하고 환관이 되어 궁에 들어왔고, 위나라 공자였던 개방은 고국도 버렸다.

관중은 이런 현실을 개탄하다가 임종을 맞는다. 환공이 찾아와 장차 누구와 더불어 나라를 다스려야 하느냐며 역아, 수초, 개방을 거론한다.

"셋 다 멀리하십시오. 출세를 위해 역아는 자식을 죽이고, 수초는 거세했고, 개방은 나라도 버렸는데, 앞으로 이들이 무엇인들 못 하겠습니까?"

하지만 환공은 셋을 중용했고, 그중 역아는 환공의 애첩과 밀통하여 후계 구도에 개입하기 시작한다. 급기야 3인 사이에 내분이 일어 궁궐까지 폐쇄하는 바람에 환공이 굶어 죽는다. 관중이 사라진 지 겨우 2년 만에 일어난 일들이었다. 비극은 여기서 끝나지 않았다. 환공의 여섯 아들 중 다섯이 집권하려고 다투다가 돌아가며 제후를 하는 바람에 패권국의 역량이 급전직하했다. 환공 같은 인물은 도량이 크지만 계략이 부족해서 누가 곁에 있느냐가 중요하다.

훗날 진나라 숙향叔向은 환공을 이렇게 평했다.

"관중이 자른 비단을 빈서무가 꿰매면 습붕이 옷을 만들었다. 환공은 그 옷을 주워 입기만 했다."

제나라의 천하 통일은 어디까지나 군주가 아니라 신하의 능력 때문이었다는 뜻이다.

진秦의 기틀을 세운 70세 백리해

환공 이후 제나라가 흔들리자 중원 서쪽의 작고 외진 곳에 자리한 진秦 목공穆公(BC 659~BC 621)이 맹주 자리를 노리기 시작한다. 널리널리 인재를 구하는 도중 우虞나라 출신 백리해白里奚의 소문을 들었다. 우나라가 진晉나라에 망한 뒤 백리해가 초나라로 도망쳐 말을 키우고 있다는 것이다.

진 목공은 초 성왕에게 노예 가격인 양가죽 다섯 장을 주고 백리해를 데려왔다. 이후 백리해는 오고대부五羖大夫라 불린다. 처음에는 진 목공이 백리해를 보고 '너무 늙었다'며 혀를 찼다. 백리해의 나이가 이미 70을 넘은 것이다.

"이 몸이 호랑이 잡는 데는 늙었지만, 국사를 보는 데는 아직 젊습니다. 옛날 강태공이 강가에서 낚시할 때보다도 열 살이나 더 아래입니다."

백리해의 대답에 진 목공은 그날부터 3일 연속 패권국이 될 전략을 모색한다. 백리해는 무엇보다 인재가 필요하다며 자기보다 한 살 위인 건숙蹇叔과 현사賢士들을 추천했다.

진 목공에게 초빙된 건숙은 군주의 도리로 '덕과 위엄'을 주장했다. 군자가 덕만 있으면 신하의 기강이 무너지고, 위엄만 있으면 신하가 위축된다는 것이다. 건숙이 거시적 정세 분석과 예측력이 뛰어났다면, 백리해는 기회 포착력과 일의 마무리에 능해 상호 보완적이었다.

이들의 도움으로 진 목공이 서방 12국을 병합하는 등 영토를 크게 넓혀 훗날 시황제의 천하 통일 기반을 닦았다. 백리해의 많은 업적 중 최고는 나이와 출신과 배경이 아니라 능력 중심으로 등용하는 인사 문화의 구축이었다.

마침 정나라도 70이 넘은 촉지무燭之武라는 뛰어난 유세가를 등용하여 망국의 위기를 넘기고 있었다. 시장에서 유랑구걸하며 노예 생활을 하던 백리해가 재상에 오르더니 진나라를 서방 대국으로 만드는 걸 보고 혈연 중심의 귀족 사회에 균열이 온 것이다. 이후 귀족 중심의 정치에 노예나 평민도 역량만 갖추면 얼마든지 참여할 수 있었다.

이에 대해 맹자는 먼저 요순시대부터 춘추시대의 인재를 일람한 뒤 "순은 밭일하다가 임금이 되었고, 부열은 막일하는 중에, 관중은 감옥에서, 손숙오는 바닷가에서, 백리해는 구걸하다 발탁되었다"라고 했다.

그리고 결론을 내렸다.

"하늘이 장차 큰일을 맡기려는 사람에게는 먼저 그의 심지를 괴롭게 하고, 근육과 뼈가 깎일 만큼 고달프게 하고, 굶주리고 결핍하게 만든다. 이는 마음을 흔들어 인내력을 길러서 지금껏 할 수

없던 일을 잘하게 하려 함이다(천장강대임어시인야天將降大任於是人也 필선
고기심지必先苦其心志 노기근골勞其筋骨 아기체부餓其體膚 공핍기신空乏其身 소이동
심인성所以動心忍性 증익기소불능曾益其所不能)."

송 양공

제 환공이 사라진 직후 다시 북상하려는 초 성왕과 맹주 자리를
노리던 송나라 양공襄公(BC 651~BC 637)이 기원전 638년 홍수泓水에서
부딪쳤다.

송군이 미리 유리한 지형으로 가서 기다리는데 멀리 행군해 온
초군이 강을 건너기 시작했다. 부하들이 송 양공에게 지금 초군을
공격하면 모두 수장시킬 수 있다고 했지만, "군자는 남이 곤란할
때 괴롭히지 않는 법이다"라며 거절했다. 인의仁義를 내세워 초군이
강을 건너 진을 칠 때까지 바라만 보다가 비참하게 패배했다. 이를
훗날 송양지인宋襄之仁이라 비웃었다. 하지만 당시엔 분위기가 달랐
다. 요순처럼 성인의 덕을 지닌 임금에 대한 열망이 컸다.

이를 정리해 맹자는 "내성외왕內聖外王이다. 수양이 잘된 성인聖人
이 왕 노릇을 해야 한다는 것이다"라고 했다. 맹자 등 유학자들은
송 양공이 비록 어리석어 보여도 인간의 마땅한 본질을 향했다고
평가한 것이다.

하지만 이상과 현실은 다르다. 모든 임금이 성인도 아니고 더더

구나 전쟁은 상대가 있는 법이다. 그래서 100년 뒤의 손무孫武(BC 545~BC 470)는 《손자병법》에서 송 양공이 자신의 명예를 지키기 위해 백성을 곤란에 빠뜨렸다고 비판했다.

나라라는 공동체의 유익을 위해서라면 군주가 개인의 신념을 접어 둬야 할 때도 있다. 이를 막스 베버Max Weber(1864~1920)는 '신념윤리'와 '책임윤리'로 구분했다.

당시 중화 문명은 황하 중심이라 장강 유역의 초楚, 오吳, 월越마저도 오랑캐 취급을 당하고 있었다. 전쟁 방식도 차이가 났다. 황하 유역은 전차 중심인 데 비하여 우거진 정글이 많은 장강 유역의 나라들은 보병 중심이었다.

그 특성상 송 양공이 초나라 군대가 평지로 나오길 기다렸다고 볼 수도 있다. 여하튼 송 양공은 전쟁에서도 격식을 지키려다 패배했다. 초나라와 송나라의 홍수전쟁 이후 전투 양상이 변한다. 전차전에서 보병전으로 급격히 옮겨 갔고 전쟁하는 이유도 대의명분보다 영토 확장으로 변했다. 병사도 귀족 중심에서 평민이 대거 전투에 투입되기 시작했다.

진晉 문공과 개자추

송나라를 제압한 초 성왕이 황하 유역의 작은 나라들을 복속시켜 나가며 천하가 초나라와 진晉나라의 패권 다툼 형세로 전개된다.

당시 진나라도 융·적戎狄의 침입에 시달리다 헌공獻公(BC 677~ BC 651) 때인 기원전 672년에 승리를 거두어 세력이 커진 것이다.

초와 진이 대전을 벌이기 전, 진나라는 후계 문제로 잠시 진통을 겪는다. 진 헌공이 융적 군주의 딸 여희驪姬를 첩으로 데려온 것이 화근이었다. 여희가 해제奚齊를 낳더니 헌공의 태자 신생申生과 이오 夷吾, 중이重耳를 모함하여 태자는 죽임을 당하고, 중이는 외가인 적 狄으로, 이오는 양梁으로 도망쳐야 했다.

5년 뒤 헌공이 병사하자 헌공의 빈소에서 이극裏克 등이 쿠데타 를 일으켜 해제 등 여희 일파를 제거한 뒤 양나라에 사람을 보내 이 오를 맞이하려고 한다. 그때 이오의 측근 여생呂甥이 그냥 들어가면 위험하니 강한 나라의 군대를 빌려서 들어가야 한다고 하여, 진秦 목공에게 사람을 보내 집권을 도와주면 하서河西 땅을 주기로 약조 했다. 그래서 백리해가 군대로 이오를 호송하여 군주가 되게 도와 주었다. 그가 혜공惠公인데, 진 목공과의 약속도 어기고 도리어 진 秦나라를 공격하다, 혜공이 탄 말이 진흙에 빠져 포로로 잡혔다. 혜 공의 누이인 진 목공의 부인이 상복까지 입고 통곡하는 바람에 혜 공이 겨우 귀국했다. 그 뒤 혜공은 불안한 마음에 자객을 보내 중이 를 제거하려고 한다. 중이는 할 수 없이 호언狐偃, 조최趙衰, 가타賈佗, 선진先軫, 개자추介子推 등과 함께 위衛, 제齊, 조曹, 송宋, 정鄭 등을 유 랑하다 마지막으로 진晉나라의 손길이 덜 닿는 초나라를 찾아갔다.

초 성왕이 중이에게 물었다.

"그대가 귀국하면 나에게 무엇으로 보답하겠소?"

"전쟁터에서 군왕의 군대를 만난다면 삼사三숨(90리)를 물러서겠습니다."

얼마 후 혜공이 병사했다. 진 목공이 초나라에 머물던 중이를 진晉나라로 데려가 군주로 세우니 진 문공文公(BC 636~BC 628)이다. 이때 나이가 63세였다. 고국을 떠나 천하를 떠돈 지 19년 만의 일이다. 논공행상이 시작되자 몇몇 신하가 자기들 공을 내세우려고 일부러 개자추를 제외해 버렸다. 개자추야말로 유랑 도중 중이가 굶주렸을 때 자기 허벅지 살로 국을 끓여 바친 '할고봉군割股奉君'의 충신 아닌가. 개자추는 크게 실망하여 "탐천지공貪天之功이 도둑질보다 더 비루하다"라며 어머니를 모시고 깊은 산중으로 들어갔다. 서로 공을 다투는 입신 대신 입산을 택한 것이다.

논공행상을 끝낸 문공은 지난날 자신을 암살하려 했던 이오의 측근 사인피寺人披 등도 중용하며 반대하는 측근들에게 말했다.

"지난날 제 환공도 자신을 죽이려 한 관중을 등용해 패업을 달성했소."

이런 진 문공을 보고 혜공과 달리 아량이 넓다며 민심이 안정된다.

그 뒤 기원전 635년 주 왕실에 반란이 일어났다. 진 문공이 '근왕양이'의 명분을 내걸고 주 양왕을 보호하며 진압에 나섰다. 감격한 주 양왕이 낙양 근교의 땅을 하사했고 제후들도 진 문공을 존경하기 시작한다. 하지만 진 문공이 맹주가 되려면 송 양공을 패배시킨 뒤 중원에서 영향력을 확대해 나가는 초나라와의 일전이 불가피했다.

2대 맹주 진 문공의 격장술

기원전 633년 초나라가 정鄭, 진陳, 채蔡, 허許와 연합하여 송나라 도읍지 상구商丘를 포위한다. 송나라가 진 문공에게 구원을 청했다. 이에 진 문공이 초나라를 따르는 조나라와 위나라를 기습 점령한다.

급보를 받은 초 성왕이 "진나라와 전면전을 벌일 상황이 아니다. 타협을 모색하라"며 자옥子玉 장군과 일부 군사만 남겨 두고 철군했다.

자옥이 진 문공에게 완춘宛春을 특사로 보내 "진군이 조와 위에서 철군하면 초군도 송에서 철군하겠다"라고 했다. 진 문공은 완춘을 억류한 채 조나라와 위나라 제후에게 복권의 조건으로 초나라와 단교를 요구했다. 조와 위도 별도리 없이 초나라와 단교한다는 문서를 자옥에게 보내야 했다. 자옥이 날뛰었다. 이것이 격장술激奬術이며, 적장의 분노를 유발해 판단을 흐리게 하는 것이다.

과연 격분한 자옥이 송나라 공격을 풀고 전군을 진나라 군사 주둔지로 돌렸다. 그때 진 문공이 망명 시절 초 성왕에게 약속한 대로 90리를 물러섰다. 표면상 신의를 지킨 후퇴였으나 사실은 초군의 성급한 추격을 유도하여 피곤하게 만드는 전략이었다. 이처럼 진 문공의 심리전에 초나라가 말려든 싸움이 성복대전城濮大戰이다.

진 문공이 여기서 크게 승리한 뒤 제후들을 모아 천토踐土에서 회맹을 열고 천자에게 압력을 넣어 패주霸主로 책봉받았다. 이후에도 30여 개국을 병합하여 영토를 크게 확장하는 등 즉위 기간은 9년으로 그리 길지 않았지만 진晉나라를 강국으로 만들어 후대까지 지속되는 발판을 만들었다.

한편 기세등등하던 진秦 목공은 어찌 되었을까?

백성들이 백리해를 크게 신망하자 질투하여 죄를 뒤집어씌우고 죽인다. 그날 백성들이 일손을 멈추고 슬퍼했으며 아이들도 놀기를 멈추고 울었다. 그뿐 아니었다. 자신이 죽을 때 유능한 인물을 포함하여 117명을 순장하라고 했다. 진 목공은 뛰어난 인물을 토사구팽하느라 맹주가 될 수 없었던 것이다.

3대 맹주 초 장왕과 청백리 손숙오

남방의 강국 초나라는 성복대전에서 기세가 꺾이더니 한동안 중원 진출의 야망을 접는다. 그 뒤 기원전 626년 초 성왕이 폐위하려던 태자에게 도리어 쿠데타를 당하고 자살했다. 그 태자가 초楚 목왕穆王(BC 625~BC 614)이며, 다음 왕이 '불비불명不飛不鳴'으로 유명한 초 장왕(BC 613~BC 591)인데 즉위 후 3년간 허송세월을 보냈다.

보다 못해 오거伍擧(오자서伍子胥의 조부)가 장왕을 찾아와 "3년간 날지도 울지도 않는 새의 이름을 아느냐"고 물었다.

장왕이 벌떡 일어나 소리쳤다.

"일비충천一飛冲天 일명경인一鳴驚人."

그 새가 한 번 날면 하늘을 덮을 것이고, 한 번 울면 만인을 놀라게 할 것이라는 뜻인데, 과연 장공이 돌변했다. 그동안 눈여겨본 간신들을 주살했다. 어촌에 살던 가난한 손숙오孫叔敖 같은 충신을 발굴하고, 사방 5,000리가 넘는 광활한 지역에 각처마다 저수지와 농지를 개발했다. 이후 해마다 풍년이 들며 부강해지자 기원전 606년 육혼陸渾의 융戎을 정벌한다. 이어서 주나라 경내까지 북상하며 황하의 지류인 낙수洛水에서 말에게 물을 먹였다. 주 왕실을 향한 시위였던 것이다.

당황한 천자의 사신 왕손만王孫滿이 달려오자 장왕이 짐짓 물었다.

"주나라에 구정九鼎이 있다던데, 무게가 얼마나 됩니까?"

하나라 우임금이 전국 9개 주에서 모은 청동으로 만든 솥은 왕권의 상징이었고, 이 솥에 제물을 삶아 하늘에 제사 지냈다. 이 구정은 신비하게도 난세 때 사라졌다가 성군이 등장하면 나타났다.

초 장왕의 의중을 파악한 왕손만이 대답했다.

"정의 무게는 군주의 덕에 달려 있습니다. 하나라의 걸왕이 덕이 없어 상나라로 정이 옮겨 갔고, 상의 주왕이 포악하여 다시 주나라로 왔습니다. 군주의 덕이 밝으면 비록 정이 가벼워도 옮길 수 없고, 군자가 사악하면 정이 아무리 무거워도 가볍게 옮길 수 있습니다. 아직 천명이 바뀌지 않았으니 정의 무게를 묻지 마십시오."

초 장왕은 이 말을 듣고 그냥 돌아갔다. 그리고 주변 나라들을 병합하며 맹주를 자처하는데, 기원전 598년 진陳나라에서 치정에 얽힌 내란이 일어난다. 그 과정은 다음과 같다.

진陳 대부 하어숙夏御叔이 정 목공의 딸 하희夏姬과 결혼하여 하징서夏徵舒를 낳고 살다 요절했다. 홀로 된 하희는 진陳 영공靈公은 물론 간신 공영孔寧과 의행부儀行父까지 집으로 끌어들여 사통한다. 더 이상 참지 못한 하징서가 집에 들른 영공을 화살로 쏘아 죽이고 권력을 잡은 것이다.

중원 진출을 노리던 초 장왕은 대역죄를 응징한다는 명분으로 진陳나라를 정벌한 뒤 일개 현縣으로 만드는 멸국치현滅國置縣을 하고자 했다. 그런데 사신으로 제나라에 다녀온 대부 신숙시申叔時가 '혜전탈우蹊田奪牛'라는 속담으로 만류했다. 남의 소가 내 밭을 밟았다고 그 소를 빼앗을 수 없듯이, 하극상을 일으킨 자를 처벌할 뿐 나라까지 빼앗을 수는 없다는 것이다. 결국 초 장왕은 하징서만 죽인 뒤 하희를 데리고 회군했다.

그 뒤 초 장왕이 하희를 곁에 두려 하자 대부 무신巫臣이 만류했다.

"하희를 가까이한 남자마다 요절했습니다. 멀리하셔야 합니다."

그 말대로 하희를 단념하자 이번에는 장군 자반子反이 하희를 원해서 허락하려는데 또 무신이 말렸다. 그런데 무신이 하희를 데리고 진晉나라로 도망쳐 버렸다. 중국의 경국지색이 말희, 달기, 포사에서 하희로 이어지는데, 하희만 나이 오십이 넘었다. 그래서 '하희삼소夏姬三少(하희가 세 번 젊어졌다)와 삼부이군일자三夫二君一子라는 말이 생겨났다. 하희가 세 남편과 두 군주, 한 아들을 죽음으로 몰았다는 것이다.

하희의 위험성을 누구보다 잘 아는 무신이 왜 빠졌을까? 당시 나라마다 경卿과 대부大夫들의 영향력이 강해지면서 그들 사이의 대립이 심화되고 있었다. 하희 사건도 마찬가지였다. 초나라 대부인 무신과 자반이 갈등하는 가운데 장왕이 중립적 입장을 취하자 무신이 하희를 차지해 존재감을 드러내려 한 것이다.

하희는 자신의 매력과 그 매력에 모든 걸 던지는 피학적 성향의 인물이 누구인지 간파했고 이를 이용할 줄 알았다. 하희 같은 소시오패스적 나르시시스트는 모든 관계를 자기 만족을 위한 수단으로 본다.

다행히 장왕은 가학적인 하희, 피학적인 무신과 달리 자신을 잘 다스려 나라도 부강할 수 있었다. 이것이 장왕의 신독愼獨과 주경主敬이며, 유가적 극기복례克己復禮의 한 방법이다.

무신이 하희와 도망친 다음 해, 초 장왕이 선두에 서서 정鄭나라를 공격했다. 진陳과 정은 진晉을 따르던 나라들이다. 초 장왕이 진陣에 이어 정나라를 공격한다는 것은 진晉나라를 더 이상 패권국으로 인정하지 않는다는 뜻이다.

진晉나라의 구원군이 대장군 순임보荀林父의 인솔 아래 정나라로 달려가 보니 이미 초나라에 투항한 뒤였다. 퇴각하려 했으나 부장 선곡先縠 등이 반대하여 황하를 건너 초나라로 진격했고, 기원전 597년 필邲의 전투가 전개된다.

초 장왕은 진군이 야습하길 기다렸다가 우회하여 진군의 본진을 급습했다. 동이 트기도 전이었다. 엉겁결에 퇴각하는 진군은 배에 먼저 탄 병사들이 승선하려는 병사들의 손가락을 자르며 황하 너머로 건너갔다. 필의 전투로 초 장왕은 성복전투의 패배를 설욕했고, 동시에 실력을 보임으로써 중원의 세 번째 패자임을 과시했다.

초 장왕도 뛰어났지만 신하들도 훌륭했다. 청백리의 표상인 손숙오는 고위직에 있으면서도 재산을 축적하지 않았고, 자식에게 자리를 물려주지도 않았다.

손숙오를 존경한 악사 우맹이 나무꾼이 된 손숙오의 자식을 보고 장왕 앞에서 이런 노래를 불렀다.

"탐관오리는 큰 재물을 남겨 후손들이 배를 불리고, 손숙오 같은 청백리의 자손들은 굶고 있다네."

그제야 사정을 알아챈 장왕이 손숙오의 가족을 돌봐 주었다.

당시 전 세계에서 주술 중심의 가치관에 변동이 일어나고 있었다. 중원에도 기원전 600년 무렵부터 각 나라의 공실公室이 쇠퇴하고 사가私家(세경가世卿家)들이 대두하면서 공실의 조선신祖先神이 지닌 권위가 퇴조했다. 이런 조류를 타고 새로운 가치관이 등장하는데 도가와 유가가 대표적이다.

이 두 가지 특징을 보여 준 군주가 초 장왕이었다. 그가 정나라 점령과 하희 사건 등에서 보여 준 '멈춤'이 《도덕경》의 '지지불태知止不殆'와 같다.

미병지회

한편 하희의 일로 무신에게 원한을 품은 자반은 장왕의 아들 초楚 공왕共王(BC 590~BC 560)이 즉위하자 바로 무신의 가족을 몰살해 버렸다. 무신 역시 복수를 결심하고 진晉 경공景公(BC 599~BC 581)에게 초나라를 누르려면 오나라를 키워 줘야 한다고 설득했다. 경공이 옳게 여겨 전차 30대를 주었다. 무신은 아들 굴호용^{屈狐庸}을 데리고 오나라로 가서 전차전과 용병술, 진법^{陣法} 등을 가르친다.

그때까지 오나라는 초나라에 복속된 변두리 국가였다. 무신이 와서 강력한 군대를 길러 주며 부추기자 초나라를 섬기는 서^徐나라, 소^巢나라 등의 소국을 공략해 나간다. 초나라의 자반이 찾아와 만류했지만 소용없었다. 도리어 오나라 군대가 초나라 남쪽 국경 주내성^{州來城}을 쑥대밭으로 만들어 놓았다. 주시하던 진^晉 여공^{屬公}(BC 581~BC 573)이 기원전 575년 언릉^{鄢陵}에서 초나라와 부딪쳤다. 언릉전투는 진나라 장수가 쏜 화살이 초 공왕의 한쪽 눈에 박히며 끝났다.

진 여공이 승전하고 돌아와 보니 대부들이 세력 다툼을 벌이고 있었다. 여공은 진노하여 총희^{寵姬}의 오빠 서동^{胥童}을 경^卿으로 삼고 대부들을 차례차례 제거한다. 먼저 극기^{郤錡}, 극주^{郤犨}, 극지^{郤至} 일가를 죽였다. 다음 차례인 대부 난서^{欒書}, 순언^{荀偃}은 선수를 쳐서 먼저 서동을 제거하고 곧바로 여공까지 독살했다. 그리고 진^晉 양공^{陽公}(BC 628~BC 621)의 손자 진^晉 도공^{悼公}(BC 573~BC 558)을 세웠다.

도공은 아직 열네 살이었지만 정사를 바로잡았고, 초와 진 사이를 오락가락하며 수시로 배신하는 정나라를 확실하게 복종시켰다. 아쉽게도 도공이 스물넷에 요절하고 진^晉 평공^{平公}(BC 558~BC 532)이 즉위했다. 평공은 선왕과 달리 정사를 돌보지 않았다. 자연히 모든 실권이 여섯 가문, 즉 육경^{六卿}(범씨, 위씨, 조씨, 중행씨, 지씨, 한씨)으로 넘어갔다.

다른 나라들도 경대부가 정치적 실권을 차지하는 현상이 나타나기는 했다. 이런 상황에서 군주들은 자국의 귀족 간 대립을 무마하기도 벅차서 중원에 전란이 일지 않기만 바랄 뿐이었다. 우선 60년 이상 지속된 초나라와 진나라의 패권 다툼을 멈춰야만 했다. 그래야 주변 약소국들의 수난도 종식되기 때문에 약소국 송나라의 대부 상술向戌이 적극적으로 나섰다. 그는 평상시 알고 지내던 초나라 영윤令尹 굴건屈建과 진나라 정경正卿 조무趙茂 등과 함께 기원전 546년 여름 송나라 도성에서 평화 회담을 체결했다. 바로 미병지회弭兵之會였다. 진晉나라, 초나라, 제나라, 진秦나라가 각자 동맹국인 노魯, 조曹, 진陳, 위衛, 허許, 정鄭, 채蔡의 대표와 정전 협정을 맺은 것이다. 그 뒤 동서의 제와 진秦, 북남의 진晉과 초 등 4대 강국이 소강 상태를 유지하며 반세기가량 평화를 누렸다.

그 시기에 중국 사상의 기조를 형성한 노자와 공자가 등장한다. 물론 두 현자의 사상은 이전부터 내려온 두 세계관을 창의적으로 집대성한 것이었다.

집단 무의식을 대변한 노자, 인륜을 설정한 공자

노자는 모계 원시 사회적 사유를, 공자는 부계 사회 이후의 윤리를 지향했다. 달리 말하면 노자는 원시 사회 이후 형성된 집단 무의식collective unconscious을 의식의 전면에 표방했다. 인간 개인의 무의식에는 수많은 원형archetypes(동굴벽화, 신화, 대지, 하늘, 거인, 어머니, 출생, 죽음, 각종 의례 등)이 담겨 있다. 이를 스위스 정신분석학자 칼 융은 태곳적부터 내려온 인류 역사의 문화가 각인된 것으로 보았다. 이 원형들이 선험적 심상이 되어 다양한 상징을 통해 표출되는 것이다. 노자가 바로 이 무의식적 심상을 《도덕경》이라는 5,000글자로 형상화해 냈다.

공자는 송나라 미자微子의 후손으로 아버지 숙량흘叔梁紇이 안징재顔徵在와 야합하여 노나라 추읍鄹邑에서 태어났다. 산동성 남서부의 노나라는 주공의 봉토이며 주나라의 문화와 전통을 긍지로 여겼다. 그런 주나라의 종법 제도와 예법이 건국 500년이 지난 춘추 말기에 무너지고 있었다.

그 시기에 공자는 사士의 신분으로 주나라의 주례周禮을 회복하고자 했다. 먼저 춘추시대 귀족을 일컫는 군자君子를 재정의했다. 각자 신분에 맞는 덕과 책임 의식을 지닌 사람이 곧 군자라는 보편적 인간상을 내놓은 것이다. 이것이 중국을 넘어 동아시아와 전 세계에 초자아super ego로 확산된다.

노자는 훗날 초나라에 합병당한 약소국 진陳나라 출신이었다. 노자 역시 춘추 말기에 주 왕실의 도서관 수장실守藏室에서 일하며 하나라, 은나라, 주나라 초기의 수많은 유물과 전적典籍을 섭렵했다. 그는 천하 혼돈의 원인이 인위人爲에 있다고 보고, '무위無爲'의 삶을 위해 은둔을 택한다. 사회적 소산은 인위적 분별에서 비롯된 환상에 불과하므로 자연스럽지 못하다. 이러한 인간 중심적 분별을 버려야 인위에서 비롯된 오류를 방지할 수 있다.

노자가 설파한 무위자연설은 디지털 사회에 와서 더욱 주목받는다. 디지털 문명이 실재보다 허상이 지배하는 기호(시뮬라시옹simulation) 사회를 만들어 내기 때문이다. 이런 사회에서 대중은 기호를 소비한다. 프랑스 보드리야르Jean Baudrillard(1929~2007)의 진단이다. 이 기호는 원본에 대한 모방이다. 모방이 원본을 그대로 드러낸다고 본다면 모방, 즉 시방은 원본의 어떤 부분을 감추고 다른 부분을 확대한다. 이처럼 원본보다 더 가치 있거나 유용하게 보이도록 만드는 것이 시뮬라시옹이다.

여기서 본질은 은폐된 모조품이 마치 실재처럼 마력을 발휘한다는 점이다. 이러한 인공물은 자기 증식을 위해 시청자를 은유적으로 감시하고 통제하며 주체성을 상실케 한다. 실재가 없는 허상이 실재보다 현실을 더 장악하면서 진실은 존재하는 것이 아니라 만들어 가는 것으로 전락했다. 이런 인위적 현상 때문에 노자의 가르침이 '허상이 아닌 진실'을 직시하는 데 도움이 되는 것이다.

노자의 직시, 공자의 맥락

노자가 직시한 것은 우주의 본체本體였다. 언어, 제도, 문화를 넘어선 본체는 과연 무엇일까? 태허太虛다. 텅 비어 있는 태허는 고요한 태풍의 눈과 같다. 여기서 기氣가 나와 오르내리며 혼연渾然을 낳는다. 이것은 현대물리학의 '카오스'와 같다.

총 81장으로 구성된 《도덕경》 중 상편 37장이 우주의 본원, 즉 존재론을 다루는 '도경道經'이다. 다음 하편 44장은 '덕경德經'인데 도가에서 말하는 덕과 유가의 덕이 다르다.

도가의 덕은 무엇일까? 도의 작용으로 만물이 형성되고 운용되는 것이다(물득이생위지덕物得以生謂之德). 즉 태허에서 혼연이 번지는 것을 통틀어 도道라 할 수 있다. 이 도에서 만물이 나왔다(도생일道生一 일생이一生二 이생삼二生三 삼생만물三生萬物). 유有는 무無에서 생겨나고 무는 유에서 생겨나기 때문에 무명無名이 천지의 출발점인 것이다.

인간은 만물을 구별하기 위해 끊임없이 명명命名(이름 붙이기)을 한다. 이 명명이 구별에서 차별로 나아가며 입신양명立身揚名이 나오고, 여기서 가상이 실재를 대신하는 시뮬라시옹까지 치닫는 것이다.

이에 대한 보드리야르식 대안은 과잉 순응을 통한 전복, 즉 미러링이다. 시뮬라시옹인 모상模像을 그대로 비추되 그 논리를 흡수하지 않는 것이다. 과잉 순응을 통해 모순으로 점철된 현실을 폭로하는 것이다.

노자는 일찍이 좀 더 근본적인 대안을 내놓았다. 바로 무명과 가까워지는 '무욕無欲'이다. 무욕하면 본래의 모습으로 돌아갈 수 있다. 만물은 의도 없이 본연本然에 따라 전개된다. 이를 따르는 성인이 군주가 되면 무위無爲의 치治를 한다. 군주가 무욕하면 백성도 덩달아 소박해지고, 군주가 고요하면 백성도 바른 사람이 된다. 따라서 군주는 백성을 다스리려 하지 말고 동심童心으로 돌아가도록 놓아둬야 한다.

이러한 정치가 가능하려면 소국과민小國寡民, 즉 아담한 부락 중심의 원시 사회여야 한다. 모든 부락이 그렇게 되면 닭 우는 소리, 개 짖는 소리가 들릴 만큼 가까운 이웃 부족과도 왕래할 필요 없이 자족한다. 노자는 그래야만 허상의 과잉을 초래한 욕망의 과잉이 해소된다고 보았다.

사실 도가의 관점은 삼황오제 때부터 면면히 흘러 내려오고 있었다. 요임금이 선양의 뜻을 내비치자 귀를 씻은 허유는 그 물조차 소도 먹지 못하게 했다. 이 밖에 나무에 집을 짓고 산 소부巢父, 지조를 지키며 수양산에 은거한 백이와 숙제, 여든 살이 되도록 위수가에서 낚시한 강태공, 궁중 정치를 싫어한 개자추 등이 있다.

이런 흐름은 주 왕실의 권위가 무너지면서 더욱 또렷해졌다. 열국의 패권 다툼에 신분 제도까지 해체되었고, 나라를 잃은 유랑민과 초야로 피한 대부가 부지기수였다. 이런 시대 분위기가 도가의 자연주의 철학을 필요로 했다. 이런 상황에서 도가의 정수인 노자의 《도덕경》이 나온 것이다.

당대에서는 구송口誦으로 《도덕경》이 전파되었다. 그중 《도덕경》 37장의 '억지로 하지 않아도 이루어지지 않는 일이 없는 세상(도상무위이무불위道常無爲而無不爲)'이라는 구절이 최고 인기였다. 이로써 노자가 무위無爲의 사상가로 각인되었다. 반면 공자는 유위有爲의 사상가였다.

노자와 공자는 '이상 사회 구현'이라는 같은 목적을 추구했고, 그 구현 대상으로 노자는 삼황오제 시기까지 거슬러 올라가 원시 사회를 주목했다면, 공자는 주나라 초기의 예법 사회를 구현하려고 했다. 노자가 만물의 시발인 '무無'와 '개인'에 집중했다면, 공자는 개인들이 만들어 내는 '관계'에 집중한 것이다.

도덕에 대한 관점도 차이가 있다. 노자에게 도덕이란 만물의 본원이며 존재론이기 때문에 한 시대의 가치관과는 다르다. 가치관은 시대에 따라 달라질 수 있다는 것이다. 공자에게 도덕은 정오선악正誤善惡을 구분하는 윤리다. 시대가 바뀐다고 달라질 수 없는 것이다. 이 윤리가 곧 하늘의 이치인 천명이고, 요순처럼 이 천명을 예의로 구현하는 사람이 곧 성인이다. 군자는 성인처럼 천인합일의 경지에 이르기 위해 날마다 수양해야 한다.

'군자'라는 단어가 2만 자로 이루어진 《논어論語》에 105번가량 나온다. 공자의 정치 윤리는 덕으로써 도로 이끌고, 예로써 사회를 관리하는 것이다(도지이덕道之以德 제지이례齊之以禮). 이처럼 공자가 당위적 문화의 맥락에 자연현상의 본질인 도를 끌어들이려 했다면, 노자는 도의 입장에 당위적 문화의 맥락을 용해하려 했다.

딜타이Wilhelm Dilthey(1833~1911)의 해석학적 관점으로 보면, 노자는 자연과학적이고, 공자는 정신과학적이다. 삶과 문화를 이해하려는 정신과학은 자연현상을 다루는 자연과학과 달리 감정 이입이 중요하다. 어떤 문화를 이해하려 할 때 바로 그 문화의 입장에서 생각하고 느껴야 한다는 것이다.

공자의 고향 노나라는 3대 권력 가문인 삼환三桓(계손季孫, 맹손孟孫,

숙손叔孫)이 주도하
는 과두寡頭 정치
체제였다. 노나라
백성들은 공실의
지위가 회복되기를
바랐으며 공자도
예외가 아니었다.

자로 문진子路問津

공자가 성왕을 지켜 준 성왕의 삼촌 주공을 존경하는 것은 당연
했다. 주나라 건국 논리인 역성혁명론의 핵심이 바로 '천심天心은 민
심民心'이었다. 이 민심을 얻는 유일한 길을 공자는 '인仁'으로 본 것
이다.

공자의 핵심 사상과 노자의 경악

공자의 핵심 사상은 '인仁과 예禮'로 응축된다. 인에 대해 제자 중
궁仲弓이 궁금해하자 공자는 이렇게 대답했다.

"사민여승대제使民如承大祭."

군주가 백성을 대할 때 하늘에 제사 지내듯 하라는 것이다. 천심
이 민심이 되었기 때문이다. 인은 사람 사랑이며 소극적인 서恕와
적극적인 충忠으로 구성되어 있다. 서는 내가 원하지 않는 일을 다
른 이에게 시키지 않는 것(기소불욕己所不欲 물시어인勿施於人)이다. 이에

비해 충은 사심 없는 마음이다. 여기서 극기복례克己復禮가 나온다. 군자는 한마디로 사심 없이 예를 다해야 하는 것이다.

그러면 예란 무엇일까? 인이 어진 마음이라면 예는 그 마음을 표현하는 방법이다. 원래 종교 의례였던 '예'가 '인'을 바탕으로 삼고 천하를 안정시키기 위한 풍속으로 변해 간 것이다. 그럼에도 불구하고 전통 신앙을 따르는 사람이 많았다.

공자는 신과 관련해 일관되었다.

"사람 일도 다 모르는데 어찌 귀신 일을 알려고 하는가(미능사인未能事人 언능사귀焉能事鬼)."

이런 철학으로 괴력난신怪力亂神에 대해 언급하지 않았다. 귀신 섬기는 일을 멀리하고 사람의 도리에 힘써야 한다는 것이다. 이 같은 공자의 가르침 때문에 종교 의식이던 예가 천하 안정을 위한 풍속으로 변해 갈 수 있었다. 인의 구현 방법인 극기복례의 핵심은 무엇일까? 왕은 왕답게 신하는 신하답게 아비는 아비답게 자식은 자식답게(군군신신부부자자君君臣臣父父子子)'라는 '정명正名'이다. 이름값을 하라는 것(명실상부名實相符)이다. '예'는 공자에게 인간관계의 처음이자 마지막이지만, 노자는 그 '예'를 허례허식으로 본다.

공자가 서른을 갓 넘었을 때 노자를 찾아갔다. 노자가 왕실의 도서관에 오래 근무했으니 '성인의 예법'을 잘 알고 있으리라 보고 물었는데 대답이 뜻밖이었다.

"그 성인들은 이미 썩어 없어지고 그들의 말만 남았는데 뭘 기대합니까? 아무리 군자라도 때를 얻으면 벼슬을 하지만, 때를 못 만나면 바람 따라 떠돌 뿐이오. 그래서 덕을 갖춘 이가 더 어리석은 것처럼 보이는 겁니다. 그대의 교만과 과도한 욕망, 능수능란한 태도가 모두 무익할 뿐입니다."

공자는 큰 충격을 받고 제자들에게 일렀다.

"나는 새와 물고기를 잡는 법은 알지만 용에 대해서는 모른다. 노자는 용과 같다."

자신과 다른 의견을 가진 노자의 탁견을 존중했던 것이다.

노자가 공자와 달리 성인의 가치를 절하한 이유가 있다. 30년 이상 주 왕실을 지켜보니, 귀족들이 장서에 적힌 성현들의 말만 인용할 뿐 행동은 전혀 달랐던 것이다. 그들의 표리부동表裏不同에 경악하여 공자가 '성인의 예법'을 묻자 힐난했던 것이다.

그래서 공자도 주나라 초기와 그 전 시대인 요순우탕문무주공堯舜禹湯文武周公의 사회를 주목했다. 그만큼 사심 없는 예를 세우고 싶어 했다. 예에 사심이 들어가지 않아야 노자가 몸서리친 표리부동을 막을 수 있다고 보았다.

공자의 아버지 숙량흘은 몰락한 송나라 귀족 출신으로 노나라에 왔고, 공자를 낳은 지 3년 만에 작고했다. 그

문례노담問禮老聃

때부터 공자는 지독한 가난 속에서 자라야 했다. 그래도 15세에 학문에 뜻을 세웠으며, 장성하여 노나라 귀족 계손씨季孫氏의 가축 관리인이 되었다. 이런 공자에 대해 사마천은 사士 중에서도 하급인 천사賤士라고 했다. 공자는 이런 경험을 배경으로 가르침에는 귀족, 평민, 노예의 차별이 없다는 '유교무류有敎無類'를 설파했다.

동양 사상의 원류가 된 도가와 유가

공자는 학문에 뜻을 세운 다음부터 직접 경험한 수양修養의 경지를 이렇게 정리했다.

공자의 생애주기별 6단계 성숙론

15세 : 지학志學 – 30세 : 이립而立 – 40세 : 불혹不惑 –
50세 : 지천명知天命 – 60세 : 이순耳順 – 70세 : 종심從心

공자는 인격이란 태어나서 노년까지 성숙으로 나아가며, 그 과정에서 10년 주기마다 단계별 수양의 모습을 갖춘다고 보았다. 공자의 생애주기별 성숙론은 심리사회학자 에릭슨Erik Erikson(1902~1994)의 발달 이론과 흡사하다. 다만 에릭슨은 8단계로 과정을 세분화했을 뿐이다.

발달단계별로 나타나는 긍정과 부정의 특징은 그 시기 과업의 성취 여부에 영향을 받는다. 예를 들어 학령기 때 노력에 대한 보상을 받으면 근면성이 강화되고 그렇지 않으면 열등감을 갖는다.

공자와 에릭슨의 공통점은 다음과 같다.

첫째, 자아의 발달이 어려서부터 노년기까지 일생에 걸쳐 나타난다.

둘째, 자아를 통해 감정과 사고, 행동을 조절할 수 있다. 공자의 이립而立이 곧 자아 정체감인데, 자신의 독특한 특성을 자각하는 것으로 개별성, 통합성, 지속성이 주요 특징이다.

공자가 30세에 이립했다는 것은 그때부터 자립하고 제자들을 가르쳤기 때문이다. 그 뒤 50대에 노나라 사공司空을 거쳐 법무장관인 대사구大司寇에 올랐다. 하지만 권력 가문의 횡포 때문에 기원전 496년 벼슬을 버리고, 58세 무렵부터 노나라를 떠나 14년간 천하를 주유한다. 그때 송宋, 위衛, 진陳, 정鄭, 채蔡, 초楚 등의 군주들을 만나 설득했다.

"법과 형벌로만 다스린다면 백성이 법망만 피할 뿐 부끄러워하지 않습니다(도지이정道之以政 제지이형齊之以刑 민면이무치民免而無恥). 그러나 덕으로 이끌고 예로 다스린다면 백성이 수치도 알고 올바르게 됩니다(도지이덕道之以德 제지이례 齊之以禮 유치차격有恥且格)."

어느 날 공자에게 노나라의 실권자인 계강자季康子가 물었다.

"무도無道한 자를 죽여 도를 취하면 어떻겠소?"

"정치하면서 왜 죽이는 일을 합니까? 당신이 선하고자 하면 백성도 착해집니다."

이와 더불어 유명한 말을 남기고 떠났다.

"군자의 덕이 바람이라면 소인의 덕은 풀과 같아서 바람이 불면 눕게 되어 있습니다(군자지덕풍君子之德風 소인지덕초小人之德草 초상지풍필언草上之風必偃)."

춘추시대의 제후들은 인치仁治보다 법치만 강조했고, 귀족들이 교묘하게 법을 만들면 실무자들은 법을 왜곡했으니, 피해는 백성들의 몫이었다.

인으로 천하를 바로잡아야 백성들도 수치를 알고 바른길로 가는 것이다. 그러려면 천자부터 서민에 이르기까지 수치를 알고 인격을 어질게 닦아야 한다. 이것이 수신修身이다. 인으로 정치하면 인정仁政이고, 인정으로 통치하는 왕이 인군仁君이며, 인으로 행하는 자가 곧 군자인 것이다.

나라가 수치를 알면 이利에만 몰두하던 소인배 나라가 의리義理에 밝은 군자의 나라로 발전한다. 예를 행하려면 용기가 있어야 하는데 이것이 의義다. 의로운 기운이 있어야 예를 행하는 용단勇斷을 내린다. 무엇이 의로운 용단일까. 보상을 바라지 않는 행동이다. 용단이 있는 자들을 일컬어 군자라 하며, 이들은 단지 해야 할 도리를 할 뿐 어떤 것도 바라지 않는다.

공자는 군자의 천하를 만들어 보려고 각국을 돌아다녔다. 하지만 이미 약육강식에 물든 군주들이 손사래를 쳤다. 결국 뜻을 이루지 못하고 노나라에 돌아와 제자 양성에 여생을 보낸다. 당시 공자가 가르친 시詩, 서書, 역易, 예禮, 춘추春秋 등이 훗날 유교의 오경五經이 된다. 공자에게 직접 배운 제자만 3,000여 명인데 그들이 공자와 나눈 이야기를 공자 사후에 펴낸 책이 《논어》다. 공자의 제자 중 탁월한 10명을 공문십철孔門十哲이라 했다.

그중 염유冉有와 계로季路는 정치, 자유子游와 자하子夏는 문학, 재아宰我와 자공子貢은 언어, 안연顔淵과 민자건閔子騫, 염백우冉伯牛, 중궁仲弓은 덕행德行 분야에서 두각을 나타냈다. 그 외에 증삼曾參과 자장子張, 유약有若 등도 뛰어난 제자였다. 이들 가운데 자유와 자하, 자장, 유약은 숭례파崇禮派를 형성했고, 훗날 순자에게 이어진다. 증자曾子와 자사子思는 내성파內省派이며 맹자가 이어받았다. 이처럼 제자들이 여러 문파로 나뉘어 사방에 흩어져서 문인들을 가르치는 한편 제후들의 초빙을 받아 공자의 가르침을 전달했다.

이로써 남노북공南老北孔이라 하여 노자 사상은 남방을 중심으로, 공자 사상은 북방을 중심으로 전국에 퍼져 나갔다. 도가는 출세적出世的이며 개개인의 안녕安寧 중심인 데 비해 유가는 입세적入世的이고 공동체 위주다.

두 사상의 성향이 각기 다른 지역에서 발생했고 다른 분야를 대변하는데도 상호 보완으로 진화할 수 있었던 것은 두 가지 이유다. 첫 번째는 공자가 노자를 존경하고 칭송했으며, 두 번째는 도가와 유가의 처세 방식이다. 유가는 '군자화이부동君子和而不同 소인동이불화小人同而不和'라 하여 포용력을 중시하고, 도가 역시 '상선약수上善若水 유수부쟁流水不爭'이라 하여 부쟁不爭의 철학을 지니고 있기 때문이다.

이처럼 춘추 말기에 공자와 노자가 정립한 유가와 도가 사상은 플라톤이 서양 철학에 미친 영향보다 더 심대했다. 플라톤 철학을 서양 사상의 각주라 한다면, 유가와 도가는 동양 사상의 원류로 작용한다.

불완전한 세계 너머에 완전한 세계가 실재한다는 것이 플라톤의 이데아다. 여기에 유대교의 유일신 사상이 결합해서 서양의 이원론이 나왔으며 이슬람, 가톨릭, 기독교 등의 교리도 생성되었다.

서양에서 이데아에 자신을 비춰 보며 죄 문화guilt culture가 나왔다면, 동양은 관계 속에서 자기 내면을 보는 수치 문화shame culture가 나왔다. 그것이 수오지심羞惡之心이다.

서양의 이원론은 자연을 객체로 보고 분석하며 뉴턴의 고전물리학 등을 탄생시켰다. 이러한 결정론적 세계관이 근대를 풍미한 것이다. 그 뒤 아인슈타인Albert Einstein(1879~1955)이 상대성 이론을 내놓으며 뉴턴의 역학(중력)을 보완한다. 운동이란 물질의 공간 위치가 시간에 따라 변한 것이다. 고전물리학에서는 시간과 공간이 어디서나 동일하게 적용되는 보편 개념으로 보았다. 하지만 아인슈타인은 시간과 공간이 관찰자나 관찰 대상에 따라 상대적이라는 것을 발견했다. 뒤이어 양자역학이 발전하며 보어Niels Bohr(1885~1962), 하이젠베르크Karl Heisenberg(1901~1976) 등이 주도한 '코펜하겐 해석'으로 동양적 사유와 더욱 가까워졌다.

모든 것은 관측 행위의 영향을 받아 확률적이며 상보성 원리complementarity principle라는 것이다. 그 시기 하이데거Martin Heidegger(1889~1976)가 《존재와 시간Sein und Zeit》을 펴냄으로써 그리스 때부터 기존 철학들이 존재자Seiende만 다루고 존재Sein 자체는 다루지 않았음을 밝혔다.

존재는 관찰하는 주체이며, 존재자란 하나님, 사과, 타인 등의 관찰 대상, 즉 객체다. 똑같은 객체도 관찰자에 따라 달리 해석되는 경우가 많다. 관찰자의 경험, 지식, 정보, 인격이 다르기 때문이다. 그래서 관찰하는 주체의 배경(해석의 지평Horizons in Hermeneutics)이 무엇이냐가 중요하다. 이런 관점으로 근대성을 지탱해 온 주객 도식의 이분법 전제를 넘어 탈근대post-modern로 나아가게 되었다.

이처럼 존재와 존재자가 단절된 것이 아니라 연결되었다는 사실은 노자와 공자가 이미 언급했다. 공자는 인간 상호를, 노자는 생태계까지 연속체로 파악한 것이다. 그래서 공자는 '예치를 위한 수신'을, 노자는 '무위지치'를 위해 '물아일체物我一體'을 설파했다.

오 합려와 월 구천

춘추시대 패권 다툼이 나날이 격렬해지는 가운데 남방 세력까지 약진하며 주 왕실에 대한 충성심이 약해져만 갔다. 남방 세력 중 장강 하류의 오吳와 월越도 신흥 강국으로 등장한다. 진晉나라가 초나라를 견제하기 위해 도와준 오나라가 먼저 부상했다. 이에 당황한 초나라가 북진 정책을 중단하고 다시 오나라를 제압하기 위해 월나라를 도와준다.

마침 초나라 평왕平王에게 직언했다가 사형당한 오사伍奢의 아들 오자서가 오왕 합려를 찾아온다. 합려闔閭(BC 514~BC 496)는 오자서를 기용했고, 그가 추천한 손무까지 영입하여 군대 강국을 만든다.

손무가 누구인가?《손자병법》을 저술한 전대미문의 전략가다. 기원전 506년 손무와 오자서의 지휘를 받은 오나라 군대가 초나라를 공격하여 5전 연승한 끝에 도성 영성郢城까지 휩쓸어 버린 것은 당연했다. 약소국 오나라가 강대국 초나라를 꺾으며 일약 강국으로 등장하는 순간이었다.

오초전쟁에서 승리하자 오자서는 부친을 죽인 초 평왕을 무덤에서 꺼내 300번의 채찍질로 가루를 만든 다음 들판에 뿌렸다. 이 소식을 피신 중인 초 소왕昭王(BC 515~BC 489)과 대신 신포서申包胥가 들었다. 신포서가 사람을 보내 "아무리 복수라지만 지나치다"라고 꾸짖자, 오자서가 "해는 지는데 갈 길이 멀어 도리를 거스를 수밖에 없었다(일모도원日暮途遠 도행역시倒行逆施)"라고 했다.

초나라를 구해야만 하는 신포서가 서둘러 서쪽 진秦나라로 달려 갔지만, 애공哀公(BC 536~BC 501)이 외면했다. 신포서는 조정 뜰에서 7일간 꿇어 엎드려 통곡한 끝에 원군을 받아 냈다.

때마침 오나라에서 합려의 동생 부개夫槩가 반란을 일으켰다. 합려도 할 수 없이 철군하여 잔란을 진압하고, 이후 10여 년간 패자의 지위를 누린다. 점차 오만해진 합려가 손무와 오자서의 반대도 무시하고 기원전 496년 월나라를 공격하기 시작한다. 이에 손무가 실망하고 아무도 모르는 곳으로 숨어 버린다. 그때부터 춘추시대의 마지막을 장식하는 오·월의 치열한 사투가 전개된다. 기세등등한 오나라가 쳐들어오자 월왕 구천句踐(BC 496~BC 464)의 참모 범려范蠡가 기책奇策을 내놓는다. 사형수를 중심으로 결사대를 만들어 등등한 오나라 진영 앞으로 거침없이 다가가 일제히 자살하는 것이었다.

월나라 결사대의 독한 모습에 오나라 군 전체의 기가 꺾여 진영이 흐트러지자 월나라 주력군이 기습했다. 결국 오나라 군대는 합려까지 큰 부상을 입은 채 퇴각해야 했다.

와신상담

월과의 전쟁에서 큰 부상을 입은 합려가 후유증으로 숨지면서 아들 부차夫差(BC 495~BC 473)에게 복수를 당부했다. 그날부터 부차는

2년간 와신臥薪했다. 장작더미에서 잠을 자며 노력한 끝에 기원전 494년 오자서를 대장으로 백비伯嚭를 부장으로 삼아 월나라와 전쟁을 벌였다. 크게 패한 월나라는 회계산會稽山에서 포위된 채 항복해야 했다. 오자서는 이 기회에 구천을 죽여야 한다고 했으나 백비가 월나라 대부 문종에게 뇌물을 받고 반대했다. 그 결과 구천이 3년간 온갖 수모를 견디고 월나라로 돌아갈 수 있었다.

부차는 월 구천을 풀어 준 뒤에도 틈만 나면 북방 진출을 시도했다. 그럴 때마다 오자서가 '제나라가 피부병이라면 속병은 바로 월나라'라며 월나라부터 정리해야 한다고 했다. 하지만 부차가 백비의 중상모략에 넘어가 오자서에게 검을 보내 자살을 명했다.

그러는 동안 월나라 구천은 매일 곰 쓸개를 씹으며(상담嘗膽) 복수를 다짐했다. 그렇게 20년을 준비한 뒤 오나라로 진격했다. 이미 부차는 백비의 농간에 국력을 소진한 뒤라 속수무책으로 당한 끝에 자결하고 말았다.

이때의 와신상담臥薪嘗膽이 《삼국지》의 도광양회韜光養晦, 당나라 현종의 간신 이임보의 구밀복검口蜜腹劍, 원나라 화가인 조맹부의 면리장침綿裏藏針 등의 문화로 이어진다. 면종복배面從腹背, 소중유검笑中有劍, 소리장도笑裏藏刀 등도 유사어인데, 간신이나 충신, 군주나 신하 등을 막론하고 불리할 때 꾹 참고 기회를 모색한다는 뜻은 같다.

주나라 천자 원왕元王이 오나라를 흡수한 월나라 구천을 제후들의 수령이라며 패왕霸王이라 칭했다. 이렇게 구천이 패자가 된 뒤 이 모든 걸 주도한 범려는 문종에게 토사구팽兎死狗烹이라는 편지를 남기고 잠적한다. 결국 문종도 구천의 시기심으로 숙청당하며 월나라가 내리막길로 간다.

그러고 나서 진晉나라 내부에서 전국시대를 촉발하는 대분열이 일어난다. 진 문공이 성복대전에서 초 성왕을 꺾고 중원의 맹주가 될 때 여러 경대부卿大夫가 도왔다. 그들 가문 중 세월이 흐르며 지智, 범范, 중행中行, 한韓, 위魏, 조趙 등 육경六卿만 남아 3군의 정·부 지휘관을 세습한다. 이들 대부의 가신을 사士라 칭했는데, 덩달아 세습하며 관료화되었고, 권한을 남용하는 경우가 비일비재했다.

육경 사이에서 다시 다툼이 일어 한韓, 위魏, 조趙 세 가문으로 줄어들었다. 이들이 삼진三晉을 형성했고, 기원전 403년 대표들이 주 위열왕을 찾아가 제후로 인정받기에 이른다. 이로써 진나라가 한, 위, 조 세 나라로 분리되었고, 기원전 376년 진나라 공실公室조차 사라진다.

전국시대

왕조 계보도(BC 생략)

33대 안왕安王(401~375) — 34대 열왕烈王(375~368) — 35대 현왕顯王(368~320) —
36대 신정왕慎靚王(320~314) — 37대 난왕赧王(314~256)

노자와 공자가 동양 사상의 기초를 마련하고, 삼진이 세워진 후 천하 대란이라는 전국시대로 접어든다. 춘추시대는 나름대로 패자가 있어 나라 간 질서를 유지했다. 그런데 전국시대는 완전히 달랐다. 제후들은 허울뿐인 주 왕실을 무시하고 저마다 왕이라 칭했다. 철기 문화가 폭넓게 확산되어 각 나라가 철제 무기로 무장했다. 생산과 교역도 대폭 늘어나 신흥 계급으로 성장한 농민, 상인, 수공업자 등이 기존 씨족 귀족보다 더 큰 영향력을 행사하기 시작했다.

결국 도시국가 중심의 주나라 봉건 제도가 희미해지고 영토국가로 이행하면서, 초기의 수십 개 나라가 전국칠웅으로 재편되기 시작한다. 이 과정에서 하루도 그치지 않고 전쟁이 일어난 것이다. 전국시대 초기에는 특별한 강자나 약자도 없이 혼전만 거듭했다. 이런 현실에서 공자와 노자의 사상도 너무 이상적이라며 도전받았다.

유가의 별종 묵자, 도가의 별종 양주

묵자墨子(BC480~BC 390)와 양주楊朱(BC 440~BC 360)는 미증유의 천하 대란이 일기 시작한 춘추시대 말기와 전국시대 초기에 활동했다. 춘추 5패의 하나인 진晉나라가 세 나라로 분할된 직후 강태공이 시조인 제齊나라조차 기원전 391년 대부 전화田和가 역성혁명을 일으켜 제 강공康公을 바닷가로 추방한다. 그 뒤 전화가 주왕에게 제후로 추인받아 제 태공太公(BC 391~BC 384)이 되었다. 제나라 군주가 강씨에서 전씨로 바뀐 것이다. 이를 기점으로 춘추시대의 제나라는 강제姜齊, 전국시대의 제나라는 전제田齊라고도 한다.

모든 정황이 군사부일체 등의 전통 관념을 희석하는 시대였다. 먼저 공자의 제자 묵자가 유가에 반기를 들었고, 다음에 노자의 제자 양주도 도가에 반기를 들었다. 묵자의 본명은 묵적墨翟. 목공木工 출신이며 천인賤人을 자처했다. 제자들도 목공, 토공土公, 석공石工 등 수공업자가 많았다. 규율은 엄했다. 이들은 유가 의례를 '상이위정上以爲政 하이위속下以爲俗'이라 비판했다. 윗사람이 성대한 결혼과 장례식, 의상 등으로 정치하는 것인데, 아랫사람들이 이를 풍속으로 알고 따라간다는 것이다. 이런 허례허식 때문에 백성은 더 가난해진다고 주장했다.

묵자의 사상은 '겸상애兼相愛 교상리交相利'로 요약된다. 차별 없는 사랑과 상호 이익을 추구해야 한다는 뜻이다. 묵자는 공자의 인仁과 천명론의 한계를 보았다. 가까운 사람부터 사랑하라는 인은 차별적인 사랑(별애別愛)을 낳고, 천명론은 임금, 부자, 가난도 다 하늘의 뜻으로 돌린다는 것이다. 그래서 천명론을 폭군이 만들어 낸 궁색한 변명(명자命者 폭왕소작暴王所作 궁인소술窮人所術)으로 보았다. 별애역시 친소親疏와 존비尊卑만 강화하여 가족이기주의와 사람 사이에 귀천을 조장할 뿐이라고 했다. 인간에게 정해진 운명이란 없으며, 복福과 화禍는 하늘이 내리는 것이 아니라 스스로 만드는 것이라고 강조했다. 같은 맥락에서 묵자는 신분 세습을 반대하며, 유능하다면 누구나 통치자가 될 수 있어야 한다는 상현주의尙賢主義를 주장했다. 세습 신분에 묻혀 있던 개인을 발견해 낸 것이다.

이러한 개인주의는 2,300년 뒤 볼테르, 몽테스키외, 루소 등 계몽주의 사상가들에게서 나타난다. 이들이 유럽의 절대왕정과 종교적 타율에 묶여 있는 개인의 자율성과 이성의 해방을 주장했던 것이다. 이 계몽주의가 영국의 산업혁명, 미국 독립, 프랑스혁명 등으로 이어지며 근대 세계가 열렸다. 묵자 사상에도 계몽주의 3대 모토인 이성주의rationalism, 개인주의individualism, 기계주의mechanicalism가 고스란히 담겨 있다.

인습의 속박을 거부하고 평등을 주장한 묵자. 그는 부분이 전체의 합이며, 전체는 부분으로 다시 환원될 수 있다고 보았다. 그런 묵자였기에 인성론人性論에 대해 성악설性惡說도 성선설性善說도 아닌 소염설所染說을 주장했다. 사람의 인성이란 사회 속에서 물들어진다는 뜻이다.

어느 날 묵자가 제자들과 염색 공방을 둘러보다가 탄식했다.

"보라. 하얀 실이 풀에 물들면 파랗고, 황토에 물들면 노랗다. 어디 실만 그러랴. 그러므로 물들 때 신중해야 한다."

이를 묵비사염墨悲絲染이라 했는데 인간은 '백지 상태Tabula Rasa'로 태어난다는 계몽주의의 인간관과 같다. 행동주의 심리학에서도 '인간의 품성은 습관의 총합'으로 본다.

묵자는 역대 군주 가운데 물이 잘 든 사례와 잘못 든 사례를 언급했다. 순임금은 허유와 백양에게 물들었고, 우임금은 고요와 백익에게, 탕왕은 이윤과 중훼仲虺, 무왕은 태공과 주공에게 도리에 맞게 물들어 천하에 인의仁義를 실천했다. 반면 간신千辛과 추치推哆에게 물든 하나라 걸왕, 숭후崇侯와 악래惡來에게 물든 상나라 주왕, 괵공장부虢公長父와 영이종榮夷終에게 물든 주나라 여왕은 모두 나라를 망쳤다.

그래서 《시경》에서도 "반드시 물들 곳을 잘 선택하고, 반드시 물들 곳을 삼간다(필택소감必擇所堪 필근소감자必謹所堪者)"라고 했다.

묵자는 인간이란 습관의 동물이며, 군자가 편안한 까닭은 이치에 맞게 행하기 때문이라고 했다. 좋은 습관을 만들면 삶이 편하다는 말이다. 묵자는 관념이 존재를 규정한다고 본 공자와 달리 사회적 존재가 관념을 결정한다고 보아 사회적 겸애兼愛와 상리相利를 내세웠다. 그 구체적 행위는 반전反戰이었다.

기원전 439년 초나라 혜왕惠王(BC 488~BC 432)이 송나라를 공격할 계획이라는 소문이 돌았다. 이 소식을 들은 묵자가 열흘 밤낮을 걸어 혜왕을 찾아갔다.

"초나라 땅이 사방 5,000리라면 송나라는 500리에 불과합니다. 초나라는 사슴과 고라니, 물소가 가득하고 송나라는 붕어 한 마리 없는데, 공격해 봐야 의리만 상할 뿐 무엇을 얻겠습니까?"

초왕은 그 말을 듣고도 거절했다.

"이미 공수반公輪盤이 공성용 사다리를 만들어 놨으니 어쩔 수 없다."

묵자가 "제가 먼저 공수반과 겨루어 보겠습니다"라고 하자 호기심이 생긴 왕이 허락했다.

왕이 보는 앞에서 묵자와 당대 최고의 무기 기술자 공수반이 모의 전쟁을 벌였다. 묵자가 임시로 성을 만들어 지켰고, 공수반이 열 번 공격했으나 실패했다. 결국 초왕도 전쟁을 포기해야 했다.

이처럼 묵자는 공자와 다른 길을 갔지만, 훗날 유가는 묵자가 지적한 부분을 보완하며 더 폭넓은 사상 체계를 갖춰 나간다.

묵자가 유가와 다른 길로 갔다면 양주楊朱는 노자의 길을 가면서도 노자의 폭넓은 사유를 당대 인심에 맞게 좁혀 놓는다.

공자가 인륜의 도를 말했다면, 노자는 천지자연의 도를 말했다. 노자의 도는 하등何等의 욕망이 없는 우주의 본체이기 때문에 이 도를 깨달으려면 사심을 버려야 한다. 양주는 노자의 현자피세賢者避世를 따르면서 위아주의爲我主義를 내세웠다.

"내 털 하나로 천하를 이롭게 한다 해도 뽑지 않겠다(발일모이리천하拔一毛而利天下 오불위야吾不爲也)."

이런 양주를 《회남자淮南子》에서는 자신의 생명을 가장 귀히 여기고 다른 물질을 가볍게 여긴다 하여 경물중생輕物重生의 선비라 했다.

전쟁이 격화되면서 모두가 극도의 공포에 떠는 시대였다. 백성들 사이에서 '그럭저럭 즐기다가 수명을 다하는 것이 지혜(우재유재優哉游哉 요이졸세聊以卒世 지야知也)'라는 노래가 돌았다. 이런 사회의 대중 욕구는 두 가지가 혼재한다. 참혹한 전쟁 중단이라는 대의大義를 위해 누군가 나서 주기를 바라면서도 동시에 개인적 보신주의가 득세하는 것이다.

묵자의 겸애 사상은 반전과 공리로 나타나 전자를 대변했고, 양주는 개인의 삶이 무엇보다 중요하다며 후자를 대변했다. 양주의 개인주의는 반명분주의 성격이 짙다. 나라마다 천하 통일을 명분으로 전쟁을 벌이지만, 승리한다 해도 그 열매는 피 흘려 싸운 백성이 아니라 왕과 귀족들만 누렸다. 그런 허울 좋은 명분에 이용당할 필요가 없다는 것이다.

인지 거리cognitive distance가 길어 세계를 폭넓게 인식하는 사람들은 묵자의 겸애를 따르고, 인지 거리가 짧아 자신과 주변에만 관심 갖는 사람들은 양주의 자애를 따랐다. 오죽하면 묵자와 양주가 세상을 떠난 지 수십 년 뒤에 활동한 맹자(BC 372~BC 289)가 "천하가 양주와 묵적의 말로 가득하다"라고 했을까?

오기 따라 부침한 위나라와 초나라

묵자보다 25년 뒤에 태어난 이회李悝(BC 455~BC 395)는 일찍이 공자의 제자인 자하子夏(BC 507~BC 402)의 가르침을 받았으며, 기원전 406년 유교를 기반으로 나라를 다스린 위魏 문후文侯(BC 445~BC 396)의 재상에 등용되었다. 이회를 등용한 위 문후는 자하를 스승으로 초빙했다. 역시 위 문후는 용인의 달인답게 명분과 실리를 동시에 취할 줄 알았다.

자하는 공자의 다음 교훈에 충실했다.

"명분이 바르지 못하니 말에 순리가 없고, 말에 순리에 없으니 일을 이룰 수 없다(명부정즉언불순名不正則言不順 언불순즉사부성言不順則事不成)."

여기서 '명분名分' 정치가 나왔으며, 전국에서 유자儒者들이 몰려와 위나라 도성 안읍이 중원 문화의 중심지가 되었다.

하지만 문후는 유자들에게 정명의 방향만 정하게 했을 뿐 권력은 부여하지 않고, 군사와 정치, 외교를 이회李悝, 오기吳起, 서문표西門豹, 악양樂羊 등에게 맡겨 실사구시를 이루었다. 위 나라가 강성해지자 문후는 오기(BC 440~BC 381)를 대장군으로, 형명지학刑名之學에 밝은 이회를 재상으로 삼아 중원을 도모하기 시작했다.

이회가 문후에게 인재 등용 시 판별 기준을 내놓았다.

평상시 어떤 사람들과 친한가(거시기소친居視其所親)

부유할 때 어떤 사람들에게 나누어 주었는가(부시기소여富視其所與)

높은 지위에 있을 때 어떤 사람들을 천거했는가(달시기소거達視其所擧)

궁지에 몰렸을 때 하지 않은 일은 무엇인가(궁시기소불위窮視其所不爲)

가난했을 때 취하지 않은 것은 무엇인가(빈시기소부취貧視其所不取)

위 다섯 가지 기준으로 인재를 고른 이회는 세 방면(경제, 법, 정치)의 정책을 폈다. 첫째, 진지력지교盡地力之教를 펴서 농지의 생산력을 극대화하고 농산물 가격을 안정시켰다. 두 번째, 법경法經 6편을 만들고 법치를 했다. 통치 질서 확립과 신흥 지주 계급 위주의 내용으로 농민과 하층민이 적용 대상이었지만 이 법전은 진한秦漢 이후 역대 제국 법률의 기초가 되었다. 이로써 이회는 법가의 시조가 된다. 위 둘이 유가적 영향이었다면 세 번째는 묵자의 영향으로 세경세록世卿世祿을 폐지했다. 귀족 정치의 기반인 녹봉과 벼슬의 세습을 없애고 신상필벌信賞必罰을 시행한 것이다.

이회가 유가와 묵가의 장점만 활용해 위나라를 개혁하고, 오기가 위나라의 군대를 강군으로 만들면서 위 문후가 전국시대 칠웅 중 최초로 패권을 잡았다. 이를 본 다른 나라들도 개혁을 추진하는데 이것이 변법운동變法運動이었다.

그 무렵 위나라에서 오기가 쫓겨난다. 문후와 이회가 연달아 죽자 오기 변법의 피해자인 귀족 세력이 공숙좌公叔座를 앞세워 새 군주 무후武侯(BC 395~BC 370)에게 오기를 모함한 것이다.

쫓겨난 오기를 초나라 도왕悼王(BC 401~BC 381)이 서둘러 영입했다. 오기는 위나라에서 한 것처럼 초나라의 세경세록 제도를 폐지했다. 귀족의 특권을 폐지했을 뿐 아니라 도성에만 거주하는 귀족들을 인구가 적은 변방으로 이주시켜 개간하게 했고, 귀족과 공생하던 무능하고 불요불급한 관리들도 동시에 잘라 냈다. 그 결과 초나라는 2년 만에 모든 나라가 두려워할 만큼 성장했다. 그 힘으로 북쪽 진陳, 채蔡와 남쪽 백월百越을 평정하고, 삼진三晉과 진秦나라까지 정벌했다.

하지만 구 귀족들은 나라보다 개인의 영달이 더 중요했다. 굴의구屈宜臼를 중심으로 뭉쳐 있다가 오래지 않아 도왕이 죽자 변방으로 흩어진 귀족들까지 합세하여 도왕의 장례 준비에 여념이 없는 왕실을 기습했다. 이들의 증오에 찬 화살 세례에 오기의 76전 무패 생이 마무리되었다.

제 위왕과 추기

오기와 함께 부상한 위나라와 초나라는 오기가 사라지면서 동시에 하락한다. 그 대신 제나라와 진나라가 부상한다. 제 위왕威王(BC 356~BC 320)도 즉위하자 무려 9년 동안 초 장왕처럼 정무를 방치했다.

그 기회를 이용하여 다른 나라들이 제나라 변경 지대를 점탈해 갔다. 제 위왕도 위기를 느끼는 차에 양금揚琴의 달인 추기鄒忌(BC 385~BC 319)가 찾아와 연주는 안 하고 악기의 줄만 조율하고 있었다. 제 위왕이 의아하게 여기니 추기가 "백성도 왕께서 다스리지 않으시니 이상히 여긴다"면서 연주와 치국의 이치를 빗대어 설명하기 시작했다.

"양금의 대현大絃(큰 줄)이 군왕이라면, 소현小弦(작은 줄)은 신하입니다. 대현의 질박한 소리는 온화한 군왕 같고 어지럽지 않은 소현의 소리는 상국相國의 청렴과 같습니다. 줄을 깊이 누르다가 놓을 때 경쾌해야만 음이 조화를 이룹니다. 이는 천하가 잘 다스려지는 이치와 같습니다."

다음 날로 위왕이 추기를 상국에 임명했다.

각국의 군주들이 학식이 뛰어난 유세지사遊說之士, 무술에 뛰어난 임협지사任俠之士를 앞다투어 초빙하는 분위기였다. 제 위왕도 직하학궁稷下學宮을 설치하고 인재들을 모아 직하사稷下士라 부르며 상대부上大夫의 봉록을 주었다.

그 직하사 가운데 순우곤淳于髡이 상국이 된 추기를 찾아가서 떠보았다.

"신하는 군주를 잘 모시면 보존되려니와 불초하면 전부를 잃는 것이오."

"가르침을 잘 따르겠습니다."

"수레 축에 돼지기름을 바르면 잘 굴러가는데, 수레 축이 네모나면 굴러갈 수 없소."

"주위와 잘 지내겠습니다."

"나무로 활을 만들 때 아교로 붙이는데, 틈새가 있으면 잘 붙지 않소."

"백성과 멀어지지 않겠습니다."

"호구狐裘(여우) 가죽이 낡았다 하여 황구黃狗(개) 가죽으로 꿰매지 않소."

"군자를 가까이하고 소인이 끼어들지 못하도록 하겠습니다."

"큰 수레라도 균형이 깨지면 짐을 실을 수 없고, 좋은 악기라도 다루지 못하면 조화를 이룰 수 없소."

"삼가 법령을 가다듬어 간신을 내치겠습니다."

순우곤이 말을 마치고 나오며 평가했다.

"내가 낸 다섯 가지 수수께끼를 전부 다 풀어냈으니 참으로 큰 인물이다."

국정을 맡은 추기는 감찰부터 한다. 대상은 고을 수령 중 귀족들이 가장 신임하는 아대부阿大夫와 싫어하는 묵대부墨大夫였다. 암행 감찰 결과는 예상 밖이었다. 아대부의 고을은 살기 어려워 백성들이 떠나가 들판에 풀만 무성했다. 그런데도 아대부가 뇌물을 써서 좋은 평가를 받은 것이다. 묵대부의 고을은 달랐다. 수령과 백성이 서로 이끼며 들판에 오곡백과가 가득했다.

제 위왕은 경악하여 신하들이 보는 가운데 아대부와 뇌물 먹은 귀족을 펄펄 끓는 가마솥에 던져 죽였고, 묵대부에게 만호萬戶의 식읍을 더해 주었다.

제 위왕이 초 장왕의 고사를 본받아 일거에 충신과 간신을 구별해서 기강을 잡은 것이다. 그 뒤 언로를 개방하여 직간하면 최고의 상급을 주고, 문서 또는 사석에서라도 왕의 잘못을 지적하면 포상했다. 그랬더니 조정에 간언하려는 자들이 넘쳐났다. 1년이 지나자 더 지적할 것이 없어지고 왕의 위세가 사방에 알려졌다. 그때부터 도적도 사라졌고, 길가에 보물이 떨어져도 줍는 사람이 없을 정도가 되었다.

제 위왕은 추기를 재상으로 세우는 한편 귀곡자의 제자 손빈孫臏 (BC 382~BC 316)도 발탁했다. 동문인 방연龐涓은 먼저 위魏나라 혜왕惠 王(BC 369~BC 319)에게 중용되어 나름대로 전과를 세우는 중이었다.

위나라는 중원 한가운데 자리하여 동쪽 제나라, 서쪽 진나라, 남쪽 한나라와 초나라, 북쪽 조나라가 둘러싸고 있었다. 평화 시에는 문물의 집산지로서 번화할 수 있지만, 전쟁이 일상화된 전국시대 같은 경우 바람 앞의 등불처럼 위험한 위치였다.

그럼에도 불구하고 위나라는 문후의 선정으로 강국이 되었고, 그 뒤 무후도 기원전 391년 한韓, 조趙와 삼진三晉 동맹을 결성할 만큼

총명했다. 그러나 덕이 부족해 공숙좌의 말만 듣고 오기를 내쳤다. 무후의 30년 통치는 선왕 문후의 50년 영광으로 버틴 시기였다. 그리고 혜왕의 치세 50년 동안 매일같이 전쟁이 일어나며 하락의 조짐이 확연히 나타났다.

상앙이 키운 진秦나라, 신불해가 지킨 한나라

위 혜왕도 즉위 초에 공숙좌의 활약으로 기원전 362년 조나라와 한나라 연합군을 대파했다. 그런 공숙좌가 1년 뒤 중병이 들었을 때, 문병 온 혜왕에게 이런 말을 남겼다.

"제가 데리고 있는 상앙商鞅(BC 390~BC 338)을 쓰든지 죽이든지 하셔야 합니다."

사람 보는 혜안이 너무나 부족한 혜왕은 그의 말을 묵살했고, 상앙은 진秦나라로 갔다. 선왕 무후가 오기를 의심하여 초나라로 가게 만든 것처럼.

위나라가 약화될 때 제 위왕은 추기의 변법으로 강해졌다. 초楚, 위魏, 조趙, 한韓, 연燕 다섯 나라가 제 위왕을 맹주로 인정하는데, 서쪽의 진秦나라만 거부했다.

여기에 대해 다른 관점도 있다. 중원에 위치한 나라들이 진秦을 이적夷狄 취급하고 초청하지 않았으며, 이에 진 효공孝公(BC 361~BC 338)이 큰 수모를 느꼈다는 것이다. 안 그래도 나라가 서북쪽 산악

지대에 있어 토지 생산물이 적은 데다 한, 위, 조가 수시로 협공하여 황하 서쪽 땅을 빼앗긴 상태였다.

제나라가 변법을 통해 강해지는 것을 보고 진나라 등 다른 나라들도 서둘러 변법을 도입하면서 4세기는 법가들이 주도하는 변법의 시대가 되었다. 변법의 특징은 문자 그대로 기존 종법 질서를 부정한다. 세습 귀족 체제 대신 관료제를 도입하고, 급증하는 병력 수요에 맞춰 징병 제도를 도입했다.

한나라 소후昭侯(BC 362~BC 333)도 법가를 배운 신불해申不害를 기용했다. 덕분에 전국칠웅 중 최약소국이지만 신불해가 재임한 15년 만큼은 안전했다.

여하튼 진 효공은 제나라의 패권국 추대 모임에 불참했고, 인재를 구하는 반포령을 내렸다. 그때 위 혜왕이 내친 상앙이 찾아와 변법에 대해 유세했던 것이다.

상앙은 어려서부터 형명지학을 좋아했다. 이회의 법경에도 통달했으며 통치의 세 요소를 '법法, 신信, 권權'으로 파악했다. 법은 군君과 신민臣民이 더불어 지키는 것이고, 신은 더불어 세우는 것이다. 권은 군주만의 것으로, 권을 세우려면 술術과 세勢가 필수적이기 때문에 군주는 법에서 비교적 자유롭다. 이런 기조에서 상앙은 기원전 365년과 350년 두 차례 변법을 단행한다.

첫째, 귀족의 특권을 폐지했다. 종실宗室이라도 군공軍功이 없으면 그 지위를 누릴 수 없게 했으며, 노예도 병역과 과세 의무가 있는 양인良人으로 전환했다.

두 번째, 전쟁은 장려하되 개인 간의 싸움인 사투私鬪는 금지했다. 그 대신 출신 성분과 관계없이 적의 머리 하나를 베어 오면 승진시키거나 관직과 농지를 주었다. 물론 더 많은 머리를 가져오면 그만큼 상급이 컸다. 이들이 신흥 지주 계급으로 성장해 나간다.

세 번째, 연좌제連坐制를 실시했다. 백성들을 5가구 또는 10가구로 묶어 공동 책임을 지며 상호 감시하게 했다. 한 가구라도 범죄를 저질렀는데 고발하지 않으면 전부 처벌했다.

네 번째, 중농억상重農抑商 정책을 폈다.

다섯 번째, 도량형을 통일하고 공평 과세를 부과했다.

여섯째, 현제縣制를 도입하여 전국을 31현으로 나누었다.

일곱 번째, 유학을 금지하고 《시경》과 《서경》을 불태웠다. 유가의 왕도를 현실성 없는 과대망상으로 치부한 것이다.

상앙의 엄정한 법 집행에 예외는 없었다. 태자가 법을 어기자 태자의 스승을 경형鯨刑에 처해 얼굴에 글자를 새겨 넣었고, 이를 태자가 모욕으로 받아들였다. 급기야 개혁에 불만인 귀족 1,000여 가家가 공자 건虔의 집에 모여 상앙을 규탄했다. 하지만 상앙은 동요하지 않은 채 공자 건을 할비割鼻(코를 베어 냄)하고 일부 귀족은 변경 지역으로 축출했다. 덕분에 전국의 아이들까지 법조문을 외울 정도였다.

개인 분쟁과 도적이 사라진 대신 나라의 전쟁에는 모두 용감하게 나섰다. 드디어 열국으로부터 미개국 취급을 받아 온 진나라가 가장 두려운 강국으로 변모했다.

손빈 대 방연

상앙을 놓친 위魏 혜왕이 뒤늦게 한탄하며 영입한 사람이 방연이었다. 처음에는 방연이 약소국 위衛나라, 송宋나라를 진격해 연승을 거두며 위 혜왕의 위신이 한껏 올라간다. 송나라는 물론 노나라까지 겁을 먹고 배알하러 왔다.

위나라는 다시 영토와 인구를 늘리며 패권을 놓고 제나라와 다투기 시작했다. 그즈음 묵자의 제자로 묵가의 지도자가 된 금활리禽滑厘가 귀곡산장을 방문한다. 그때 귀곡자의 문하생 중 손무의 후손인 손빈을 만났다. 첫눈에 손빈이 희대의 전략가임을 직감하고 혜왕을 만나 넌지시 칭찬했다.

안 그래도 방연은 제나라에서 손빈을 발탁할까 봐 두려워하던 참인데, 혜왕이 손빈에게 관심을 두자 음모를 꾸민다. 선수를 쳐서 손빈을 위나라로 초빙하고, 뒤에서 손빈이 고향인 제나라와 내통하는 것처럼 조작했다. 여기에 혜왕이 속아 손빈에게 월형刖刑(발꿈치를 자르는 벌)과 자자형刺字刑(이마에 죄명을 새기는 벌)에 처한다.

불구의 몸이 된 손빈은 돼지우리에 갇힌 뒤에야 방연의 음모임을 깨닫고 미치광이 흉내를 낸다. 비로소 방연이 방심하고 손빈을 방치한다. 이 정황을 금활리가 제나라 대장군 전기田忌에게 전했다. 전기는 순우곤에게 손빈을 구출하라는 밀명을 주어 위나라에 사신으로 보냈다. 손우곤은 혜왕을 만나러 가며 몰래 금활리를 보내 손빈을 구출해 내게 했다.

그 뒤 기원전 343년 위 혜왕의 명으로 방연이 조趙나라 도성 한단邯鄲을 포위했다. 다급해진 조나라는 제나라에 도움을 청했다. 제 위왕은 대장군에 전기, 군사軍師에 손빈을 세우고 구원병을 보낸다. 이때 손빈이 '위위구조圍魏救趙'의 책략을 구사한다. 제나라 대군이 위나라 도성 안읍으로 몰려간 것이다. 방연의 위나라 군대는 어쩔 수 없이 한단 포위를 풀고 대량大梁으로 되돌아가야만 했는데, 길목 인 계릉桂陵에서 기다리던 제나라 병사들에게 대패했다.

몇 년 뒤 다시 위와 제가 마릉전투馬陵戰鬪에서 대결한다. 여기서 또 위나라 태자 신申과 방연이 손빈의 매복에 걸려 섬멸당했다.

이 소식을 들은 상앙이 이듬해인 기원전 340년 진秦 효공을 움직 여 위나라를 공격하기 시작했다. 위나라는 혜왕의 아들 공자앙公子卬을 보내 맞선다. 상앙은 정전 회담을 하자며 오랜 친분이 있는 공 자앙을 불러냈다. 공자앙이 회담장에 들어서자 진의 병사들이 결 박하고 곧바로 위나라 진영을 공격했다. 위나라는 황하 서부 지역 을 빼앗기고, 도성까지 안읍에서 대량으로 옮겨야 했다. 국호도 양梁이라 개칭해 이후 위나라의 별칭이 되었다.

2년 뒤인 기원전 338년 진 효공이 죽고 태자가 계승하여 혜문왕惠文王(BC 338~BC 311)이라 했다. 진 혜문왕의 등장과 함께 상앙에게 억 압당했던 귀족들도 복귀한다. 이들이 먼저 한 일은 은둔 중인 혜문 왕의 삼촌 공자 건과 더불어 상앙을 반란죄로 무고하는 것이었다. 혜문왕도 악감정을 품은 터라 상앙을 죽였다. 정적을 제거한 귀족 들은 상앙의 정책까지 폐기하려고 했다. 만일 그랬다면 진나라도 오기를 죽이고 추락한 초나라 꼴이 되었을 것이다.

그러나 혜문왕은 달랐다. 상앙의 변법만큼은 그대로 계승했고, 훗날 종횡가 장의張儀를 등용해 외교력까지 갖춘다. 이로써 진나라가 전국칠웅 중 최강자로 부상할 수 있었다.

명가 왈, 백마는 말이 아니다

문후 때 천하를 호령한 위나라가 손자 혜왕 때 몰락의 길로 간 이유는 혜왕이 주위 모든 나라와 전선을 확대한 데다 인재를 보는 안목이 너무 없었기 때문이다. 상앙을 붙들지 못했고, 손빈도 방연의 모략에 빠져 제나라로 탈출하고 말았다.

그 대신 중용한 사람이 명가名家인 혜시惠施(BC 370~BC 310)였다. 명가는 세상이 혼돈한 이유는 사물의 본질과 이름이 일치(명실합일名實合一)하지 않기 때문이라고 보았다. 혜시의 기본 입장도 만물의 근본은 동일하지만 각자 주관적 입장에서 달리 보기 때문에 객관적 진리가 없다는 것이었다.

명名은 사물에 붙인 개념으로 그 개념이 사물의 실체와 부합하는지 검토해야 하는데, 검토 방법이 십사十事다.

첫째, 지극히 큰 것은 바깥이 없으니 이를 큰 하나(대일大一)라 하고, 지극히 작은 것은 안이 없으니 이를 작은 하나(소일小一)라 한다.

두 번째, 물건이 두께가 없다면 쌓을 수 없으나 늘어놓으면 길이는 천 리나 된다.

셋째, 하늘과 땅은 똑같이 낮고, 산과 연못도 평평하다.

넷째, 뜨는 해가 지는 해이며, 살아 있는 것이 죽은 것이다.

다섯째, 크게 보면 같지만 작게 보면 다르다. 이를 소동이小同異라 한다. 만물은 반드시 같으면서도 또 반드시 다르다. 이를 대동이大同異라 한다. 여기서 대동소이大同小異가 나왔다.

여섯째, 남쪽은 끝이 없지만 끝이 있다.

일곱째, 오늘 갔지만 어제 도착했다.

여덟째, 연결고리는 풀 수 없다.

아홉째, 천하의 중심은 연나라 북쪽이면서 월나라 남쪽이다.

열째, 하늘과 땅이 한 몸이니 만물을 모두 사랑하라.

'인간은 동물이다'라고 했을 때, 인간은 구체 개념이며 동물은 보편 개념이 된다. 구체 개념은 하위 개념이고 보편 개념은 상위 개념이 된다. 그 보편의 최고 추상화를 종교에서 신이라고 상정한다.

문제는 구체 개념을 추상화한 보편 개념을 어디까지 확대해야 하는가와 어느 선까지 유개념으로 받아들여야 하는가이다. 이를 따지는 것이 명가의 정명론定命論이다. 그래서 명가학파인 공손룡公孫龍은 백마는 색을 가리키므로 말이 아니라고 주장했다.

혜시는 명가답게 천하의 달변가였다. 즉 논리만을 위한 논리로는 손색이 없어, 요즘 같으면 교묘한 변호인으로 이름을 날릴 만했다. 그러나 병가의 전략, 법가의 조직 관리, 종횡가의 정세 분석, 유가의 치국의 도道 등에 대해서는 전혀 안목이 없었다. 말만 좋았을 뿐 사회가 작동하는 원리와 맥락에 대한 파악이 부족했던 것이다.

예를 들어 위 혜왕이 혜시의 의견 대신 다른 신하의 견해를 채택하면 '양쪽 견해를 다 받아들여야 군주의 대권을 유지한다'고 물타기를 했다. 이러한 혜시를 대신들이 좋아할 리가 없었다. 마침 장의가 찾아와 위나라는 제나라, 초나라 등과 동맹 관계를 유지해야 한다는 연횡책을 내놓았다. 이에 장의가 등용되고 혜시는 해임되었다. 그리고 2년 뒤 맹자가 혜왕을 찾아간다.

맹자의 성선설, 고자의 성무설

공자가 인류의 초자아, 즉 윤리관을 인仁과 예禮로 제시했기 때문에 필연적으로 인간 본성이 제기될 수밖에 없었다. 정신분석학에서 인간의 초자아는 양심conscience과 자아 이상ego-ideal으로 구성된다. 양심은 처벌과 비난의 경험에서, 자아 이상은 칭찬과 보상에서 형성된 것이다. 공자에게 양심은 예이며, 자아 이상은 인이라 할 수 있다. 예를 통해 인을 이루어 가는 것이다.

맹자는 성선설을 내놓으며 양심이 자아 이상을 향한다고 보았다. 마음을 다하면 본성을 알고, 본성을 알면 천을 안다(진기심자盡其心者 지기성야知其性也 지기성知其性 즉지천의則知天矣)는 것이다. 마음은 의식과 무의식으로 이루어져 있다. 그중 무의식을 본성이라 한다면 자아 이상은 천리天理라 할 수 있다. 맹자에게 와서 심心, 성性, 천天이 융합되어 하나가 된 것이다.

진秦나라가 강자로 부상하며 중원의 전쟁은 더 치열해지고 있었다. 맹자는 "지금 같은 패도覇道 정치로는 아무것도 해결되지 않는다. 덕으로 백성의 마음을 얻는 왕도王道 정치가 필요하다"라고 외쳤다. 힘으로 복종을 강요하지 말고 덕으로 순종하게 하라는 말인데, 그래야 천하 백성이 화해할 수 있다고 본 것이다. 하늘이 준 기회라도 지리상의 이로움만 못하고, 지리상의 이로움도 사람들의 화합만 못하다(천시불여지리天時不如地利 지리불여인화地利不如人和). 그래서 인화人和를 주장했다.

인화는 어떻게 이루어질까? 군주가 백성과 더불어 즐겨야(여민동락與民同樂) 한다. 왕이 백성과 희로애락을 같이 하려면 무엇이 필요할까? 사단四端(측은지심惻隱之心, 수오지심羞惡之心, 사양지심辭讓之心, 시비지심是非之心)이다. 측은히 여기는 마음에서 인仁이 나오고, 부끄러워하는 마음에서 의義가 나오며, 사양하는 마음에서 예禮가, 시비를 분별하는 마음에서 지智가 나온다.

사단은 어디에 있을까? 인간 본성에 있다. 이 본성이 인의예지로 표출되는 것이다. 이것이 양심良心이며 성선설의 핵심이다. 왕이 할 일은 이 선한 본성을 자극하고 장려하여 사회적으로 구현하는 것이다.

맹자는 스승 공자가 말한 인仁을 공적 개념으로 확대했다. 공자가 언급한 인은 나를 미루어 상대를 배려한다는 추기급인推己及人인데, 내가 싫은 일은 남에게 시키지 않는다는 '기소불욕己所不欲 물시어인

勿施於人'으로 확장했다.

공자는 인을 주장하면서도 인을 실행해야 하는 이유를 설명하지 않았는데, 맹자가 성선설로 그 해답을 내놓은 것이다. 인간은 천부적으로 사단의 본성을 가졌고, 이를 배양하면 인의예지의 실천이 가능하지만, 그렇지 않으면 나쁜 버릇에 빠질 수 있다(구즉득지求則得之 사즉실지舍則失之).

본명이 고불해告不害인 고자告子와 맹자가 인간 본성에 대해 토론한 적이 있었다. 맹자가 성선설을 주장하자 고자는 인간이란 본래 선하다 악하다로 구분할 수 없다고 반박했다. 이것이 성무선악설性無善惡說, 간략하게 성무설性無說이다. 물은 그냥 물일 뿐 동쪽과 서쪽으로 나눌 수 없듯이 인간 본성도 그냥 중성中性일 뿐이라는 것이다. 선악 개념도 본성 밖에서 부과된 것이다. 성무설은 일찍이 사회 제도와 가치관을 인위적인 것으로 본 노자와 같은 입장이다.

맹자는 자신과 다른 인간관을 가진 고자와 논쟁하면서도 고자의 인격을 인정했다.

"나는 마흔에 이르러서야 부동심을 이뤘는데, 고자는 훨씬 먼저 이루었구나."

맹자도 선한 본성을 주장했지만 선을 기르지 않으면 악으로 갈 수 있다고 보았다. 본성의 사단四端이라는 씨앗을 방치하면 짐승과 다를 게 없다는 말이다.

맹자는 고자와 만난 뒤 제자들에게 말했다.

"우환에 살고 안락에 죽는다(생어우환生於憂患 이사어안락야而死於安樂也)."

개인과 나라에 다 해당하는 말이다. 그래서 "나라가 안으로 법을 지키는 선비가 없고, 밖으로 적국과 외환이 없다면 망한다"라고도 했다.

어려워도 수양에 힘쓰면 선한 본성의 기운이 강해지며 호연지기浩然之氣를 이룬다. 그래야 큰일도 가뿐히 해결할 수 있는 용심勇心이 자라고, 아무리 어려워도 참아 내는 인성忍性이 생긴다. 특히 군주는 자신의 이利를 뒤로하고 인仁으로 의義를 행해야 한다. 인仁은 인심人心이며, 의義는 사람이 가야 할 길, 즉 인로人路인 것이다.

그런 입장에서 맹자가 양주는 자기만 위하니 왕이 없는 것이고, 묵자는 겸애를 주장하니 아비가 없는 것이라고 비판했다. 왕이 없고 아비가 없으니(무부무군無父無君) 금수禽獸와 다를 게 없다는 말이다. 그러면서도 "묵자는 머리에서 발꿈치까지 닳아 없어지더라도 천하를 이롭게 하려 했다(마정방종摩頂放踵 이천하위지利天下爲之)"라고 칭찬했다.

맹자는 법가도 비판했다.

"지금 뛰어난 신하라는 자들은 옛 기준으로 보면 백성의 도적이다. 왕이 바른길로 가지 않는데도 권력을 더해 주려고 하니, 폭군 걸桀을 도와준 신하들과 다를 게 무엇인가?"

요순의 관점으로 본다면 법가는 백성을 수단으로 이용하는 민적民賊이라는 것이다.

맹자가 법치가 아닌 인치, 즉 인정仁政이 왕도王道라 본 이유는 다음과 같다.

민위귀民爲貴 사직차지社稷次之 군위경君爲輕.

백성이 가장 귀하고, 다음이 사직이며, 왕은 가장 가볍기 때문이다. 이래서 맹자의 주장은 오직 승리만 중시하던 시대에 우활迂闊(세상 물정에 어두움) 취급을 받았다.

천하를 유세하는 맹자

맹자의 시대는 공자의 시대와 또 달랐다. 공자 때는 나라마다 제후 주변의 대부 등 귀족들이 큰 권력을 행사했고, 그 뒤 150년이 지난 맹자 때는 제후들이 권력을 독차지하며 왕이 되었다.

이들이 맹자가 설파하는 왕도 정치를 공감하면서도 수용하기란 쉽지 않았다. 그럼에도 불구하고 맹자는 이제삼왕二帝三王(요堯, 순舜, 우禹, 탕湯, 문무文武)을 예로 들며 덕치德治와 인정仁政을 유세하고 다녔다. 물론 환영받지 못했다.

맹자는 주나라에서 나온 추鄒나라 출신인데, 추나라는 주나라 초기의 덕치 사상이 짙게 밴 곳이다. 맹자의 스승은 공자의 손자이며 《중용中庸》을 지은 자사子思였다. 맹자는 마흔에 부동심에 도달하고, 마흔 중반부터 20년간 양梁, 제齊, 송宋, 노魯, 임任, 설薛 등으로 유세를 다녔다. 그의 행렬에 '후거수십승後車數十乘 종자수백인從者數百人'이라 하여 큰 무리가 따라다녔다.

맹자가 위 혜왕을 찾아갔을 때였다. 이미 국력이 기울어져 나라 이름까지 양나라로 바꾸고 도성도 옮겨 봤지만 점점 더 약화되자 노심초사하던 혜왕이 맹자를 반기며 물었다.

"선생께서 천 리를 멀다 않고 찾아오셨으니 이 나라에 어떤 이利를 주시렵니까?"

"왕께서는 하필 이利를 말씀하십니까? 다만 인의仁義가 있을 따름입니다."

그 이듬해 맹자가 혜왕의 후계자 양왕襄王(BC 318~BC 296)을 만나보더니 "멀리 봐도 임금 같지 않고 가까이 봐도 위엄이 없다"라며 완전히 실망하고 제나라로 갔다. 제齊 선왕宣王(BC 319~BC 301)은 맹자를 정치고문인 객경客卿에 임명했다. 천하의 석학 맹자가 제나라 도성 임치의 직하학궁에 머문다는 소문이 나면서 전국의 제자백가가 모여들었다. 맹자는 이들과 토론하며 가끔 왕의 자문에 응하는 것 외에 자유로이 학문 연구에 몰두했다. 직하학궁의 운영 원칙은 단 하나, '정무에 상관없이 토론해야 한다(불치이의론不治而議論)'였다. 출세 목적으로 연구하거나 토론하면 순수 연구 기관으로서 객관성이 떨어진다고 본 것이다.

맹자가 직하학궁에 머문 지 8년째 되는 해, 제 선왕이 내란 중인 연燕나라를 바로잡아 준다는 구실로 점령해 버린다. 맹자는 제 선왕에게 철수를 요구했지만 거절당했다. 국제 여론도 연나라에 유리했고, 연나라 백성들이 반란을 일으켜 제나라 군대가 철수해야만 했다. 그제야 제 선왕은 맹자의 판단이 옳았다며 맹자와 화해하고자 했지만, 맹자는 이미 떠나기로 결심을 굳힌 상태였다. 제 선왕까지 맹자의 거처를 찾아와 만류했으나 맹자의 대답은 간략했다.

"제가 떠나는 것은 그동안 감히 청하지 못했을 뿐 원하던 일(불감청이不敢請耳 고소원야固所願也)입니다."

왕궁으로 돌아온 제 선왕이 다시 신하를 보내 회유했다.

"도성에 맹자학교를 지어 주고 온 백성이 따르게 하겠다."

그러나 맹자는 "부귀를 누리며 사적으로 권력을 농단龍斷하는 자가 있다"라며 거절하고, 송宋나라, 설薛나라, 노魯나라를 찾아가 왕도 정치를 설파했다. 그 뒤 고향 추나라에서 《맹자》를 쓰며 후진 양성에 매진했다.

맹자는 '백성이 임금보다 소중(귀민경군貴民輕君)하다'는 유가의 민본주의 철학을 확립했다. 또한 훌륭한 사람이라면 제왕과 같다고 했는데, 공자가 《춘추》를 집필한 것을 두고 왕의 일(천자지사天子之事)이라 했던 것이다.

정작 공자는 자신을 성인聖人이라 부르는 것을 거부했다. 하지만 100년 뒤 맹자가 공자를 성인이라 부른 뒤 무관無冠의 제왕이 되었고, 그 뒤를 따르는 성인들도 정치 문화의 기본을 민본으로 삼았다.

왕실은 법가, 민간은 묵자나 양주가 득세하며, 도가는 물론 유가도 그다지 주목받지 못했는데 맹자가 다시 공자의 인륜주의 바람을 일으킨 것이다. 이로써 공맹 사상이 유가의 기본 이념으로 확산되기 시작했으며, 공맹의 고향도 추로지향鄒魯之鄕이라 하여 사상의 중심지로 부각되었다.

장자, 학의 다리를 자르지 마라

공자의 교훈을 맹자가 다시 번성시키려 했다면, 동시대 장자는 노자의 지혜를 시대에 맞게 부활시켰다.

'오리의 다리가 짧다고 늘리려 마라. 근심이 따를 뿐이다. 학의 다리가 길다고 자르지도 마라. 슬픔이 따를 뿐이다(부경수단鳧脛雖短 속지즉우續之則憂 학경수장鶴脛雖長 단지즉비斷之則悲).'

《장자》〈변무편騈拇篇〉에 나오는 말이다.

생긴 그대로가 천天이거늘 유가는 말에게 고삐 씌우듯 사람의 본성을 고치려 한다는 것이다.

장자 직전에 노자를 설파한 인물이, 양주보다 약간 늦게 활동한 열자列子인데 우주의 본체를 '허무虛無'로 보았다. 그래서 "고요해야 허虛할 수 있고 허해야 편안할 수 있다(정야허야靜也虛也 득기거의得其居矣)"라고 했다.

장자도 '허虛'를 우주의 본체로 보았다. 이 '허虛'가 바로 노자의 '도道'다. 허는 흔히 생각하는 무无가 아니다. 무라는 이름名조차 사라진 경지로 무도 없는 무인 것이다. 장자는 '무무无无의 사상가'였다. 삼라만상이 모두 '무무无无', 즉 도道의 현상懸象인 것이다. 따라서 만유萬有가 곧 도이고, 도가 곧 만유다. 그러므로 도를 여기 있다 저기 있다, 못 할지니 곧 도는 없는 곳이 없기 때문이다.

이렇게 되면 시비是非, 미추美醜, 귀천貴賤, 선악善惡, 화복禍福 등으로 구분 짓는 것이 어리석은 일이 되며, 사나 죽으나 매일반인 '생사일

여'生死一如'가 된다.

초楚 위왕威王(BC 339~BC 329)이 장자의 명성을 듣고 천금千金을 보내 재상으로 삼고자 했을 때도 장자가 크게 웃고 말았다.

"재물도 크고 재상도 존귀한 자리요. 그러나 소처럼 몇 년간 잘 먹어도 도살장에 끌려가면 그때 가서 야생 돼지처럼 살고자 해도 이미 늦다오. 더 이상 나를 더럽히지 마시오. 평생 왕궁에 속박되기보다 상쾌하게 살 것이오."

아내를 잃었을 때 찾아온 친구 혜자 앞에서도 물동이를 두드리며 노래를 불렀다. 혜자가 너무 심하다며 힐난하자 태연하게 "본래 삶이란 게 어디 있는가. 무에서 왔다가 다시 무로 돌아가는 것"이라고 했다.

자신의 임종을 앞두고도 성대한 장례식을 준비하려는 제자들을 타일렀다.

"천지를 관으로 삼고 달과 별을 주옥珠玉으로 삼으려 하니 산과 들에 그냥 버리거라."

이후부터 장자를 노자와 더불어 '노장老莊'이라 부른다. 장자는 제후들이 표방하는 인과 예는 헛소리에 불과하다고 보았다.

"인의로 바로잡는다며 도둑질한다(위지인의이교지爲之仁義以矯之 즉병여인의이절지則並與仁義而竊之). 좀도둑은 사형당하고 나라를 훔치면 제후가 된다(피절구자주彼竊鉤者誅 절국자위제후竊國者爲諸侯)."

이처럼 현실을 개탄하면서 그 원인이 성인에게 있다고 보았다.

"나무를 베어 그릇을 만드는 것이 목수의 죄라면, 도덕을 훼손하여 인의를 만드는 것은 성인의 과오다(부잔박이위기夫殘樸以爲器 공장지죄 야工匠之罪也 훼도덕이위인의毀道德以爲仁義 성인지과야聖人之過也)."

유토피아로 여겨지는 원시적 공동체가 군주에 의해 붕괴되고 그 뒤에 세워진 주나라 예법을 공자 등 성인이 숭상한다며 비판한 것이다. 장자는 왕, 제후, 귀족 등을 인정한 가운데 주장하는 인의는 곧 백성을 심리적으로 조작하는 가스라이팅gaslighting의 수단이라고 보았다. 군자와 소인을 구별하는 유지유위有知有爲는 큰 도둑을 만들고 덩달아 작은 도둑까지 생겨나게 한다는 것이다.

그러면 장자의 대안은 무엇인가?

"부신을 태우고 옥새를 깨면 백성이 순해지고, 말斗을 없애고 저울을 꺾으면 백성이 다투지 않는다(분부파새焚符破璽 이민박비而民朴鄙 부두절형掊斗折衡 이민부쟁而民不爭)."

부신은 왕이 장군에게 주는 신표, 옥쇄는 왕의 도장, 말은 부피를 재는 도구다. 원시 사회에서는 존재하지 않았던 이런 것들을 없애야만 다시 유토피아로 만들 수 있다는 것이다.

장자는 그와 유사한 예로 초창기 제나라를 들었다.

"옛 제나라는 이웃 마을이 서로 바라보며, 개와 닭 울음소리가 들렸고, 그물을 치고 밭을 가는 곳이 사방 2,000리였다(석자제국린읍상 망昔者齊國隣邑相望 계구지음상문鷄狗之音相聞 망고지소포罔罟之所布 뇌누지소자耒耨之所刺 방이천여리方二千餘里)."

그만큼 인구는 적고 땅은 넓었다는 말이다. 자연히 사람들은 소박한 무지무욕無知無欲의 본성대로 살 수밖에 없었다. 제나라 초기가 그 정도였다면 군주 제도 이전의 원시시대는 어떠했겠는가.

종횡가

종횡가와 병가의 산실은 하남성 귀곡鬼谷에 있었다. 그 귀곡학교의 스승이 귀곡자이며 손빈과 방연이 이곳 출신이다. 소진蘇秦(BC 337~BC 284)과 장의張儀(미상~BC 309)도 마찬가지다.

이들 종횡가는 고사古史에 밝았고, 《시경詩經》 300편을 넉넉히 외울 정도였다. 법가와 병가 중심의 중원 정가에서 종횡가가 어떻게 부각될 수 있었을까? 소금과 관련이 깊다. 중원에서 소비되는 소금의 대부분을 안읍 인근의 해지解池에서 조달했다. 하나라의 도성도 안읍이었고, 춘추시대에는 진晉나라의 수도였다.

진나라가 분열된 뒤 위나라가 도읍지로 삼았는데, 위 혜왕 때인 기원전 340년 진秦나라 상앙의 공격을 받고 대량으로 천도했다. 그 뒤에도 위나라는 소금 생산지만큼은 지키려고 사력을 다했다. 이 염지마저 진秦이 차지하면 위나라뿐 아니라 다른 나라들도 위험해지기 때문에 효산崤山 동쪽의 6국인 연燕, 초楚, 조趙, 제齊, 한韓, 위魏가 연대해야 할 상황이었다.

그때 소진이 합종책合從策을 내놓으며 연나라, 조나라, 한나라, 위나라, 제나라, 초나라 순으로 설득하고 다녔다. 그 결과 기원전 333년 6국의 왕들이 원수洹水에 모여 합종의 맹약을 하고 소진을 6국의 재상으로 승인했다. 이후 15년간 진나라가 감히 함곡관函谷關 너머의 동부 지역을 노리지 못했다.

진秦 혜문왕이 이런 상황을 타개해 보려고 하는데 마침 장의가 6국 동맹을 와해하는 전략으로 '연횡책連橫策'을 들고 찾아왔다. 기원전 328년 장의를 등용한 진나라는 6국과 개별적으로 동맹을 맺어가며 한 나라씩 자기 세력권으로 흡수해 나간다.

먼저 위나라로부터 빼앗은 성읍을 돌려주었다 다시 뺏기를 반복하면서 6국 동맹의 틈을 노렸다. 그리고 기원전 318년 초나라를 제외한 5국이 흉노까지 끌어들여 공격해 오자 수어修魚에서 크게 이겼다. 그 기세를 업고 장의가 위 양왕을 만나 이익을 위해 부모형제도 싸우는 세상에 애당초 6국 연맹이란 가당치 않다고 겁을 주어 연맹에서 탈퇴시키며 진나라 편에 서게 만든 것이다.

이처럼 6국 동맹이 뿌리부터 흔들리는데 묘한 일이 터졌다. 연나라 왕 쾌噲(BC 320~BC 318)가 요순처럼 선양한다며 왕위를 태자가 아닌 상국 자지子之에게 물려주고 신하로 내려앉자, 태자 희평姬平이 반발하여 기원전 316년 내란을 일으킨 것이다. 그 틈을 타고 제나라 선왕이 10개 성을 점령했는데, 맹자가 비판하며 정계에서 은퇴했다.

장의도 이 기회에 제·초 동맹을 깨기 위해 초 회왕懷王(BC 328~BC 296)을 찾아가 진나라 상어商於 지역 600리를 주겠다며 선행 조건을 걸었다.

"제나라와 단교하시면 상어 땅도 취하고 북쪽 제나라는 약해지며 서쪽 진나라에 은혜를 베푸는 것이니 바로 일계삼리一計三利입니다."

상어가 어떤 땅인가. 본래 초나라의 도성인데 진나라가 점령하고 있었다. 그런 땅을 되돌려준다고 하니 초 회왕의 입이 다물어지지 않았다. 귀가 얇아 감언이설에 잘 속는 초 회왕이었다. 장의의 현란한 화술에 넘어가 지체 없이 제와의 동맹을 단절했다.

진나라로 귀국한 장의는 초나라의 배신에 분노하는 제나라에 사신을 보내 동맹을 맺는다.

뒤늦게 속은 것을 알아챈 초 회왕이 기원전 312년 군대를 일으켜 진나라로 몰려갔다. 진나라가 제나라와 함께 초나라 군대를 양면 협공하여, 초나라 10만 병사 중 8만이 전사하고 후퇴해야 했다. 그 뒤를 진나라 군대가 추격하며 한중 600여 리 땅까지 차지했다.

그 뒤에도 초나라의 외교는 제나라와 진나라 사이에서 갈피를 잡지 못했다. 도리어 제나라가 나서서 나날이 강해지는 진나라와 맞서기 위해 초나라와의 동맹을 적극 추진했다. 그제야 제나라와 동맹을 맺었다가, 새로 즉위한 진秦 소양왕昭襄王(BC 306~BC 251)이 혼인 동맹을 제안하니 또 받아들였다.

초 회왕의 거듭되는 변신에 분노한 제나라가 기원전 303년 위나라, 한나라와 함께 초나라를 침공했다. 다급해진 초 회왕은 진나라에 태자를 인질로 보내면서 겨우 진나라의 도움을 받아 위기를 넘겼다. 그다음 해 태자가 말다툼 끝에 진나라 대부大夫를 죽이고 몰래 귀국하는 일이 벌어졌다. 이로써 진·초 동맹이 깨지고, 초나라는 제나라와 다시 동맹을 맺는다. 이를 두고 볼 수 없었던 진나라가 기원전 299년 초나라를 침략해 8개 성을 점령했다. 그리고 초 회왕에게 편지를 보냈다.

'지금 천하에 대국이라고 하면 진나라와 초나라인데 두 나라 군 주가 친목해야 다른 나라를 이끌지 않겠소? 그러니 대왕이 무관武關 으로 오셔서 나와 동맹을 맺읍시다.'

초 회왕이 대신 굴원屈原이나 소휴昭睢가 '속임수'라고 반대해도 무 시하고 진나라 영내의 무관으로 찾아가니, 진나라 장수가 초왕을 납치하듯 진나라 도성 함양咸陽으로 데려갔다. 함양에서 초 회왕은 연금당한 채 패전국 장수 취급을 받으며 탈출을 시도했건만 실패 하고 화병으로 객사했다.

계명구도

당시 제나라 맹상군孟嘗君(미상~BC 279)의 명망이 높았다. 진나라에 서도 맹상군을 수차례 초빙했지만 식객 소대蘇代가 '진나라는 범의 아가리 같은 나라'라며 만류하는 바람에 가지 않았다.

마침 제 선왕을 이어 즉위한 제 민왕湣王(BC 300~BC 284)이 진나라 를 의식해 맹상군에게 진나라에 가 볼 것을 권한다. 할 수 없이 진 나라 함양으로 간 맹상군은 진왕에게 호백구狐白裘를 선물로 바쳤 다. 진왕이 맹상군을 재상으로 삼으려 하자 신하들이 제나라 왕족 이라 안 된다며 극렬히 반대하여 억류시켰다.

맹상군이 진 소양왕의 애첩 총희에게 구원을 청하자 애첩이 호백구를 요구했다. 맹상군을 따라온 식객 구도狗盗가 개구멍으로 진 소양왕의 보물창고에 들어가 호백구를 훔쳐서 총희에게 바쳤고, 총희가 진 소양왕을 움직여 맹상군이 풀려났다.

그러나 진 소양왕이 뒤늦게 후회하고 추격병을 보낸다. 그날 밤 맹상군 일행이 함곡관에 도착했을 때였다. 맹상군의 식객인 계명鷄鳴이 닭 울음소리를 내니 민가의 닭들이 일제히 울었다. 수비병들이 새벽인 줄 착각하여 관문을 열었고, 맹상군 일행은 쏜살같이 관문 밖으로 사라졌다.

그렇게 돌아온 맹상군은 제나라의 승상이 되어 한나라, 위나라와 연합해 진나라를 공격했다. 3년의 전쟁 끝에 제·한·위 연합군이 진나라가 동방 6국을 방어하는 최고의 요충지 함곡관을 돌파했다. 대경실색한 진 소양왕은 제나라에 영토를 할양하면서까지 화의를 구했다. 그 뒤 위상이 높아진 제나라가 동방을 대표해 서방의 진나라와 전쟁을 벌인다.

이처럼 중원이 동방과 서방으로 나뉘어 다툴 때 조나라 무령왕武寧王(BC 340~BC 295)도 나름대로 팽창 정책을 추진한다. 그의 구상은 중원 동쪽 나라들이 함곡관을 통해 진나라를 공략하던 전략과 달랐다. 중원 북쪽에 위치한 조나라의 지형을 활용해 진나라를 도모하자는 것이었다.

그는 먼저 교외에 야대野臺를 높이 지어 놓고 서방의 강국 제나라를 내려다보며 패권 야망을 다졌다. 기원전 307년 대규모 기마 부대를 창설한 뒤 기병들에게 중원에서 야만인의 복장이라 비웃던 바지를 처음으로 입혔다. 그리고 기원전 296년 우선 내몽고 지역의 중산국中山國과 누번樓煩, 임호林胡 등을 격파한 뒤 장성을 쌓으며 진나라를 압박하기 시작한다. 이때 명장 염파廉頗, 조사趙奢 등이 맹활약했다.

드디어 조나라가 전성기를 맞이했는데, 갑자기 무령왕이 태자 장章을 폐하고 막내아들 혜문왕惠文王(BC 298~BC 266)에게 양위하더니, 스스로 '주부主父'라 칭하며 실권을 쥐었다. 그리고 사신으로 위장해 소양왕의 그릇도 알아보고 지형도 염탐할 겸 진나라로 갔다. 진나라 측에서 눈치 채자 겨우 빠져나왔는데, 기원전 295년 폐태자가 반란을 일으켰다가 실패하고 무령왕의 거처로 도망왔다. 혜문왕의 병사들이 차마 들어오지는 못하고 3개월간 포위만 했다. 그로 인해 무령왕까지 아사했다.

조 혜문왕은 선왕 같은 기백은 부족했다. 그러나 사람을 알아보고 부리는 재주가 좋아 외교는 평원군平原君과 인상여藺相如, 군사는 천하의 명장 염파와 희대의 전략가 조사에게 맡겼다.

그 시기 동방의 나라들이 약해져 조나라만 진나라의 동진을 막을 수 있는 상황이었다. 이에 진나라가 몇 차례 조나라를 공격했지만 염파 등의 명장에게 막혀 실패했다. 이런 상황에서 기원전 270년 종횡가 범수范睢(또는 범저范雎, 미상~BC 255)가 진 소양왕을 찾아와 유세했다.

"진나라의 대외 정책을 바꾸십시오. 지금까지 가까운 나라를 놓아두고 먼 나라를 공격했는데, 앞으로는 먼 나라를 가까이하고 가까운 나라를 먼저 공격하십시오."

이것이 원교근공책遠交近攻策이다.

순자의 성악설

순자荀子(BC 312~BC 230)가 활동한 시대는 약육강식이 횡행하는 전국시대 말기였다.

이전에 맹자는 인의예지를 유세하며 제후를 찾아다녀도 현실과 거리가 멀다(활어사정闊於事情)며 외면받았다. 이런 맹자식 교화教化를 같은 시대의 장자는 "혼자 기뻐서 떠들고 다니면 떠들어 댄 만큼 천하가 어지러워진다(이열부톤톤지의而悅夫啍啍之意 톤톤이란천하의啍啍已亂天下矣)"라고 비난했다. 성인들의 가르침이 제후들의 위선과 허영심에 이용당하는 현실을 지적한 것이다.

순자는 맹자보다 60년 뒤에 맹자와 장자의 치열한 논쟁을 지켜보았다. 그리고 인간의 본성은 선하다고 본 맹자와 달리 이기적인 심리를 직시하고 바로잡을 궁리를 했다. 맹자가 공자의 인仁을 확대했다면 순자는 공자의 예禮를 더 중시했다. 본성이 이기적이기 때문에 예로 다스려야만 인간의 본분을 다할 수 있다는 것이다.

"하늘에 언제나 도가 있듯 땅에는 언제나 규칙이 있으며, 군자에게 그 격이 있다(천유상도의天有尙道矣 지유상수의地有常數矣 군자유상체의君子

有常體矣)."

맹자가 천인합일天人合一 사상을 가졌다면 순자에게 하늘은 천인 별개天人別個의 입장이었다. 하늘은 객관적인 자연 법칙으로 인간과 달리 스스로 작동한다. 덕이란 천도와 인도를 명확히 구분하고 인간의 본분을 다하는 것이며, 그런 사람을 지인至人이라 했다.

범수가 진나라에 등용된 지 4년 뒤인 기원전 266년 순자가 진나라를 방문했다. 범수가 마중 나와 진나라 전역을 보여 준 뒤 소감을 물었다.

"관리들이 파벌도 없고 뇌물도 받지 않으니 이상적인 정치에 가깝습니다."

이 말에 고조된 범수는 순자를 소양왕에게 데려갔다.

순자가 먼저 소양왕에게 물었다.

"나라를 다스릴 때 선비가 무익하다고 보십니까(유무익우인지국儒無益于人之國)?"

맹자가 위 혜왕을 만났을 때 '하필 이익'을 거론하느냐며 왕도를 주장한 것과 달리 순자는 '이익'을 먼저 거론한다.

왕도가 원칙이지만 패도가 필요할 때도 있다(존왕불출패尊王不黜覇)고 본 것이다. 난세에는 요순 같은 왕도 정치보다 춘추오패(제 환공, 진 문공, 초 장왕, 월 구천, 오 합려) 식의 패도 정치가 필요하다는 뜻이다. 다만 군주와 신하, 백성 사이에 신뢰가 있어야 한다. 그러려면 군주가 선비를 공경하고 백성을 사랑하는 경사귀민敬士貴民과, 현자를 존경하고 능력자를 등용하는 상현사능尙賢使能을 해야 한다. 그렇게 하지 않으면 군주민수君舟民水(군주는 배, 백성은 물)이기 때문에 군주가 쫓겨난다.

소양왕은 순자의 유세를 듣고 크게 감탄하는 척만 했다. 이미 법가를 등용해서 부국강병을 이루어 가는데 굳이 '신뢰'를 강조하는 순자를 받아 줄 필요가 없었던 것이다.

순자가 맹자와 달리 패도를 긍정한 이유는 인간의 본질을 욕망으로 보았기 때문이다. 이것이 순자의 성악설性惡說인데, 인간이 인의예지仁義禮智를 타고났다는 맹자의 사단설四端設을 부정하는 이론이다.

앞에서 언급했듯이 하늘天에 대한 견해도 달랐다. 예부터 하늘을 종교적 도덕적으로 보아 천인합일天人合一 사상이 나왔지만, 순자는 하늘은 그냥 하늘에 불과하다는 자연과학적 사고를 했다. 하늘은 숭배나 모방의 대상이 아니라 정복 대상이며 어떤 운명도 인간의 노력으로 이겨 낼 수 있다. 이것이 순자의 '인정승천人定勝天'이다.

순자의 성악설은 원죄原罪 또는 절대 악이 아니다. 개인의 생존과 안위, 이익과 유희를 우선하려는 타고난 욕구다. 이런 인간들이 무리群를 형성해 사회를 만든다. 인간은 말처럼 뛰지도 못하고 황소 같은 힘도 없지만, 부릴 수 있는 것은 조직을 만들기 때문이다. 이 사회는 서로 돕지 않으면 유지될 수가 없다.

'서로 화목하면 단합하고, 단합하면 역량이 커지고, 역량이 커지면 어떤 것도 이길 수 있다(화즉일和則一 일즉다력一則多力 다력즉강多力則彊 강즉승물彊則勝物).'

이 네 문장이 인류 최초로 조직 심리를 밝혀낸 것이다. 인간은 다른 동물에 비해 약하기 때문에 조직을 만들어야 하지만, 이 조직에 어떤 기준이 없으면 이기적 본성 때문에 다툴 수밖에 없다. 다투면 혼란하고 혼란해지면 모두가 가난해진다(쟁즉난爭則亂 난즉궁亂則窮). 그래서 조화로운 사회를 만들려면 이기적 본성을 교정해야 한다.

본성의 교정

인간의 악한 본성을 무엇으로 교정할까? 예禮와 법法이다.

예란 무엇인가? 맹자에게 예란 선천적이지만, 순자의 예는 성인 聖人이 만든 것이다. 그의 예론禮論에 따르면 인간이 저마다 욕망을 추구하느라 서로 다투니 예를 만들었다. 그 예를 만든 원칙이 의義 라서 예의라 했다.

의란 본래 우주의 총체적 조화를 의미했다. 의는 국가가 생기면 서 통치 조건이 되었고, 현대에 이르러 공공성이 되었다. 예의로 개인 간 욕망의 충돌을 조절한다면, 개인차가 나는 재능과 역량은 어떻게 조정해야 할까?

순자는 《서경書經》의 '다르게 함으로써 같게 한다(유제비제維齊非齊)' 라고 보았다. 사람마다 기호도 취미도 능력도 다르다. 이를 무시하 는 기계적 평등이 작은 평등이라면, 개인차를 긍정하며 전체의 유 기적 조화를 이루는 것이 큰 평등이다. 이처럼 순자가 유가를 기초 로 삼고 현실적 세계관을 도출해 낸 것은 관중의 사상이나 종횡가 등의 관점을 받아들였기 때문이다.

순자는 인간의 심리 과정을 '성性-정情-여慮-위僞'라 보았다. 성은 식욕, 성욕, 수면욕 등 생리적 욕구이며, 정은 희로애락의 감정이다. 이 성정을 판단하는 것이 사려思慮이며 사려를 거쳐 행위行僞한다. 성-정-여 다음의 위, 즉 인위적 노력만이 인간을 인간답게 만든다. 따라서 천신天神, 지신地神 따위가 인자仁慈한 것이 아니라 후천적으로 노력한 자만이 인자한 것이다.

이처럼 천명天命(운명)을 부정한 순자는 봉건적 예의, 즉 고대의 성왕들이 만든 예의가 아니라 사회 변동에 따른 현실적 직분에 따른 예법이 필요하다고 주장했다. 이기적인 본성을 인위적으로 교화해야 전국시대 같은 혼란을 피할 수 있다고 본 것이다.

공자의 덕德과 예禮 중 자사는 덕을, 자하는 예를 계승했다. 자사는 하늘의 명이 곧 '성性'이고, 이를 따르는 것이 '도道'이며, 도를 닦는 것은 '교(천명지위성天命之謂性 솔성지위도率性之謂道 수도지위교脩道之謂敎)'라 했다. 이리하여 유가의 도道는 하늘이 명한 '성性'을 따라야 하는 길이 되었다. 이처럼 자사 계통이 내면의 수양을 우선으로 여겼다면, 자하 계통은 시대에 맞게 도리를 지키는 것을 더 중시했다. 당연히 자사를 이은 맹자는 수신제가치국평천하의 순서를 중시했고, 자하의 학통을 이은 순자는 수신제가와 치국평천하가 같이 가는 것으로 보았다.

순자의 관점을 제자인 이사李斯(BC 280~BC 208)와 한비자韓非子(BC 280~BC 223)가 발전시켜 가혹한 법률로 통치하는 법가 사상을 완성한다. 물론 순자의 예치는 왕이 백성을 가혹하게 통치하는 이들 법가와 달랐다. 오히려 신하가 왕의 잘못을 고치도록 진언進言해야 한다고 강조했다. 이 진언이 거부당했을 때 사직하는 것이 간諫이며, 목숨을 걸고 계속 진언하는 것은 쟁爭이라 했다. 왕이 진언을 잘 받아들이면 왕의 존엄을 세워 나라를 편안하게 해야 한다. 이것이 보輔다. 왕이 훌륭할 때 왕명을 지키고 치욕당하지 않도록 해야 하는데, 이것이 불拂이다. 이 간쟁보불諫爭輔拂이야말로 군주의 보배다. 명군明君은 이들을 존중하지만 암군闇君은 이들을 적으로 여긴다. 순자는 현인賢人을 등용해 선정善政을 베푸는 자를 명군으로 보았다.

순자는 유가적 이상을 현실에 접목하는 데도 탁월했지만, 특히 문장이 좋았다. 그래서 나온 말이 '문여순자변여저文如荀子辯如雎'인데, 글솜씨는 순자처럼, 말솜씨는 종횡가의 범수처럼 하라는 뜻이다.

유가적 점쟁이 추연

전국시대 말기에 '평천하'의 기운이 거세게 일고 있었다. 나라마다 존립의 위기를 맞아 순자가 강조하는 인위적 교화에 힘쓸 겨를이 없었다. 이런 위기 국면에서 유달리 우대받는 사람이 있었다. 바로 '음양'의 조화를 빗대어 현세를 풀이하고 다닌 추연騶衍(BC 340~BC 260)이다.

추연도 직하학궁에서 연구했다. 맹자도 이곳에서 강의했고 순자는 제주祭酒(학장)를 세 번이나 지냈다. 맹자와 순자는 공자를 다룬다고 공언했고, 맹자보다 조금 뒤인 추연은 덕치德治 중심의 맹자 강의를 들었을 것이다. 예치禮治를 강조한 순자는 추연 사후에 활발히 활동했다.

전국시대의 직하학궁에 춘추시대의 노자, 공자, 묵자 등을 따르는 제자백가가 전국에서 1,000여 명씩 모여들었다. 이들은 원시적인 노자 사상을 바탕에 깔고 유가와 묵가 등의 사상을 융합해 나갔다. 여기서 황로학黃老學이 나왔다. 황로는 삼황오제의 황제와 노자를 합친 말이다. 도道는 천하만물이 생긴 근본이며, 기氣는 사물의 분화와 운동으로 보았다. 이때만 해도 이理는 자연 법칙처럼 사물의 도리 정도로 인식되었다. 참고로 이가 존재의 규범이라는 의미를 갖는 시기는 성리학이 완성된 북송北宋 때다.

황로학에서는 자연의 순리대로 사는 삶, 즉 청정무위淸靜無爲를 중시했다. 무위는 노자의 핵심 사상이며 청정은 노자는 물론 공맹의 부동심不動心, 그리고 호연지기浩然之氣와도 연결된다. 추연은 황로학을 익히면서 음양의 변화를 통해 자연의 원리는 물론 세상 이치까지 살피기 시작했다.

사마천의《사기》에 나온 추연의 학문 방법은 이러했다.

'반드시 작은 것의 조짐을 살펴본 뒤 크게 미루어 무한까지 다다른다(필선험소물必先驗小物 추이대지推而大之 지어무은至於無垠).'

추연이 침소봉대針小棒大하는 경향이 있다는 말이다.

그 뒤 추연은 공자의《논어》나 노자의《도덕경》만으로는 제후들을 설득하기 어렵다는 것을 파악하고 흥망성쇠까지 예견해 준다. 그때 삼황오제시대까지 역사적 사례를 들었고 인의, 절약, 근검, 군신, 상하, 육친의 일로 귀착했다. 즉 환상이 담긴 종교적 언어로 시작하여 유가적 계몽 언어로 마무리한 것이다.

이러한 추연의 운세 풀이에 왕들이 열광하며 서로 모셔 가려고 했다. 그중 조나라 실세 평원군은 추연을 신줏단지처럼 모셨다. 공자, 맹자, 순자를 대하는 것과는 전혀 달랐다.

연나라 명군 소왕昭王(BC 312~BC 279)도 마찬가지였다. 소왕은 연나라를 중흥시켰으며, 장수 진개秦開를 고조선에 보내 2,000리 땅을 앗아 갔다. 그런 소왕도 추연이 찾아가자 손수 빗자루를 들고 앞길을 쓸면서 환대했고, 갈석궁까지 지어 주며 스승으로 극진히 모셨다.

사마천은 이에 대해 이렇게 설명했다.

'네모난 기둥을 둥근 구멍에 넣으려 했다(지방예욕내환조持方柄欲內圜鑿).'

사마천은 유가의 유세가들은 세속에 영합하지도 않고, 구차하게 왕들의 비위를 맞추려 하지도 않았다고 안타까워하면서, 추연 역시 '바른길로 인도하기 위해 왕의 비위를 맞추었다'고 이해했다.

장평대전과 지상담병

한편 진나라는 범수의 원교근공책을 따라 가장 근접한 한나라 먼저 표적 삼아 기원전 265년부터 3년간 줄기차게 공격했다. 그 결과 한나라 본토와 북부 상당군上黨君을 연결하는 남양南陽 일대를 장악했다. 위기에 처한 한나라는 진나라에 상당군을 바치며 강화를 요청하려고 했다. 그러나 상당 태수가 거부하고 조나라 효성왕孝成王(BC 265~BC 245)에게 도움을 청했다. 효성왕은 상당군을 차지할 욕심으로 군대와 함께 염파를 파견했다.

염파는 강력한 진나라와 정면승부를 하기보다 수비 중심의 지구전이 유리하다고 판단하여 장평으로 가서 지세가 험한 금문산에 진을 쳤다. 기원전 260년 여기서 전국시대 최대의 전쟁인 장평대전이 발발한다.

염파의 조나라 군대는 진나라 왕흘王齕 장군이 사력을 다해 3년간이나 공격해도 꿋꿋이 버텨 냈다. 만일 여기서 진나라가 물러선다면? 원교근공책을 낸 범수의 입지가 흔들린다. 범수는 궁리 끝에 조나라로 간첩을 보내, 나가 싸우기 두려운 염파가 수비만 한다는 헛소문을 퍼뜨렸다. 안 그래도 전쟁이 지연된다며 조급해하던 효성왕이 염파를 해임하고 조괄趙括을 대장으로 임명하려 했다.

그러나 신하들이 조괄의 아버지 조사가 생전에 했던 말을 전하며 반대했다. 명장 조사가 아들에게 '지상담병紙上談兵'이라며, 결코 장수가 되지 말라고 했다는 것이다. 암기력이 좋아 병법서만 달달 외웠을 뿐 실전을 모른다는 것이다. 조괄의 어머니까지 효성왕을 찾아와 반대했고, 대신 인상여도 조괄이 책만 읽었을 뿐 임기응변이 없어 '교주고슬膠柱鼓瑟과 같다'고 했다. 거문고 줄을 아교로 붙여 놓고 연주하는 것처럼 자연스럽지 못하다는 의미다. 하지만 효성왕은 식견이 짧고 고지식했다. 기어이 조괄을 대장군으로 교체하면서 25만 군사까지 더 내주었다.

이를 지켜본 진 소양왕도 대장군을 백전노장 백기伯起로 교체했다. 조괄은 현지에 부임하자마자 효성왕의 기대에 맞춰 대대적인 진격을 감행했다. 노련한 백기는 우회전술로 대응했는데, 정면에서 져 주고는 군대를 매복시켰다가 쫓아오는 조나라 군대를 양면에서 협공했다. 조군이 도망가는데 그 도주로를 미리 차단해 놓았다. 결국 조나라 대군은 독 안에 든 쥐 신세가 되어 조괄을 비롯한 장수들과 많은 병사가 사살되었고, 남은 40만 병사는 생포되어 생매장을 당했다.

진 소양왕은 즉위 때부터 천하 통일의 야망을 내비쳤다.

"하늘에 태양이 둘일 수 없듯 천하에 왕이 여럿 있을 수 없다."

그만큼 기개가 넘쳤으며 사람 보는 안목도 탁월했다. 이에 비해 상대 군주들은 너무 약했다. 진 소양왕이 56년 통치 기간에 상대한 왕만 5개국 10여 명이 넘었다. 그중 제 양왕襄王(BC 283~BC 265)이 진 소양왕과 맞설 만했으나 부왕인 민왕湣王(BC 300~BC 284)의 폭정으로 국력이 약해진 데다 민심까지 잃어 회복이 쉽지 않았다. 그 외 초나라 고열왕考烈王(BC 262~BC 238)은 후사가 없어 후계자 선정과 관련한 치정과 모략이 끊이지 않았으며, 한나라 환혜왕桓惠王(BC 272~BC 239)은 소심했고, 연나라 혜왕惠王(BC 278~BC 271)은 옹졸하기로 유명했다.

위나라 군주는 어땠을까. 위魏 소왕昭王(BC 295~BC 277)은 즉위 초 진나라 백기와 싸워 대패했고, 후에도 계속 시달렸으나 맞설 인재가 부족했다. 그다음 안희왕安釐王(BC 277~BC 243)은 통찰력이 부족해서 늘 기회를 놓쳤다. 이처럼 진나라 소양왕이 다른 나라의 군주들보다 경쟁 우위에 있었다. 하지만 초석을 놓았을 뿐 야망을 완결하지는 못했다. 그의 장례식에 각 나라 승상들이 조문객으로 모여들었는데 한나라 환혜왕은 소복까지 입고 달려왔다.

그 뒤 진 소양왕의 아들 효문왕孝文王이 재위 1년 만에 서거하고 장양왕莊襄王(BC 250~BC 247)이 즉위했다. 그의 태자 영정嬴政이 훗날 진시황제秦始皇帝가 된다. 장양왕 때는 승상 여불위呂不韋가 정치를 주도했다.

장평대전 이후 천하의 대세는 진나라로 기운 상황이었다. 그동안 상징적 구심 역할을 해 온 주나라마저 여불위에 의해 기원전 249년 자취를 감췄다.

진나라 효문왕의 서자인 장양왕의 본명은 영이인嬴異人이다. 인질로 조나라에 있던 중 장평대전이 일어나 조나라에서 홀대받아야 했다. 당시 조나라 도성 한단邯鄲의 거상 여불위가 영이인을 만나더니 최고의 투자 가치가 있는 '기화奇貨'라며 기뻐한다. 얼마 뒤 여불위는 자식이 없는 효문왕의 정비 화양부인華陽夫人을 포섭해 양아들로 입적하라며 거금을 후원했고, 자신의 애첩 조희趙姬(BC 280~BC 220)를 임신한 사실을 감춘 채 영이인에게 바쳤다. 초나라 출신인 화양부인은 영이인의 이름을 자초子楚로 개명하고 아들로 삼았다. 마침내 자초는 장양왕이 되었고, 조희는 왕비가 되었다. 하지만 장양왕이 워낙 약골이라 즉위한 지 4년 만에 죽었다.

그래서 열세 살짜리 영정이 왕좌에 앉고 생모 조희가 태후가 되어 여불위와 함께 실권을 행사하기 시작했다. 여불위는 자기의 식객 3,000명을 모아 춘추전국시대까지의 제자백가 등 모든 지식을 총망라한 《여씨춘추呂氏春秋》를 펴냈다. 그때가 기원전 239년이었다. 다음 해 22세가 된 진시황이 친정을 하며 태후와 사통한 것이 드러난 여불위를 제거하고, 여불위의 식객이던 이사李斯를 등용하여 본격적인 통일 전쟁(BC 230~BC 221)에 나선다.

이사의 친구 중에 한나라 공자公子 출신인 한비자가 있었다. 둘 다 순자에게 배운 동문이었다. 그때도 한비자가 워낙 뛰어나 이사가 시기했다. 하지만 한비자는 말이 어눌해 제왕학帝王學의 원전 격인 《한비자》를 펴내는 데 열중했다. 군주는 권모술수에 능한 신하들과 현실을 꿰뚫어 보고 활용해야 한다는 내용이다.

이사나 한비자는 순자의 가르침 중 유가적 인의보다는 성악설을 차용하여 전제적 법가를 더욱 강화했다. 전래적으로 법가에 세 흐름이 있었다. 한韓나라를 다스린 신불해의 술術, 진秦나라를 다스린 상앙의 법法, 제나라 직하학궁에서 활동한 신도愼到(BC 395~BC 315)의 세勢였다. 신불해와 상앙은 앞장에서 다루었고, 신도의 세는 도가에 법가를 합친 것이다. 용이 구름을 타고 날아가는데 구름이 사라지면 지렁이와 다를 게 없다는 논리다. 군주가 도덕이나 법으로 통치한다 해도 세勢가 없으면 소용없는 일이니 군주는 도덕성보다 강력한 위엄이 있어야 한다고 보았다.

한비자와 법술세

한비자는 법가의 전래적 '법술세法術勢'를 종합하여 셋으로 정리했다.

첫 번째, 인간은 본래 이기적이다. 예외가 없다. 성인聖仁과 범인凡人도 근본적으로 큰 차이가 없다. 하물며 난세에 성군을 기다리자는 것은 굶어 죽기 직전인데 진수성찬을 차릴 테니 기다리라는 것과 같다. 천 리를 가야 하는데 천리마가 없다면, 50리마다 말을 놔두고 바꿔 타면 되는 것이다.

초나라에 말을 잘 구별하는 백락伯樂이 있었다. 싫은 자에게는 천리마 식별법을, 아끼는 자에게는 평상시 일 잘하는 말을 식별하는 법을 가르쳐 주었다. 그런데 천리마는 찾는 사람이 드물어 별 이익을 얻지 못하고, 일 잘하는 말은 매일 팔려 큰 이익을 얻었다. 같은 의미에서 "평상시 쓰는 말이 쓰임새가 높으나 헷갈린다(하언이상용자 下言而上用者 혹야惑也)"라고 한다. 그럴듯하게 포장한 고상한 표현은 별 쓸모가 없다는 뜻이다. 요순 같은 성인이나 걸주 같은 폭군은 천년에 한 번 나올 정도로 드물고, 대부분은 평범한 군주, 즉 중주中主 또는 용주庸主였다.

두 번째, 인치人治가 아닌 법치法治를 해야 한다. 법은 권력자에게 아부하지 않고 먹줄은 굽은 곳을 따라 휘지 않는다(법불아귀法不阿貴 승불요곡繩不撓曲). 인치로 다스리면 각자 이익을 얻기 위해 패거리를 만들어 서로 속이고 수탈하려 한다. 나라가 법과 제도로 돌아가야 하며, 군주도 법치로 다스릴 뿐 무위無爲해야만 공평무사할 수 있다. 군주가 수시로 법을 왜곡하고 공사를 구분하지 못하면 그 나라는 망한다.

세 번째, 법과 제도가 시대에 맞아야 한다. 옛날에는 인구가 적고 과일이나 짐승이 넘쳤다. 굳이 경쟁할 필요가 없어 상벌도 엄하지 않았다. 그러나 인구가 폭증하면 달라진다. 다섯 명이 다섯 명을 낳으면 25명이 된다. 기하급수적으로 느는 인구를 식량과 재화가 따라가기 어렵다.

기원전 3세기의 한비자가 19세기 맬서스Thomas Robert Malthus와 같은 인구론을 내놓은 것이다.

요순 같은 왕들은 인구가 적었기에 의식주도 초라하고 백성과 어울려 일할 수 있었다. 그러나 인구가 늘고 생존 경쟁이 치열해지면서 고을 수령만 되어도 영화를 누린다. 이처럼 환경이 달라졌기 때문에 옛 성인의 계책만 고집해서는 안 된다. 한마디로 인과 예의 도덕 정치가 수명을 다했으니 군주는 능법지사能法之士, 지술지사智術之士, 능세지사能勢之士가 되어야 한다는 것이다. 법法은 문서에 기록된 것이고, 세勢는 분위기다. 술術이란 가슴에 감추고 업무에 맞춰 신하들을 제어하는 것이다. 군주의 의지가 굳세야 간신을 물리치고 신상필벌이라는 술수로 신하들이 소임을 다하게 이끌 수 있다. 이것이 위세威勢다. 군주는 언제나 위엄과 명분에서 절대 우위를 점해야 한다.

진시황제는 누군가에게 전해 받은 한비자의 책을 읽고 탄복했다.

"한비자와 한 번만 만날 수 있다면 죽어도 여한이 없겠다."

옆에서 이사가 "저자가 바로 한나라의 공자 한비자입니다"라고
하자 급히 한나라를 공격했다.

한나라는 기겁하여 기원전 233년 강화사로 한비자를 진나라에
보냈다. 진시황이 한비자를 중용하려 하니, 이사가 밀려날 것을 우
려해 모함했다.

"한나라 왕족이라 한나라를 위한 계책만 낼 것입니다. 살려 두면
진나라가 큰 해를 입을 것입니다."

그날로 한비자는 투옥되었고 이사가 보낸 독약을 마셔야 했다.

하지만 진시황제는 한비자의 사상을 높이 평가하여 진나라의 통치
원리로 삼고 이사의 전략을 따랐다. 그 결과 기원전 230년 약한 나라
인 한나라를 시작으로 조나라, 위나라, 초나라, 연나라에 이어 기원
전 221년 제나라를 접수하며 10년 만에 드넓은 중국을 통일했다.

춘추전국시대의 항구적 유산

춘추전국시대는 끝났으나 노자 이후 300년가량 전개된 제자백가
의 지적 향연은 중국은 물론 동양식 '사고의 준거frame of reference'로 남
는다. 그 뒤 진나라부터 청나라까지 54개 나라, 560여 명의 군주가
명멸하면서도 이 프레임은 그대로 작동한다.

이민족으로 중국을 지배한 북위의 선비족, 요나라의 거란족, 금
나라의 여진족, 원나라와 청나라의 몽고족 등도 이 프레임에 녹아

들었다. 그뿐 아니라 인도의 불교도 중국에 들어와 선불교로 거듭 났다. 그 밖에 라마교, 가톨릭 등 외부 사상이 유입되기도 했지만, 모두 녹아들어 재구성되었다. 그 과정에 중국식 정반합의 변증법이 작동한다. 기존의 정正이 있는데 반反이 오면 기존 정正의 특성이 두드러진 합슴이 되었다.

중국 사상의 정正은 황하와 장강으로 비유할 수 있는 유가와 도가다. 노자의 고향 초나라는 주나라 문화 밖이었고, 장자가 태어난 송나라 역시 주나라에 망한 은나라 유민들이 거주하던 곳이다. 반면 공자가 태어난 노나라는 은나라를 토벌한 주 무왕이 동생 주공에게 하사한 땅으로 제후국 가운데 주 왕실과 가장 밀접했다. 그만큼 공자는 주 문화와 친숙했고, 노자와 장자는 비판적이었다.

공자가 주나라 예법을 세상을 구하는 도道로 본 반면, 노장은 아집我執으로 보고 대신 무아無我를 주장했는데 일종의 달관達觀이다. 또한 노자가 자연적 인간을 추구한다면 공자는 사회적 인간을 추구한다.

이처럼 대비되는 유가와 도가지만 공통 기반이 있다. 바로 도道였다. 인간이 걸어가야 하는 바른길이 도인데, 공자는 수양을 통해 도를 이루어야 한다고 보았으며, 노자는 무위를 통해 도와 가까워진다고 한 것이다. 따라서 유가는 대도大道가 행해지는 대동大同 사회를 추구했고, 도가는 '대도지행야大道之行也 천하위공天下爲公'이라 하여 대도가 행해지는 공평무사한 천하를 희구했다.

그 뒤 묵자가 제3의 관점을 제시하여 200년가량 '나라 속의 나라'

라는 말을 들을 만큼 큰 호응을 얻었다. '세상에 타인이 없으면 모두가 주인이 되는 것이다(천하무인天下無人 백성위주百姓爲主).' 묵자는 이와 같은 겸애兼愛를 대도大道라고 보았다.

천하가 묵자에 쏠려 있을 때 맹자가 왕도론으로 다시 전통 유가의 부흥을 꾀했다.

같은 시대, 장자는 유묵 논쟁은 쓸데없다며 조삼모사朝三暮四의 예를 들었다. 원숭이가 수중의 도토리 7개를 놓고 아침에 한 알 더 먹느냐 저녁에 한 알 더 먹느냐, 고민하는 것처럼 유가와 묵가가 부질없는 논쟁만 벌인다는 것이다. 장자는 신화적 우화를 통해 무용한 것의 유용함(무용지용無用之用)을 설파했다.

이로써 맹자는 유교를, 장자는 노자를 다시 부흥시켰다. 이후 유가를 공맹, 도가를 노장이라고도 부른다.

그리고 50년 뒤 순자가 맹자의 성선설을 비판하며 등장했다. 공자가 하·은·주 3대의 사상을 주나라 예법에 비추어 종합했듯이, 순자는 도가를 비롯한 선진先秦 시대의 모든 사상을 유가적 관점에서 종합하여 예치禮治를 주장했다. 덕분에 순자의 제자 한비자가 유가처럼 치밀한 개념으로 냉철한 법가 체계를 세울 수 있었다. 순자의 예치는 노자의 공자화였다.

그런데 또 고자가 나타나 물의 흐름에 동서가 없듯이 인간 본성에도 선과 불선이 없다는 성무선악설性無善惡說을 주장했다. 이는 맹자의 성선설과 순자의 성악설을 부정함으로써 유가를 도가화한 것이라 볼 수 있다.

05

진나라

—

음양오행적 사고와 법가적 통치

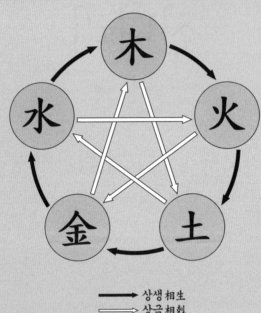

상생 相生
상극 相剋

진나라는 천하 평정이 끝나 갈 무렵 통일 이후의 정치 체제를 의논했다. 그중 하나로 다른 나라의 왕들과 다른 칭호를 모색한다. 영정 진왕이 역사상 어느 왕보다 광활한 지역을 통치할 것이고 그 공적 또한 삼황오제도 능가하니, 원래 최고 신의 명칭인 '제帝'가 어울린다고 보았다. 그래서 시황제라 부르기 시작했다. 이렇게 되면 시황제는 단순히 진나라뿐 아니라 지구 전체의 군주가 되어야만 하는 것이다.

진시황제는 성육신한 신, 즉 반신반인으로 '사람 발길이 닿는 곳'을 넘어 '일월日月이 비치는 모든 곳'을 다스리고 은혜를 베푸는 존재로 인식되어야만 했다. 여기서 춘추시대부터 태동하기 시작한 중화주의中華主義가 표출되었다.

사상의 표준화 작업, 분서갱유

진시황제는 통일 직후 행정 제도를 정비했다. 주나라의 봉건 제도를 포기하고 이사가 건의한 군현 제도를 도입했다. 이사가 "주나라 초기에 왕실 가족 중심으로 제후가 되었으나 결국 서로 싸우며 망했다"라며 "황제의 자녀와 공신은 따로 상을 후하게 주자"라고 했던 것이다.

기원전 211년 군현제郡縣制(36개 군郡 아래 현縣, 향鄕, 정亭, 이里를 설치)를 실시하고 관리를 황제가 직접 임명했다. 황제를 정점으로 일사

불란한 행정 체제를 갖춘 다음 화폐, 도량형, 문자 등의 표준화 작업에 착수했다.

그동안 나라마다 달랐던 화폐와 도량형이 통일되면서 상품 거래가 촉진되었다. 도성에서 각지로 뻗은 부채꼴 모양의 도로망도 건설했다. 동시에 전국시대 6국의 호족을 남양南陽 또는 파촉巴蜀으로 이주시켰다. 6국 귀족과 부호의 발호를 미리 차단하기 위한 것이었다. 역시 6국 변경의 성루와 요새, 제방도 허물어 버렸다. 가장 중요한 사상의 표준화 작업도 진행했는데, 먼저 같은 문자로 글을 쓴다는 서동문書同文 정책을 시행했다. 여기서 소전체小篆體가 나왔다.

진나라가 이사의 법가 논리에 따라 고래古來의 제도를 거침없이 개혁해 나가자, 특히 유가를 중심으로 반발이 심했다. 이에 이사는 진왕국의 역사서와 의약, 점술, 농업 등 실용서를 제외한 나머지 6국의 역사서를 비롯해《시경》과《서경》등 제자백가 서적을 모아서 불태워 버리고 유학자 460명을 매장했다. 이것이 분서갱유焚書坑儒인데 다행히 몰수한 서적 중 일부는 연구용으로 황궁 서고에 보관해 두었다. 분서갱유와 함께 책을 옆구리에 끼지 못하도록 협서금법挾書禁法도 제정했다.

시황제는 무척 근면했다. 결재하는 죽간竹簡 문서량만 하루에 30킬로그램으로 정해 놓아야 할 만큼 분주했다. 그 와중에 각지를 돌며 망한 6국의 불온한 분위기도 진정시켜야 했다. 진시황의 행차는 움직이는 작은 궁궐이었다. 직접 구경한 항우項羽(BC 232~BC 202)는 저 자리를 한번 차지하겠다 결심했고, 유방劉邦(BC 247~BC 195)은 진시황이야말로 인물이
라며 저 정도는 되어야
한다고 찬탄했다. 지방
도시마다 시황제가 오
기 전에 도로를 정비하
고 필요한 물자를 준비
하며 전국적으로 법이

병마용갱兵馬俑坑

서고 질서가 잡혀 갔다. 전국 각지에 시황제의 업적을 새긴 순행비
를 세웠다. 이후 역대 제왕마다 공적을 남겨 이를 비석에 새기기
시작했다. 이를 책공무실策功茂實 늑비각명勒碑刻銘이라 한다.

황제는 군현제에 의해 군수郡守와 현령縣令을 임명하고, 그 외 향
리의 관리는 그 지역의 유력 호족이나 부호가 맡았다. 이들 지주
계급이 통치의 파트너가 되었다. 그러다 보니 농민들에게는 법 집
행이 더 가혹했다. 또한 중앙에서 온 수령들은 지역 언어와 문화
이해가 부족해 풍토를 무시하고 법 집행으로만 다스리려 했다. 그
러니 길거리 사람 절반이 형벌을 받은 자였고, 사형수가 많아 시장
에 시체가 쌓일 정도였다.

이로 인해 사회 분위기가 변하기 시작한다. 전란에 지쳐 통일을
염원하던 전국시대의 사회 분위기가 진나라 통일 이후 망한 6국에
대한 애국 심리로 바뀌고 있었던 것이다.

봉래산 천록비결이 만든 만리장성

과연 시황제는 어떤 신념을 가졌을까? 추연이 지은 《오덕시종설 五德始終說》이었다. 왕조의 흥망이 오행五行(목木, 화火, 토土, 금金, 수水)의 운행 논리를 따른다는 것이다. 나라마다 타고난 기운이 있다. 하나라는 목木, 은나라는 금金, 주나라는 화火였다. 화를 이기는 것은 수水이기 때문에 진나라는 수의 기운으로 개국한 것이다.

목은 봄이며 청색이고, 화는 여름이며 빨강색, 금은 가을이며 흰색, 수는 겨울이며 검은색이다. 토는 목, 화, 금, 수의 네 기운이 순환하게 하며 황색이 상징이다. 그렇기에 은나라가 흰색을 숭상했다면 주 문왕은 빨간색, 시황제는 검은색을 숭상했고, 새해 첫날도 겨울이 시작되는 10월 1일로 정했다.

시황제의 옷과 어가御駕를 비롯해 모든 관복官服과 깃발이 검은색이었다. 또한 수水의 상징 수인 6을 기본 단위로 정하고, 한 걸음一步을 6치寸, 가마 넓이는 6자, 마차도 6마리가 끌게 했다. 전국의 행정 구역을 나눌 때도 6을 두 번 곱한 수인 36개 현으로 했다.

특히 미신을 좋아한 진시황제는 방술사方術士들에게 잘 속았다. 방술사 서복徐福에게 거금을 주고 불로초를 구해 오라며 황해 너머 삼신산으로 보냈지만 돌아오지 않았다. 그런데도 노생盧生이라는 방술사를 또 봉래산으로 보냈다.

노생이 돌아와 신선 선문고羨門高에게 받았다는 《천록비결天籙秘訣》을 내놓으며 말했다.

"이 책에 은어로 쓴 내용을 해석하면 불로장생의 비결을 얻는다고 합니다."

내로라하는 학자들이 모였지만 해독한 것이라고는 딱 한 구절, '망진자호야亡秦者胡也'였다. 오랑캐胡가 진나라를 패망시킨다는 뜻인데, 시황제는 그대로 믿어 30만 군사와 함께 장군 몽염蒙恬을 보내 흉노를 공격하고 만리장성을 쌓기 시작했다.

그 뒤 어느 날 밤 시황제의 꿈에 청의 동자와 홍의 동자가 태양을 놓고 다투었는데, 홍의 동자가 이겼다. 시황제는 이 홍의 동자를 찾아야 한다며 대규모 순행길에 연달아 나선다. 그러다가 기원전 210년 7월, 5차 순행길인 사구沙丘에서 과로사했다. 조고趙高 등 환관들이 은폐하고 승상 이사를 꼬드겨 시황제의 유서를 고쳤다. 이로써 태자 부소扶蘇는 죽어야 했고, 어리고 무능한 아들 호해胡亥가 즉위했다.

조고가 섭정했음은 물론 진시황의 아들 12명과 딸 10명을 피살하고 이사까지 숙청했다. 실권을 장악한 조고는 어느 날 조정에 사슴을 데리고 나타나 호해에게 물었다.

"폐하, 말을 바치옵니다."

"하하하, 무슨 농담을 그리 하시오. 사슴을 보고 말이라니…… 그렇지 않소?"

호해가 좌우에게 묻자 사슴을 보고 말이라는 신하와 사슴이라는 신하로 나뉘었다. 조고는 사슴이라고 대답한 신하들만 제거했다. 여기서 지록위마指鹿爲馬가 나왔다. 그 뒤 어느 누구도 조고의 뜻을

만리장성

거스르지 못했다. 황당한 일을 겪은 호해는 공황 상태에 빠져 조고가 제공하는 술과 여색에 취해 지냈다.

조고가 시황제의 유언도 조작하고 호해까지 농락한다는 소문이 전국에 퍼져 나갔다. 안 그래도 진나라가 합병한 6국에 파견된 지방관들이 전통을 무시하고 전횡하면서 불만이 고조되던 때였다. 진 황실에서도 위기를 느끼고 도성 수비를 강화하며 각 군현에 징발령까지 내렸다. 이에 과거 초나라에서 진승陳勝과 오광吳廣이 징발병을 인솔하고 달려가기 시작했다. 하지만 홍수를 만나 기한 내에 도착하지 못할 형편이었다. 늦게 도착하면 엄격한 법조문에 따라 참수당할 처지에 놓이자 아예 반란군으로 돌변한다. 이것이 전국 군웅할거의 도화선이 된 진승·오광의 난이다.

진승은 일찍이 머슴살이할 때부터 큰 뜻을 품고, 같은 머슴들에게 "우리 크게 성공하면 서로 기억합시다"라고 했다. 그럴 때마다 머슴들은 "너나 나나 다 머슴 주제에 얼마나 성공할 수 있겠느냐"라며 비웃었다.

진승의 대답은 늘 한결같았다.

"제비나 참새가 어찌 대붕의 뜻을 알겠는가(연작안지홍곡지지燕雀安知鴻鵠之志)."

말기적 집단 기억의 원형

'진승·오광의 난'이 터진 지 몇 달 뒤였다. 초나라의 귀족이던 범 증范增이 70세가 넘은 나이에, 역시 초나라 마지막 장수인 항연項燕 의 아들 항량項梁을 찾아가 초나라 왕족을 모시고 다시 나라를 세우 자며 유세했다. 이에 항량이 초나라 회왕懷王의 손자 웅심熊心를 회 왕懷王으로 앉힌 다음 조카 항우를 부장 삼아 진나라에 반기를 들었 다. 유협遊俠 생활을 하던 패沛 땅의 유방도 거병했고, 6국에 파견된 장수들도 반군 세력과 결탁하면서 과거 조나라의 조왕, 위나라의 위왕, 연나라의 연왕 등이 구 6국 부활을 선언했다.

진승·오광의 난은 반발한 지 반년 정도 만에 거대 세력이 되었 으나 내부 분열로 소멸한다. 그러나 이미 반란의 불길은 걷잡을 수 없어졌다. 진제국 말기에 나타난 진승·오광의 난부터 유방과 항우 의 등장까지 일련의 패턴이 이후 중국 왕조 순환의 한 모델로 계속 작동한다.

제국에 대한 불만이 고조되면 진승·오광의 농민 부대 등이 봉기 한다. 반란군을 진압하러 보낸 장수들이 동요하는 지방 호족들과 결탁한다. 이렇게 되면 기존 제국의 수명이 다하고 새로운 제국이 등장한다. 진나라 이후 이러한 패턴이 백성들의 집단 기억induced needs 속에 잠재해 있다가, 어떤 왕조든 말기 증상을 보이면 되살아나는 것이다.

항량의 군대가 북상 중이던 기원전 209년 유방을 비롯한 많은 장수를 만나 연합 전선을 구축하기 시작했다. 이후 항량이 연전연승하면서 잠시 나태해졌을 때, 기원전 208년 진나라 명장 장한章邯이 총공세를 펼쳐 항량을 죽였다. 그 뒤 장한은 초나라 쪽 반란군은 걱정할 것 없다고 보아 하수를 건너 조나라로 향했다. 먼저 한단성을 격파하고 조나라 왕이 웅거한 거록鉅鹿을 포위한다.

이 소식을 듣고 항우가 달려가서 파부침주破釜沈舟(솥을 깨고 배를 가라앉힌다) 전략을 구사한다. 항우의 5만 군사가 스스로 퇴로를 차단한 채 죽을 각오로 싸워 장한 20만 대군의 항복을 받아낸 것이다.

그즈음 유방은 함곡관을 접수하고 진나라 도성 함양咸陽으로 향하는데 황실에 변고가 일어났다. 조고가 2세 황제 호해에게 제국 파탄의 책임을 돌려 자결시키고 부소의 아들 자영子嬰을 세우면서, 이미 6국에 왕이 생겼으니 황제는 가당치 않다며 진왕秦王이라 불렀다. 그 자영이 자객을 보내 조고와 그 일당을 몰살시킨 것이다. 하지만 유방의 대군이 도성 근교에 진을 쳐서 진나라가 더 이상 버틸 수 없는 상황이었다. 진나라 대신들의 권유로 자영이 유방에게 항복했다. 왕이 된 지 46일 만이었다.

이로써 법가 원리로 중국을 통일한 첫 제국 진나라가 15년 단명으로 끝났다. 이제 천하를 놓고 유방과 항우가 겨뤄야 할 일만 남았다.

유방의 친화력, 항우의 두뇌

유방은 진나라 황실을 차지하고 싶었으나 번쾌樊噲와 장량張良이 극구 만류하여 관중 근처로 물러났다. 대신 촌로들을 불러 법삼장法三章을 내놓는다.

'살인자는 죽이고, 사람을 다치게 한 자와 도둑은 벌하되, 그 외 진나라의 법은 모두 없앤다(살인자사殺人者死 상인급도저죄傷人及盜抵罪 여실제거진법餘悉除去秦法).'

이처럼 법을 간소화하고, 다른 일들은 6국의 제후들을 만나서 결정하겠다고 했다. 유방이 점령군 장군이면서도 관용을 표방하여 진나라가 제정한 가혹한 법을 폐한 것이다. 이로써 진나라 사람들은 물론 6국 사람들도 안심했다.

한편 항우는 장한의 대군을 섬멸하느라 유방보다 한발 늦게 함양에 도착했다. 막무가내형莫無可奈型인 항우는 진왕 자영이 자신이 아닌 유방에게 항복했다며 분풀이를 했다. 자영을 죽이고 항의하는 백성들을 학살하며 아방궁까지 모두 불살라 버린 것이다.

항우와 달리 유방은 심모원려형深謀遠慮型으로 멀리 보며 오늘을 도모했다. 둘 다 초나라 출신이지만 성장 환경은 완전히 달랐다.

항우는 귀족 중의 귀족 가문이었고, 유방은 미천한 농민 출신이었다. 금수저를 물고 자란 항우는 글공부, 검술, 병법 등을 두루 섭렵하고 시도 곧잘 지었다. 항상 만인 위에 서 보겠다는 웅지를 품고 지냈다. 두 사람이 시황제의 행차를 보고 가진 생각도 차이가 있다. 항우는 저 자리를 가로챌 마음을 먹었지만, 유방은 '사내라면 저 정도는 되어야 하는데'라며 부러워만 했다.

항우와 달리 유방은 저잣거리에서 자랐다. 교육은커녕 '임협任俠' 무리와 어울려 지냈다. 그중에 소하蕭何, 조참, 번쾌 등 건달들이 있었으며 항우가 한 여인만 사랑했던 것과 달리 유방은 여색을 밝히고 음담패설도 잘했다. 그래서인가. 유방은 배짱도 좋았지만 스스로 부족한 부분이 많다는 것을 알고 보완해 줄 측근들을 귀하게 여겼다.

진승·오광의 난을 시작으로 전국이 봉기 분위기에 휩싸였을 때였다. 유방의 고향 패현도 덩달아 들썩였다. 임협 무리가 모인 가운데 소하, 조참 등이 유방을 지도자로 세우자고 했다. 그러나 유방은 "군웅들이 다투는데 내가 나섰다가는 단번에 패한다"며 거절했다. 그래도 무리가 계속 권유하자 어쩔 수 없이 받아들여 유방의 별동대가 형성되기는 했다. 하지만 병력이나 물자도 부족하고 군기도 잘 서지 않았다. 그 때문에 군기가 엄정한 항우군과 달리 진나라 군대에 여러 번 패했다.

그럴 때 장량을 만난다. 장량은 기존의 유방 무리와 출신 성분이 달랐다. 한韓나라가 신불해를 등용했을 당시 장량의 조부가 상국相國을 지낸 한나라 귀족 가문이었다. 그런 장량이 조국을 무너뜨린 시황제를 제거하려고 자객을 고용했다. 그러나 미수에 그치고 도망 다니면서 여러 집단을 만났으나 모두 무시당하고 오직 유방만이 자신을 받아 준 것이었다. 여기에 감격한 장량이 항우 아래 있던 한신까지 설득해 유방에게 데려왔다. 이들이 유방을 섬긴 이유는 딱 하나, 유방의 부족한 부분을 채워 주며 존재감을 확인할 수 있었던 것이다. 바로 그 부분이 유방의 흡인력이었고.

유방의 친화력을 보여 주는 사례는 많다. 산동성의 명사 여공呂公이 유방을 만나더니 단번에 호감을 품고서 인기가 많은 딸 여치呂雉와 맺어 주려고 했다. 소하가 웃으며 "유방이 허풍만 심하고 제대로 해내는 일이 없다"며 만류했지만, 여공은 "자중자애만 하면 천하제일의 귀상貴相"이라며 딸과 혼인시켰다. 그녀가 훗날의 여후呂后였다. 여하튼 유방이 가는 곳마다 신분 고하를 막론하고 사람들이 모여들었다. 그중 한 사람인 개장수 번쾌는 여치의 동생 여수呂須와 혼인한다.

항우가 명석한 두뇌를 타고났으며 좋은 가문, 다양한 학습 기회 등을 누렸다면 유방은 천하의 무뢰배 노릇을 하며 현장에서 직감적으로 사람 다루는 법을 체득했다. 초한전쟁楚漢戰爭은 지능지수IQ가 탁월한 항우와 사회지수SQ가 탁월한 유방의 대결인 것이다.

초한전쟁

진나라 도성에 먼저 진입한 유방은 항복한 진왕 자영을 살려 두었다. 그러나 한발 늦게 당도한 항우는 40만 대군의 위력을 과시하기 시작했다. 진왕도 죽이고 시황제의 무덤까지 도굴해 보화를 챙긴 뒤 홍문鴻門 근처에 머물며 연회를 열고 유방을 초대했다. 유방을 죽이려는 계략이었다. 유방도 알았지만 아직 10만 군사에 불과한 약세여서 참석해야만 했다.

연회 시작 전부터 책사 범증이 항우에게 "이번에 유방을 반드시 제거해야 한다"라고 수차례 강조했다. 그러나 연회 자리에서 유방이 공손하게 굴자 항우의 마음이 풀어졌다.

답답하게 여긴 범증이 밖으로 나가 항장項莊을 불러 검무를 추는 척하다가 기회를 노리라고 지시했다. 항장이 검무를 추자 항백項伯이 일어나 함께 흥을 돋우겠다고 검무를 추며 유방을 보호했다. 그런 가운데 유방이 계속 굽실거리며 항우의 비위를 맞추었다. 항우는 속으로 참 옹졸한 인물이라 죽일 필요도 없다며 느긋하게 즐기는데 유방이 화장실을 다녀온다며 밖으로 나왔다. 번쾌가 "호랑이 아가리를 빠져나가야 한다"라고 권하는데도 유방이 "항우에게 인사는 하고 가야 하는 것 아니냐"라며 망설이자 또다시 다그쳤다.

"큰일을 하려면 작은 일에 매이지 말고, 큰 예절을 이루려면 사소한 결례를 마다해서는 안 됩니다(대행불고세근大行不顧細謹 대례불사소양大禮不辭小讓)."

유방은 그제야 정신이 번쩍 들어 황급히 도망쳤다.

항우가 유방을 없앨 절호의 기회를 놓치자 범증이 버럭 화를 냈다.

"이렇게 철부지 같아서 어찌 거사를 도모한단 말인가?"

그런 뒤에도 항우는 초나라로 돌아가려고 했다. 금의환향하고 싶었던 것이다.

이에 한생韓生이 "관중이야말로 중원 지배의 최고 요지라 지켜야한다"라고 만류해도 소용없었다.

크게 실망한 한생이 항우를 비웃었다.

"초나라 놈들은 꼭 갓을 쓴 원숭이 같다(초인목후이관楚人沐猴而冠)."

모욕을 느낀 항우가 한생을 삶아 죽이고, 기어이 관중을 떠나 초나라의 수도 팽성彭城으로 귀향했다.

항우의 관중 포기는 훗날 초한전쟁에서 패하는 주요 요인이 된다. 더구나 항우는 거병한 뒤 첫 번째 전장인 양성襄城에서부터 대학살을 시작했다. 격렬하게 저항한 5,000명을 모두 구덩이에 생매장했고, 성양성城陽城과 신안성新安城, 그리고 함양 도성민들까지 학살 행렬이 이어졌다. 그렇게 민심을 잃은 데다 요충지인 관중까지 버려 두고 고향에 위신을 과시하러 내려간 것이다.

하지만 유방은 달랐다. 함양에 도착한 뒤 법삼장을 내걸며 약속했듯이 가는 곳마다 진나라의 가혹한 정치를 중단시키고 민심을 어루만졌다. 이로써 유방은 해방군으로, 항우는 가혹한 점령군으로 인식되었다.

이런 차이는 유방과 항우의 목표 의식이 달랐기 때문이다. 대대로 기득권을 누린 항우는 초나라의 복구가 목표였으며, 초나라를 망가뜨린 진나라에 대한 적개심이 엄청났다. 그 때문에 연전연승하는 과정에서 학살도 개의치 않았다.

진나라가 망한 뒤 전개된 초한전쟁 5년은 귀족 출신 항우 대 농민 출신 유방이라는 신구 세력의 대결이었다. 이 구도 속에서 전국칠웅 중 6국의 민심이 항우를 떠났다. 오직 초나라의 민심만 예외여서 항우가 내려오자 환대했던 것이다.

항우도 초나라가 지역적으로 통일제국의 수도를 두기에 불리한 것을 알았다. 하지만 민심을 고려할 때 초나라 팽성을 도성으로 삼아야 했으며, 초 회왕을 의제義帝로 올리고 자신은 서초패왕西楚霸王이 되었다. 연합국의 맹주가 서초에 있다는 뜻이다.

항우는 서초패왕의 자격으로 통일 전쟁에 참여한 18인 장수에게 각 지역을 배분해 제후로 삼았다. 이 논공행상이 원칙도 없이 항우 기분대로 이루어져 임지로 간 제후들 가운데 반란을 일으키는 경우가 많았다. 통일 전쟁에 가장 공이 큰 유방도 한漢나라 지역을 배정받아 한왕漢王이 되었는데, 양자강 지류인 한수漢水 근처의 가장 척박한 땅을 받고 불만이 컸다.

그런데 항우가 의제를 시해하자, 이를 명분으로 유방도 항우를 공격할 기회를 노리기 시작했다. 마침 항우가 팽성을 떠나 제나라 정벌에 나섰을 때, 유방이 56만 대군으로 팽성을 점거했다. 이로써 초한전쟁이 시작된 것이다.

항우가 3만 정병만 선발해 유방의 예상과 달리 서쪽으로 기습하여 팽성을 탈환한다. 유방은 군사 절반을 잃고 형양滎陽으로 물러서야 했다. 이후 유방은 한신을 중용하여 형양과 성고成皐를 잇는 방어선을 쳤다. 그 뒤 항우가 도발해 와도 회피하면서 반간계反間計로 항우가 범증을 버리게 만들었다.

항우가 전투력은 위였지만 전략은 유방에게 뒤졌다. 이를 범증이 만회하다가 떠나가자 유방이 항우를 해하垓下로 몰아세웠다. 여기서 최후의 결전이 벌어진다. 유방의 장수 한신이 십면매복十面埋伏으로 항우군을 궁지에 넣고, 병사들에게 장량의 퉁소 소리에 맞춰 초나라 노래를 부르게 했다. 이 사면초가四面楚歌로 고향 생각에 울적해진 항우의 병사들이 대부분 이탈했다. 결국 항우는 소수의 병사만 데리고 포위망을 뚫은 뒤 오강포烏江浦에서 다음과 같은 시를 남기고 자살했다.

힘은 산을 뽑고 기세는 세상을 덮건만(역발산기개세力拔山氣蓋世)
때가 불리하니 말도 달리지 않는구나(시불리혜추불서時不利兮騅不逝)
말조차 달리지 않거늘 어찌해야 하나(추불서혜가내하騅不逝兮可奈何)
우야, 우야, 너를 또 어쩌면 좋단 말이냐(우혜우혜내약하兮虞兮兮奈若何)

우는 항우가 전장을 돌아다니면서도 변함없이 사랑한 여인이었다. 항우의 자아 이미지self-image는 역발산기개세. 이 시가 나온 뒤 '개세영웅蓋世英雄'이란 말이 생겼다. 항우는 세상을 덮고도 남는 영웅임에 틀림없다. 그러나 자신의 약점을 볼 줄 몰라 무한 자기 긍정에 매몰되어 외부 상황을 객관적으로 파악하지 못했다. 범증이나 한생 등이 맞는 말을 해도 듣지 않았다.

항우는 초한전쟁에 패하고도 그 요인을 시불리時不利라 하여 불운으로 돌렸지만, 객관적인 패배 요인은 세 가지(관중 포기, 거듭된 대학살, 의제 시해)였으며, 그 공통점은 독선이었다. 3대 실책을 범하려

항우의 종말

할 때마다 범증 등 측근들이 만류했다. 하지만 모두 무시하는 바람에 측근들이 하나둘 떠나간 것이다.

유방이 항우보다 개인 역량, 사회 조건 등이 뒤졌지만 중국 최초로 서민 출신 황제가 될 수 있었던 것은 임협 집단에서 익힌 용인술과 기풍으로 약점을 보완했기 때문이다.

06

한나라

천인감응론으로 채색한 유가

전한 역대 황제

1대 고조高祖(BC 206~BC 195) - 2대 혜제惠帝(BC 195~BC 187) -

3대 소제少帝(BC 187~BC 184) - 4대 후소제後少帝(BC 183~BC 180) -

5대 문제文帝(BC 179~BC 156) - 6대 경제景帝(BC 156~BC 140) -

7대 무제武帝(BC 140~BC 87) - 8대 소제昭帝(BC 86~BC 73) -

9대 창읍왕昌邑王(BC 74) - 10대 선제宣帝(BC 74~BC 48) -

11대 원제元帝(BC 48~BC 32) - 12대 성제成帝(BC 32~BC 6) -

13대 애제哀帝(BC 6~BC 1) - 14대 평제平帝(BC 1~AD 6) - 15대 영嬰(6~8) -

신新 - 1대 왕망王莽(9~23)

후한 역대 황제

1대 광무제光武帝(25~58) - 2대 명제明帝(58~76) - 3대 장제章帝(76~88) -

4대 화제和帝(88~106) - 5대 상제殤帝(106) - 6대 안제安帝(106~125) -

7대 소제少帝(125) - 8대 순제順帝(125~145) - 9대 충제沖帝(145~145) -

10대 질제質帝(145~146) - 11대 환제桓帝(146~168) - 12대 영제靈帝(168~189) -

13대 소제少帝 홍농왕弘農王(189) - 14대 헌제獻帝 유협劉協(189~220)

※경시제更始帝 유현劉玄(23~25) : 동맹군의 대표로 황제가 되기는 했으나 워낙 식견이 없고 소심해서 2년 만에 제거당했다.

기원전 202년 정월 유방이 한나라 초대 황제가 되었다. 도읍지는 장안長安. 이후 한나라는 426년간 존속하는데, 중간쯤 반기를 든 왕망의 신나라(8~23)를 기점으로 이전을 전한前漢, 이후를 후한後漢이라고도 한다.

한 고조 유방은 즉위 후 진제국이 멸망한 원인을 찾아보니 급진적 군현제 실시, 가혹한 형벌과 수탈로 나타났다. 이를 참고하여 두 가지 통치 원칙을 세웠다. 전란에 지칠 대로 지친 백성에게 휴식을 주는 여민휴식與民休息과 중앙집권화였다. 진나라가 전국시대를 법가로 정리했지만 오래지 않아 무너지자, 다시 도가의 무위지치가 각광받으며 법가와 유가가 섞이는 상황이 된 것이다. 특히 한나라가 유교를 국교로 삼자 공자는 신성한 존재가 된다. 그 뒤 유교는 왕조 교체 등 어떤 정세 변화가 있어도 일시 쇠락은 할지언정 사상적 기반의 지위는 그대로 유지한다.

여민휴식

춘추시대부터 끊이지 않은 전쟁이 전국시대 말기 시황제와 6국 간의 통일 전쟁 때 절정을 이루었다. 전쟁터마다 흐르는 핏물이 방패를 띄울 정도였다. 그 과정을 거쳐 시황제가 세운 통일제국이 13년도 채 넘기지 못하고 농민 반란이 일어난 것이다. 그 결과 항우가 18제후를 분봉했지만, 곧 초한쟁패가 시작되며 110회의 전투가 발발한다. 그중 큰 전쟁만 20회였다. 다시 중원에 해골이 널리고 곡소리가 넘치기 시작했다. 큰 도시의 인구 70퍼센트 이상이 격감해 20~30퍼센트만 남았으며, 농촌에서도 농민들이 유랑하는 바람에 곡물 생산이 현저히 줄었다.

이처럼 황량한 상태에서 유방이 두 번째 통일제국을 세운 것이다. 유방은 일단 농작물의 10분의 1을 걷던 조세를 15분의 1로 줄이고, 부역도 대폭 감면하는 등 백성들에게 휴식 정책을 펴는 한편 제국을 흔들 소지가 있는 일부 상층부는 제거하기 시작한다. 일단 진나라의 군郡, 현縣, 향鄕, 정亭은 그대로 두고 초한전쟁 중 작전상 필요해서 설치했던 번국藩國도 인정했다. 이것이 군국제郡國制였다.

한나라 영토의 3분의 2를 차지할 만큼 광활한 번국을 제후왕 또는 이성왕異姓王이라 불리는 한신, 팽월彭越, 경포黥布 등 7인이 다스리고 있었다. 종전 후에는 바로 이들이 중앙정부에 큰 위협이 된 것이었다.

결국 고조가 7년 동안 하나씩 제거하며 자식이나 조카 등 동성同姓으로 교체해 나갔다. 그 과정에서 여후呂后(BC 241~BC 180)가 큰 역할을 했다. 유방 입장에서 생사고락을 함께 한 7제후를 직접 제거하는 일이 쉽지 않았던 것이다.

여후의 첫 번째 과녁은 한신이었다. 제왕齊王이던 한신을 초왕楚王으로 발령냈다가 다시 회음후淮陰侯로 강등시켜 군권을 빼앗았다. 그 뒤 기원전 197년 거록鉅鹿 태수 진희陳豨가 반란을 일으켜 유방이 진압하러 나간 사이에 여후가 한신을 거짓으로 입궐하게 하여 참살했다. 한신은 죽으면서 일찍이 자신의 책사 괴통蒯通의 말을 듣지 않은 것을 한탄했다.

유방이 한신을 제왕으로 봉했을 때였다. 괴통이 "이는 남쪽 항우를 치기 위한 것"이라며 "이 기회에 동쪽을 차지하고 천하를 셋으로 나눠 대세를 관망하자"라고 했다. 큰 사슴鹿(벼슬 녹祿과 동음)인 진나라가 사라졌으니 천하를 놓고 세 마리의 사슴(항우, 유방, 한신)이 다퉈 보자는 뜻으로 천하삼분지계天下三分之計였던 것이다.

제왕으로 분봉받은 지역이 전국시대의 제나라, 조나라, 위나라 땅이라 세력은 충분했다. 그런데도 한신이 주저했다. 한신은 전쟁에서 단위별 병사를 움직이는 용병술에 능했고, 유방은 책사들을 활용하는 전략적 용인술에 능했다. 한신은 다다익선多多益善으로 병력이 많을수록 잘 다스리지만, 유방은 많은 군사보다 장수를 잘 다스렸다.

유방도 자신이 전략은 장량만 못하고, 군수軍需는 소하만 못하고, 백만대군 통솔력은 한신만 못하다는 것을 알았다. 하지만 세 명의 걸출한 인물을 등용해서 천하를 얻은 것이다. 한신이 괴통의 책략을 따랐다면 천하를 얻을 수도 있었을 것이다.

무엇이 한신의 결단을 가로막았을까? 그의 관점이었다. 한신은 유방의 성취를 인력이 아니라 하늘이 내린 것으로 보았다(폐하소위 천수陛下所謂天授 비인력야非人力也). 유방을 하늘이 내린 군주로 보고 있으니, 자신이 군주가 될 절호의 기회를 잡지 못하고, 권모술수의 귀재 여후에게 말려 토사구팽이라는 고사를 되뇌어야 했다.

한신을 제거한 그해 여름 여후는 고향에서 여생을 보내고 싶다는 양왕梁王 팽월도 꼬드겨 도성으로 부른 뒤 제거했다. 그제야 회남왕 淮南王 경포가 반란을 일으켰지만, 이 또한 여후가 주도면밀하게 유도한 것이었다. 유방은 직접 진압하고 회남왕에 자신의 일곱째 아들 유장劉長을 임명한다. 그리고 유방이 귀환길에 화살을 맞고 숨을 멈추며 여후가 실권을 쥐었다.

칭제한 여태후의 무위지치

여후는 16세가 된 아들 혜제惠帝를 한나라 2대 황제로 세우고, 여태후呂太后가 되어 자신의 외손녀 장언張嫣(노원공주魯元公主의 딸)과 혼인시켰다. 장언은 열 살에 불과했고, 혜제도 어린 조카와 결혼한 수치심에 시달려야 했다. 그러거나 말거나 여후는 정적 제거에 나섰다. 유방이 총애한 척희戚姬의 아들 유여의劉如意부터 독살했다. 유방이 생전에 유여의가 자신을 닮아 강하다며 태자로 세우려 했고 척희도 부추겼던 것이다. 척희는 날렵한 맵시로 춤을 추어 유방을 홀렸다 하여 눈과 귀를 멀게 하고 벙어리로 만들었다. 그런 척희를 '인체人彘(인간돼지)'라 부르며 돼지우리에 넣고 아들 혜제를 불러 지켜보게 했다. 마음이 여린 혜제는 큰 충격을 받고 그 트라우마에 시달린다.

참혹한 장면은 여후가 만들었는데 트라우마는 혜제가 당한 것이다. 이러한 트라우마의 핵심 기제는 공포심과 무기력이며, 이를 극복하려면 우선 트라우마의 원인과 책임을 분명히 해야 한다. 동시에 주어진 과업을 회피하지 말고 직면해야 한다. 하지만 혜제는 아쉽게도 여후가 조성한 트라우마에 갇혀 음락에 빠져 지냈다. 그 바람에 여후가 황제의 직권을 행사하며 조카 여태呂台, 여산呂産, 여록呂祿을 통해 그녀만의 제국을 만들어 갔다.

혜제가 등극한 지 7년 만에 비몽사몽간에 죽었다. 여후는 궁내 소년을 혜제와 황후 장씨의 아들로 둔갑시켜 황제 옷을 입혔는데, 그가 3대 소제少帝다. 비밀 유지를 위해 소제의 생모도 감쪽같이 없애 버렸다. 어느 날 소제가 진상을 알아내자, 여태후가 소제를 유폐한 다음 중병에 걸렸다고 공표한 뒤 바로 시해했다.

여태후는 다시 출신이 불분명한 아이를 혜제와 후궁의 아들이라며 4대 후소제後少帝로 앉혔다. 3, 4대 황제 시대는 여후가 전횡했다. 그 때문에 두 황제를 역대 황제에서 제외하고, 고후기高后紀라하여 아예 여후를 내세우기도 한다.

유방이 유훈으로 유씨 아닌 자가 왕이 되면 죽이라고 했지만, 오히려 여후는 유씨 일족에게 더 가혹했다. 오히려 칭제稱帝까지 하며여씨들을 제후왕에 봉했다. 또한 북군은 조카 여록에게, 남군은 여산呂産에게 맡겨 혹시 모를 변고까지 대비했다. 만일 여후가 더 오래살았다면 유씨의 한나라가 아니라 여씨의 한나라가 될 뻔했다.

여후가 그렇게 한 사정이 있다. 유방이 팽성전투에서 항우에게패배했을 때였다. 항우군이 유방 가족을 잡으려고 패현沛縣까지 몰려왔다. 유방은 허겁지겁 도망쳤고 뒤에 남은 여후와 유방의 아버지 태공太公, 이들을 모시는 심이기審食其만 잡혔다. 그때 노원공주와 어린 아들 유영(혜제)은 따로 떨어져 나와 거리를 헤매고 다녔다. 이들을 유방의 수레를 몰고 가던 하후영夏侯嬰이 발견하고 얼른 태웠다. 두 아이가 타니 마차의 속도가 느려져 추격하는 항우의 군대에 잡힐 것만 같았다. 유방이 다급한 마음에 두 아이를 마차 밖으로 던져 버렸다. 하후영이 얼른 아이들을 받아서 다시 태웠다. 그렇게 세 번이나 반복되니 하후영이 유방에게 화를 냈다.

"하찮은 미물도 제 새끼를 귀히 여기는데, 하물며 천하를 다투는 분께서 왜 이러십니까?"

그제야 유방이 잠잠해졌다. 항우의 포로가 된 여후 일행은 2년 이상 전쟁터를 끌려다닌 끝에, 기원전 203년 유방의 와해 공작으로 항우에게 유리했던 전세가 역전되면서 궁지에 몰린 항우가 풀어주었다. 그동안 적장 항우가 여후 일행을 깍듯하게 대우했지만, 어디까지나 살얼음판을 걷는 기분이었다. 여후는 유방이 혼자 살겠다고 가족까지 버린 뒤로 굳이 유씨의 한나라를 고집하고 싶지 않았던 것이다. 그래서 유씨의 한나라를 여후가 여씨의 나라처럼 만들어 쥐락펴락했던 것이다. 여후는 기원전 180년 개한테 옆구리를 물려 병사했다.

여후가 집권한 16년은 유씨 일족에게는 대재앙이었지만, 백성에게는 평화였고 한나라 최고의 태평성대인 문경지치文景之治의 기틀을 닦은 시기였다. 유방은 유교나 경전을 싫어하여 개국 후에도 진나라의 협서금법을 그대로 둔 터였다. 그러나 여제가 혜제 4년인 기원전 191년에 협서금법을 없애고, 널리 유서遺書를 구한다는 조칙詔勅을 내렸다. 그때부터 숨겨 둔 죽간竹簡 등 서적이 쏟아져 나오기 시작했다.

여후의 집권 세력은 노자와 법가의 교훈을 종합한 황로 사상을 신봉했다. 그래서 황제와 관리가 일을 벌이지 않는 무위이치無爲而治를 했던 것이다. 이 정책으로 백성들이 생업에만 힘쓰니 생산력이 크게 늘고, 죄인도 드물어 형벌을 시행하는 일이 거의 없었다. 피터지는 싸움은 황실 안에서만 일어난 것이다.

그런 여후가 갑자기 개한테 물려 죽자 유씨 세력이 근위군을 부추겨 여씨 일족을 몰살할 수 있었다. 유씨 세력은 후소제가 혜제의 아들이 아니라며 그의 형제들과 함께 감금하고, 유방의 후궁이 나은 아들 중 가장 나이 많고 모나지 않은 유항劉恒을 황제로 추대했다. 그가 5대 문제文帝였다.

유항은 어떻게 여후의 칼날을 피할 수 있었을까? 유항의 어머니 박씨薄氏는 항우의 장군으로 위왕魏王이 된 표豹의 비빈妃嬪이었다. 위왕 표가 유방에게 패해 죽고, 그의 비빈들이 포로로 잡혀갈 때 박씨도 끌려갔다가 유방의 후궁이 되어 기원전 202년 유항을 낳은 것이다. 그리고 기원전 197년 유방은 북방 흉노와 접한 대代나라 땅에서 진희가 반란을 일으키자 진압하고 어린 유항을 대나라로 파견했다. 얼마 후 유방이 죽고 여후가 유방의 총애를 받은 후궁을 모두 연금할 때, 다행히 박씨는 유방의 총애를 받지 않았을뿐더러 여후와도 잘 지냈기 때문에 무사히 아들이 있는 대나라로 갈 수 있었다.

문제도 치세 23년 동안 건국 이래의 정책 기조인 '여민휴식'을 유지했다. 몸소 농사를 짓고 백성에게 부담을 줄까 봐 허술한 궁궐도 그대로 썼으며, 황실 재물까지 백성이 필요하면 나눠 주었다. 큰 전쟁을 벌이지 않기 위해 외교 정책도 수비 위주로 전환했다. 상공업을 장려하여 세 수입이 늘자, 곡물 수확세를 유방이 정한 15분의 1에서 30분의 1로 줄였다. 연좌제나 육형肉刑을 폐지하는 등 형벌도 개정했다. 여기에 반대하는 신하들에게는 유우씨有虞氏(순임금)가 죄인에게 특이한 의관을 입혀 수치를 주는 것만으로도 교화했다는 예를 들었다. 백성의 어버이인 임금이 덕으로 다스려야지, 사지를 찢고 눈, 귀, 코, 입을 벨 수는 없다는 것이다. 문제는 세습도 고집하지 않았다.

"친아들뿐 아니라 어진 자라면 누구든 선발할 수 있어야 천하에 복이 된다."

이것이 무위지치의 구체적인 정책이다.

최초의 논문, 과진론

한나라가 유방 이후 문제 통치까지 40여 년가량 도가 철학으로 정치를 펼치며 중원에 수백 년 만의 평화가 지속된다. 전쟁의 상처도 치유되고 생산력도 높아졌다.

그런데 젊은 천재 가의賈誼가 역사상 최초의 논문인《과진론過秦論》을 펴내며, 나라에 우환이 생길 것을 염려하고 나섰다. 그는 유교의 예법 정치론자인데 천하를 하나의 커다란 그릇이라 보고, 이 그릇을 어디에 놓느냐에 따라 편안한가 위태로운가가 결정된다고 주장했다. 이런 전제 아래 '앞 수레가 넘어지면 뒤 수레가 경계를 삼는다(전거복前車覆 후거계後車誡)'라는 논리를 전개한다.

진나라가 15년 만에 망한 까닭은 외적이 아니라 내부 모순 때문이다. 구체적으로 시황제가 왕도王道를 버렸고, 가혹한 형벌을 내리는 등 패도를 추구했다. 그와 달리 하·은·주 3대는 오래 번성했는데 지난 일을 알고 성인의 지혜를 따랐다.

이런 관점을 가진 가의가 예견한 우환은 세 가지였다.

첫째 정치 분야다. 제후 세력이 발호하여 한나라를 흔들 수 있다는 것이다. 건국 초기에 세운 어린 동성 왕들은 유가의 종법 교육을 전혀 받지 못했는데, 소제와 문제를 지나며 나이도 먹고 혈연의식도 약해져 중앙정부를 쉽게 무시하고 있었다. 특히 문제의 경우 대나라 왕이었다가 황제가 된 터라 문제의 이복형제 회남왕 등이 군신의 예로 대하지 않았다. 이에 대한 해소책으로 먼저 각 제후국의 광활한 영토를 작게 분할해야 한다. 그리고 옛 성왕의 제도처럼 안으로 공公·경卿·대大·부夫·사士, 밖으로 공公·후侯·백伯·자子·남男의 등급을 분명히 해야 한다. 황제가 대청이라면 신하는 섬돌인 계단, 서민은 대지와 같기 때문이다.

두 번째, 경제 분야다. 건국 이후 생산성이 증대하여 창고마다 곡식이 가득하고 백성들이 노새를 타고 다닐 만큼 부요를 구가하지만, 빈부 격차의 조짐이 나타나고 있다. 나라 분위기가 한 사람이 경작한 것을 열 사람이 먹고자(일인경지一人耕之 십인취이식지十人聚而食之)하는 것이다. 황실만 검소할 뿐 민간 풍조는 부호나 대상인이나 서민, 창기 할 것 없이 모두 황제나 황후처럼 화려하게 입고 꽃으로 꾸민 신발만 신으려고 했다. 농경과 생산 활동에 종사하려는 인구는 자꾸 줄고, 자유방임주의로 흐르며 사치와 저속한 풍속이 범람했다. 이런 소비 풍조가 확산되면 머지않아 생산은 줄고 빈부 격차가 더 심해져 결국 시민들만 피해를 볼 것이니, 민간에 유가의 가치관인 검약儉約의 기풍을 일으켜야 한다. 또한 민간에서 동전을 주조하지 못하도록 국가가 주전권鑄錢權을 회수해야 한다. 황실의 뱃사공 등통鄧通만 해도 문제의 총애를 받고 등산鄧山에 있는 구리로 돈을 만들어 산처럼 쌓아 두었다. 따라서 화폐를 국가에서 관리하지 않으면 물가를 잡을 수 없고 나라도 곧 가난해진다.

마지막은 군사 분야로서 흉노의 침략을 가장 우려했다. 한나라가 전쟁 없는 나라를 표방하며 주변국을 견제하지 않는 사이, 흉노가 비약적으로 발전하고 있었다. 아직은 흉노가 한 나라의 큰 현縣 하나만 못하지만, 더 크기 전에 천자가 덕으로 다스려 굴복시켜 놓아야 한다.

이와 같은 가의의 정책을 문제가 받아들이려 하자 주발周勃, 진평陳平 등의 대신이 강력히 반대했다.

"어린 나이에 권력을 독점하려고 나랏일을 어지럽히고 있습니다."

이들은 임지를 떠나 주로 장안에 와서 노닥거리던 제후왕들과 깊이 연결되었던 것이다. 문제도 가의를 내쳐야만 했다. 일이 이렇게 될 줄 가의도 진작부터 알고 있었다. 일찍이 황제에게 '욕투서이기기欲投鼠而忌器'라고 주의를 환기시켰다. 쥐를 잡으려다 그릇 깨질까 조심하듯이 대신들의 잘못을 아뢰려 해도 대신들이 늘 임금 가까이 있어 어렵다는 말이다.

문제는 가의가 정계를 떠나는 대신 자신이 가장 아끼는 작은 아들 양회왕梁懷王의 태부太傅로 보냈다. 그 와중에 기원전 174년 회남왕 유장이 역모를 꾸미다 발각되어 촉蜀 땅으로 추방된 채 굶어 죽었다. 평상시 유장과 절친했던 문제는 곧 후회하고 유장의 아들 유안劉安을 회남왕에 봉했다. 그 뒤 양회왕이 낙마사하자 유가적 예의와 염치를 중시한 가의도 자책하다가 요절했다.

유학자의 등용을 막은 두태후

가의의 우려는 문제 이후 경제景帝 때 현실로 나타난다. 경제가 평상시 가후賈后와 의견을 같이했던 어사대부 조조鼂錯를 통해 제후왕들의 영토를 삭감하는 '삭번削藩'을 결정했는데 제후왕들이 반발하고 나선 것이다.

주동자는 제후왕 중 가장 연장자이며 동산銅山을 개발해 가장 부유한 오왕吳王 유비劉濞였다. 그를 중심으로 초楚, 조趙, 교서膠西, 교동膠東, 치천淄川, 제남濟南의 제후들이 뭉쳤다. 이들은 각지에서 "조조를 죽여 황제 주변을 청소한다"라며 장안을 향해 진군했다. 이것이 기원전 154년에 일어난 오초칠국吳楚七國의 난이다.

경제가 겁을 먹고 조조를 참수해도 반란군이 공격을 멈추지 않자 장군 주아부周亞夫를 보냈다. 주아부는 반군을 정면 공격하는 대신 방어선만 쳐 놓고 군량 보급로를 차단했다. 이로써 반군이 사기가 떨어지며 대패했다. 당시 회남왕 유안도 오초칠국의 난에 동참하려다가 승상丞相의 반대로 가담하지 않았다. 그 덕분에 회남국은 보존될 수 있었다.

오초칠국의 난을 겪고 나자 경제는 제후들에게 토지는 분봉해 주되 행정권과 관리 임명권은 모두 회수했다. 경제도 문제처럼 선정을 베풀어 문경지치文景之治 40년(BC 180~BC 141)이 이어졌다. 문경지치를 물려받은 황제가 16세의 무제武帝(BC 140~BC 87)였다.

무제의 치세 기간은 무려 54년, 전한 왕조의 4분의 1에 해당한다. 시황제가 중국을 최초로 통일했다면, 무제는 전 세계에서 가장 강력한 고대 제국을 만들었다. 무제 때 화하華夏 문화도 주변 국가들까지 퍼지기 시작한다. 그래서 진시황과 더불어 '진황한무秦皇漢武'라고도 한다.

무제의 기질은 선대 황제들과 확연히 달랐다. 마치 돌연변이처럼. 어떤 상황이나 사람을 상대할 때 나타나는 반응 양식이 기질인데, 고조 유방은 한량적 무인 기질이었다. 격식 차리는 유교를 멀리하고 도교를 통치 원리로 삼은 것이다. 무제는 자연스러움을 좋아한 문제나 경제를 그대로 따랐다.

그렇게 진행된 초기 60년의 후반부에 가의가 양극화되어 가는 사회를 본 것이다. 왕실이 검약을 주도하며 농민 조세 대폭 경감, 산림과 천택川澤 전면 개방, 형벌 대폭 완화 등을 실시해 백성의 생활도 향상되었다. 하지만 그 이상으로 지주나 사인, 호족이 이익을 보며 토지겸병土地兼并을 가속화하여 농민들의 삶이 상대적으로 열악해진 것이다.

그럼에도 불구하고 무제만큼 좋은 여건을 물려받은 황제도 드물었다. 수십 년간 사회가 안정되고 국가 재정도 튼튼하여 무제의 지배자 기질을 펼치기에 딱 좋았다. 카리스마가 넘치는 무제는 즉위하자 곧바로 유학자들을 중용한다. 그에게는 무위지치의 도교가 아니라 유위지치의 유교가 어울렸던 것이다.

역사상 처음으로 유학자가 고위 관료에 본격적으로 등장하는데, 무제의 조모 두태후竇太后가 반대하고 나섰다. 40년 황실 어른 노릇을 하며 노자식 국정 방향이 태평성대를 가져왔다고 믿었던 것이다. 두태후의 노자 신봉 일화도 있다. 경제 때였는데 두태후가 원고생轅固生이라는 제나라 출신 유학자를 불러 노자 책을 보여 주며 어찌 생각하느냐고 물었다.

"집안 노비의 말에 불과합니다."

두태후가 진노하여 소리쳤다.

"어찌 노자가 공자보다 못하단 말이냐? 여봐라, 저놈을 당장 멧돼지 우리에 처넣어라."

사태를 알게 된 경제가 태후 몰래 원고생에게 칼을 전달하는 바람에 멧돼지를 찌르고 탈출할 수 있었다. 결국 두태후는 무제가 유학 진흥책을 펴자 노발대발하며 등용된 유학자를 모조리 죽였다. 무제도 기원전 135년 두태후가 노환으로 눈을 감을 때까지 4년여를 기다릴 수밖에 없었다.

동중서 특유의 천명론

두태후가 사라지자 무제는 유가로 백성의 사상을 통일하기 시작한다. 동중서董仲舒의 건의대로 태학太學을 설치하고 시詩, 서書, 역易, 예禮, 춘추春秋 등의 오경박사五經博士를 두었다. 춘추전국시대 이래 관료마다 취향대로 제자백가를 따랐으나, 한 무제가 유교에 관학官學의 지위를 부여함으로써 비로소 한나라가 집단적으로 유가화되었다. 무제가 동중서의 '파출백가罷黜百家 독존유술獨尊儒術', 즉 유가 외 모든 학문을 내쫓는다는 원칙을 따른 결과였다.

무제가 군주 입장에서 도가와 묵가와 법가를 살펴볼 때, 노장식 정치는 미묘함을 살리지 못하면 자유방임으로 흐르기 쉬웠다. 노자도 일찍이 무위지치는 원시 공동체처럼 소국과민小國寡民에 맞는다고 했다. 묵가식 정치는 겸애와 비공非功을 내세워 군주에게 불리했고, 법가야말로 가장 유리했지만 백성이 가혹한 형을 감내하기가 어려웠다.

하지만 무제가 보기에 유가는 달랐다. 군주에게 어진 정치를 말하고는 있지만, 이를 최소화하고 차등과 질서를 앞세운다면 통치에 적합해 보였다. 그래서 유가로 진나라의 법가, 한나라 초기의 도가를 대체하며 독보적 지위를 부여했던 것이다. 여기에 동중서가 공맹 사상을 군주 중심으로 재정립했다. 삼강三綱(군위신강君爲臣綱, 부위부강夫爲婦綱, 부위자강父爲子綱)과 오상五常(인의예지신仁義禮智信)을 《주역》의 천존지비天尊地卑와 연결 지은 것이다. 이것이 동중서의 '삼강오상'이다. 이로써 '오직 천자만 존귀한 하늘의 명을 받고 비천한 천하에 명을 내린다'라는 동중서 특유의 천명론天命論이 탄생했다.

천명론은 천의 의지를 전제하는 것이라 필연적으로 천인상응론天人相應論이 전개된다. 이를 천인상감天人相感이라고 한다. 천의天意는 음양오행과 사시四時, 만물의 생육장생生育長生 등으로 드러난다. 이 과정에 인간이 오상으로 집약된 도덕 원리로 상응한다면 상서祥瑞가 나타날 것이고, 그러지 않으면 재이災異가 나타날 것이다.

동중서가 전통 유가에도 없는 천인상감론을 만들기 위해 유가에 음양오행적 종교 색채를 가미하면서 하늘, 군주, 아버지, 남편, 남자는 양陽이 되고 땅, 신하, 여자, 아내는 음陰이 되었다. 게다가 동중서는 음을 누르고 양을 높여야 한다는 '억음존양抑陰尊陽'까지 주장했다. 이로써 상호 호혜적 관계에 기반한 공자의 오륜이 수직적 차별 구조로 변해 버린 것이다.

이제 황제의 권위는 하늘이 부여한 것이며, 세상은 황제를 중심으로 통일되어야만 한다. 이러한 대통일大統一이 사회 각 분야에도 그대로 적용되어 성별, 신분별, 직업별 차별이 정당화되었다. 동중서가 유교를 군주 중심으로 각색하는 바람에 군사부일체라는 구호 아래 가부장 사회가 더한층 강화되었다.

그 뒤 삼강오상 중심의 보상과 처벌이 법제화 또는 내면화되면서 한나라를 넘어 동아시아인들의 초자아가 되었다. 이에 비해 무위 자연의 노장은 사회적 무의식social unconsciousness으로, 평등을 중시하는 묵자는 사회적 전의식social Pre-consciousness으로 전승되었다.

신유학에 반발한《회남자》

20세가 될 무렵 동중서의 신유학을 접한 무제는 얼마나 신이 났을까? 무제는 기원전 134년에 유교 윤리로 인물을 선발하는 효렴孝廉(효도와 청렴) 제도까지 시행한다.

이처럼 동중서의 신유학을 기반으로 군주 중심의 정책이 강화되면서, 유방 때부터 중시해 온 노자 중심의 정책 기조는 후퇴한다. 여기에 반발하는 세력들은 주로 회남왕의 궁정에 몰렸다. 이들 3,000여 명이 모여 펴낸 책이《회남자淮南子》다. 선진 때부터 한나라 초기까지 내려온 유가, 묵가, 병가, 음양가, 법가, 농가 등 다양한 사상을 노자 사상 중심으로 정리한 것이다.

도道는 말하되 사事를 말하지 않으면 세상 물정을 모르는 것이고 (언도이불언사言道而不言事 즉무이여세부침則無以與世浮沈), 사를 말하며 도를 언급하지 않으면 만물의 조화를 알지 못하는 것이다(언사이불언도言事而不言道 즉무이여화유식則無以與化遊息). 도를 알되 인간사도 알고, 인간사를 알되 도를 떠나지 말라는 것이다.

이처럼 조정의 유교 정책과 달리 도교에 심취한 유안은 기원전 122년 모반 혐의를 받고 자살해야 했다.

한 무제는 재위 기간 대부분 정복 전쟁으로 점철했다. 북방 흉노와 40년 전쟁을 벌여 큰 타격을 입혔고 남방 남월南越에 한구군漢九郡, 동방 고조선에 한사군漢四郡을 설치했다. 서방에는 장건張騫을 보내 실크로드를 개척했다.

무제는 뭐든 시작하면 끝을 봐야 하는 지배적인 기질이었다. 이런 기질은 무모하고 야망이 큰 어머니 왕씨(효경황후孝景皇后)에게 물려받았다. 무제는 원래 후계자와는 거리가 멀 수밖에 없는 입장이었다. 왕씨가 경제를 만나기 전에 결혼하여 딸까지 두었던 것이다.

왕씨의 어머니가 점쟁이에게 "당신 딸은 존귀한 몸이 될 것"이라는 말을 듣고 딸을 이혼시켜 후궁으로 넣은 것이다. 그런데 기적처럼 유철劉徹(한 무제)이 경제의 열한 번째 아들로 태어났다. 당시 황후 박씨에게 자식이 없어 다른 후궁 율희栗姬의 아들 유영劉榮이 황태자가 되었다. 황제의 누나 관도공주館陶公主는 딸 진아교陳阿嬌를 태자비로 만들고 싶어 율희에게 혼사를 제안했지만 일언지하에 거절당했다.

왕씨가 실의에 빠진 관도공주를 찾아가 자기 아들과 진아교를 혼인시키자고 했다. 관도공주가 유철을 불러 "아교와 혼인하겠느냐?"고 물어본다.

"네. 아교가 제 아내만 되어 준다면 금으로 만든 집에 모시겠습니다(금옥장교金屋藏嬌)."

일찍이 권력 의지를 품은 무제가 아교를 받아들인 것이다.

이후 관도공주는 경제에게 수시로 율희를 비방한다. 또한 경제에게 후궁을 소개하는 자신의 업무를 이용해 일부러 율희와 다른 매력을 가진 여인들만 들여보냈다. 안 그래도 질투가 심한 율희는 경제가 색다른 후궁하고만 어울리자 더 투기를 했다. 그럴 때면 관도공주가 경제에게 만일 율희가 태후가 되면 여태후처럼 애첩들을 인간돼지로 만들 것이라고 경고했다. 여기에 경제가 넘어가 율희와 황태자는 몰락했다.

무제는 후궁들의 목숨 건 음모를 지켜보며 옥좌를 차지했기 때문에 유교를 국교로 삼으면서도 유교가 추구하는 성왕이 아니라 패왕의 길로 갔다. 하지만 패도는 왕도를 추구하라는 공자와 거리가 먼 것을 알고, 회피책으로 '외유내법外儒內法'을 내세웠다. 신하와 백성은 유교로 교화하되, 군주는 예외적 존재가 되어 철권통치를 해야 한다는 것이다.

장탕과 급암과 사마천

무제 때 법률은 장탕張湯이 관장했는데, 법이 가혹해야 범죄자들이 두려워한다는 입장이었다. 장탕이 어릴 때였다. 부친이 외출하며 집을 잘 지키라고 했는데, 쥐새끼가 고기를 먹어치우는 바람에 부친에게 두들겨 맞은 적이 있었다. 그러자 장탕이 쥐굴을 파서 쥐를 잡고 먹다 남은 고기를 압수한 뒤 쥐를 대청 아래 묶어 놓고 죄상을 논하며 찢어 죽이는 책형磔刑에 처했다. 그 판결문을 본 아버지는 장탕의 재능에 놀라며 그때부터 옥사獄事와 관련된 공부를 시켰다.

얼마 후 장탕은 미관말직부터 출발했다. 상대가 아무리 싫어도 속마음을 감추고 따르는 척하며 때가 되면 선물도 하여 드디어 구경九卿에 이르렀다. 역시 무제의 입맛에 맞춰 유가의 관점으로 판결문을 작성했다. 《춘추春秋》나 《상서尙書》 등의 문장도 함께 인용하면서.

무제가 황실의 친인척 비리를 다루라고 하자 황제의 구미에 딱 맞게 처리했다. 황제가 아끼는 자라면 중죄라도 사면하거나 가벼운 벌을 내리고, 황제가 싫어하는 자는 작은 잘못도 중형을 선고했다. 그러면서도 호족 등 권세가들은 가혹하게 다루고, 가난하거나 늙고 허약한 자에게는 선처를 내렸다.

무제는 이런 장탕을 지켜보고 법 제정까지 맡겼다. 여기서 유명한 '견지고종감림부주법見知故縱監臨部主法'이 탄생한다. 죄를 알고 모른 척하면 견지법으로, 죄가 있는데 놓아주면 고종법으로, 하급 부서나 부하가 잘못을 저지르면 감림부주법으로 상급 부서와 상급자가 똑같이 처벌받는 것이다. 또한 장탕은 고민령告緡令도 만들어 탈세를 고발한 자에게 몰수한 재산의 절반을 주었다. 이때 강직하기로 유명한 급암汲黯이 형벌이 너무 가혹하다며 반대했다.

급암은 왜 장탕을 반대했을까? 급암은 무제가 태자일 때 태자세마太子洗馬를 맡았고, 그 뒤 구경에 올랐을 때 장탕은 하급 관리에 불과했다. 죽간에 난 오탈자를 긁어내서 삭제하는 도필리刀筆吏 일을 보고 있었던 것이다. 이처럼 한참 아래인 장탕이 아첨에 능해서 바른말 잘하는 자기보다 높아졌다고 생각하여 무제에게 항변했다.

"폐하의 인사 방식이 나중에 온 자가 위에 올라가니, 장작을 쌓아 올리는 것 같습니다."

무제도 급암이 사심 없이 곧은 줄은 알았다. 그래서 자신이 신하들에게 "나는 인의로 정치하고 있다"라고 자랑할 때, 급암이 "폐하는 속에 욕심이 많으면서 왜 요순인 척하십니까"라고 반박해도 "사직을 지켜 주는 신하"라고 칭찬했다.

급암이 장탕의 초고속 승진을 비판할 때 세간에도 장탕이 도필리 출신으로 윗사람이 시키는 일만 반복하던 사람인데 어떻게 공경 일을 볼 수 있겠느냐는 여론이 돌고 있었다. 그럼에도 불구하고 이미 아부에 길들어진 무제는 급암처럼 직간하는 신하들을 꺼리기 시작했다. 더구나 급암은 황로 사상가로 무위지치를 선호하고 흉노 정벌 등 대외 전쟁도 반대했다. 그러던 차에 무제 앞에서 장탕의 법 제정을 반대한 것이었다. 이때 무제가 장탕의 손을 들어 준 뒤로 급암은 조정에서 소외되었다.

나라의 미래는 인재 관리 방식에 달려 있다. 채용과 승진의 기준이 역량 중심이냐 아니냐가 중요하다. 무제는 능력 있는 군주였지만 후반기로 갈수록 감정적인 인사 정책이 많아졌다. 장탕처럼 무제에게 맞춰서 정적이 될 만한 제후나 왕족을 가혹하게 처리해 주는 신하들을 선호했는데, 그럴 만한 이유가 있기는 했다.

전쟁이 장기화되자 제철업을 하는 지방 호족과 대상이 큰 이익을 얻었는데, 이들이 유랑민을 흡수하여 무제에게도 큰 부담이 되었던 것이다. 그래서 장탕 같은 혹리酷吏를 이용해 제후들을 탄압했고, 누구든 적발되면 수천 명까지 연루시켜 처형하면서 제국의 중심을 지키고자 했다. 이를 지켜본 사마천은 "타오르는 불은 놓아둔 채 끓는 물만 퍼내려 한다(구화양비救火揚沸)"라고 했다. 또한 "한나라 초기에 법이 느슨했어도 통치가 순조롭고 백성도 편안했다"면서 "법이 많을수록 도둑도 많아진다"라는 노자의 말을 인용했다.

그래도 무제가 듣지 않자 '형벌로만 다스리면 백성이 부끄러움을 잊어버린다. 인의예지신으로 이끌어야 부끄러움도 알고 언행도 스스로 바르게 한다'는 공자의 말까지 인용했다.

그러나 한 무제는 철권통치를 포기하지 않았다.

이릉李陵 장군이 보병 5,000으로 흉노 기병 3만을 막아 낸 쾌거를 이룬 다음 흉노 기병 8만에 포위당했을 때였다. 사력을 다해 막아 내며 원군을 기다렸지만 아무도 오지 않자 부하들을 살리기 위해 투항해야만 했다. 그럼에도 불구하고 무제는 이릉 장군 일족을 몰살해 버렸다. 이때 이릉 장군을 옹호한 사마천도 궁형을 당해야 했다. 무제식 강압 정치는 내부에 틈이 보이면 불만이 터져 나오기 때문에 이를 막기 위해 더 가혹하게 법을 집행해야만 한다.

대외 원정을 지속한 이유

하루는 무제가 대장군 위청衛青에게 속을 털어놓았다.

"하루라도 사방으로 정벌에 나서지 않으면 천하가 불안하다."

무제의 무리한 대외 원정과 공포정치의 배경에 성장 환경이 깔려 있다. 태어나면서부터 어머니와 고모 등이 천하를 놓고 벌이는 다툼 속에 자랐다. 물론 그 중심에 어린 무제가 있었다. 이기면 천하를 얻고 지면 죽는 게임의 연속이었다. 이런 건곤일척乾坤一擲의 분위기에 익숙해져 긴장이 더 편안한 심리 상태가 고착화된 것이다.

의식의 흐름을 연구한 윌리엄 제임스William James는 인간을 '습관 덩어리'로 보았다. 인간의 경험은 심리 속에 집적되어 유동적 모자이크를 형성한다. 이것이 어떤 상황에 직면했을 때 선택의 기준이 되는 하나의 기본값default 역할을 한다. 개인에게 특별한 개입 없이 자동으로 할당되는 설정이 기본값이며, 이것이 심리적 '디폴트 효과default-effect'다. 그러나 습관은 본능이 아니기에 내 습관을 알아차리면 변화할 수 있다.

무제의 쉼 없는 긴장 조성 정책의 결과, 선대가 물려준 국고가 탕진된다. 새 수입원을 찾기 위해 상인 출신 상홍양桑弘羊에게 재무대신을 맡겼다. 상홍양은 기원전 119년 철, 소금, 술의 전매와 균수평준법均輸平準法을 시행한다. 중앙에 평준관平準官을 두고, 각 지방에 균수관均輸官을 파견해 물자가 넘치는 지방과 부족한 지방 사이의 균형을 맞추어 정부가 물가도 조절하고 중간 이윤도 취하는 것이다.

이로써 특별한 일이 없는 한 국가가 경제에 개입하지 않는다는 초기의 통치 철학이 무너졌다.

하지만 전쟁 때문에 5천만이던 인구가 절반 이하로 내려와 세금 징수원 자체가 줄어든 상태였다. 결국 나라 재정을 충당하기 위해 매관매직까지 해야 했다. 여기서 최초로 흥리지신興利之臣이 출현한다. 그럼에도 불구하고 재정 고갈을 메우지 못해 대규모 전쟁을 벌이기 어려워졌다. 세계 최대 제국을 건설한 무제가 내부 불만을 잠재우는 수단을 상실하자 의심증까지 나타나며 마지막 4년을 회한의 시기로 보내야 했다.

기원전 91년 태자까지 의심하여 무고지화巫蠱之禍가 일어난다. 무당 강충江充이 무제에게 태자 유거劉據가 역심을 품었다고 사술을 부려 무고했는데, 여기에 속아 태자를 내치려 한 것이다. 궁지에 몰린 태자는 강충을 죽이고 장락궁長樂宮까지 점거한다. 마침 감천궁甘泉宮에 가 있던 무제가 진압 명령을 내려 궁궐에 살육전이 벌어졌다. 수천 명이 살해되고 태자와 그의 어머니 위황후 등은 자살했다. 그 뒤에야 강충의 거짓말이 드러나고 무제가 통탄한다.

2년 뒤 무제는 자책이 담긴 윤대輪臺의 조서를 내린다. 망령된 일로 백성을 힘들게 했으니 앞으로는 흉노와의 전쟁도 그만두고 더 이상 국력을 낭비하지 않겠다는 내용이다. 그리고 여덟 살짜리 유불릉劉弗陵[소제昭帝(BC 86~BC 73)]을 태자로 세우고, 외척의 화근을 자른다며 태자의 모친 조씨趙氏를 죽였다. 그 뒤 순행 도중 곽광霍光에게 소제를 부탁하는 유지를 남겼다. '성왕을 보좌한 주공처럼 보살펴 달라.'

철부지 황제들과 왕소군

소제는 건국 초기의 여민휴식 정책으로 회귀했다. 상홍양에 대해 유교의 기본 정신을 어기고 백성과 더불어 이익을 다툰(여민쟁리 與民爭利) 인물로 폄하하고 염철주 전매를 폐지했다. 그 뒤 소제는 13년간 치세의 안정을 이루고 후사 없이 병사했다. 뒤를 이은 소제의 어린 조카 유하劉賀(창읍왕昌邑王)는 조정 대신을 멀리하고 소꿉친구들만 가까이 지내며 황당무계한 일을 1,127건이나 저질렀다.

곽광 등 대신들은 유하가 천자 기질이 전혀 없다며 즉위 27일 만에 쫓아내고, 유거태자의 손자인 선제宣帝를 세웠다. 선제는 강충의 무고지화 때 조부 유거태자와 부모까지 잃고 민간에서 몰래 자랐다. 그만큼 인내심도 강하고 민심을 잘 알았지만 궁정 문화는 낯설기만 했다. 대대로 궁정에 익숙한 귀족들과 융화하려고 노력해도 쉽지 않았다.

이 때문에 곽광이 선제에게 민가에서 결혼한 허씨許氏을 내치고, 궁정 예법이 몸에 밴 자신의 어린 딸을 황후로 삼으라고 하는데 선제가 거절하고 허씨를 황후로 삼았다. 그 뒤 허황후가 출산하고 산후조리를 할 때 곽광의 아내가 보낸 보약을 먹고 숨졌다. 결국 곽광의 계획대로 선제는 곽광의 딸과 결혼해야 했다. 이때가 즉위 6년째였다. 그래도 선제는 분노를 묻어 두어야 했다. 그만큼 자기 통제력이 강했다.

기원전 68년 선제는 곽광이 죽은 뒤에도 곽씨 일족의 벼슬은 그대로 둔 채 처음으로 독자적 인사 정책을 폈다. 기득권을 빼앗긴 곽씨 일족이 불만을 터뜨리길 기다렸다가 모반으로 엮어 모두 주살했다.

선제도 소제의 여민휴식 정책을 계승했지만, 이상에 치우치지 않고 왕도와 패도를 병용하며 25년을 통치했다. 그 기간에 한나라가 최고의 절정기를 누렸다.

그토록 현명한 선제가 큰 실책을 범했는데, 바로 허황후의 아들을 원제元帝로 세운 것이다. 원제는 워낙 심지가 약했다. 선제도 잘 알았지만 자신이 외롭게 자랄 때 민간에서 허씨 일족의 도움을 받았으며, 그때 사랑한 허황후가 낳은 아들이라 애착을 거둘 수 없었던 것이다.

과연 원제는 선제와 달랐다. 지나치게 감성적인 데다 유학에 심취해서 성왕의 이상을 쫓는다며 환관과 조정 대신들의 갈등을 방치했다. 그 대신 여색에만 빠졌다. 공맹이 말한 성왕의 의미를 방임放任으로 오해한 것이다. 이를 기회로 지방 호족들이 세력을 크게 키워 나갔다. 그런데도 환관 석현石顯, 홍공弘恭 등의 농간에 강직한 대신 소망지蕭望之를 내쳤다. 이후부터 환관이 국정을 장악했고, 원제가 하는 일이라고는 화공이 그려 준 궁녀의 초상화를 보고 선택하는 것이었다.

어느 날 흉노의 선우單于(왕) 호한야呼韓邪가 궁녀를 보내 달라고 하자, 원제가 초상화를 보고 왕소군王昭君을 골랐다. 그러나 어찌 알았으랴. 그녀야말로 서시, 초선, 양귀비와 함께 고대 중국의 4대 미인이라는 것을. 원제는 왕소군을 흉노에게 보내는 날에야 화공이 뇌물을 주지 않은 왕소군을 추하게 그렸다는 사실을 알고 화공의 목을 베었다.

원제는 실정만 거듭하다가 재위 16년 만에 죽고 아들 성제成帝(BC 32~BC 6)가 뒤를 이었다. 성제는 원제보다 더 심했다. 특히 끈기가 없었다. 한때 학문을 좋아했지만 이내 싫증 냈고 정무를 보다 말고 오락거리를 찾았다. 날이 저물면 부평후富平候의 가인家人(일꾼)을 자칭하며 사복 차림으로 저잣거리를 돌아다녔다. 그 바람에 정치는 성제의 모친 왕태후의 오빠인 대사마 왕봉王鳳이 알아서 처리했다.

이후 대사마 자리는 왕씨가 세습하듯 물려받는다. 왕봉이 병사하고 동생 왕음王音이, 다음은 동생 왕상王商, 다시 동생 왕근王根이 차례로 대사마가 되었다. 왕근이 집권 5년 만에 은퇴했을 때인 기원전 8년 조카 왕망이 대사마가 된다. 얼마 후 성제가 아들 없이 죽고, 등극한 조카 애제哀帝도 6년 만에 후사 없이 죽었다. 왕망은 원

왕소군

제의 손자인 열 살짜리 평제平帝를 세우고, 4년 뒤 자기 딸과 혼인시켰다.

그런데 평제가 나이 먹더니 왕망의 간섭을 싫어했다. 위기를 느낀 왕망이 평제를 독살하고, 헌제獻帝의 4대손으로 평제의 조카인 두 살짜리 영嬰을 세웠다.

영은 섭황제攝皇帝가 된 왕망에게 눌려 지내야 했는데, 그 기간마저
도 999일에 불과했다.

왕망의 신나라

서기 8년 왕망이 영에게 선양받는 형식으로 황제가 되어 국호를
신나라(8~23)로 정했다. 이 과정을 도운 그룹이 고문경학파古文經學
派. 젊은 시절 왕망이 벼슬을 단념하고 유방의 후손인 유향劉向·유
흠劉歆(BC 53~AD 23) 부자와 함께 이 그룹에서 동학했다. 고문경학이
생긴 유래는 다음과 같다.

혜제가 진시황제 때 만든 협서금법을 없애며 누구나 서적을 소
유할 수 있었다. 그동안 송재가誦才家들의 구전으로 통용되던 경문
이 당대 문자로 기록되며 금문경전今文經典이 되었고, 그 뒤 경제의
아들 노공왕魯恭王이 산동성 곡부에서 궁궐 확장 공사를 하던 중 공
자의 옛집을 헐었는데, 벽장에서 유가 경전이 대량 발견되었다. 그
러나 선진先秦 시대의 과두문자蝌蚪文字로 기록되어 해독이 쉽지 않았
다. 다행히 공자의 11대손 공안국孔安國 등이 해독하면서 고문 중시
풍조가 일어났다.

고문학자들은 금문학이 구전으로 전승된 데다 음양陰陽이나 점성
占星 등의 이설異說이 섞여 있다고 비판했다. 동중서가 편집한 무제
의 유교가 아니라 원시 유가로 돌아가야 한다는 것이다. 더구나 무

제에게 멸문지화를 당하고 민간에서 어렵게 자란 선제는 동중서의 유교를 싫어했다. 태자 원제가 유교를 지나치게 선호한다 하여 폐위까지 고려할 정도였다. 그랬던 한나라의 유교가 원제 치세에 다시 일어나며 왕망의 신나라 때 완전히 정착했다. 왕망이 신나라를 고문경학파가 주장하는 원시 유교의 이상 국가로 만들고자 했던 것이다.

이를 구체화하는 방식이 옛것으로 현재를 고친다는 탁고개제託古改制였다. 옛것이란 주나라 초기의 문물이다. 이러한 왕망의 꿈을 도운 사람이 유향·유흠 부자였다. 부자 모두 대학자로 황실의 서고를 정리해 칠략七略을 만들었다. 특히 유흠은 고문을 너무 좋아해 금문학자들과 마찰이 심했다. 그 때문에 유흠이 왕망을 도와 신나라를 유교 고문에 기초한 나라로 만들고자 한 것이다.

왕망은 천하의 토지를 국가 소유로 하고 매매를 금지한 다음 농민들의 가족 수에 따라 토지를 균등하게 배분하기 시작했다. 이것이 왕전제王田制이며 주나라의 정전제井田制를 본받은 것이다. 더 이상 노예도 매매하지 못하게 했고 물가 안정책인 오균육관법五均六官法을 제정했다. 오균은 낙양과 장안, 한단, 임치, 성도, 완 등 주요 도시에 물가 관리 기구를 두는 것이며, 육관은 소금, 철, 술 등 여섯 가지 물자를 국가가 전매하는 것이다. 그 밖에 기존의 화폐를 모두 폐하고 새로 주조한 동전만 사용하게 했다.

토지 분배 등을 포함한 모든 일을 장장숙張長叔, 설자중薛子仲 등 거상에게 맡겼다. 이들이 관료보다 세상 물정에 밝다고 본 것이다.

그런데 바로 이 직무를 맡은 거상들이 은밀히 호족들과 거래하며 문서 조작까지 했다. 그렇게 3년이 지나면서 토지를 빼앗긴 호족들, 아직 땅을 분배받지 못한 백성들의 원성이 봇물 터지듯 터져 나왔다.

급기야 왕망은 개혁 정책을 접어야만 했고, 국내의 불만을 해소하기 위해 흉노 전쟁을 일으켰다. 4년간 이어진 이 전쟁에서 소득 없이 국력만 낭비했고, 그 결과 사방에서 반란이 일어난다. 그중 한 황실의 후손 유수劉秀가 호족 연합군의 대표가 되어 왕망을 격파한 뒤 광무제光武帝가 되어 후한後漢 시대를 열었다.

후한 광무제

왕망이 호족을 억압하려다 실패했다면 광무제는 호족과 손을 잡으면서 성공했다. 이로써 후한 200년은 호족의 시대라 해도 과언이 아닐 정도였다.

후한의 역사는 그 명칭처럼 전한을 되풀이하듯 진행된다. 전한이 초한전쟁 등으로 인구가 급감했듯 후한도 무제 이후 전란으로 인구가 6천만에서 2천만 정도로 줄었다. 이에 광무제는 도성을 장안에서 낙양으로 옮기고 노비 해방과 대사면령을 내려 자유민을 늘렸다. 그리고 35년 공자의 교훈인 '천지지성天地之性 인위귀人爲貴'로 시작되는 조서를 내려 천지간에 인간이 귀중하며, 노비도 양민과 같다고 선언했다.

광무제는 농담도 별로 없는 부드러운 성격이라 황제가 되자 고향 촌로들도 놀랐다.

"정직하고 수줍은 아이였는데 이렇듯 크게 될 줄이야……."

광무제가 유방의 9세손이라고는 하나 이미 집안이 기울어 허울만 그럴듯했다. 광무제의 형 유연劉縯은 어려서부터 기질이 호탕하여 유명무실한 환경에 만족하지 못하고 호걸 노릇을 했다. 그러나 소심한 유수는 혼자 학비를 마련해 가면서까지 태학에 다녔다. 꿈도 소박하여 벼슬은 집금오(사관당지집금오仕官當至執金吾), 결혼은 음려화(취처당득음려화娶妻當得陰麗華)와 하고 싶어 했다.

음려화는 태학에서 수학하며 알게 된 여자친구이고, 집금오는 군정을 지키는 벼슬아치다. 연모하는 이와 결혼해 무난하게 살고 싶었던 것이다. 그런데 시대가 허락하지 않았다. 신나라 왕망의 급진적 개혁 정책이 실패하자 각지 군웅들이 한 황실의 부흥을 기치로 봉기하기 시작했다. 유수도 형을 도와 종실인 유현劉玄을 경시제更始帝로 옹립하고 도와줘야 했다.

형제는 완성전투宛成戰鬪, 곤양대전昆陽大戰 등에서 왕망의 대군을 물리쳤다. 그런데도 경시제가 유연을 질투해 죽였다. 유수는 당장 복수하는 대신 경시제에게 고개를 숙이고 훗날을 도모하는 도광양회韜光養晦를 택했다. 그 뒤 2년간 겸허하게 시련의 시기를 보내 민심을 얻더니 장수들의 추대를 받아 25년 6월 제위에 오른 것이다. 그 기간 경시제는 민심을 잃고 자멸했다.

광무제처럼 주변의 기대는 물론 본인 의지와도 상관없이 황제가 된 인물도 드물다. 원래가 야망을 불태우는 성격도 아닌 데다 누구에게나 소탈하고 상호 작용을 중시하면서 주변에 믿음을 주었다. 이로써 자연스레 광범위한 네트워크가 형성되어 그 힘으로 황제가 된 것이다. 그런 자신을 본인도 잘 알고 이렇게 선언했다.

"내 성격처럼 천하를 유화有和롭게 다스리겠노라."

실제로 공신은 물론 항복한 자들까지 부득이한 경우가 아니면 모두 우대했다. 한 고조 유방이 황제권 강화를 위해 한신과 팽월 등 개국공신을 숙청한 것과 전혀 달랐다.

광무제의 성격을 보여 주는 일화가 또 있다.

광무제의 누이 호양공주湖陽公主가 송홍宋弘을 연모하며 쓸쓸히 지내고 있었다. 송홍이 유부남이었던 것이다. 무제가 안타까운 마음에 누이를 병풍 뒤에 숨겨 두고 송홍을 불렀다.

"출세하면 친구를 바꾸고 부자가 되면 아내를 바꾸는 것이 세상 인심 아닙니까?"

"폐하, 비천할 때 만난 친구를 잊지 말아야 하며, 가난할 때 함께한 아내를 버리지 않아야 합니다."

여기서 조강지처糟糠之妻가 나왔다.

광무제가 고개를 병풍 뒤 누이에게로 향했다.

"누이, 일이 잘 안 되겠습니다."

송홍이 광무제의 뜻을 거절해도 변함없이 중용했다. 한 무제의 특징 중 하나가 유달리 도참설圖讖說을 좋아했다는 것인데, 후한의 유가 사상 형성에도 큰 영향을 미친다.

유물론자 왕충, 정치와 유착한 유교를 비판하다

광무제가 전쟁을 피하는 휴식 정책을 펼치며 나라 재정이 풍족하게 쌓였다. 이를 바탕으로 다음 명제明帝(58~76)와 장제章帝(76~88)의 30년 동안 후한 최고의 전성기가 열린다. 이 시기에 불교도 들어왔다. 불교가 태동한 지 600년 만인 67년 인도의 승려 가섭마등迦葉摩騰, 축법란竺法蘭 등이 찾아왔다. 명제는 불佛을 서역의 신으로 소개받았으며, 낙양에 백마사白馬寺가 건립되었다.

당시 부처는 복을 내려 주는 신 정도로 인식되었다. 본래 부처는 자신은 깨달은 자일 뿐 신이 아니고, 신 또한 인연의 굴레를 벗고 해탈할 대상이라 보았는데, 이런 취지와 달리 신비화한 기복 종교의 모습이 된 것이다.

도가도 마찬가지였다. 전국시대 후반부터 황로 사상과 신선 사상이 퍼지기 시작하더니 어느 순간 황제와 노자에게 기도하기 시작했다. 신선 사상이 영생불사를 넘어 신선을 섬기는 방향으로 나아간 것이다.

유가도 예외가 아니었다. 춘추시대에 처음으로 원시적 주술 관념을 합리적으로 반성했다. 그때 나온 인문학 성찰을 통해 통일제국 진과 한이 황제의 권위를 신성화하는 데 제자백가를 동원하면서

굴절시킨 것이다.

그중 동중서는 천재이변이나 풍수지리 등을 살펴 길흉화복을 예언하는 참위설을 유가와 결합했다. 참위설이 곧 음양이재설陰陽災異說이며 도참설이다. 이 참위설을 왕망과 광무제가 믿었고, 민간에도 광범위하게 유포되었다. 기존의 실증적 인문주의 사상들이 종교적으로 신비주의화된 것이다. 공자의 교훈도 수백 년이 흐르며 본래 의미는 퇴색하고, 공자도 멀리했던 미신과 맞물려 황제의 권위를 강화하는 데 이용되었다.

왕충王充(27~97)은 도가의 무위자연無爲自然을 활용해 정치신학화한 유교의 허구성을 폭로하고 나섰다. 자연이 무위하기에 천인감응은 망상에 불과하다는 것이다. 왕충은 당시 사회가 믿던 인간 운명에 대한 관점을 정명正命, 수명隨命, 조명遭命으로 정리했다. 정명은 저절로 복이 굴러 들어오고, 수명은 내가 어떻게 하느냐에 따라 복과 화가 따르지만, 조명은 선하게 살아도 불행을 당하는 것이다. 대다수는 수명을 타고나며 극소수만 정명과 조명을 타고난다.

삼명론三命論은 장제가 79년 반고班固에게 명령하여 펴낸 《백호통의白虎通義》에 수록되어 있다. 여기서 '명命'이란 하늘이 사람에게 살도록 정한 길이라 했다. 왕충은 당시 통용되던 삼명론을 정리했을 뿐 동의하지는 않았다. 굳이 왕충의 입장을 대변한다면 정명은 셀리의 법칙Shally's Law처럼 일이 바라는 것보다 우연히 잘 풀려 나가고, 조명은 머피의 법칙Murhy's Law같이 자꾸 불리한 상황이 반복되는 것이다. 이는 극히 일부일 뿐 다수의 운명은 자기 노력 여하에 달려 있다.

그러면 왕충의 운명관은 무엇이었을까? 우주의 본체인 일원기一元氣에서 음陰과 양陽의 두 기운氣運이 나왔다. 이 2개의 기氣가 물리적으로 이합집산하며 천지가 생성 변화한다. 이것이 왕충이 주장하는 '천지합기天地合氣 만물자생萬物自生'이다. 이 과정을 통틀어 천도天道라 하며, 어떤 목적도 의지도 없다. 기氣의 다과후박多寡厚薄에 따라 우연히random 일어나는 현상일 뿐이다. 성인과 범인을 막론하고 어느 누구도 예외가 없다.

천지간에 물질 외에 귀신이나 영혼 같은 것은 없다. 인간이나 여타 생물 사이에 근본적인 차이도 없다. 모두 사멸하면 회토灰土가될 뿐 영혼 불멸도 없다. 이것은 각자가 감당해야 할 몫으로 분명分明이라 했다. 그런 면에서 왕충의 운명관은 결정론적이지만 주술적의미가 아니고 물리적 차원이다.

그런데도 사람들이 소홀히 하여 분별을 못 하고 성현들의 말을 신령스럽게 받아들인다(중인활략众人阔略 과소의식寡所意识 견현성지명물见贤圣之名物 즉위지신则谓之神). 소홀하다는 것은 사물의 작동 원리를 잘 살피지 못했다는 말이다. 여기서 무분별이 생겨나니, 황제가 용의 후손이라는 등의 말에 현혹된다는 것이다.

왕충은 근대 과학이 대중화되기 1,800년 전에 이미 유물론적 자연주의 시각으로 사회를 보았다. 왕충은 실증주의 시각에서 노자와 장자의 지혜를 수용했지만, 기본적으로 유가 본래의 합리성을 회복하고자 했다. 그러면서도 저서 《논형論衡》의 〈문공편問孔篇〉과

〈자맹편刺孟篇〉에서 공자에게 의문을 품고 맹자를 비판했다. 하늘과 사람의 일을 연결하는 유교 정치 사회가 이를 용납할 리 없었다. 왕충을 이단으로 배격했다.

왕충의 실증주의는 후한 말기부터 다시 관심을 모으며 위진시대에 이르러 인간의 주체적 각성 시대를 여는 단서가 된다. 왕충이 기존 사회의 패러다임에 충격을 준 명제와 장제 시기에 서역 도호都護 반초班超(32~102)가 파미르 동쪽 50국을 정복했다.

아동기 황제의 속출

장제 이후 4대 화제和帝 때부터 후한이 쇠퇴하는 징조가 나타난다. 전한은 개국 후 160여 년이 지난 11대 원제 때 하락 징조가 보였지만, 후한은 광무제 이후 겨우 60년 만이었다. 그만큼 후한의 구심력이 약했다는 뜻이다. 그 증세가 화제 다음인 상제殤帝 때 더욱 두드러진다. 환관과 외척이 다투어 가며 제국을 주무르기 시작한 것이다. 그런데도 160년 이상 버텼는데 그만큼 생명력은 약했으나 질겼다. 그 때문에 한나라는 중간에 왕망의 15년이 있기는 하지만 400년간 건재할 수 있었다.

유방이 항우를 꺾고 출발할 때, 한나라 400년의 성향은 이미 정해졌다. 건국 스토리가 그 나라의 정서적 바탕이 되기 때문이다. 항우가 누구인가. 출신도 역량도 유방과 비교가 안 되는 최상이었다. 주변에 모인 무리도 그랬다. 초기에 유방 주변은 의리로 뭉친 개장수 번쾌 등 소수였지만 항우는 장수가 즐비했다.

처음에 유방은 항우 소리만 들어도 놀라서 '소유방笑劉邦'이라 조롱당할 정도였다. 이런 유방이 자신보다 뛰어난 장량 등을 활용해 항우를 꺾은 것이다. 이런 건국 스토리가 한나라의 조야를 뭉치게 하는 구심력이었으며, 또한 효성과 청렴을 중시해 그런 인물을 지방에서 추천하면 등용하는 향거리선제鄕擧里選制를 운용했다. 물론 이 제도가 매관매직으로 변질되기도 했지만, '능력주의의 함정the meritocracy trap'에 빠지지는 않았다.

인간의 역량이란 다양하며, 모든 역량을 한 사람이 가질 수는 없다. 그런데도 몇몇 역량 중심으로 획일화하고 계량화하여 평가하는 것이 능력주의다. 이렇게 되면 성공과 실패를 개인의 무능 탓으로 돌리는 함정에 빠진다. 결국 기존 사회가 중시하는 몇몇 역량 외에 다른 다양한 역량은 사장되고, 대다수는 자괴감에 시달려야 한다.

한나라가 효자와 청렴한 인물을 중시한 것은 물론 유교의 영향이다. 유교는 궁극적으로 인간을 개인이라기보다 사회적 존재로 본다. 사회적 존재의 기본이 바로 예이며, 예 안에 충효, 인애 등의 가치가 있다. 한나라가 유교를 통치 사상으로 삼았지만 전한 초기 때의 황로 사상도 여전히 남아 있었다. 특히 여민휴식으로 문경지치를 이룬 전성기의 영향을 받아 양민에게 휴식을 주었다. 그러나 궁정은 살벌했다. 지배층 대 피지배층의 갈등보다 지배층 내부 다툼이 더 컸다는 말이다.

백성들 입장에서는 지배층끼리 담합하여 압박당하는 것보다 나았다. 이런 이유로 후한 중기 이후의 황제들이 갈대처럼 연약해도 제국이 유지되었던 것이다.

후한의 황제 대부분이 단명했다. 특히 화제가 열 살에 즉위한 이후 연이어 어린 황제들이 즉위했다. 그나마 화제 때까지는 후계 구도가 부자 중심으로 이어졌으나, 출생 100일 만에 유아乳兒로 황제가 된 상제 이후부터 달라졌다. 방계傍系가 즉위하며 그만큼 정국의 혼돈도 깊어 갔다.

후한 황제 중 초창기 삼황제(광무제, 명제, 장제)가 청년기에 등극한 것을 제외하면, 그 외 모두 아동기 이하에 등장했다. 아동 황제 치세 때는 태후가 외척을 대장군으로 세워 정국을 운영하는 모자母子 정권 형태였다. 태후 대신 실제로 아동 황제를 보살피는 몫은 환관이었다. 환관은 태후와 달리 아동 황제의 무리한 요구에도 따를 수밖에 없었다. 여기서 생긴 생애 초기의 애착이 평생 이어졌다. 오죽하면 12대 영제靈帝가 환관 장양張讓을 아버지, 조충趙忠을 어머니라 불렀을까? 양육 당시 장양에게 생긴 애착이 성장 후에도 심리적 분리를 방해하여 주체성 확립이 어려웠던 것이다. 장양은 십상시十常侍의 우두머리였다. 황제가 자신을 보필하는 환관을 부모처럼 여기는 것이다.

한편 강보에 싸인 채 등극한 5대 상제는 얼마 못 가 죽고, 등태후鄧太后에 의해 종제從弟인 안제安帝가 옹립되었다. 이 시기에 고구려와 요동 땅을 놓고 17년 전쟁을 벌였으나 패배했고, 서북 변경에서 강족^{先族}의 침략도 극심했다. 그 외 오환족, 선비족 등 흉노가 다시 발흥해 서역도 시끄러웠다.

123년 안제가 반초의 아들 반용班勇을 서역 장사長史로 보냈으나 여의치 않았다.

125년 안제가 순행길에 쓰러졌다. 안사황후安思皇后 염씨閻氏는 안제의 죽음을 숨기고 후궁 이씨李氏가 낳은 황태자 유보劉保를 폐위한 다음, 황족 중 가장 어린 의懿를 7대 소제少帝로 세우더니 스스로 태후가 되어 염씨 일족과 함께 정사를 맡았다. 그런데 소제가 7개월 만에 병사하며, 염태후가 다시 어린 황족을 옹립하려고 물색하는 중에 환관 손정孫程 등 19인이 정변을 꾸며 염씨 일족을 제거하고 폐태자 유보를 즉위시켰다. 그가 8대 순제順帝였다. 환관 19인이 정변을 성공시킨 공으로 후侯에 봉해지면서 양자도 허락받아 작위 세습까지 할 수 있었다.

열한 살에 즉위한 순제는 장성하여 양납梁妠을 황후로 맞이했으며, 장인 양상梁商을 대장군에 임명했다. 뒤에 양황후의 오빠 양기梁冀가 또 대장군이 되었다. 이로써 양씨 일족이 최대 외척이 되어 충제沖帝, 질제質帝, 환제桓帝 때까지 20년 정권을 잡는다.

태평도의 부상, 청류파와 탁류파의 다툼

순제 때도 변방 이민족의 침입은 계속되었다. 제국 수입의 40퍼센트가 국방비로 쓰였다. 그 부담을 떠안은 농민들이 드디어 봉기를 일으키기 시작한다. 하지만 정부는 이들을 요적妖賊이라 부르면서도 방치해 둔 채 외척과 환관, 관료까지 뒤엉켜 사생결단의 대립을 벌인다.

순제 이후 영제靈帝 때까지 일어난 전국 규모의 반란만 30회가 넘었고, 작은 규모까지 합하면 열거하기 어려울 정도였다. 그만큼 유민이 급증하는 가운데 가뭄, 홍수, 한파, 메뚜기 떼, 지진 등 천재지변도 유달리 많았다.

동중서는 천재지변을 군주가 덕이 없어서 일어나는 '재이災異'라고 보았다. 군주를 하늘이 낸 존재로 만들려다 나온 천인상관설인데, 천재지변이 군주의 잘못으로 연결되고 만 것이다.

이로 인해 순제는 덕이 없는 군주로 인식되어야 했다. 이즈음 태평도太平道가 등장한다. 도교와 음양오행, 의술에 능한 우길于吉이 장수와 치유 비결이 담긴 《태평청령서太平淸領書》를 저술하고 처음으로 도교적 교단을 만든 것이다.

당시 지방 호족층도 효렴 등의 관리 임용 제도를 통해 중앙에 기반을 마련하고 있었다. 이들이 제국의 주 수입원인 지방 소농층小農層을 흡수하면서 황제의 통제력이 감소했다. 그럴수록 호족들이 향거리선제를 통해 배출한 사대부와 관료의 입김이 더 강해졌다. 이들이 외척과 환관들에게 유교적 잣대를 들이대면서 환관과 외척, 관료의 3대 조직 사이에 권력을 놓고 수시로 이합집산을 벌였다.

대장군 양기도 순제가 죽자 두 살짜리 조카를 9대 충제로 옹립했다. 그러나 6개월도 채 못 되어 죽자 또 황손 질제를 세웠다. 질제는 8세 소년에 불과했지만 양기의 전횡이 내심 싫었다. 무심결에 양기를 발호跋扈 장군이라 불렀고, 이를 괘씸하게 여긴 양기가 독이 든 만두를 먹여 독살한다. 그리고 환관 조등曹騰의 천거를 받아 11대 환제를 세웠다. 환제는 장제의 증손으로 황제가 되기 어려운 위치였다. 한편 조등의 양자가 조숭曹嵩으로 조조曹操(156~220)의 아버지였다.

환제를 세운 양기는 자신이 고위 인사 추천권을 갖고 환관에게 하위 관료 추천권을 주며 포섭한 뒤 여동생을 환제에게 시집보냈다. 환제는 본심을 숨기고 양기의 전횡을 지켜보다 재위 13년 만인 159년 양황후의 죽음을 계기로 환관 당형唐衡, 선초單超 등과 공모하여 양기 일당을 모두 제거했다. 이 공으로 환관 세력의 입김은 더 거세졌다.

여기에 관료사대부가 불만을 품는다. 사대부의 역사는 주나라의 경, 대부, 사에서 비롯되는데, 이들이 진나라 이후 문관으로 정착했고, 다시 사대부라 통칭한 것이다. 한 무제 이후 사대부가 관료 양성의 산실인 태학을 거치자, 도성의 태학에 전국의 인재들이 모여들었다. 향거리선제에 따라 각 지역에서 추천한 자들이었다. 누가 추천했을까? 소위 군국郡國의 명사들이 '품조品藻'라 일컫는 인물 품평을 했다. 인물들의 인품이나 골격, 공적 등의 장단점을 비교하는 것으로 매월 초하루면 인물평을 내놓는 월단평月旦評도 유행했다.

채옹蔡邕의 인물평을 예로 들어 보자.

"진중거陳仲舉는 강직하여 윗사람에게 직언을 잘하고, 이원례李元禮는 직언은 어려워하지만 아랫사람을 잘 다룬다."

명사들의 인물평은 고결한 견해(청의淸議)라 불리며 여론 형성에도 큰 영향을 미쳤다. 관료사대부는 외척보다도 환관을 더 멸시했다. 학식도 없을뿐더러 고자鼓子라는 열등감에 더 권력에 집착한다며 환관의 정치 참여에 극도로 거부 반응을 보였다. 하지만 황제는 달랐다. 그림자처럼 붙어 있는 환관과 친숙할 수밖에 없었다. 그런 환관들이 외척 양기를 제거하고 득세하자, 태학의 유생 3만여 명과 함께 관료사대부들이 격렬하게 비난했다.

여기에 앞장선 사람들을 천하가 그 순서대로 삼군三君, 팔준八俊, 팔고八顧, 팔급八及, 팔주八廚라 했다. 삼군은 두무竇武·진번陳蕃·유숙劉淑이고, 팔준은 이응李膺·순욱荀昱·두밀杜密·왕창王暢·유우劉祐·위랑魏朗·조전趙典·주우朱寓다.

삼군의 첫째인 두무는 천성이 청렴하고 강직했으며, 165년 딸 두묘竇妙가 황제의 귀인으로 책봉된 뒤 낭장이 되었다. 그 뒤 두묘가 황후가 되었는데도 뇌물을 받지 않고 악을 미워했다.

또한 태위 이응李膺, 사예교위 진번陳蕃 등은 태학 유생들의 대표 곽태郭泰, 가표賈彪 등과 연대하여 환관 정치 반대 모임을 주도했다. 이들은 환관 세력을 탁류파濁流派로 규정하고 자신들은 청류파淸流派라 했다. 이응도 워낙 고결해서 조야의 신뢰가 깊었다. 누구든 그의 추천만 받으면 벼슬은 물론 전국적으로 유명해졌다. 여기서 입신양명이라는 뜻의 등용문登龍門이 나왔다. 황하 상류에 등용문이라는 협곡이 있는데, 물길이 워낙 거세어 물고기가 여기만 통과하면 용이 된다는 전설에 빗댄 것이다. 이응에게 발탁된 관리들도 이응 중심으로 뭉쳤는데, 166년 12월 환관 측에서 탄핵 상소를 올렸다.

'유생 무리가 작당하여 조정을 비방하고 있습니다.'

환제는 '관료가 붕당을 짓는 것 자체가 큰 잘못'이라며 이응, 두밀, 범방范滂 등 200여 명을 투옥했다. 이것이 '1차 당고黨錮의 화禍'다. 그 뒤 두무의 노력으로 풀려나기는 했으나 벼슬길이 막혔다.

같은 해 환제가 후사 없이 죽자 두무는 두태후와 상의해 장제의 현손玄孫인 열한 살짜리 유굉劉宏을 영제로 세웠다. 그리고 대장군이 되어 진번과 함께 환관 척결을 모의했는데, 새어나가 환관 조절曹節과 왕보王甫가 선수를 친다. 거짓 조서를 꾸며서 군사를 보내 두무와 진번을 제거한 것이다.

뒤이어 169년 환관들이 '2차 당고의 화'를 일으켜 이응, 두밀, 범방 등 명사 100여 명을 제거하고, 전국적으로 600~700명을 파면하거나 구금했다.

황건적의 난이 부른 세 영웅

환관 세력이 전국에서 '삼군팔준팔고팔급팔주三君八俊八顧八及八廚'라며 추앙받던 인물들을 투옥한 뒤 더욱 활개를 쳤다. 삼군과 팔준은 위에서 언급했다.

그 외 팔고는 곽태郭泰·범방范滂·윤훈尹勳·파숙巴肅·종자宗慈·하복
夏馥·채연蔡衍·양척羊陟이며, 팔급은 장검張儉·적초翟超·잠질岑晊·범
강范康·유표劉表·진상陳翔·공욱孔昱·단부檀敷이고, 팔주는 도상度尚·
장막張邈·왕고王考·유유劉儒·호무반胡毋班·진주秦周·번향蕃嚮·왕장王
章이다.

참고로 군君은 천하가 존중하는 자, 준俊은 영걸英桀이며, 고顧란
덕이 있는 자, 급及은 사람을 잘 인도하는 자, 주廚란 물질로 후원해
주는 자를 말한다.

환관의 발호를 제어할 세력이 사라지고, 15년 뒤인 184년에 황건
적의 난이 터졌다. 그런데도 진압할 인물이 없어 할 수 없이 당고
를 해제해야 했다.

왜 그리 인물난에 시달렸을까? 명사들의 벼슬을 금지한 데다 매
관매직을 했기 때문이다. 영제의 벼슬 장사는 유명했다. 벼슬이 높
을수록 고가였으며 당장 돈이 없으면 외상으로도 가능했다.

조조의 아버지 조숭도 188년 태위 벼슬을 1억 전에 샀는데, 아마
양부인 환관 조등에게 물려받은 돈일 것이다. 영제는 벼슬을 팔아
모은 돈을 만금당萬金堂에 쌓아 두고 흥청망청 낭비했다. 이로써 광
무제와 명제가 기반으로 삼은 자주적인 향촌이 무너졌다.

하·은·주 이래 전한 시기까지는 취락 중심의 공동체 의식이 남
아 있었다. 울타리를 둘러 향鄕이라 했고, 그 아래 정亭과 이里가 있
었다. 중앙정부가 작은 마을까지 직접 다스리기 어려웠던 기원전
350년 향을 묶어 41개 현을 만들고 현령을 두었다. 후에 여러 개의

현을 묶어 다시 군을 설치한 것이다.

군현 아래 향리로 내려갈수록 자치 의식이 강했으며, 주민의 추천으로 삼로三老(교화教化 담당)와 유요游徼(치안 담당), 그리고 색부嗇夫(징세 담당)를 선정했다. 이들이 향론鄕論을 주도하며 전국적 명사들의 인물 품평과 함께 관료 선정에 영향을 미쳤다. 이 향거리선제가 영제의 매관매직으로 무용지물이 되었으니 향촌의 인심이 싸늘해졌다.

당시 징세는 향리의 자영 농민 몫이었고, 향촌 밖의 드넓은 교외는 예외였다. 후한 정권에 토지 소유 정책이 없어 교외의 땅을 호족과 부호들이 차지하고 장원莊園을 만들었다. 또한 호족들이 자영민의 땅까지 거둬들이는 바람에 소작 제도가 보편화되었다. 그 결과 자영 농가가 자꾸 줄어들어 세금이 그만큼 줄어들고, 남은 자영 농민들만 가중 세금을 물어야 했다.

그러다 보니 호족들이 장원에 설치한 부곡部曲마다 조세 부담을 피해 도망온 유민들과 전쟁 중에 도주한 자들, 전쟁포로 등이 뒤섞여 거주했다. 이들은 본적지를 떠났다 하여 객客이라 불렸으며 호족의 사병 노릇까지 했다. 부곡의 수가 늘수록 제후 세력은 커지고 황실의 재정은 약화되었다.

거액을 내고 벼슬을 산 관리들은 과연 어떤 정치를 했을까? 매관 비용보다 많은 수익을 내기 위해 백성을 수탈했다. 이로써 유방 때부터 정착된 여민휴식의 정치 문화가 순제 이후 완전히 실종되고 가렴주구苛斂誅求만 남아 장차 후한 멸망의 원인이 되었다.

민심은 궁중 혈투가 궁중 안에서만 진행될 때는 숨죽이고 있지만, 그 결과가 수탈로 이어지면 반발하기 시작한다. 민심이 흉흉한 가운데 우길이 태평도를 창시하여 도술로 치병한다고 떠들었다. 진나라 이후 불로장생을 추구하던 도가의 신선방술이 드디어 종교가 된 것이다. 백성들이 태평도로 몰려들었다.

드디어 각지에서 봉기를 일으키기 시작한다. 그중 노란 두건에 다음 구호를 내건 세력이 가장 막강했다.

'푸르던 하늘은 이미 죽고 노란 하늘이 일어났으니 갑자년에 천하가 길하리라(창천이사蒼天已死 황천당립黃天當立 세재갑자歲在甲子 천하대길天下大吉).'

하늘은 천자를 상징한다. 한나라가 다하고, 갑자년인 186년에 새로운 하늘, 즉 황건적이 대신하니 좋은 세상이 된다는 것이다.

황건적의 수령이 우길의 태평도를 계승한 장각張角이었다. 스스로 대현량사大賢良師라 부르며 구절장九節杖을 짚고 주문을 외웠다. 병자를 만나면 부적 태운 물을 주며 마시라고 했다. 치료가 안 될 경우 믿음이 부족하다고 힐난하면 그만이었다. 이런 포교 방식으로 10여 년 만에 화북華北과 화중華中 지역에 수십만 명의 신도를 확보했는데, 이들을 6,000명에서 만 명 단위로 하여 36개 방方으로 조직한 뒤 184년 2월, 8개 주에서 노란 두건을 쓰고 일제히 봉기했다.

이들이 기주와 남양, 영천 세 지역을 중심으로 낙양 점거 작전을 개시하니 당황한 영제가 대장군 하진何進에게 수도 방위를 맡기고 당고를 해제하여 청류파 황보숭皇甫嵩, 노식盧植, 주준朱儁에게 진압을 맡겼다.

황보숭이 황건적에게 화공을 가할 때 조조가 기병대로 협공해 대승을 거두었다. 유비劉備(161~223)도 유주의 탁현에서 관우, 장비와 도원결의를 맺은 뒤 의용군 500명을 모집해 대흥산 전투에서 승리한다. 오로지 전진밖에 모른다는 손견孫堅(155~191)도 주준의 부관 격인 군사마로 참전하여 완성에서 황건적이 성문을 닫고 농성할 때 먼저 성벽을 기어올라 함락하는 등 가는 곳마다 파죽지세로 승리를 거두었다.

황건적의 난이 《삼국지》의 세 영웅을 탄생시켰다. 무명의 유비와 손견, 아직 말단 관료인 조조가 대란을 계기로 천하에 자신의 역량을 선보인 것이다. 유비는 24세, 조조와 손견은 30세, 손견의 두 아들 손책孫策(175~200)은 9세, 손권孫權(182~252)은 2세였다. 하급 관리였던 손견이 황건적의 난에 발탁된 뒤 강동에서 7년 기반을 닦아 훗날 손책과 손권이 활약하게 된다.

황건적의 난은 8개월 만에 종료되지만, 오광·진승의 난 때 시작된 농민 부대, 깃발과 두건, 지방 실력자의 결탁 외에 종교 색채가 가미되어, 이 네 요소가 장치 일어날 민란의 전형으로 남는다. 황건족의 난 외에도 흑산적黑山賊, 오두미교五斗米敎 등 크고 작은 수십 개의 난이 같은 패턴이었다.

후한 정부는 황건적의 거센 불길은 진압했지만 지방 통제력을 상실한다. 이후 589년 수나라가 재통일할 때까지 400년 이상 대분열의 시대가 전개된다.

황건적의 난 이후에도 영제가 5년간 더 통치한다. 그동안 전국 각지의 내란이 산발적으로 이어졌고, 지방 세력들도 군웅軍雄으로 변해 갔다. 그중 삼국시대를 주도해 나갈 인물의 윤곽도 잡힌다.

삼국시대 초반을 주도한 동탁과 원소는 영제가 붕어한 189년 5월 직후에 부각되었다. 영제는 임종 직전까지도 하태후가 낳은 유변劉辯, 후궁 왕미인이 낳은 유협劉協 두 아들 중 후계자를 정하지 못했다. 경박하다며 장남 유변을 싫어하고 유협을 더 마음에 두었기 때문이다. 더구나 유협은 왕미인이 하태후에게 독살당한 뒤 영제의 어머니 동태후가 길러 더 애틋했다. 결국 영제는 임종하면서 십상시 건석蹇碩을 불러 유협을 부탁했다.

후계자를 놓고 유협을 미는 동태후와 건석, 유변을 미는 하태후와 하진이 첨예하게 대립하기 시작한다. 양측의 치열한 암투 끝에 일단 하태후가 유변을 소제로 세우는 데 성공했으나 환관 세력 때문에 안심할 수 없었다. 하진은 십상시를 제거하기로 결심하고 측근인 사예교위司隸校尉 원소袁紹(153~202)를 불러 의논했다. 사대부의 거두인 원소는 '당고의 화' 이후 20년간 억눌려 온 청류파의 대표 노릇을 하고 있어 환관의 숙청이야말로 자기 입지를 확고히 다지는 길이었다.

십상시가 위기를 느끼고 하태후에게 보호를 요청했다. 그 뒤 우유부단한 하진이 하태후의 눈치를 보느라 십상시 처단을 차일피일 미룬다. 답답한 원소가 그럴 바엔 지방 군벌을 불러들여 처리하자고 주장했다. 하진도 그게 낫겠다며 동의했다.

하지만 측근 진림陳琳이 '눈 감고 참새를 잡으려는 것(엄목포작掩目捕

황건적의 난

雀)'과 같다며 이의를 제기했고, 조조도 '외병外兵까지 불러들이면 일이 누설된다'며 반대했다.

하진은 조조에게 '환관의 자식이라 환관을 두둔한다'며 화를 내고 군벌들을 불러들이기로 한다. 과연 조조의 말처럼 정보가 누설되어 십상시가 먼저 하진을 유인해 살해했다. 막다른 골목에 몰린 원소는 조조와 500 병사를 데리고 황급히 궁궐로 쳐들어갔다.

동탁의 횡재

원소와 조조 일행은 십상시는 물론 환관들도 보이는 대로 처단했다. 환관 장양 등이 소제와 유협을 데리고 화염이 치솟는 궁궐을 빠져나가려 하자 이들을 발견한 노식과 민공閔貢이 뒤쫓았다. 도망치던 장양은 연못에 빠져 자결하고, 소제와 유협은 북망산北邙山으로 피신한다.

그 시각 군벌 동탁이 하진의 부름에 응해 낙양으로 올라오던 중 북망산 근처에 이르러 우연히 소제와 유협을 만났다. 일생일대에 최고의 횡재를 한 것이다. 동탁은 천자를 앞세우고 당당하게 낙양성으로 들어갔다. 그때부터 전권은 천자를 확보한 동탁의 것이었다. 동탁은 소제를 홍농왕弘農王으로 강등하고 같은 성씨인 동태후가 기른 유협을 세웠다. 그가 후한의 마지막 황제인 헌제獻帝다.

권력을 독차지한 동탁은 사도司徒에 지조 있는 왕윤王允, 시중侍中에 학자 채옹蔡邕을 앉히는 등 나름대로 참신한 인재를 등용했다. 사세삼공四世三公(4대가 3공 역임)으로 후한 최대의 명문가 자제인 원소 영입에도 공을 들였다. 원소는 비록 서자였지만 인맥이 전국에 퍼져 있었다. 그래서 동탁이 소제를 축출하기 전에 미리 알려 주었는데, 원소가 도리어 동탁을 준엄하게 꾸짖고 낙양을 떠나갔다. 그래도 동탁은 원소를 지지하는 사람이 많아 그를 달래려고 발해 태수로 임명했다. 그때부터 황하 위쪽 동북 지역이 원소의 세력권으로 들어간다. 원소와 친한 조조도 낙양을 빠져나와 고향 진류陳留로 돌아간 뒤 각지에 동탁 토벌 격문을 보낸다.

여기에 17제후(남양 태수 원술, 기주 자사 한복韓馥, 예주 자사 공주孔伷, 연주 자사 유대劉岱, 하내군河內郡 태수 왕광王匡, 진류 태수 장막張邈, 동군 태수 교모橋瑁, 산양山陽 태수 원유袁遺, 제북상濟北相 포신鮑信, 북해 태수 공융, 광릉廣陵 태수 장초張超, 서주 자사 도겸, 서량 태수 마등, 북평北平 태수 공손찬, 상당上黨 태수 장양張楊, 장사長沙 태수 손견, 발해渤海 태수 원소)가 군사를 모아서 달려왔다. 유비 삼형제도 공손찬의 부대에 합류하여 동탁 토벌전에 뛰어들었다. 이들과 조조를 합쳐 18로제후十八路諸侯라 한다.

제후들은 연합군의 맹주로 원소를 세우고 낙양으로 진격했다. 동탁은 놀라서 낙양에 불을 지르고 장안으로 떠난다. 조조가 동탁을 추격하자고 했으나 제후들이 반대하고 각자 근거지로 돌아가 버렸다.

2년 뒤인 192년 왕윤이 여포를 시켜 동탁을 살해했다. 그 뒤 왕윤에게 동탁의 친위대 이각李催, 곽사郭汜 등이 사면을 청했지만, 고지식한 왕윤이 거절해 버렸다. 궁지에 몰린 이각과 곽사가 가후賈詡의 계책에 따라 군사를 몰아서 장안을 공격했다. 여포가 잘 막아 냈지만, 동탁의 측근 왕방王方과 이몽李蒙이 몰래 성문을 열어 주는 바람에 도성을 빼앗겼다. 이때부터 이각과 곽사가 권력을 잡고 3년을 지낸 뒤 내분이 생겨 도성 내에서 전쟁이 벌어졌다. 급기야 헌제가 낙양으로 피신을 가야 했다.

이 소문이 각지에 퍼지자 원소의 책사 저수沮授가 '천자를 모셔와 업성鄴城을 도읍으로 정하고 천하를 호령'하자고 했지만, 원소는 '허명虛名'일 뿐이라며 거절했다. 천자를 끼고 정치한 동탁, 왕윤, 이각과 곽사의 말로가 안 좋았고, 무엇보다 동탁이 소제를 헌제로 교체할 때 자신이 반대했다는 것이다.

조조와 원소의 차이

조조 진영에서도 순욱荀彧이 '협천자이령제후挾天子以令諸侯'라는 계책을 내놓는다. 조조는 흔쾌히 받아들여 천자를 맞이하고 196년 자신의 근거지인 허도로 천도했다. 신의 한수였다. 그동안 조조가 세력, 명분 등 모든 면에서 원소에게 뒤졌는데 천자를 확보하며 황명이라는 명분으로 단번에 제후들을 호령하는 위치에 올라선 것이다. 예부터 중원을 주인 없는 사슴에 빗대어 이 사슴을 차지한 자가 천하를 지배한다며 축록중원逐鹿中原이라 했는데, 드디어 조조가 중원이라는 사슴을 놓고 원소와 다툴 만한 위상이 된 것이다.

조조는 협천자 계책을 낸 순욱을 나의 장자방이라며 칭찬했다. 순자의 11대손인 순욱은 명성이 높아 제후들의 초빙 인재 1순위였다. 순욱은 신중하게 군주를 찾느라 먼저 사대부의 간판인 원소를 찾아갔지만, 천하제일의 용모와 달리 옹졸한 것을 보고 조조에게 온 것이다.

그 뒤 일취월장한 조조가 드디어 200년 2월부터 10월까지 화북의 패권을 놓고 원소와 관도대전官渡大戰을 벌인다. 초반에는 조조가 대군인 원소군에 밀렸는데, 원소의 병참기지 오소鳥巢를 알아내고 급습한 끝에 승기를 잡았다. 조조는 하북으로 물러난 원소를 압박하며 북진을 계속했다.

조조에게 밀리던 원소는 202년에 급사하고 말았다. 그 뒤 후계자들끼리 권력 다툼을 벌일 때 조조가 병력을 분산하여 하북 지역의 기주, 병주, 청주, 유주를 모조리 점거했다.

조조가 화북을 통일해 갈 무렵 장강 상류 쪽에서는 유비가, 하류 쪽에서는 손견이 활약하고 있었다. 191년 손견이 화살에 맞아 쓰러졌고, 그의 장남 손책이 원술에게 잠시 의탁했다가, 196년 원술에게 군사를 빌리고 장강을 건너 강동육군(회계會稽, 오군吳郡, 여강廬江, 단양丹陽, 예장豫章, 여릉廬陵)을 차지했다. 이렇게 오나라의 토대를 마련해 놓고 사냥 도중 자객에게 쓰러지자 동생 손권이 뒤를 이었다.

한편 유비는 공손찬부터 시작해 도겸, 여포, 조조, 원소, 유표 등에게 기대어 가며 영향력을 확대해 나가고 있었다. 그중 형주 목사 유표에게 의지하여 신야新野에 주둔할 때, 207년 융중隆中에 은거하던 제갈공명을 삼고초려하여 영입한다. 그때 공명이 천하삼분지계天下三分之計를 내놓았다.

마케팅에서도 '3의 법칙the rule of three'을 중시한다. 어떤 분야든 빅 3가 시장을 좌우하며, 어떤 말도 한두 명보다 셋이 주장하면 잘 받아들인다는 것이다.

공명은 드넓은 중국을 셋으로 나누어 유비가 하나를 차지해야 혼돈에 빠진 사람들의 뇌리에 잘 각인될 것이며, 이를 기반으로 천하통일도 가능하다고 보았다. 이에 따라 이미 중원을 차지한 조조, 강동에 자리 잡은 손권에 이어 유비도 형주와 지세가 험한 익주를 장악했다. 당시 익주는 서촉이라고도 불렀다.

이후 조조가 북부 지방을 평정하고 208년 100만 대군으로 남하하기 시작한다. 이에 손권과 유비가 수전에 약한 조조의 군대를 맞아 적벽赤壁에서 연환계와 화공으로 승리했다.

07

삼국시대

—

현학의 태동

역대 황제

[촉한蜀漢]

1대 소열제昭烈帝 유비劉備(221~223) － 2대 후주後主 유선劉禪(223~263)

[위魏]

1대 문제文帝 조비曹丕(220~226) － 2대 명제明帝 조예曹叡(226~239) －

3대 애제哀帝(239~254) － 4대 고귀향공高貴鄕公(254~260) －

5대 원제元帝(260~265)

[오吳]

1대 대제大帝 손권孫權(222~252) － 2대 회계왕會稽王(252~258) －

3대 경제景帝(258~264) － 4대 오정후烏程侯(264~280)

적벽대전의 패배로 조조의 성장 기세가 주춤하는 사이, 유비는 공명의 계책대로 형주와 익주를 장악함으로써 천하를 조조, 손권, 유비가 삼분했다. 세 사람 다 기본은 병가지만, 내세우는 가치관과 치세 방법이 달랐다. 조조는 법가, 유비는 유가, 손권은 종횡가였다.

천하 삼분된 민심

인간은 사회적 동물로 인정 욕구가 있다. 인정이란 타인의 평가를 통해 존재감을 확인하는 것이다. 헤겔Georg Wilhelm Friedrich Hegel은 삶을 '인정 투쟁struggle for recognition의 연속'으로 보았다. 노자는 인정 투쟁에서 벗어나라고 했으며, 공자는 인정 투쟁의 원칙을 예에 맞게 세우려고 했다. 하지만 인정이란 자연과학과 달리 객관화하기 어렵다. 개인이 관계적 시각에 부여하는 의미와 해석이 더 중요한 것이다. 이런 해석이 모이면 여론이 된다. 한 조직의 의미 있는 여론은 보통 세 가지 정도로 압축된다.

후한의 3대 민심은 무엇이었을까? 조조, 유비, 손권이 분할 대변하고 있다.

먼저 난세를 종횡가적 지혜로 풀자는 민심이 있었다. 특히 중원에서 멀리 떨어진 강남 지역에 이런 민심이 거셌다. 손권이 주유周瑜, 노숙魯肅, 제갈근諸葛瑾 등을 활용해 치열한 외교전을 펼친 것도 그 때문이었다.

당시 주요 전쟁터인 화북에서 전란을 피해 많은 유민이 기후도 온화하고 자원도 풍부한 강남으로 내려갔다. 그들 중 승려 지겸支謙이 오나라 손권을 만나 불교 귀의를 권했다. 그 뒤 육손陸遜이 손권에게 덕을 베풀고 형벌을 완화하자(시덕완형施德緩刑)고 건의했다. 이에 따라 농산물의 세금을 줄이고 특산물의 세금은 유보했다. 손권의 친불교 행보와 탁월한 외교술을 선호하는 사람들이 몰리며 강남이 본격적으로 개발된 것이다.

강북을 평정한 조조의 대군이 양자강까지 내려왔을 때, 주유 등 손권의 참모 몇몇을 제외하고 모두가 항복을 주장했다. 전통적으로 중국은 황제가 남쪽을 향해 앉는 남면南面 문화가 있었다. 그만큼 양자강 유역의 통치자가 남쪽을 호령했다는 의미다.

손권의 참모들이 항복을 권한 것 역시 군사력이 열세인 탓도 있지만 남면 문화의 영향이 컸다. 그러나 손권은 칼로 탁자를 두 동강 내면서 "누구든 항복하자고 하면 이렇게 된다"라고 분위기를 반전시켰다. 그리고 강하에 머무는 유비와 연합군을 편성했다.

두 번째, 한나라 종실을 중심으로 천하가 안정되기를 바라는 민심도 강력했다. 이들의 정서는 유비가 대변했다. 아무리 한나라가 허상만 남았다 해도 500년 관학인 유교의 인의仁義와 충효忠孝는 여전히 소중했다. 그중 충심은 한나라 황실을 향해 있었다. 그래서 유비는 자신을 소개할 때마다 '유승劉勝의 후손'이라고 했다.

하지만 유승은 전한 6대 경제의 9남이니 350여 년 전 인물이었다. 그 정도의 방계는 사방에 널린 터라 크게 주목받기는 어려웠다. 여기에 공신력을 높여 준 사람이 바로 헌제였다. 조조가 헌제를 모실 때 유비가 조조의 식객을 지낸 적이 있었다. 하루는 헌제가 유비를 만나더니 황숙이라며 반색했다. 조조에게 눌려만 지내다 보니 한실 부흥을 내세운 유비가 너무 반가웠던 것이다. 이때부터 세상이 유비를 유황숙이라 부르기 시작했다. 그 유황숙의 인생 스토리 또한 대중들의 가슴을 적셨다.

유비는 일찍이 아버지를 잃고 돗자리 장사로 생계를 유지하다, 황건적의 난 때 아무 기반도 없이 오직 도원결의桃園結義를 통해 의형제를 맺은 관우, 장비와 함께 의용군을 조직하여 공손찬의 부대로 참전했다. 이후에도 적벽대전이 일어나기까지 떠돌아다니며 식객 노릇을 면치 못했다. 하지만 천하의 호걸 동탁, 도겸, 여포 등이 사라져도 건재했다. 이런 과정에 대중들이 동병상련을 느꼈다.

또한 유비는 어떤 사람이든 인의로 대하면 그도 나를 버리지 않는다(인의대인仁義待人 인불부아人不負我)는 말을 즐겨 했다. 배신과 음모가 판치는 현실에서도 유비 자신만큼은 인의 있게 처신하겠다는 말이다. 그러면서도 항상 한나라 종실의 후손임을 표방했다.

유비가 가는 곳마다 백성들이 따랐다. 주군으로 모시고 살겠다는 의미다. 유비를 따르는 무리가 18만 명이 넘을 때도 있었다. 백성들이 유비를 얼마나 흠모했는지 보여 주는 일화가 있다. 유비가 여포에게 소패성小沛城을 잃고 허도의 조조에게 피신하러 가는 길이었다. 깊은 산중을 지나다 사냥꾼 유안劉安의 집에 머물렀다. 유안이 대접할 것이 없자 가족의 인육을 늑대 고기라며 내놓았다. 사회 분

도원결의

위기가 누구든, 하물며 조조라도 유비를 죽이면 공공의 적이 될 기세였다.

제후들도 할 수 없이 떠돌이 유비가 식객으로 오면 받아 줘야 했고, 떠날 때는 그냥 보내 줘야 했다. 조조나 원소 등도 유비가 제 발로 찾아왔을 때 없애고 싶었지만 그럴 분위기가 아니었다. 차라리 천하의 영웅 유비를 후대하여 자신의 도량이 유비보다 크다는 것을 보여 줄 수밖에 없었다. 유비가 조조에게 의탁할 때도 조조가 술잔을 나누며 영웅의 자질은 능굴능신能屈能伸이니 '천하의 영웅은 유비 당신과 나 둘뿐'이라고 했다.

마지막으로 법가적 해결책이 필요하다는 민심도 대단했는데, 이는 조조가 대변했다. 조조는 유교 경전을 자유자재로 인용했으며, 자신을 주 문왕에 비유하기도 했다. 한나라의 유교 문화를 무시할 수 없었던 것이다. 하지만 그는 한 손에는 《손자병법》을, 다른 손에는 법가를 들고 있었다. 조조에게 유가는 어디까지나 수단에 불과했다.

삼국시대 마무리

유비가 정서적 공감형이라면 조조는 목적지향형으로 임기응변에 능했으며 전체를 보는 통찰력으로 때에 맞춰 즉시 행동했다. 그만큼 능력 있는 부하를 좋아했다. 관우처럼 적장이라도 흠모했고, 도덕적 흠결이 있어도 중용했다. 부하들을 재능에 맞게 적재적소에 배치했으며, 부하들도 조조에게 목숨을 던지면서까지 충성했다.

관도대전 당시 조조는 원소의 진영을 점령한 뒤 이중 첩자 명단과 활동 내역이 적힌 기밀 문서를 발견했지만 쳐다보지도 않고 바로 불태워 버렸다. 이처럼 사사로운 감정에 매이지 않으려 했고, 실사구시에 철저했다. 물론 싸움에서 크고 작은 패배도 여러 번 당했다. 그러나 아무리 크게 패배해도 금세 털어내고 다음 작전을 세웠다. 전쟁 때는 항상 선두에 섰고, 복수전을 벌일 때는 더없이 잔인했다.

조조에 대한 백성들의 호불호가 극명하게 나뉘었다. 난세를 평정할 인재라며 좋아하는 사람도 많았는데 주로 식자층이었다. 간웅이라며 고개를 흔드는 사람도 많았다. 바로 그런 사람들을 유비가 흡인해 갔다.

유비 스스로 이렇게 고백했다.

"나와 조조는 물과 불 같은 관계다. 조조가 조급하면 나는 느긋하고, 조조가 사나우면 나는 너그럽고, 조조가 속이면 나는 진실했으니, 늘 조조와 반대로 하면 끝내 일을 이룰 수 있으리라."

그만큼 유비와 조조를 따르는 사람들 사이에 정서적 차이가 컸다.

유비가 손권과 연대하여 적벽대전赤壁大戰에서 조조의 기세를 누르고, 211년 익주를 차지하러 떠난다. 그사이 관우가 형주를 지키며 북으로 조조, 동으로 손권을 막아섰다. 그래서 유비가 익주를 완전히 장악할 수 있었다. 적벽대전이 터진 지 7년째인 215년의 일이었다.

그 뒤 손권이 유비에게 이제 익주를 차지했으니 형주를 반환하라고 요구했다. 적벽대전에서 승리한 뒤 손권이 근거지 없는 유비에게 형주를 대여했다는 것이다. 유비 입장은 달랐다. 형주의 민심이 유비를 원했으며, 유비 측이 형주에서 조조의 남하를 막아 주었다는 것이다. 당시 손권이 유비를 붙들려고 여동생 손상향孫尙香과 혼인까지 시켰다며 항의했다.

유비는 손권의 형주 반환 요구를 거절하는 한편 조조와 한중을 놓고 겨루기 시작하여 219년 5월 한중을 빼앗았다. 유비가 형주와 한중이라는 두 날개를 달고 강남과 중원을 동시에 노릴 수 있게 된 것이다.

드디어 유비는 관우를 보내 중원의 번성樊城을 공격했다. 관우가 형주를 비운 사이 손권이 여몽을 보내 형주를 평정하니, 번성으로 갔던 관우가 급히 회군해 오다가 여몽의 계략에 걸려 참수당했다.

그다음 해 조조가 낙양에서 66세로 서거하고, 아들 조비曹丕가 위왕이 된다. 위왕 조비는 220년 10월 헌제에게 선양받는 형식으로 문제가 되었다. 제국의 호칭은 위, 도읍지는 낙양. 이로써 유명무실하게나마 유지된 한나라가 정리되었다.

이에 뒤질세라 유비도 221년 촉한蜀漢의 황제로 취임했고, 오나라의 손권은 229년에 칭제했다. 이리하여 위·촉·오 모두 제국의 반열에 오른 것이다.

그 뒤 촉나라는 263년에 사마중달司馬仲達의 아들 사마소司馬昭(211~265)가 실권을 잡은 위나라에 흡수당했다. 그 공로로 위나라 5대 황제인 원제 조환曹奐이 사마소를 진왕晉王에 책봉했다.

사마소를 이어 아들 사마염司馬炎이 진왕이 되자 원제를 폐하고 진晉나라를 열어 초대 무제武帝(265~290)가 되었다. 이때의 진나라를 역사에서 서진西晉이라고 한다. 그 서진이 280년 오나라를 점령하며 삼국시대를 마무리했다.

참고로 조비가 한나라 헌제의 양위를 받아 위나라 1대 황제로 등극한 220년부터 서진과 5호16국, 그리고 동진이 멸망한 420년까지의 200년을 위진시대魏晉時代라 한다.

그 뒤 동진을 이어 강남에 건국한 4왕조(송, 제, 양, 진), 강북에서 5호16국을 통일한 북위를 비롯한 5왕조(북위, 동위, 서위, 북제, 북주) 등이 남북조다. 이 두 시기를 합쳐서 위진남북조시대(220~589)라고도 한다.

왕필의 현학은 시대 정신

삼국시대의 선비는 세 부류였다. 노장을 따르며 속세에 휘말리지 않으려는 은둔파, 명교名敎 즉 유가의 가르침으로 나라를 세워 보겠다는 출사파, 그 외 불안한 심정을 점복占卜으로 달래는 사람도 많았다. 조조는 "애통하구나. 사람들이 신선 이야기에 속아 넘어가다니 (통재세인痛哉世人 견기신선見欺神仙)"라며 강력한 미신 타파 정책을 폈다.

그 바람에 강북의 많은 역경인易經人이 자신들에게 호의적인 오나라로 몰려갔다. 삼국시대의 주요 사상은 왕필王弼(226~249)과 조조의 양자인 하안何晏(190~249)이 만든 '현학玄學'이었다. 이 현학이 위진시대 100년을 넘어 남북조까지 풍미하며 불교 융성에도 큰 영향을 미친다.

한대의 관학인 유교의 권위가 무너진 삼국시대에 왕필과 하안은 도가를 깊이 연구하여 도가적 관점으로 유교 경전을 재해석했다. 현玄은 《도덕경》 1장에 나오는 단어로 '어두컴컴하다'는 의미이며, 신비한 현상이라는 뜻이 담겨 있다. 하안은 《논어집해論語集解》를 썼고, 왕필은 《노자주老子注》와 《주역주周易注》를 썼는데 지금도 최고의 작품으로 주목받는다.

왕필은 '무에서 유가 나오고 유에서 만물이 나온다'라는 노자의 말을 두고 무를 유의 근본(이무위본以無爲本)이라 했다. 따라서 무의 표상과 공능功能이 무인 것이다. 이처럼 무와 유는 상보적이다. 무는 오묘해서 낳아 주고 길러 주되 가두지 않고, 덕을 낳되 주인 노릇을 하지 않는다.

이것이 '무의 쓰임以無爲用'이며, 왕필의 무용無用 사상이다. 무용 사상을 달리 말하면 근본을 방치한 채 말단에 매달리지 말라(숭본식말崇本息末)는 것이다. 어미를 지켜 어린 자식을 보존하듯 근본을 숭상하여 말단을 지켜야 한다. 그래야 근원이 회복된다. 근원이 회복되지 않으면 만사에 백약이 무효다. 하지만 근원이 회복되면 만사가 저절로 조화를 이룬다.

인간 심리도 마찬가지다. 마음의 근원인 무의식을 알고 안정돼야 의식이 명료해진다. 숭본식말은 정치, 교육 등 모든 분야에 적용된다.

왕필과 하안이 보는 노자와 공자는 둘 다 유有의 세계에 살았다. 다만 노자는 무無를 지향했고, 공자는 무가 체화된 성인이었다. 공자가 굳이 무위를 언급하지 않았어도 유위로써 무위를 실천했다는 뜻이다. 왕필의 현학은 남북조시대에 가서 청담 사상으로 진화한다.

08

진晉나라, 16국

—

유불도를 종합한 선

진晉 역대 황제

[서진西晉]

1대 무제武帝(265~290) — 2대 혜제惠帝(290~306) — 3대 회제懷帝(307~312) —

4대 민제愍帝(313~316)

[동진東晉]

1대 원제元帝 사마예司馬睿(317~323) — 2대 명제明帝(323~325) —

3대 성제成帝(325~342) — 4대 강제康帝(342~344) — 5대 목제穆帝(344~361) —

5대 애제哀帝(361~365) — 6대 폐제廢帝(365~371) — 7대 간문제簡文帝(371~372) —

8대 효무제孝武帝(372~396) — 8대 안제安帝(396~418) — 9대 공제恭帝(419~420)

16국十六國 역대 황제

[성한成漢]

1대 무왕武王(306~334) — 2대 애제哀帝(334) — 3대 유제幽帝(334~338) —

4대 소문제昭文帝(338~343) — 5대 후주後主 이세李勢(343~347)

[전조前趙]

1대 광문제光文帝(304~310) — 2대 열종烈宗(310~318) — 3대 은제隱帝(318) —

4대 유요劉曜(318~329)

[전량前凉]

1대 무왕武王(301~314) — 2대 명왕明王(312~320) — 3대 성왕成王(321~324) —

4대 문왕文王(324~346) — 5대 환왕桓王(346~353) — 6대 애공哀公(353) —

7대 위왕威王(353~355) — 8대 충왕沖王(355~363) — 9대 도공悼公(363~376) —

[후조後趙]

1대 명제明帝 석륵石勒(319~333)

2대 석홍石弘(333~334) — 3대 태조太祖(335~349) — 4대 석세石世(349) —

5대 석준石遵(349) — 6대 석감石鑒(349~350) — 7대 석지石祗(350~351)

[전연前燕]

1대 문명제文明帝(337~348) — 2대 경소제景昭帝(348~360) — 3대 유제幽帝(360~370)

[전진前秦]

1대 명제明帝(351~355) — 2대 여왕厲王(355~357) — 3대 선소제宣昭帝(357~385) —

270

4대 애제哀帝(385~386) - 5대 고제高帝(386~394) - 6대 부숭苻崇(394~395)

[후연後燕]

1대 성무제成武帝(386~396) - 2대 혜민제惠愍帝(396~398) -

3대 소무제昭武帝(399~401) - 4대 소문제昭文帝(401~407)

[후진後秦]

1대 무소제武昭帝(384~394) - 2대 문환제文桓帝 요흥姚興(394~416) -

3대 요홍姚泓(416~417)

[서진西秦]

1대 선열왕宣烈王(385~388) - 2대 무원왕武元王(388~400, 409~412) -

3대 문소왕文昭王(412~428) - 4대 여무왕厲武王(428~431)

[후량後凉]

1대 의무제懿武帝(386~400) - 2대 은왕隱王(399) - 3대 영제靈帝(399~401) -

4대 여륭呂隆(401~403)

[남량南凉]

1대 무왕武王(397~399) - 2대 강왕康王(399~402) -

3대 경왕景王(402~404, 408~414)

[북량北凉]

1대 무선왕武宣王(401~433) - 2대 애왕哀王(433~439)

[남연南燕]

1대 헌무제獻武帝(398~405) - 2대 모용초慕容超(405~410)

[서량西凉]

1대 무소왕武昭王(400~417) - 2대 이흠李歆(417~420) - 3대 이순李恂(420~421)

[하夏]

1대 무열제武烈帝(407~425) - 2대 혁련창赫連昌(425~428) - 3대 혁련정赫連定(428~431)

[북연北燕]

1대 혜의제惠懿帝(407~409) - 2대 문성제文成帝(409~430) - 3대 소성제昭成帝(430~436)

중국을 다시 통일한 서진의 무제는 조조가 세운 위나라가 멸망한 원인을 '종실의 허약'이라고 보았다. 이를 보완한다며 주나라처럼 봉건 제도를 도입하여 사마씨 27명을 각지의 왕으로 임명한다. 이들이 봉왕封王으로서 각자 영지와 군대를 보유했고 관리까지 직접 임명한다.

그 뒤 서진이 안정되고 딱히 추구할 목표도 없었다. 무제부터 안일에 빠져 1만 명의 후궁을 두고 사치를 부리기 시작했다. 관료들도 뒤따라 유희에 빠졌다. 한나라가 무너진 지 반세기가 지난 뒤였다. 삼국시대 위나라 때 전공을 세운 인물들은 이미 사라졌고, 그 후손들이 고위 관료로 몇 대째 이어 오고 있었다.

위진남북조를 귀족 사회라고 한다. 귀족들은 정치가 옳은가 그른가에 관심을 두지 않았다. 음풍농월吟風弄月로 소일하면서 누가 얼마나 더 사치스러운가를 놓고 다툴 뿐이었다. 이들은 선대처럼 전쟁 경험도 없이 이미 문벌 귀족으로 자리 잡았다. 관료 사회가 세습으로 채워지다 보니 유가적 소양을 지닌 관료도 사라졌다. 삼국시대에 도가적 시각으로 유교를 재해석한 현학은 남북조시대를 풍미하는 사상이 되었다. 여기서 산수화山水畵가 등장했다.

팔왕의 난

당시 화북 변경의 5호五胡(흉노匈奴, 선비鮮卑, 갈羯, 저氐, 강羌)가 예사롭지 않게 움직이고 있었다. 후한 말기의 소요를 틈타서 수시로 중원에 출몰하던 이들이 서진시대에 대거 이동하고 다녔던 것이다. 서진 정부 일각에서 5호 격퇴를 주장했지만 무시하고 방치했다. 그러다가 290년 혜제 때부터 난관에 부딪힌다. 우선 혜제가 백치였다. 그의 어리석음을 보여 주는 일화 중 '연못 속 개구리'가 가장 유명하다.

어느 날 밤 혜제가 개구리 우는 소리를 듣고 주변에 물었다.

"공적으로 우는 것이냐, 사적으로 우는 것이냐?"

시중 가윤賈胤이 아뢰었다.

"관지官地의 개구리는 공公을 위해 울고, 사유지의 개구리는 사私를 위해 웁니다."

또 다른 일화도 있다. 어느 해 천하에 가뭄이 들어 굶어 죽는 백성이 속출했다. 이를 혜제가 의아하게 여겼다.

"식량이 없다면서 왜 고기죽을 먹지 않느냐(하불식육미何不食肉糜)?"

천자가 이토록 어리석으니 각지의 봉왕들이 나라를 차지할 욕심을 내며 군량미를 비축하고 군사력을 강화하기 시작한다. 황실 내에서도 혜제를 놀리듯 계모 양태후楊太后와 외척 양준楊駿 등이 날뛰었다. 이들을 몰아내려고 혜제의 부인 가후賈后가 모략을 꾸몄다.

먼저 황실의 연장자인 여남왕汝南王 양亮과 초왕楚王 위瑋를 회유하여 양태후와 양준의 일족 3,000여 명을 제거한다. 그 뒤 여남왕 양에게 정치를 맡겼는데 시원치 않자, 초왕 위와 결탁하여 황명을 위조한 다음 반역으로 몰아 자살하게 했다. 그 뒤 초왕 위가 단독으로 황명을 위조하여 여남왕 양을 죽게 했다는 헛소문을 퍼뜨려 처형했다.

두 왕을 제거한 가후는 그때부터 멍청한 남편 대신 국정을 농단한다. 그리고 태자 사마휼司馬遹이 자기 소생이 아니라며 독살했다. 이를 명분 삼아 무제의 숙부이며 황실의 어른인 조왕趙王 사마륜司馬倫이 군대를 몰고 낙양에 와서 가후를 살해했다. 이렇게 중국을 다시 소용돌이에 빠뜨리는 소위 팔왕의 난(291~306)이 시작되었다.

조왕은 혜제까지 유폐시키고 스스로 천자의 자리에 올랐다. 여기에 불만을 품은 제왕齊王 경冏, 성도왕成都王 영穎, 하간왕河間王 옹顒, 장사왕長沙王 예乂 등이 조왕을 죽이고 혜제를 복위시킨다. 그런데 제왕이 권력을 독점하니 소외당한 왕들이 다시 뭉쳐 제왕을 제거했다.

그 뒤 국정 운영권을 놓고 다투던 중 성도왕과 하간왕이 장사왕을 죽였다. 성도왕이 다시 황태자와 승상 자리를 독차지한 다음 낙양이 워낙 위험 지대라며 근거지 업성으로 물러가서 원격 통치를 시작했다.

성도왕은 산서성 근처에 있는 흉노족의 선우 유연劉淵을 고용해 혜제를 겁박하는 한편 자신이 차기 황제라고 선포했다. 이리하여 사마씨 왕들의 내분이 성도왕의 승리로 막을 내리는 듯했다. 이 소식을 들은 흉노의 유력자들은 은밀히 유연을 대선우大單于로 추대하고 돌아오길 원했다. 이에 유연이 성도왕에게 흉노 군사를 데려온다는 핑계를 대고 흉노족으로 돌아갔다.

그때까지 조용히 실력만 기르던 동해왕東海王 월越이 선비 등 이민족 용병을 동원해 방심한 성도왕을 제거했다. 이어서 하간왕을 죽이고 혜제는 떡을 먹여 독살한 뒤 회제를 옹립했다. 회제는 연호를 영가永嘉로 정한다.

이로써 낙양을 중심으로 벌어진 팔왕의 난은 16년 만에 종결되었다. 하지만 그 후유증은 상상 이상이었다. 희생자만 10만이 넘었는데 더 심각한 문제는 사마씨의 왕들이 앞다퉈 용병으로 동원한 이민족들이 서진의 허약한 실체를 보고 중원 진출의 야심을 품은 것이다.

낙양을 공격하는 흉노 유연

한때 성도왕의 용병이었던 유연은 흉노의 대선우에 오르더니, 산서 일대에 5호16국의 첫 나라인 한漢(후에 전조)을 건국하고 광문제가 되었다. 또한 자신의 성이 한나라에서 하사받은 거라며 한왕漢王을 자처했다.

한나라 때 공주들을 흉노의 선우들과 혼인시키는 정책이 있었다. 그때 선우들과 결혼한 공주가 낳은 자식들을 유씨로 부르기도 했다. 유연의 조상도 한나라 공주와 결혼해 유씨가 되었으며, 유연은 자라면서 유학을 배워 한 문화와도 친숙했다.

이런 이유를 들어 유연은 자신이 한제국의 정통성을 이어받았다고 천명한 것이다. 뒤에 살펴보겠지만 훗날 유연의 한나라가 조나라로 개칭할 때 석륵石勒도 조趙나라를 세웠다. 두 나라를 구별하기 위해 유연의 한나라는 전조前趙(304~329), 석륵이 세운 나라는 후조後趙(319~352)라 부른다.

유연이 나라를 세운 지 1년이 채 못 되어 저족猪足의 족장 이특李特의 아들 이웅李雄이 촉나라의 수도였던 성도에 성한成漢(304~337)을 세우고 무황제라 칭했다.

한편 광문제가 한나라 시조 유방과 후한의 유수, 촉한의 유비를 삼조三祖로 받드니, 팔왕의 난에 실망한 서진의 한족들이 연달아 투항했다. 한족 유랑민의 두목 왕미王彌와 갈족羯族 출신의 비범한 석륵도 광문제에게 왔다.

왕미는 달리는 말에서도 화살을 날리는 대로 백발백중이라 비표飛豹라 불렸다. 석륵은 원래 이름도 없는 갈족 유랑민이었다. 산동 지역에서 생계형 노예살이를 하다가 도적떼에 들어갔는데 마침 팔왕의 난이 일어나 다시 용병으로 참전했던 것이다. 이런 경험으로 문맹이면서도 탁월한 식견을 지녔다.

이들을 얻은 광문제가 화북 일대를 공략하여 역사상 처음으로 흉노가 중원 땅의 많은 부분을 확보한다. 그 기세를 몰아 서진의 수도 낙양을 공격하는 중에 병사했다. 광문제를 계승한 장남 유화劉和는 능력 있는 동생 유총劉聰을 제거하려다 도리어 당하고, 유총이 즉위했다. 그가 열종이다. 열종은 다시 석륵과 왕미를 앞세워 낙양 공략에 나섰다.

그즈음 낙양의 회제는 자신이 동해왕의 인형 같다는 기분이 들어 동해왕을 멀리하기 시작했다. 짜증이 난 동해왕이 죄 없는 천자의 측근들만 죽이고 있는데, 전조의 열종이 쳐들어온 것이다. 동해왕은 허창으로 나가 주둔하며 전국에 구원병을 요청하는 격문을 보냈다. 하지만 아무도 응하지 않아 명망가 왕연王衍을 참모로 두고 전쟁 대비를 해야만 했다.

왕연이야말로 전형적인 귀족 문화를 상징하는 인물이었다. 도가를 따른다며 유가적 예, 병가적 엄격성과 효율성을 무시했다. 그렇다고 도가적 소박함도 추구하지 않았다. 두뇌 회전은 좋아 별명이 '구중자황口中雌黃'이었다. 입 안에 자황이 있다는 뜻으로 상황에 맞게 금세 말을 잘 바꾸었다.

그의 사촌이며 죽림칠현竹林七賢에 드는 왕융王戎도 비슷했다. 둘다 노장을 추구하면서도 자기 비움은 외면하고, 인생이 허무하니 인의예지신 등에 속박되지 말고 명예와 권세나 실컷 누리자는 입장이었다. 그러면서도 자신들이 한담시부閑談詩賦를 즐겨 어질고 깨끗하다고 자부했다. 이를 노장적 청담淸談이라며 자랑하고 다녔다. 나라의 지도층이 개인의 사회적 역할을 망각하고 감상 놀음에만 치우쳐 있으니 나라의 기강이 무너질 수밖에.

동해왕도 왕연을 전쟁터에 데리고 간 뒤에야 아무 쓸모 없다는 것을 깨닫는다. 설상가상으로 낙양의 회제가 구희苟晞 장군을 보냈는데, 기회를 보아 동해왕을 죽이라는 밀조를 지니고 있었다. 분노를 이기지 못한 동해왕은 화병으로 쓰러졌다.

동해왕을 이어 대장군에 오른 왕연은 미리 겁을 먹고 동쪽으로 후퇴했다. 그 뒤로 석륵의 군대가 노도처럼 쫓아가 서진군을 포위했다. 왕연은 사색이 된 채 10만 대군과 함께 통째로 항복하고 말았다.

석륵이 왕연을 크게 꾸짖었다.

"일국의 고관으로 어찌 이럴 수 있느냐?"

왕연은 살아나려고 잔꾀를 부렸다.

"본디 저는 세상에 관심이 없는데 주변에서 자꾸 추대하는 바람에 이 자리까지 올랐습니다. 만일 장군께서 천자가 되실 뜻이 있다면 멋지게 선전해 드리겠습니다."

석륵이 혀를 차며 주위에 일렀다.

"세상에 이런 철면피는 처음 본다. 저놈을 그냥 죽이면 명사를 죽였다고 욕할 테니 저놈이 잘 때 담벼락을 무너뜨려 압사시켜라."

석륵은 낙양까지 함락하고 회제를 포로로 잡아갔다. 이것이 영가지란永嘉之亂이다. 이후 서진은 멸망의 길로 들어선다.

낙양과 황제를 상실한 서진은 장안에서 민제愍帝(313~317)를 세웠다. 하지만 전조의 열종이 또 쳐들어와 장안을 유린하고 민제마저도 도성인 평양平陽으로 끌고 갔다. 열종은 회제에게 그랬던 것처럼 민제에게도 노예 옷을 입혀 술 시중을 시키는 등 희롱하다가 사형에 처했다. 사마염이 세운 통일제국 서진 50년은 그렇게 사라졌다.

서진 멸망 후 중원과 서역의 중간 지역인 감숙성甘肅省을 중심으로 다섯 번이나 양凉이란 이름을 붙인 나라가 출몰했다.

첫 나라가 전량(301~376)인데 서진의 상서랑尙書郞 장궤張軌가 팔왕의 난을 겪고, 301년 자청하여 양주 자사로 부임하여 세웠다. 그는 무왕이 되었지만 어디까지나 서진의 신하로 처신했다. 장궤에 이어 아들 명왕 역시 서진의 신하로 행세하다가 서진 멸망 후 독자 노선을 걸으면서도 동진이 같은 한족 정권이라며 존중했다. 그 뒤 이 지역에 후량後涼(386~403), 남량南涼(397~414), 북량北涼(397~439), 서량西涼(400~411)이 들어섰고, 200년 뒤 대량大涼(618~619)이 잠시 존재한다. 전량의 3대 성왕 때인 323년 전조 유요劉曜의 공격을 받고 복종하며 제후국이라 자처했다. 다음 문왕 때 전조가 후조에 밀리자 다시 독립하고 동진을 추종한다.

강남으로 내려간 황하 문명

서진의 황족 사마씨도 팔왕의 난과 영가의 난을 거치며 태반이 희생당했다. 겨우 살아남은 자들도 장강 너머로 피난을 떠나야 했다. 이처럼 흉노와 갈족 등의 공격으로 아수라장이 된 화북에서 강남으로 피난 간 것을 영가남도永嘉南渡라 했다. 사마씨 일족뿐 아니라 관료와 사녀士女 등 절대다수가 강남으로 내려갔다. 흉노와의 전란에서 발생한 유민들도 거의 다 내려갔던 것이다. 마치 게르만 민족의 대이동처럼.

이 남천南遷을 통해 삼황오제부터 위진까지 황하 유역에서 만개한 중국 문화도 강남으로 이동한다. 북방에서 내려간 명문 귀족들은 일족끼리 향당鄕黨을 이루어 내려갔다. 그리고 정착한 곳에 고향의 지명을 그대로 가져왔다. 이를 교주僑州, 교군僑郡, 교현僑縣이라 했다. 타향살이하는 이들의 지역이라는 뜻이다. 예를 들어 산동성 난릉蘭陵에서 남하한 자들은 상해 근처 강소성에 정착하면서 난릉이라 했다.

여기서 훗날 당나라 때 이백의 명시 〈객중행客中行(나그네의 노래)〉이 탄생한다.

난릉의 술은 튤립꽃 향기가 나는데(난릉미주울금향蘭陵美酒鬱金香)

옥 그릇에 담겼으니 호박 빛이로다(옥완성래호박광玉椀盛來琥珀光)

주인이여, 나그네를 취하게 해 준다면(단사주인능취객但使主人能醉客)

여기가 타향인 줄 어찌 알겠는가(부지하처시타향不知何處是他鄕)

강남에 온 강북의 한인들은 옛 오나라 지역 건업에 동진東晉을 열고 낭야왕琅邪王 사마예司馬叡를 초대 황제인 원제로 추대했다. 원제는 낭야에서 함께 온 왕도王導를 중용해 토호 세력을 아울렀다. 동진은 북방에서 함께 내려온 종실과 호족이 연합하여 창업한 왕조였다.

왕조의 권력 구도 역시 호족들의 특권화를 보장하는 형태였다. 그들만의 특별 호적인 백적白籍을 만들어 면세특권 등을 부여했다. 이들은 대등한 가문끼리 혼인하며 관직을 독점했는데, 위나라 이후의 관직 추천 제도인 구품중정제를 이용했다. 이렇게 하여 귀족 문화가 성행했다.

한편 낙양을 접수한 전조의 열종은 한나라를 표방한 아버지 유연과 전혀 달랐다. 서진의 두 황제를 농락하더니 아예 한족 풍속을 무시하고 흉노 풍속을 노골적으로 장려했다.

흉노 풍속의 부사취수父死娶嫂를 따라 열종이 계모, 즉 유예劉乂의 모친인 단태후單太后를 취한 것이다. 단태후의 아들이며 열종의 이복동생인 유예가 몹시 고통스러워했다. 단태후도 자괴감에 시달리다 죽고 말았다.

열종은 기분 내키는 대로 행동했다. 수시로 사냥하러 나가거나 대신들의 집으로 미녀를 물색하러 다녔다. 그러다가 근준靳準의 집에서 그의 딸 근월광靳月光과 근월화靳月華를 보더니, 광을 상황후上皇后, 화를 우황후右皇后로 삼았다. 근준의 또 다른 딸은 태자 유찬劉粲의 비로 만들었다. 그 외에도 정, 상, 중, 하, 좌, 우, 측 등 7명의 황후를 세워 역사상 가장 많은 황후를 둔 황제로 기록되었다.

누가 근준의 속뜻을 알았으랴. 근준은 평상시 서진을 멸망으로 이끈 흉노를 증오하며, 어떻게든 서진을 되살려내겠다는 의중을 품고 있었다. 근준이 계속 열종을 부추겨 방종하게 만든 것이다. 결국 몸이 쇠약해진 열종은 통치 8년 만에 수명이 다했다.

근준은 외손자 유찬을 세워 은제隱帝라 칭했는데, 집권하자마자 쿠데타를 일으켜 은제는 물론 유씨 일족을 닥치는 대로 없애 버렸다. 그 뒤 스스로 한천왕漢天王이 되어 강남으로 내려간 동진이야말로 정통 제국이라며 전조를 통째로 바치려 했다.

마침 장안에 머물며 살아난 광문제의 조카 유요가 318년 황제를 자처하고 '한조 부흥'을 외쳤다. 그리고 태행산맥 동쪽의 독립 군벌로 있던 석륵을 제후 격인 조공趙公에 봉했다. 이를 계기로 유요와 석륵이 손을 잡고 근준 일당을 도륙했다.

하지만 유요는 흉노족, 석륵은 갈족으로 종족이 달랐다. 319년 유요는 국호를 한漢에서 조趙로 바꾸고 한나라 역대 황제의 제사도 없앴다. 더 이상 한족화하지 않고 흉노족으로 남겠다는 의미였다. 그 시기에 석륵도 따로 조趙나라를 세워 독립하니 후조라 불러 구별했다.

중원이 온통 난리일 때, 사마예가 강남에 동진을 세웠다는 소문이 돌며 다시 화북의 많은 유민이 내려왔다. 동진이 이들과 토착민을 함께 다스리는 게 쉽지 않았지만, 다행히 왕도가 승상이 되어 뛰어난 정무 감각으로 강동의 명망 있는 선비들과 어울리며 균형을 잡아 주었다.

동진 초기의 왕도처럼 산동 지역에서 내려온 낭야 왕씨들이 나라의 기틀을 세우는 주도적 역할을 했다. 왕도의 사촌 형인 왕돈王敦은 대장군이었고, 왕돈의 동생인 축도잠竺道潛(286~374)은 출가하여 동진에 불교가 정착하는 데 큰 역할을 한다. 불교가 북중국의 후조와 전진에서 황실의 후원을 받을 때였는데, 명문가 출신 축도잠이 능숙한 청담을 구사하며 도가를 좋아하는 동진의 황족과 귀족들에게 불교에 대한 관심을 불러일으켰다. 귀족들은 청담에 탁월한 승려들과 교류하려고 했다.

왕도가 원제를 도와 동진의 기초를 잘 닦고 있을 때, 원제 곁에 유외劉隗와 조협刁協이 다가와 입맛에 맞게 굴자 원제가 왕도를 멀리 했다. 왕돈이 크게 실망하여 유외와 조협을 간신으로 규정하고 제거해야 한다며 322년에 쿠데타를 일으켰다.

늙은 조협만 말을 타지 못해 잡혔고, 유외는 말을 달려 후조의 석륵에게 도망쳤다. 왕돈의 난은 2년가량 지속되다가 왕돈이 병사하며 마무리되었다. 원제는 화북에서 함께 내려온 왕돈의 반란에 상상 이상의 충격을 받아 삶의 의지까지 잃어버렸다.

그 뒤를 이은 명제明帝도 얼마 못 가 요절하고, 325년에 다섯 살짜리 성제成帝가 즉위했다. 그 성제가 구루 현령으로 임명한 갈홍葛洪이 신선도서神仙道書인 《포박자抱朴子》를 펴냈다. 당대 도교의 신선도와 유교의 윤리적 원칙을 결합한 내용이다.

화북 통일의 영웅 후조의 석륵과 폭군 석호

전조와 후조가 중원의 절반을 차지한 채 다투기 시작한 지 10년째 되는 329년 낙수를 사이에 두고 대치했다. 전조의 유예는 애주가였다. 술에 취해 석륵과 싸우다가 잡혔다. 이로써 304년 흉노족 유연이 한제국을 지향하며 중원에 세운 전조가 25년 만에 끝났다. 유요의 일족이 모두 처형당했고, 유요의 딸 안정공주安定公主만 석륵의 조카 석호石虎의 첩이 되어 살아남았다.

석륵은 5호16국(304~439)의 문을 연 전조를 무너뜨리고 후조의 초대 명제가 되었다. 선비족이 활개 치는 북방 대신 화북의 전조를 점거하고 황제에 취임한 것이다. 그 뒤 고구려, 전량, 선비족 우문부 등에 사신을 보내 대외적으로 최강자의 면모를 과시했다. 정작 본인은 노비 출신으로 글자도 몰랐으나 도성에 태학, 군에 학관을 설치하는 등 많은 서당을 세웠다. 또한 전쟁터에서나 황실에서도 수시로 학자들이 낭송해 주는 《춘추》 등 오경을 즐겨 들었다. 특히 《한서》 등 사서의 사례를 거울삼아 백성을 보살폈으며, 조세 부담도 위나라 이후에 가장 적었다. 더불어 자신의 동족인 갈족이 한족을 모욕하거나 한인 사대부를 차별하지 못하게 했다. 가장 밑바닥에서 황제에 올라 최고의 명군이 된 것이다. 동시대인들은 이런 석륵에 대해 한 고조, 위나라 조조, 심지어 삼황오제의 황제로 비유하기도 했다.

석륵과 같은 치세가 이어졌다면 천하를 통일했을 것이다. 아쉽게도 석륵이 사망하고 아들 석홍이 즉위했으나, 석륵의 조카 석호가 득세하면서 나라의 기강이 흔들렸다. 석호가 어려서 고아가 되자 백부인 석륵이 길렀다. 석륵은 석호가 성품이 표독스럽기는 하지만 워낙 싸움을 잘해 중임을 맡겼다. 그 결과 석륵이 병상에 누울 때쯤 강력한 세력을 형성하고 있었다. 그제야 석륵이 석호를 추방하라는 명령을 내렸으나 통하지 않았다.

석호는 황제가 된 석홍을 꼭두각시처럼 대했고, 이에 석홍이 겁

을 먹고 선위했다. 334년 석호가 후조의 3대 황제 태조太祖로 즉위
했다. 석호는 수도를 업鄴으로 옮기고 대외 원정을 통해 영토를 넓
혔다. 그의 치세 때 중국 불교의 기반을 닦은 3대 인물인 인도 승려
불도징佛圖澄(232~348)과 제자 도안道安(312~385), 혜원慧遠이 활약한다.
불도징은 310년 79세 때 서진에 왔다가, 서진이 망한 뒤에도 석륵
과 석호의 신임을 받았다. 덕분에 오랑캐 종교로 취급받던 불교에
한인도 출가하게 되었고, 후조의 수도인 양국襄國과 업 등에도 많은
사찰을 건립할 수 있었다.

특히 불도징은 잔인한 석호를 교화하기 위해 인과응보를 설법하
며 선업을 쌓으라고 수없이 권했다. 하지만 그때뿐 석호의 포악질
은 그대로였다. 진시황릉 등 옛 무덤을 도굴하러 다녔고, 걸리면
목을 자르는 숨바꼭질 놀이를 즐겼다. 모든 판결은 태자나 신하가
내려도 사형 집행만큼은 본인이 했다. 가족도 예외가 아니었다.

337년 석호에게 구타당한 태자 석수石邃가 역심逆心을 비쳤다가 들
켜 부인과 자식들까지 공개 처형을 당했다. 다음 태자가 된 차남
석선石宣도 무사하지 못했다. 석선이 동생 석도石韜가 부왕의 총애를
받는다며 암살했는데 들통나자 석선의 일족을 거열형에 처했다.

그리고 나서 석호는 신세 한탄을 했다.

"왜 나한테 나쁜 자식들만 태어날까. 나이 스물만 넘으면 아비를
죽이려 하는구나(하위전생악자何爲專生惡子 연유이십첩욕살부年逾二十輒欲殺父)."

6개월 뒤 석호가 쓰러져서 일어나지 못했다. 그 뒤를 안정공주가
낳은 석세石世가 이었다. 전조 유요의 외손자가 후조의 황제가 된

것이다. 그러나 33일 만에 형 석준石遵에게 제거당했고, 석준은 즉위 6개월 만에 동생 석감石鑒에게 폐위당했다. 석감도 100여 일 만에 석호의 양자 석민石閔에게 죽었다.

석민은 스스로 황제가 되어 5호16국에 포함되지는 못했지만 염위冄魏(350~352)를 건국했다. 왜 그랬을까? 그는 본래 한족 출신으로 이름은 염민冄閔이었다. 난리 속에 부모를 잃고 헤매다 석륵을 만났고, 석륵이 석호의 양아들로 만들어 주었다. 하지만 호족胡族에 대한 증오를 버리지 못해 감추고 있다가 표출한 것이다.

염위의 황제가 된 석민은 도성 밖 한족들까지 불러 성내 호족을 학살하도록 부추겼다.

"눈이 깊고 코가 높은 놈은 갈족이니 모조리 죽여라."

지방의 주둔군에도 똑같은 조치를 내렸다. 이로써 20만 이상의 호족이 살해되고 후조의 석씨 세력도 거의 다 사라졌다. 그사이 후조의 옛 수도 양국에서 석호의 서자 석지石祗가 후조를 부활한다며 반란을 일으켰지만, 석민에게 매수된 부하의 손에 죽었다.

이로써 영웅 석륵이 세워 한때 중원을 지배한 후조가, 폭군과 폭군의 아들들이 벌이는 혈투로 30년도 채 안 되어 사라져 버렸다.

동진의 북벌 시도에 맞선 전진

염위는 건국 2년 만에 전연前燕(337~370)의 2대 황제 경소제景昭帝에게 멸망했다. 전연은 요동 일대 선비족의 일파인 모용부의 모용황慕容皝이 337년 동진에 대한 주종 관계를 끊고 세운 나라였다. 그 뒤 모용황은 후조의 석호와 동맹을 맺고 대립 중이던 같은 선비족인 단부段部를 협공했다. 그래 놓고 전리품은 모용황이 독차지했다. 이에 원한을 품은 석호가 전연의 수도 극성棘城을 포위했지만, 군량미 부족으로 퇴각해야 했다.

모용황은 고구려의 환도성에 이어 부여까지 공략했다. 그러면서도 한화 정책을 추구하여 한족을 대거 등용했다. 사냥하러 나갔다가 낙마하여 죽은 후 문명제文明帝로 추존되었다.

전연은 경소제 때 수도를 베이징 근교인 계薊로 옮기고, 석호가 죽은 뒤 후조가 혼란에 빠져 염위로 대체되었을 때 멸망시켰다. 그리고 357년 다시 업으로 천도한 뒤 경소제가 병사하는 바람에 열 살에 불과한 유제幽帝가 이었다. 경소제의 동생으로 유제의 숙부인 모용각慕容恪이 유제를 사심 없이 잘 도와 전연의 전성기를 유지해나갔다. 6년 뒤 모용각이 죽고 나자 숙조부, 즉 모용황의 동생 모용평慕容評이 국정을 주도했다. 유제가 친정할 나이가 되었지만 인정에 약하고 장악력이 없어 모용평에게 끌려만 갔다.

모용평은 모용각과 달랐다. 야비하고 탐욕스러웠다. 전연이 형편없이 약해져만 가니, 티베트계의 저족猪足이 세운 전진(351~394)이 부상하기 시작한다. 전진의 초대 황제 명제는 전조와 후조의 용병으로 활약했던 부건苻健인데, 후조가 망할 즈음 전진을 세웠다.

북방의 왕조들이 부침을 거듭하자, 중원 회복을 노리던 동진에서 대장군 환온桓溫(312~373)이 3차에 걸친 원정에 나선다. 환온은 동진의 2대 황제인 명제의 사위로 역시 화북에서 내려간 명문 귀족 출신이었다. 그는 347년에 먼저 사천四川 지방의 성한成漢을 정복했다. 그 뒤 354년 전진을 공격하며 본격적인 북벌에 돌입한다.

동진의 1차 북벌군이 북상하는 길목마다 한족들이 나와 열렬히 환영했다. 비교적 순조롭게 관중 지역까지 도달하고, 다시 장안을 향해 가는데 명제의 동생 부웅苻雄의 군사가 막아섰다. 게다가 군량미 조달까지 막혀 퇴각해야만 했다.

얼마 후 명제가 죽고 셋째 아들 부생苻生이 전진의 황제가 되었다. 그는 폐제로 후조의 석호와 함께 5호16국시대의 대표적 폭군이었다. 애꾸눈으로 태어나 조부 부홍苻洪에게 모욕을 당하며 자랐다. 일곱 살 때였다. 부홍이 "눈이 한쪽이라 눈물도 한 줄기만 흘리겠구나"라고 하자 부생은 칼로 자해하여 피를 흘리며 "이 또한 눈물이니 나도 두 줄기 눈물을 흘립니다"라고 대답했다. 깜짝 놀란 부홍이 부생을 죽이려 했으나 부건이 만류하여 겨우 살아났다.

부생이 겁도 없지만 포악해서 짐승을 산 채로 잡아 가죽 벗기는 것을 좋아했다. 그런데도 명제가 부생을 태자로 삼았는데, 《참위서》의 '세 마리 양 중 한 눈 가진 양이 두목(삼양오안三羊五眼)'이라는 구절을 보고 나서였다.

황제가 된 부생은 그날부터 폭정을 일삼는다. 누구든지 별 뜻이 없어도 부족不足, 불구不具, 소少, 무無, 결缺, 상傷, 잔殘, 훼毁, 편偏, 척隻을 꺼내면 중형을 면치 못했다. 다리를 절단당하거나 배를 갈린

임신부도 속출했다.

하루는 부생이 온종일 대추만 먹다가 배탈이 났다. 태의太醫 정연 程延이 진맥을 하고 말했다.

"대추를 너무 드신 탓이니 걱정하지 마십시오. 곧 좋아집니다."

"성인도 아닌 놈이 내가 대추 먹은 것을 어찌 아느냐?"

부생이 버럭 화를 내며 정연을 살해했다. 신하들에게는 수시로 자신을 평가해 보라고 했다. 태평성대를 만든 명군이라고 하면 아부한다며 죽였고, 형벌이 지나치다고 하면 감히 황제를 헐뜯는다며 죽였다.

전진이 부생 때문에 혼란에 빠진 356년 동진의 환온이 2차 북벌을 단행했다. 북벌군이 순식간에 낙양을 수복하고 동진의 황제 목제穆帝에게 낙양 천도를 건의했다가 거절당하자 낙양에 수비대만 남겨 두고 철수해야 했다.

환온은 왜 패수 건너 장안까지 진격하지 않았을까? 그의 북벌 속셈이 따로 있었다. 북벌을 열망하는 강남 이주 한인들의 지지를 얻어 황제가 되고 싶었던 것이다. 영토 수복은 황제가 된 뒤에 해도 늦지 않다고 본 것이다.

이런 환온에게 낙양까지 빼앗기고도 부생은 정신을 차리지 못했다. 매일같이 술에 취해 잠들고 눈만 뜨면 기괴한 일을 저질렀다. 궁내 사람들을 발가벗겨서 돌아다니게 하고는 신하들과 감상한다거나 죄인의 낯가죽을 벗겨 놓고 춤추게 했다.

견디다 못한 대신들이 부홍의 손자 부견苻堅을 찾아가 제위에 오르길 권하며 함께 부생을 죽이고 357년에 부견이 황제가 되었다. 그가 전진의 전성기를 만든 선소제宣昭帝다.

구마라집의 문화 적응 방식

부견은 한족 문화에 조예가 깊어 유교의 인仁을 정치 철학으로 정하는 한편 후조가 장려한 불교도 수용하여 '은신恩信'을 함께 중시했다. 불도징의 수제자 도안을 발탁했으며, 구마라집鳩摩羅什(344~413)의 명성을 듣고 382년에 여광呂光 장군과 군사를 인도에 파견했다. 여광이 구마라집을 데리고 귀국하는 중에 전진이 망했다는 소식을 듣고 양주를 점령하여 후량을 세웠다. 그래서 401년 후진의 문환제文桓帝 요흥姚興이 후량을 정복한 뒤에야 구마라집이 장안으로 올 수 있었다. 구마라집은 요흥의 국사 대우를 받으며 10여 년간 도교와 유가의 관점으로《반야심경》《법화경》《금강경》 등 294권의 불경을 한자로 번역했다.

흔히《법화경》으로 알려진 구마라집의《묘법 연화경》한 구절을 보자.

'모든 이치가 본래 저절로 열반에 드는 것이라 불자가 이를 행하면 오는 세상에 부처가 되리라(제법종본래諸法從本來 상자적멸상常自寂滅相 불자행도이佛子行道已 내세득작불來世得作佛).'

구마라집은 불교의 열반을 적멸상, 즉 모양이 사라진 것으로 번역했는데, 도가의 무와 같은 의미다. 또한 행도行道는 유가에서 사람이 마땅히 행해야 하는 인도人道와 연결된다. 그래서 불교가 큰 저항 없이 중국에 퍼져 나갈 수 있었다.

기존의 문화가 다른 문화를 만나면 문화 충격을 받는다. 그 충격 강도가 가장 큰 것이 개종改宗이다. 종교 전쟁이 악랄한 이유다. 아군은 천사이며, 적군은 사탄으로 규정하기 때문이다. 하지만 중국에 온 구마라집 등 구도승들은 기존의 도가와 유가를 존중하여 문화 충격이 크지 않았다.

이런 영향으로 동진의 문인 손작孫綽(314~371)도 공자와 주공, 부처를 동일시했다. 유교는 중국의 이름이고 불교는 외국의 이름일 뿐 근본은 한뿌리라는 것이다. 이처럼 유가의 선비들이 부담 없이 정토를 수행했고, 불자들도 유가를 즐겨 배웠다. 특히 동진의 실세 가문인 낭야 왕씨는 도교를 숭상했는데, 그중에서도 오두미교를 따르며 도교의 경전을 필사하는 것으로 도를 닦았다. 서예가 왕희지王羲之(307~365)도 《도덕경》을 자주 필사했다.

이처럼 도교가 강한 동진에서도 낭야 왕씨 출신의 축도잠이 청담을 이용해 불교의 기반을 닦았고, 그 위에서 명문가 출신은 아니지만 지둔支遁(314~366) 승려가 기존 중국 사상을 이용해 불교를 전파했다. 예를 들면 부처의 열반을 도가의 무위라 했고, 깨달음인 반야般若를 이理와 같은 것으로 보았으며, 불교의 공空과 도가의 무無도 동일하게 여겼다. 이런 식의 해석이 격의格義, matching concepts였다.

이로써 중국의 불교는 유교와 도교를 융합한 3교 조화 형식을 갖

구마라집 번역경

추고 선禪을 중시했다. 모든 생각과 행위를 멈추는 것이 선정禪定이
다. 생멸生滅도 없고 왕래往來도 없이 고요 속에 침잠하는 것이다. 동
진 시기에 유행한 격의불교는 노장 사상의 무無로《반야경》의 공空
을 설명하고자 했다.

지둔은 청담형 승려를 선호하는 동진의 귀족들에게 환대받았다.
왕희지 등은 물론이고 황제와도 교류했던 것이다. 구마라집은 물
론 축도잠과 지둔도 불교 전파의 징검다리로 현학 등 중국 사상을
활용할 줄 알았던 것이다.

부견이 구마라집을 데려오려 한 것 외에 또 잘한 일은 왕맹王猛
(325~375)의 등용이었다. 청담에 능한 귀족들은 병서와 사서史書에
능한 왕맹을 싫어했지만, 부견은 "이제야 제갈량을 얻은 유비의 심
정을 알 것 같다"며 왕맹을 두둔했다. 왕맹은 부견의 절대 지지 속
에서 귀족 세력을 누르고 인재를 발탁하여 법과 제도를 정비했다.
도성 장안을 중심으로 사방에 길을 내고 버드나무 등 가로수를 심
었으며, 중간중간에 쉼터와 장터도 만들었다.

부견은 영가의 난 이후 사라진 태학도 다시 열고, 매달 한 차례

경전을 직접 강의했다. 또한 요직에 한족을 대거 임명하여 저족 출신 공신들의 세력을 약화시켰다. 이때 저항한 20여 명이 숙청당했다. 이처럼 부견이 황권 강화책을 펼친 365년 전연의 마지막 황제 유제가 동진의 수비대가 지키던 낙양을 빼앗아 갔다.

원나라 전선, 〈왕희지 관아도〉

동진의 실세, 환온

환온은 369년 3차 북벌에 나서서 전연의 도성 가까이 다가갔다. 전연의 실권자 모용평이 당황하여 모용수慕容垂를 보내 동진의 진격을 저지하며 후방 보급로를 교란하자 환온이 물러갔다.

모용평이 영향력이 커진 모용수를 제거하려 하자 모용수가 전진으로 망명했다. 전진의 부견은 370년 왕맹을 앞세워 전연 유제의 항복을 받았다. 모용평은 고구려로 망명했지만 고국원왕이 다시 전진으로 송환했다.

3차 북벌의 실패로 명성이 실추된 환온은 홧김에 6대 폐제를 내쫓고 꼭두각시로 간문제簡文帝를 세웠다. 이로써 간신히 위엄은 유지했으나 간문제가 수개월 만에 임종하고 말았다. 상황이 이렇게 되자 환온은 직접 황제가 될 궁리를 한다. 동진의 정권은 화북 출신 귀족인 사씨謝氏와 왕씨王氏가 환씨桓氏, 유씨庾氏와 함께 번갈아 가며 맡았다. 당시는 사씨 가문이 집권할 때였다. 사안謝安(320~385)이 환온의 야심을 알아채고 왕담지王坦之 등과 함께 저지 공작에 나섰다.

사안은 40세까지 왕희지 등과 곡수연曲水宴 등으로 소일했다. 서주시대부터 유래된 곡수연은 계곡물이 흐르는 곳에서 풍월을 읊는 것이다. 사안이 그런 세월을 보내다 뒤늦게 벼슬했지만 눈치도 빠르고 강직한 면도 있었다.

먼저 환온을 찾아가 제갈무후諸葛武侯가 되어 달라고 한다. 유비의 아들 유선을 섭정한 제갈량처럼 되어 달라는 것이다. 좋은 기회라고 본 환온은 372년 효무제孝武帝의 즉위를 돕고 섭정을 시작했다. 그때만 해도 환온은 꿈에 부풀어 있었다.

'대장부가 명성을 남길 수 없다면 악명이라도 남겨야 한다(대장부 불능유방백세大丈夫不能流芳百世 역당유취만년亦當遺臭萬年).'

이런 상상에 빠져 조정을 향해 자신을 천자에 버금가는 예로 대하라고 강요했다. 사안 등 대신들이 환온을 달래며 찬탈을 막으려고 애쓰는 중에 373년 환온이 의문사했다. 그리고 2년 뒤 전진의 왕맹이 중병에 들어 부견에게 충심 어린 유언을 남긴다.

"내부의 이민족들을 다스리는 데 전념하시고 섣불리 남정南征은 하지 마십시오. 지금도 동진을 그리워하는 한인 사회가 흔들릴 수 있고, 더불어 이민족들도 요동칠 것입니다."

전진, 화북을 장악하고 통일을 시도하다

부견은 왕맹의 유언대로 장강 북쪽의 평정에만 힘을 쏟은 끝에 376년 전량을 병합했다. 화북 통일의 위업을 이룬 것이다. 나라가 융성해지니 서역에서 60개 나라가 조공을 바치러 왔다. 부견은 유학을 가장 숭상하면서도 불교를 존중해 고구려에 승려 순도順道를 파송했다. 그러나 도참 사상은 참언이라며 싫어했다.

382년 어느 날 부견이 천하 통일의 포부를 꺼내자 신하들이 전부 반대했다. 유달리 부견을 섬기는 강족의 추장 요장姚萇과 선비족 모용수만 찬성했다. 이들은 전진에서 자립할 기회를 노리고 있었기 때문이다.

마침내 부견이 통일 전쟁을 결단했다. 100만 대군을 일으켜 그중 선발 부대가 중국 북부와 남부를 가르는 회수淮水를 향해 남하하기 시작했다. 남방에서 회수는 장강과 순망치한의 관계였다. 장강이 치아라면 회수는 입술이었다.

동진에서도 재상 사안이 8만 군대의 대장군에 동생 사석謝石을, 선봉장에 조카 사현謝玄을 임명하여 회수로 보냈다. 양군이 회수의 지류 비수를 사이에 두고 대치했다. 부견이 먼저 정예 기병대만 골라 수양성壽陽城을 함락했다. 순식간이었다. 한껏 사기가 오른 부견이 사석에게 주서朱序를 보내 항복을 권유했다. 주서는 원래 동진의 장군인데 378년 양양성 전투 때 전진에 항복하고 벼슬을 하는 자였다.

주서는 사석을 만나 동진으로 복귀하고 싶다며 전진군의 내부 기밑까지 털어놓았다.

"전진의 주력 부대는 아직 도착하지도 않았습니다. 그만큼 전진의 병력 수가 많습니다. 동진보다 10배 이상이라 당할 수 없습니다. 하지만 전진 군사 중 억지로 동원된 다른 부족들 숫자를 빼면 저족은 소수에 불과합니다. 선발대만 격파하면 후미로 천 리나 뻗어 있는 많은 병사가 겁을 먹고 도망갈 것입니다."

사석이 무릎을 쳤다. 정예병 5,000으로 낙간洛澗에 진을 친 전진의 선봉대를 기습 붕괴해 버리고 비수 동쪽 언덕으로 올라가 진을 쳤다.

불의의 일격을 당한 부견은 초조해졌다. 후속 부대가 오기만 기다리며 수양성 문에 올라 건너편 동진의 진영을 살펴보는데, 근처 팔공산八公山의 초목조차 동진 병사처럼 보였다. 자라 보고 놀란 가슴 솥뚜껑 보고도 놀란 격이었다. 여기서 '초목개병草木皆兵'이 유래했다.

전진의 부견이 필요 이상으로 불안에 빠져 있을 때, 동진의 사석은 냉철하게 현실을 분석하고 있었다. 전진의 본진이 도착하기 전에 승부를 내기 위해 부견에게 부하를 보냈다.

"강가에 있는 전진군이 조금만 후퇴해 주면 우리가 강을 건너가서 서로 결판을 내는 것이 좋지 않겠소? 지구전으로 가 봐야 서로 손해니 그렇게 속전속결로 끝냅시다."

부견의 장수들이 적의 노림수라며 반대했으나, 부견은 후퇴하는 척하다 동진군이 강을 반쯤 건널 때 역공을 가해 일거에 몰살할 수 있다고 생각하여 후퇴 명령을 내렸다. 그런데 물러가던 전진 부대의 전열이 걷잡을 수 없이 흐트러졌다.

주서가 큰 소리로 거짓 소문을 냈던 것이다.

"우리가 졌다. 빨리 도망쳐야 한다."

내심 동진의 멸망을 원치 않은 한족 병사들, 원정에 지쳐 고향 생각이 간절한 병사들이 서로 먼저 퇴각하려고 난장판이 되었다. 다민족으로 구성된 전진군은 순식간에 오합지졸이 되고 말았다. 이를 노린 동진군이 강을 건너와 노도처럼 전진군을 덮쳤다. 들판은 전진군의 시체로 가득 찼다. 부견도 허겁지겁 말에 올라 줄행랑을 쳐야 했다. 그의 귀에 스치는 바람 소리도, 팔공산의 학 울음소리도 동진군의 함성 소리(풍성학려風聲鶴唳)로 들렸다. 필요 이상의 공포감으로 부견의 자아가 위축된 것이다.

부견은 어려서부터 학문을 좋아하여 조부 부홍에게 개인 교사를 부탁할 정도였다. 학문을 좋아했지만 혼자 탐구하기보다 지도를 받으며 따르는 모범생 성향이었던 것이다. 부견이 얼마나 박식한지 태학의 교수들도 당해 내지 못했다.

부견 같은 추종형 모범생은 스스로 난제를 풀어야 할 때 소심해질 수 있다. 이를 대국적 관점을 지닌 왕맹이 보완해 주었던 것이다. 왕맹이 사라진 뒤에도 부견은 전량 등을 정복해 중원을 장악하는 성과를 냈다. 그런 자신감으로 통일 전쟁까지 벌인 것이다.

그런데 사석에게 한번 속더니 상황 인식력이 약화되었다. 적의 화살까지 맞고서 겨우 10만 병사만 데리고 장안으로 돌아가야 했다. 부견이 좀 더 냉철하게 사석의 노림수를 간파했다면 비수대전에서 이겼을 것이다. 그랬다면 중국 역사는 부견의 소원대로 북방 민족이 중원의 주인이 되어 한족을 포용해 가는 호한융합胡漢融合의 형태로 나갔을 것이다.

부견의 꿈은 1,000년 뒤 칭기즈칸成吉思汗의 원나라 때 호한융합이 아닌 일방의 지배 형태로 이루어진다. 한족의 명운이 달린 비수대전은 이릉대전, 관도대전, 적벽대전과 함께 적은 수로 많은 수를 이기고(이소승다以少勝多) 약한 것으로 큰 것을 이긴(이약승강以弱勝强) 대표적인 사례로 남아 있다.

조각난 화북을 평정한 북위의 탁발도

전진이 강남까지 통일하려다 비수대전에서 대패하고 구심력을 상실한 뒤로 화북이 다시 분열하기 시작했다. 부견이 관중 지역에 이주시키면서까지 은혜를 베푼 선비족 모용수와 강족 요장이 가장 먼저 등을 돌렸다.

모용수는 하북 정현에 후연後燕(384~407)을 세워서 성무제가 되었고, 요장도 관중 북부에 후진後秦(384~417)을 열어 무소제武昭帝가 되었다. 부견의 신하였던 선비족 출신 걸복국인乞伏國仁도 영서성에 서진西秦(385~431)을 건국했다. 그 와중에 요장이 서쪽으로 도망치는 부견을 잡아 죽였다.

그 뒤 전진은 10년간 후진, 후연 등의 공격을 받으며 소멸되었고, 선비족의 탁발규拓跋珪도 내몽고 일대에 북위北緯(386~534)를 건국했다. 부견에게 해방된 전량 지역에도 후량(386~403), 남량(397~424), 북량(397~434), 서량(400~411) 등이 들어섰다. 그 외에 선비족 모용덕慕容德의 남연南燕(398~410), 고구려 왕족 고운高雲의 북연北燕(407~436), 흉노 혁련발발赫連勃勃의 하夏(407~431)가 속속 등장한다.

전진이 사라지며 우후죽순처럼 들어선 나라들끼리 난타전을 벌인 끝에 439년 북위의 태무제太武帝인 탁발도拓跋燾가 화북 지역을 다시 평정하고 북조의 시대를 열었다. 이로써 304년 흉노의 추장 유연이 한漢을 건국하면서 잇달아 변방 민족인 5호五胡(흉노匈奴, 선비鮮卑, 갈羯, 저氐, 강羌)가 13개 나라를 세웠고, 한족이 3개 나라(전량, 서량, 북연)를 세우며 시작된 5호16국시대가 135년 만에 끝난다.

참고로 흉노는 한·북량·하, 선비는 전연·후연·서진·남량·남연, 갈족은 후조, 강족은 후진, 저족은 성한·전진·후량을 세웠다. 5호16국에 들지 않은 염위, 서연, 대국 등도 있다가 사라졌다. 엄밀히 표현하자면 이방 민족 5호와 한족 16국의 시대였다.

화북을 차지한 이민족 왕조끼리의 대립은, 관동을 점거한 왕국과 관중을 점거한 왕국이 두 축이 되어 정복전을 벌였다. 그러면서 선비족과 흉노족의 다툼으로 압축되고 결국 선비족인 북위가 화북을 차지했다.

즉 화북은 먼저 서진을 멸망시킨 한漢이 전조와 후조로 분열한 뒤 전연을 거쳐 전진의 수중으로 갔다. 그런데 전진이 하락하자 많은

나라가 떠올랐고, 이를 태무제가 가라앉힌 것이다. 그 뒤 150여 년 간 수나라가 통일할 때까지 남북으로 나뉘어 대립하는 남북조시대로 흘러간다.

태무제 때 유교주의자인 최호崔浩와 도교의 구겸지寇謙之가 손을 잡고 태평진군太平眞君 사상을 퍼뜨렸다. 곧 난세를 평정할 황제가 나타나 도사道士의 도움으로 태평 세상을 연다는 것이다. 최호와 구겸지가 설파하는 메시아니즘에 고무된 태무제가 불교를 탄압하고 천사도장天師道場을 세운다.

09

남북조

달마대사와 범진의 신멸론

북조北朝 역대 황제

[북위北魏]

1대 도무제道武帝(386~409) − 2대 명원제明元帝(409~423) −

3대 태무제太武帝(423~452) − 4대 은제隱帝(452) − 5대 문성제文成帝(452~465) −

6대 헌문제獻文帝(465~471) − 7대 효문제孝文帝(471~499) −

8대 선무제宣武帝(499~515) − 9대 효명제孝明帝(515~528) −

10대 효장제孝莊帝(528~530) − 11대 동해왕東海王(530~531) − 11대 민제閔帝(531~532) −

12대 후폐제後廢帝(531~532) − 13대 효무제孝武帝(532~535)

[동위東魏]

1대 효정제孝靜帝(534~550)

[서위西魏]

1대 문제文帝(535~551) − 2대 폐제廢帝(551~554) − 3대 공제恭帝(554~557)

[북제北齊]

1대 문선제文宣帝(550~559) − 2대 폐제廢帝(560~560) − 3대 효소제孝昭帝(560~561) −

4대 무성제武成帝(561~565) − 5대 후주後主(565~577) − 6대 유주幼主(577)

[북주北周]

1대 효민제孝閔帝(557) − 2대 명제明帝(557~560) − 3대 무제武帝(561~578) −

4대 선제宣帝(578~579) − 5대 정제靜帝(579~581)

남조南朝 역대 황제

[송宋]

1대 무제武帝(420~422) − 2대 소제少帝(422~424) − 3대 문제文帝(424~453) −

4대 효무제孝武帝(453~464) − 5대 전폐제前廢帝(464~465) − 6대 명제明帝(466~472) −

7대 후폐제後廢帝(472~477) − 8대 순제順帝(477~479)

[남제南齊]

1대 고제高帝(479~482) − 2대 무제武帝(482~493) − 3대 울림왕鬱林王(493~494) −

4대 해릉왕海陵王(494) − 5대 명제明帝(494~498) − 6대 동혼후東昏侯(498~501) −

7대 화제和帝(501~502)

[양梁]

1대 무제武帝 소연蕭衍(502~549) − 2대 간문제簡文帝(549~551) −

3대 소통蕭統(551~552) − 4대 무릉왕武陵王(552) − 5대 원제元帝(552~555) −

6대 경제敬帝(555~557)

[남진南陳]

1대 무제武帝(557~559) − 2대 문제文帝(559~566) −

3대 폐제廢帝 임해왕臨海王(566~568) − 4대 선제宣帝(569~582) −

5대 후주後主(582~589)

탁발도가 북위의 황제가 되기 3년 전인 420년, 동진이 100년 역사로 문을 닫았다. 동진의 마지막 황제 공제恭帝가 유유劉裕에게 선양한 것이다. 국호는 송宋으로 바뀌고 유유는 초대 무제武帝가 되었다. 남조南朝의 시작이다. 남조의 송나라를 훗날의 송나라와 구별하기 위해 유송劉宋(420~479)이라고도 한다. 이 장에서도 송과 유송을 번갈아 사용했다.

남북조 사회는 귀족 문화가 융성했다. 후한 말기부터 각지에 웅거한 호족이 광대한 토지를 보유하고, 잦은 전란으로 발생한 유민을 흡수해 의식주를 제공하는 대신 평시 노동과 전시 군대로 활용했다. 이들이 귀족으로 정착하면서 약화된 황제권을 강화하기 위해 관리로 자주 등용했던 것이다.

유교를 표방한 한나라가 망한 뒤라서 도교적 처세술과 함께 인과응보와 윤회를 앞세운 불교식 판타지가 만연한 분위기였다. 물론 남송의 문제文帝, 제의 고제高帝, 후위의 도무제道武帝와 효문제孝文帝처럼 유학을 선호하는 군주도 있었다. 하지만 양 무제 같은 군주가 많았다. 양 무제는 규범은 유교, 신심은 불교였다. 그러면서도 구곡산에 은거하는 도교 사상가 도홍경陶弘景을 수시로 불러 조언을 들었다.

도홍경의 〈진령위업도眞靈位業圖〉에 7등급의 신이 나온다. 800여 명가량 되는데 1등급이 원시천존元始天尊이며 옥청玉淸에 살기 때문에 옥황玉皇이라고도 한다. 노자는 4등급으로 태청태상노군太淸太上老君이다.

5호16국의 약탈적 각축 시대를 지내는 동안 유불선 추종자 중 소수만 독자적인 교리를 강조했다. 북조보다는 남조에서 유교와 불교의 충돌이 가끔 일어났다. 특히 불법佛法으로 통치하려는 양 무제 때 심했는데, 범진范縝이 무신론적 입장에서 불교를 반대했던 것이다. 여기서 심신일원론인가, 심신이원론인가를 다투는 유명한 논쟁이 벌어졌다.

그렇지만 전반적으로는 상호 조화를 꾀했다. 불교가 도교나 유교를, 도교가 불교나 유교를, 유교가 도교나 불교를 차용하는 일이 빈번했다는 것이다. 진나라 문인으로 《논어주기論語注記》를 지은 손작孫綽은 공자가 부처이고 부처가 공자라 했다. 남제의 고환顧歡은 《이하론夷夏論》에서 도교를 성교聖教, 불교를 이교夷教로 구분하면서도 노자와 붓다가 같은 성인이라고 했다.

폭군에 자멸한 송나라

송 무제는 나무꾼 출신으로 하급 군인이었다. 그런데도 황제까지 오른 것은 도박꾼 같은 기질로 전공을 쌓으며 병권을 확보했기 때문이다. 이후 남조에 하급 무사와 귀족의 결합이라는 독특한 지배 체제 문화가 형성된다.

송 무제는 동진 말기 환온 때부터 시도한 토단법土斷法을 정착시켰다. 일종의 호적 정리인데 강남 백성들의 호적은 본래부터 황적黃籍

이었고, 영가의 난 이후 화북에서 내려온 자들을 교우자僑寓者라 부르며 백적白籍이라는 호적까지 따로 만들었다. 언젠가 북쪽 고향으로 돌아가야 한다는 뜻이었지만, 요역 면제 등 특혜가 많았다. 이런 차별을 정리한 것이 토단법이었다. 교우자도 현주소대로 호적에 기재하면서 나라의 조세 수입이 증가했고, 교우자의 토착화도 이루어졌다.

남조의 기틀을 닦던 송 무제가 3년도 안 되어 병사한다. 그 뒤 소제를 거쳐 문제 때 전성기를 이루었지만 문제가 큰 실책을 저지른다. 무제의 고명대신顧命大臣 단도제檀道濟를 없앤 것이다. 단도제는 동진 말기부터 유유를 따라 후진後秦을 공격해 낙양에도 먼저 입성했고, 북위와 싸울 때도 혁혁한 전공을 세웠으며 병법서 《36계》도 썼다. 문제가 즉위한 이후에도 북벌에 앞장서는 등 무공이 뛰어났다. 당연히 문제의 총애도 깊었다. 이를 질투한 왕족들이 문제가 병석에 눕자 어명을 사칭해 제거한 것이다.

그때 단도제가 눈빛을 횃불처럼 이글거리며(목광여거目光如炬) "너희가 만리장성을 허무는구나(괴여만리장성壞汝萬里長城)"라고 소리쳤다. 이후 스스로 손해를 자초하는 경우를 괴여만리장성이라 한다.

단도제가 죽었다는 소식을 들은 북위 조정은 환호성을 지르며 통일 전쟁을 준비한다. 사전 작업으로 먼저 화북을 제압하고 국경을 접한 고구려의 장수왕과 친선을 맺어 후방을 안정시켰다. 그리고 450년 북위 태무제의 60만 대군이 남하하며 송위대전宋魏大戰이 시작되었다. 회수를 건넌 북위군이 여러 길로 나누어 송나라 도성 건강

建康을 향해 빠르게 다가갔다. 송나라 장수 설안도^{薛安都}와 유강조^{劉康}^祖 등이 사력을 다해 막았으나 밀리고 말았다.

도성의 민심도 흉흉해졌다. 백성이 앞다퉈 봇짐을 싸자 문제가 나서서 전투에 자원하도록 다독였다. 하지만 단도제가 사라진 뒤로 특출난 장수가 없어 지구전을 택해야 했다.

대치 상황이 여름철 기나긴 우기까지 지속되었다. 이로써 위나라에 군량미 보급이 어려워졌다. 북위는 더 머문다 해도 승산이 없다고 판단하여 한밤중 장강에 횃불을 밝혀 놓고 회군했다. 이들은 퇴각하면서 모조리 불을 지르고 약탈했다. 그 바람에 송의 국력이 크게 약화되고 각지에서 반란이 시작된다.

송의 60년을 다스린 황제 8명 중 5명이 폭군이었다. 특히 6대 후폐제^{後廢帝}는 살인 중독자였다. 하루라도 살인을 하지 않으면 괴로워했다. 황족들도 연달아 반란을 도모했다. 474년에는 황제의 숙부 유휴범^{劉休范}이, 2년 뒤에는 황제의 사촌 유경소^{劉景素}가 난을 일으켰으나 모두 소도성^{蕭道成}(427~482)에게 진압당했다.

후폐제는 소도성의 공로로 황위를 유지하면서도 명성 높은 그를 시기하여 죽이려 했다. 소도성이 놀라서 후폐제를 제거하고 순제를 세운 뒤 선양을 받아 국호를 제나라(479~502)로 변경했다.

북위 효문제의 한화 정책과 그 여파

한편 태무제가 남정 중일 때, 태자 탁발황拓跋晃이 북위의 나랏일을 맡았다. 태무제가 돌아오자 환관 종애宗愛가 참소하는 바람에 태자의 측근들이 죽었다. 태자는 이를 근심하다가 죽었다. 그제야 태무제가 후회하자 종애는 후환이 두려워 태무제를 시해하고 무능한 은제를 세웠다가 다시 죽였다. 그러자 원하源賀 등 대신들이 뭉쳐 종애를 죽이고 태무제의 황태손 탁발준을 문성제文成帝로 옹립했다.

이후 북위는 문성제의 선정으로 발전했으며 원강석굴도 만들었다. 문성제가 26세로 요절하고, 헌문제獻文帝가 열두 살에 황위에 앉더니 6년 뒤 다섯 살짜리 아들 탁발굉拓跋宏에게 물려주었다. 그가 효문제孝文帝다. 즉위 후 20년은 조모 풍태후馮太后가 섭정했고, 그 뒤 10년을 친정하며 북위를 크게 중흥시켰다. 도성을 평성平城에서 낙양으로 옮기고 강력한 한족 동화 정책을 폈다. 선비족의 성姓과 언어, 옷, 풍속과 제례 의식을 금지하고 한족과의 결혼을 장려하며, 이민족 정권이 화북을 지배할 때마다 경험하는 한계를 극복하려 했다.

그 결과 황제권도 강화되고 정치도 안정되며 부강해졌다. 부작용도 나타났는데, 효명제孝明帝 시기에 이르러 육진의 난六鎭之亂(523~530)이 일어난 것이다. 평성 외곽 6개 진을 선비족 중심의 정예 부대가 지키고 있었는데, 천도 이후 이들이 수도방위군에서 지방군으로 격하되었다. 게다가 평성의 귀족들이 낙양으로 떠난 뒤 군사들이 유형자로 채워졌으며, 군대는 어떤 분야보다 한화가 느렸고, 간혹 한족이 입대해도 선비족화되어 갔다. 이러니 육진에서 황제의 한화 정책에 반기를 들 수밖에 없었다.

육진의 난은 7년 만에 장수 이주영爾朱榮에게 진압되기는 했지만, 나라가 분열하는 계기가 되었다. 대승상으로 승진한 이주영이 횡포를 부리기 시작한 것이다. 견디다 못한 효장제孝莊帝가 이주영을 조회하는 자리에서 복병을 시켜 주살했다. 몇 달 뒤 이주영의 부하 고환高歡(496~547)이 6진의 병민兵民을 충동하여 낙양에 들어가 민제閔帝를 제거하고, 532년 북위의 마지막 황제 효무제孝武帝를 세웠다.

고환도 이주영 이상으로 위세를 부리자 효무제 역시 참지 못하고 고환과 적대적인 우문태宇文泰가 있는 관중 지역으로 갔으나 우문태에게 독살당했다. 고환은 효문제의 11세손 원선견元善見을 효정제孝靜帝로 앉히더니, 534년 국호까지 동위東魏라 개정했다.

이에 뒤질세라 우문태도 535년 서위西魏를 창건하고 종실인 원보거元宝炬를 초대 황제인 문제文帝라 했다. 북위가 업을 도성으로 하는 동위, 장안이 도성인 서위로 나뉘며 치열한 공방전을 시작한다. 그러나 승부가 나지 않았고, 동위에서 547년 고환이 죽고 큰아들 고징高澄이 승상이 되었으나 술주정을 부리다가 살해당했다. 승상의 자리를 고징의 동생 고양高洋이 물려받더니 550년 효정제를 내치고 북제北齊(550~577)를 개국했다.

557년 우문태의 아들 우문각宇文覺도 공제恭帝(544~557)를 죽이고 제위에 앉아 국명을 북주北周(557~581)라 했다. 이렇게 선비족 고씨의 북제와 선비족 우문씨의 북주로 갈라졌다가 훗날 북주로 통일된다.

다시 남조를 살펴보자.

송나라, 즉 유송을 남제로 바꾼 고제 소도성은 한나라 개국공신 소하蕭何의 24세손이라지만 한문寒門 출신이었다. 한문이란 강북에서 내려온 세력 중 동진 정권 수립 당시 권력 구조에 들어가지 못해 중하급 신분으로 고착된 후손들을 말한다. 송나라를 세운 유유도 한문 출신이나 주요 벼슬은 여전히 문벌 귀족의 몫이었다. 하지만 남제에서는 정치 문화가 달라졌다. 특히 소도성의 아들 무제가 한문 계층을 대거 등용해 전통 귀족을 제압하자 성시盛時라 부를 만큼 번영했다.

그러나 무제 이후 종실 내부의 갈등에다 전통 귀족과 한문 출신의 권력 다툼이 집요하게 전개되며 북위에 대항할 겨를이 없자, 강북과 인접한 지역의 수령들이 잇달아 북위에 투항했다.

황제보살 양 무제와 달마대사

남조의 두 번째 나라인 제나라가 유명무실해지자 종실 소연蕭衍이 화제和帝를 협박해 선위를 받아 502년 양나라 무제가 되었다. 양 무제의 50년 치세 기간은 남조의 극성기였지만 지나친 불치佛治로 남조의 기둥이던 귀족 문화가 붕괴되고 방어력이 약화되었다.

그 과정을 따라가 보자.

양 무제는 치세 초기 명문가 출신 범운范雲을 등용해 국법 양률陽律

을 제정하고 조세를 경감하는 등 국정 전반에 걸쳐 실적이 좋았다. 치세 중기인 520년경부터 도교를 버리고 불교에 깊이 매몰되더니, 한문 출신 주이朱異(483~549) 등에게 정치를 일임하다시피 했다.

어느 날 중국 선종禪宗의 초조初祖인 달마達磨(457~528)가 양 무제를 찾아왔다. 인도의 왕자 출신인 달마는 출가 후 황하 건너 낙양 부근의 소림사에서 9년간 면벽수행面壁修行을 했다.

양 무제가 달마를 보고 의기양양하게 물었다.

"과인이 절도 많이 짓고 승려도 많이 양성했습니다. 공덕이 어느 정도입니까?"

"공덕이 없습니다(무공덕無功德)."

양 무제는 청천벽력 같은 일갈에 정신이 번쩍 들어 다시 물었다.

"나와 마주한 그대는 누구입니까?"

"모릅니다(불식不識)."

양 무제는 근원적인 질문도 했다.

"무엇이 절대 성스러운 진리입니까?"

"확연무성廓然無聖."

절대 성스러운 것, 질대 진리 따위란 텅 비어 없다는 말이다. 양 무제가 불교 경전을 중시하고 이론에 정통했다면, 달마는 경전보다 선禪의 경지를 중시했다. 그래서 달마대사의 안심安心 법문은 이렇게 시작한다.

'어리석은 사람은 법을 따르지만 깨달으면 법이 사람을 따른다(미시인축법迷時人逐法 해시법축인解時法逐人). 깨달으면 의식이 물질을 다스리

고 어리석으면 물질이 의식을 다스린다(해즉식섭색解則識攝色 미즉색섭식迷則色攝識).'

달마가 소림굴에서 면벽수도를 할 때였다. 신광神光이 폭설을 뚫고 찾아와 무릎을 꿇으며 가르침을 청했다.

"무엇을 구하느냐?"

"늘 불안한 제 맘을 편하게 해 주십시오."

"그 불안한 맘을 내게 가져오너라. 그러면 평안을 주겠노라."

그 순간 신광은 깨달음을 얻었고 달마대사를 이어 중국 선종의 2대 선사인 혜가慧可가 되었다.

양 무제는 황제보살을 자처했다. 이는 북조의 '황제당금여래皇帝當今如來' 풍조와 대비되는 것이다. 황제가 미륵이라는 북조와 달리 양 무제는 보살을 자처해 네 차례나 절의 노비가 되어 궂은일을 하는 사신공양捨身供養을 했다. 양 무제가 황복을 벗고 절의 노비 일을 한 뒤 다시 황복을 입을 때면 거액의 재물을 내야 했다. 인도 통일 왕조의 아쇼카 왕을 본받는다며 전륜성왕을 자처하기도 했다. 불경 주석서 수백 권을 직접 만들어 강론했고, 동태사同泰寺 등 대규모 사찰과 대형 불상, 불탑 등을 잇달아 건립했다. 이처럼 양 무제가 불교에 너무 심취해 국력을 낭비해도 북조는 내분이 잇따르는 바람에 남조를 침략할 여력이 없었다.

의도宜都 태수太守 범진(450~515)이 인과因果를 불신하는 〈신멸론神滅論〉을 발표하며 양 무제의 신앙을 비판했다. 인생이란 바람에 날려 떨어지는 꽃잎과 같아서, 어떤 꽃은 금방석에 떨어지고 어떤 꽃은 변소에 떨어지듯이 귀천이 나뉘는데, 인과가 어디 있겠느냐는 것이다.

무제는 〈신멸론〉을 읽고 승려들과 범진을 불러 토론을 벌였다.

범진이 전개한 형신상즉론形神相卽論을 정리하면 다음과 같다.

'영혼과 육체는 서로 의존한다. 육체가 있어야 영혼이 존재하고 육체가 소멸하면 영혼도 소멸한다. 따라서 영혼이 따로 존재하는 것이 아니다. 영혼이라는 불멸의 주체가 없으니 윤회도 없다.'

중국 고대의 소박한 무신론적 유물론 사상을 범진이 새롭게 정리한 것이다. 이에 대해 승려들이 제대로 반박하지 못했다. 양 무제도 범진을 인정하는 한편 유교에서 제사 지내는 것을 보면 영혼이 없다고 생각하여 〈칙답신하신멸론勅答臣下神滅論〉을 집필했다. 또한 불교 교리가 인정받으려면 무엇보다 승려가 존중받아야 한다며, 술과 고기를 금하는 단주육문斷酒肉文을 공표했다.

남조의 마지막 왕조, 남진

양 무제는 갈수록 악화되는 나라 재정을 보완하기 위해 백성에게 과중한 세금과 요역을 부과해야 했다. 하지만 하북에서 내려온 귀족 가문은 그들만의 족보인 백가보百家譜를 개정하면서까지 지위를 보장해 주었다. 이처럼 귀족 가문과 조정 관리에게는 관대한 반면 백성들은 죄가 있으면 연좌제로 엮어 가혹하게 처벌했다.

이런 이중적 정책에 대한 불만이 엉뚱하게도 후경侯景의 난을 계기로 폭발했다. 원래 후경은 동위의 장군으로 고환의 신임을 받아 하남 13주를 다스렸는데, 고환이 죽고 547년 새로 실세가 된 고징과 사이가 나빠지며 양나라에 은밀히 망명을 타진했다.

고징이 이를 알고 막강한 동위 군사로 공격하자 후경군이 밀려나며 양자강 넘어 아래로 내려가야 했다. 양나라 조정에서는 밀려드는 후경군을 보고 투항군으로 받아들이느냐 마느냐 논란이 분분했다. 그사이 후경군이 수도 건강을 포위했다.

양나라도 각지에서 원군이 모여들기는 했지만, 권력 내부가 서로 견제하는 바람에 선봉에서 싸우겠다는 장수가 없었다. 결국 후경이 반년 만에 도성을 장악하고 성내 빈민들에게 약탈을 허락했다. 도성은 아수라장이 되었다.

후경은 무제를 유폐하여 굶겨 죽이고 후임으로 소동蕭棟을 세웠다가 4개월 만에 또 유폐했다. 이를 본 강남 지역 백성들이 분노로 들끓는 가운데 강릉江陵에 있던 양 무제의 일곱째 아들 소역蕭繹이 토벌 세력을 규합했다.

그가 지은 《금루자金樓子》에 이런 구절이 있다.

'도기로 만든 개는 밤에 짖지 못하고, 기와에 새긴 닭은 새벽에 울지 못한다(도견무수야지경陶犬無守夜之警 와계무사신지익瓦鷄無司晨之益).'

외양만 멋질 뿐 쓸모없는 사람(도견와계陶犬瓦鷄)이라는 사자성어가 여기서 나왔다. 그런데 장차 소역이 이 경우에 해당될 줄이야.

소역이 모은 토벌군은 양자강을 따라가서 건강성에 공세를 퍼부었다. 후경이 직접 요격하러 나왔으나 소역의 명장 왕승변王僧辯과 진패선陳霸先에게 패해 북으로 도주하다 부하의 손에 죽었다. 이 전란으로 도성은 불에 타다 담은 기와 조각만 뒹구는 폐허가 되었다.

양나라 황제가 된 소역은 원제元帝(552~555)라 칭하고 건강을 떠나 자신의 근거지인 강릉으로 도성을 옮겼다. 양나라의 국력이 형편없이 추락하자 서위의 승상 우문태가 강릉을 공격했다.

원제가 앞장서서 항전했지만 역부족이었다. 서위군이 성문 넘어 들어오는 것을 본 원제는 "만 권을 책을 읽고도 이렇게 끝나니 무슨 소용이냐?"라며 소장한 책 14만 권을 소각하고 항복했다. 원제는 황로 사상과 음양오행에 관한 서적을 많이 읽었다. 그래서인지 도성이 포위당했는데도 갑옷 입은 장수들을 모아 놓고 전략 회의 대신 노자만 강의할 정도로 태평했다. 원래 미신을 믿는 데다 의심도 많고 금기하는 것도 많았다. 그만큼 필요할 때 결단하지 못했다.

강릉을 점령한 우문태는 원제를 죽이고 성내의 백성 수만 명을 북으로 끌고 떠나며 무제의 손자 소찰蕭詧을 서위의 괴뢰 황제로 세워 두었다.

강릉이 함락될 무렵 원종의 아들 소방지蕭方智가 양의 옛 도성 건강으로 입성했다. 건강에 남은 왕승변과 진패선은 원제가 죽었다는 소식을 듣고 서둘러 소방지를 황제로 옹립했다. 그가 경제敬帝다. 그 뒤 진패선이 사사건건 대립하는 왕승변을 제거하고 정권을 독점하더니 경제에게 선양을 강요하여, 557년 남조의 마지막 왕조 남진의 황제 무제武帝가 되었다.

북제와 북주의 비교

당시 북조에서는 첫 왕조 북위가 동위와 서위로 양분된 뒤 다시 동위는 북제로, 서위는 북주로 바뀌어 다투고 있었다. 두 나라 중 동방에 위치한 북제가 영토도 넓고 문화 수준도 더 높았다. 북주의 근거지인 서북방의 관중 지방(섬서성)은 당시만 해도 환경이 열악했다. 북주가 한 가지 앞선 것은 우문씨의 내부 단합이었는데, 이에 비해 북제의 고씨 정권은 내부 분열이 심했다. 특히 고환 이후 심리 상태가 이상한 황제가 많았다.

하루는 고환이 여러 아들을 불러 엉킨 실타래를 주며 풀어 보라고 했다. 다들 한 올씩 뽑고 있는데 고양이 "어지러운 것은 단번에 베어야 합니다"라며 단칼에 실뭉치를 잘라 냈다. 여기서 쾌도난마快刀亂麻, 난자수참亂者須斬이 나왔는데, 누구든 황제의 눈에 거슬리면 가차 없이 다스려야 한다는 뜻이다.

과연 문선제文宣帝 고양은 기분 내키는 대로 통치했다. 그래도 치세 초기는 다양한 업적을 남겼다. 누진세 개념을 적용해 공평 과세를 하고 수차례 정벌에 나섰다. 왕승변 등이 어린 소방지를 양나라 황제로 세웠을 때도 서한을 보내 소연명蕭淵明을 세우라며 내정간섭까지 했다. 소방지는 북제에 '양나라는 북제의 신하국으로 남기를 원합니다'라는 답장까지 보내 왔다. 그만큼 북제가 강했던 것이다. 또한 위수魏收에게 위서魏書를 쓰게 했다. 북위의 정통성이 동위를 거쳐 북제에 있다는 북제 중심을 강조하는 내용이었다.

그런데 통치 후반에 이르자 문선제가 매우 난폭해졌다. 사통한 후궁을 조각낸 채 연회를 열고 나서 장례할 때는 따라가며 울었다. 술에 취해 알몸으로 돌아다니는 것은 물론 툭하면 사람을 죽였다. 승상 양음楊愔이 항시 사형수를 대기시킬 정도였다.

그의 기괴한 행위는 예측 불허였다. 장모를 채찍질하고 동생들을 창으로 찌르면서도 불쌍하다고 울었다. 어느 날 갑자기 도교를 불교와 강제로 통합하더니, 도교 사제를 모조리 승려로 만들었다. 문선제는 충동이 일면 순식간에 이성이 마비되었다. 그나마 황제가 되기 전에는 부왕의 견제 때문에 충동을 억눌렀으나, 지존이 되자 내키는 대로 발산하며 파괴적 성향이 짙어진 것이다. 그의 심각한 충동 조절 장애Impulse-control disorder는 황태자 고은高殷의 인생까지 망쳐 버렸다.

황태자는 유교에도 밝고 한족 학자들과도 잘 어울렸다. 문선제는 이런 황태자더러 유약하다며 술에 취하면 동생 고연高演을 후계자로 세우겠다고 협박했다. 그뿐 아니라 겨우 열세 살인 황태자의 담력을 기른다면서 죄인을 세워 놓고 목을 자르라는 명령을 내렸다가 따르지 않자 두들겨 패서 기절시켰다.

그때부터 황태자는 정서 장애에 시달렸다. 문선제가 알코올 중독으로 죽어 560년 황제가 되기는 했지만, 바로 그해 숙부 고연이 불안증에 시달리는 조카의 자리를 찬탈했다.

그가 효소제孝昭帝이며 그나마 건실했다. 다른 황제들과 달리 벼슬 장사 없이 능력에 따라 임용하고, 백성의 부담을 줄이는 등 민생을 살폈다. 그러나 낙마하여 부상을 입고 일어나지 못했다. 효소제가 어렵사리 되돌려 놓은 북제를 무성제武成帝 고담高湛이 또 무너뜨렸다.

문선제는 그래도 양음처럼 유능한 신하가 있었지만 무성제는 달랐다. 무식한 데다 무능했으며 아부 잘하는 화사개和士開(550~571) 같은 신하만 가까이했다.

무성제와 화사개가 나눈 대화를 보면 아주 가관이다.

"폐하께서는 천인天人이십니다."

"그런가? 경은 신선이오."

화사개는 무성제에게 온갖 아첨을 하면서도 뒤로는 무성제의 호황후胡皇后와 은밀한 관계를 맺고 있었다. 무성제는 그런 줄도 모르고 화사개에게 홀려 환락으로 소일하고 싶다며 565년 아홉 살짜리 아들 고위高緯를 황제인 후주後主로 세우더니, 자신은 태상황제太上皇帝라 칭했다.

화사개 같은 간신은 첨유지술諂諛之術에 능하다. 실권자가 누군지, 무엇을 좋아하는지 금세 파악하고, 그 비위를 맞추며 선호하는 것을 던져 준다. 이것이 투기소호投其所好인데, 여기서 끝나지 않는다. 권력자의 측근 가운데 충신을 몰아내야 비로소 첨유지술이 완성된다. 몰아낼 때 불리하면 음모를 꾸미고, 형세가 유리하면 양모陽謀라 하여 공개적으로 축출하는데 중상모략이나 차도살인借刀殺人 등을 동원한다.

누가 첨유지술에 약할까? 무성제 같은 감각 추구형sensation seeker이다. 권력까지 강하면 더 잘 통한다. 무성제가 노는 자리에서 화사개가 해활천공海闊天空을 했다. 끝도 없이 이야기를 나누었다는 의미다. 화사개가 예부터 지금까지 전해 내려오는 온갖 이야기를 늘어놓으며 아부한 것이다. 세 치 혀가 대단한 화사개였다.

　태상황제가 죽은 569년 이후의 북제는 호태후와 화사개의 세상이었다. 보다 못한 후주의 동생 낭야왕琅邪王 고엄高儼이 571년 화사개를 죽였다.

　북제의 황실이 간신 화사개의 세 치 혀로 엉망일 때였다. 북주의 무제武帝 우문옹宇文邕은 부국강병책에 매진하며 호화胡化 정책을 펴고 있었다. 한족까지 선비화하며 날랜 마병을 만들었다. 북위가 한화 정책으로 황제권 강화와 북부 통일을 이루어 냈지만 유목민의 반발을 불러 동위와 서위로 분열된 것을 보고, 북주의 무제는 호화 정책을 추진한 것이다.

권력 창출의 산실, 관롱집단

　북위의 효문제가 한화 정책을 시행할 때 선비족 중 낙양에 와서 귀족이 된 자들도 있었지만, 끝까지 반대하고 관중 지역 무천진武川鎮에 그대로 남은 자도 많았다. 무천진은 북위 초기, 북방 유연 세력으로부터 도성인 평성을 방어한 6진의 하나였다. 북주가 이들을 우대하면서 군사력이 크게 강화되었다.

또한 효문제는 낙양으로 도성을 옮긴 뒤 480년경부터 한화 정책으로 탁발씨拓跋氏 같은 성씨를 원元 등으로 바꾸며 호족과 한족의 결혼을 적극 추진했다. 그리고 70년 뒤 북주의 무제가 선비족 특유의 복성複姓으로 되돌려 놓고 호족을 우대하는 등 한화 정책과 반대로 호화 정책을 폈다. 한족과 선비족의 갈등을 야기할 수 있는 정책이었다. 그런데도 호한 융합이 깨지지 않았는데, 효문제 때 추진한 호족과 한족의 결혼에서 태어난 혼혈인들로 이루어진 무천진 출신의 관롱집단關籠集團이 형성되어 상호 이질감이 대폭 줄어든 것이다. 무제의 호화 정책도 별 충격 없이 유야무야되고 말았다.

북주는 관롱집단으로 통치 세력이 구성되어 있었다. 무제가 이들의 전폭적 지지를 받으며 유가를 통치 이념으로 삼고 도교와 불교, 특히 불교를 심하게 탄압하여 모든 승려를 환속 조치하는 등 소위 삼무일종三武一宗의 법란法難을 일으켰다. 삼무는 북위 태무제를 비롯하여 북주 무제, 당 무종이고, 일종은 훗날 5대10국시대인 후주의 세종으로 넷 다 명군이거나 개혁적 군주였다. 종교 탄압의 공통점은 세수 증대와 병력 자원 확보였다. 이를 통해 북주의 무제도 국력을 강화하여 경쟁국인 북제를 능가할 수 있었다.

그 시기에 북제의 무성제가 알코올 중독으로 죽고 다음 황제 후주 역시 화사개, 목제파穆提婆 등 간신들에게 농락당했으며, 곡률광斛律光 같은 천하의 명장을 죽였다. 곡률광이 사라지자 북주의 무제는 575년 총동원령을 내려 북제의 수도 업을 직공했다. 겁을 먹은 후주가 태자에게 양위하고 도주했지만 신하들에게 배신당하면서 북제가 망했다.

화북을 통일한 무제는 고구려를 침략했다가 실패하고 강남 토벌을 준비하는 중에 병사했다. 그의 후계자인 선제宣帝 우문윤宇文贇 때 북주의 기세가 급전직하한다. 선제는 무제와 달라도 너무 달라서 차라리 북제의 황제들과 비슷했다. 황태자 때부터 게을렀고 애주가였다. 무제도 걱정되어 여러 번 금주령을 내리고 체벌까지 해도 고쳐지지 않았다. 황제가 된 뒤에도 그대로였다. 뿐만 아니라 부왕 무제에 대한 증오심으로 검소했던 부왕과 달리 엄청난 사치를 부리며 황후를 5명이나 두었다. 누구든 직언하면 파직하고 사생활까지 사찰했다.

즉위 1년 뒤 북제의 무성제처럼 스스로 상황上皇이 되고, 579년 일곱 살짜리 아들 우문천宇文闡을 정제靜帝로 세웠다. 나랏일은 황후의 아버지 양견楊堅에게 맡기고 선제는 향락만 쫓다가 1년 만에 건강을 잃고 요절했다. 1년 뒤 양견이 정제에게 선양을 강요하여 수隋나라를 세우고 문제文帝가 되었다.

수 문제, 양자강을 건너다

한편 남진은 후경의 난 이후 내부 변란이 계속되면서 장강 중류와 한중漢中 지역은 북주에, 그 외 장강 이북은 북제에 빼앗겼다. 남조 역사상 가장 작은 나라가 된 것이다. 진패선이 남진을 세운 이후에도 귀족 제도는 남아 있었지만 형식뿐이고, 실권은 호족 출신인 지방 무장들이 쥐었다. 그런데도 후주 진숙보陳叔寶는 무장들을 무시하고 한량들과 유랑하며 음주가무를 즐겼다. 충신 부재傅縡가 여러 번 만류하자 귀찮게 한다며 죽였고, 항상 귀비 장려화張麗華, 애첩 공귀빈孔貴嬪과 동행하며 국가 대사나 신하의 상벌까지도 그녀들이 결정하게 했다.

무수한 백성이 유리걸식하고 들판이 굶어 죽은 시체로 가득했으며 여러 지방에서 수나라의 침공이 우려된다는 표문이 빗발치듯 올라와도 무시했다. 도리어 백향나무로 초호화 황실을 짓고 누각들 사이에 구름다리를 놓아 문인들과 술에 취해 거닐며 음풍농월을 즐겼다.

이런 후주에 대해 '구중궁궐 속 치마폭에 싸여 자라(생심궁지중生深宮之中 장부인지수長婦人之手)' 백성이 도탄에 빠져도 그 어려움을 알지 못했다고 평가한다. 성인이 되어서도 응석받이 콤플렉스로 가득 차 있다는 말이다. 개인이 갖는 삶의 의미는 '생애 초기의 가족 경험에서 형성된다. 그래서 개인 심리학의 거장 아들러Alfred Adlers는 성인이 되어 부딪치는 과제를 잘 해결하려면 성장기에 맞는 역할 수행과 상호 협력 경험이 필요'하다고 보았다. 특히 응석받이로 자라면 성인이 되어도 책임 있는 인간관계를 잘 맺지 못한다. 후주 역시 성인이 되어서도 응석받이로 남아 문제 해결 능력은 물론이고 무엇이 문제인지조차 파악하지 못했다.

이런 후주를 지켜보고, 수나라 문제가 50만 대군으로 양자강을 건넜다.

그런데도 후주는 헛소리만 했다.

"왕의 기운이 이곳에 있거늘 오랑캐 놈들이 뭘 할 수 있겠는가."

간신들도 후주의 말에 고개만 끄덕일 뿐 대책을 마련하지 않았다. 이들은 수나라 군대를 눈으로 보고 나서야 겁을 먹고 맹장 소마하蕭摩訶를 불러 막아 내라고 부탁한다. 하지만 소마하는 자신의 아내를 범한 후주에게 앙심을 품은 터라 방어에 소극적이었다. 결국 수나라 병사들이 건강으로 들어오고 후주는 장려화, 공귀빈 등과 함께 우물 속에 숨는다. 그렇게 나라가 망했건만 후주는 왜 망했는지도 깨닫지 못해 망국지군亡國之君의 표본으로 남았다.

남북조시대의 풍조

후한 말기 삼국시대 60년은 위·촉·오가 나름의 철학으로 천하를 도모했다면, 진나라가 천하를 통일하고 11년째 되는 해 팔왕의 난이 터진 뒤부터 전국시대를 능가하는 대혼란의 시대였다. 그 뒤 흉노 추장 유연이 한漢을 세운 것을 기점으로 135년간의 5호16국시대(304~439)가 이어졌다. 그리고 강남의 군벌 유유가 420년 동진을 대신하여 세운 남송과, 439년 북위의 탁발도가 통일한 화북 지역을 합하여 남북조(439~589)로 구분한다.

위진남북조 370년의 심리 기반은 현학이었다. 한나라의 통치 이념인 유교는 어디로 갔을까? 현학으로 흡수되었다. 왕필 등이 노장의 관점에서 공자를 재해석한 것이다. 손자의 예치론은 물론 맹자의 덕치론도 설 자리가 없었다.

예술도 유교의 도덕을 고취하는 기존의 역할에서 벗어났다. 문학 역시 내용보다 기교와 음운의 조화 등 형식을 중시했다. 한나라 때 교양이 경사經史였다면, 위진남북조는 문사文史가 교양이 된 것이다. 특히 남경南京을 도읍으로 정한 육조六朝(오吳, 동진東晉, 송宋, 제齊, 양梁, 진陳)의 경우 삼국시대 오나라를 제외하면 호족이나 귀족 가문이 관직을 독점하는 구품중정제九品中正制를 실시했다. 여기서 문벌 귀족이 생겨났기 때문에 이들은 굳이 힘들여 유학을 공부할 필요가 없어졌다. 대신 노장의 자연주의와 불교의 영향으로 서화書畫를 익히고 시문을 창작했다.

시에 도연명陶淵明과 사영운謝靈運, 서예는 왕희지, 회회繪畫 분야에 고개지顧愷之와 육탐미陸探微, 장승요張僧繇 등 걸출한 인물이 많았다. 역시 이 시대에 유협이 쓴 동양 최고最古의 문학 비평서《문심조룡文心雕龍》도 나왔으니 동양 문화의 르네상스 시기라 할 만했다.

남조가 북조와 달리 문화가 번성한 것도 귀족 사회였기 때문이다. 이들 귀족층은 황제는 물론 나라가 교체되어도 그 권리는 그대로 유지되었다. 남조 170년 동안 왕조가 송, 제, 양, 진으로 네 차례나 교체되는데, 교체될수록 그 기간이 단축되었다. 황제의 재위 기간도 양 무제와 송 문제 외에는 거의 다 10년 이내였고, 그중 태반이 암살당했다. 상황이 이렇다 보니 귀족층이 황제를 크게 두려워하지 않았으며 귀족 중심의 개인주의 문화가 발달할 수 있었다.

북위에서 출발한 북조는 전제적專制的이었다. 불교도 황제권 아래 예속되었다. 그러면서도 후조의 불도징, 전진의 도안 등이 황실의 신임을 받자 한족 유학자들이 불교가 현실을 무시하며 군주권을 약화시키려 한다고 비난했다.

북조의 불교는 호국적 주술적이고 남조의 불교는 학술적 귀족적 청담형이었다. 그래서 남조는 북조의 폐불廢佛 사건 같은 것도 전혀 없었다.

도안의 제자 혜원慧遠(334~337)이 승려는 세속 권력의 지배를 받지 않는다면서, 정치 승려가 불교를 혼탁하기 만들기 때문에 불교의 정치 교류를 반대했는데, 남조의 동진에 있었기 때문에 가능했다.

당시 남북조인들 사이에 가장 유행한 말이 노자의 '반자도지동反者道之動'이다. 어차피 세상이란 돌고 돈다는 것이다. 아무리 급해도 서두를 필요가 없다. 여기서 만만디慢慢的가 나왔다.

10

수나라

—

중국식 불교의 만개

역대 황제

1대 문제文帝 양견楊堅(581~604)

2대 양제煬帝(604~618)

3대 공제恭帝(617~618)

개황開皇의 치

수나라를 개국한 문제文帝 양견楊堅의 24년 치세를 평가하는 말이다. 그만큼 내치를 잘했다. 흔히 중국 최고의 태평성대를 당 태종의 '정관貞觀의 치'라 하는데, 문제가 축적해 놓은 토대 위에서 가능했다.

수나라는 후한시대 이후 370년간 분열된 사회인데 어떠했겠는가. 화북 360만 호, 강남 50만 호를 합쳐 겨우 410만 호에 불과했다. 그토록 황량한 중국을 문제가 통치하면서 인구가 두 배 이상 늘어 890만 호가 된다. 그만큼 풍족했다는 뜻이다. 전국의 교통 요지에 초대형 곡식 창고를 지었는데 곡식, 옷감 등의 물자가 당 태종 때까지 나라 재원으로 쓸 만큼 비축되어 있었다.

수 문제, 요순시대를 재현하다

수 문제 시기는 마치 요순시대 같았다. 어떻게 가능했을까?

첫째, 문제는 성찰省察할 줄 알았다. 지난 역사와 자신의 경험을 객관화해서 바라보며 변화에 대처하는 지혜를 얻었다. 이런 성찰력으로 수백 년간 어수선했던 중원에 평화를 정착시킨 것이다.

그 많은 위진남북조의 군주들이 왜 명멸했을까? 문제는 군주들이 권력을 잡고 나서 백성의 고혈을 짜내며 향락에 빠져 지냈기 때문이라고 분석하여 확연히 다른 모습을 취했다. 낡은 옷을 입고 소박하게 먹는 등 하층민 수준으로 생활한 것이다. 황제를 따라 궁녀들도 비단옷과 화장을 멀리했다. 황실의 근검절약 기풍이 온 나라에 퍼졌다. 부역도 공평하게 부과하니, 모든 백성이 생업을 지켰고 조야가 함께 기뻐했다.

문제가 아직 황제가 되기 전이었다. 이름은 양견이며 아버지 양충이 쿠데타를 일으켜 북주北周를 세운 우문간의 일등 공신이었다. 그런 데다 같은 무천진 출신이라 그 후광으로 양견이 표기장군이 되고, 양견의 딸은 북주 선제의 황후가 되었다. 그리고 577년 양견은 북주가 북제를 공격해 화북 지방을 통일하는 데 앞장섰다. 그 전공으로 권력을 잡고 훗날 외손자 정제의 양위를 받아 수나라를 개창한 것이다.

문제가 수나라를 열고 가장 먼저 한 일은 기득권 전면 교체였다. 정제를 포함해 우문씨 일족을 몰살하고 관리층을 바꾸었다. 또한 587년에는 구품중정제를 폐지하고 과거제를 실시했다. 구품이란 중앙정부의 1급부터 9급까지 관리 등급으로, 삼국시대 위魏나라 이후 중정中正이라는 관리가 각 지방 인재들을 9등급에 맞게 천거하는 제도였다. 이 제도를 호족들이 독점하면서 위진남북조를 풍미한 귀족 제도의 근간으로 변질되었다. 그런데 과거제를 시행하면서 이들 권문세족의 권력 독점이 비로소 깨지기 시작한다. 이후 과거제는 당대唐代에 완성되어 청나라까지 1,300여 년간 지속된다.

문제는 덕치를 중시하면서도 법치를 넘어서지는 않았다. 황족도 범법하면 처벌했고, 설령 황제를 모독해도 법 규정 안에서만 처벌했다. 이러한 선정의 여러 배경 가운데 아이러니하게도 문제의 의심증이 있다. 그가 무천진 군벌 출신이라지만 우문씨보다 낮은 가문이라 황제가 된 뒤에도 우문씨를 염두에 두지 않을 수 없었다. 급기야 우문씨를 국난을 야기하는 혼탁한 윗물로 지목하고 제거 명분을 세웠지만, 사실 황제권 강화를 위한 조처였다.

문제의 의심증을 잘 보여 주는 사례를 꼽자면, 과거 시험관에게 은밀히 뇌물을 보내도록 해서 수수하면 엄벌에 처한 일이다. 의심증은 보편적 자기 방어 현상으로 그 자체는 이상 증세가 아니다. 다만 의심증이 종교적 맹신처럼 미숙한 집념과 만나면 현실성이 떨어진 파괴적 성향으로 나아갈 수 있다. 다행히 문제는 적절한 관리 범위 안에서 의심증을 선용했다. 고착된 행동을 무한 반복하지도 않고 현실에 맞게 활용하여 요순시대라 평가받은 치세가 가능했던 것이다.

문제가 황제보살을 자처한 것도 성숙한 내면 관리의 한 단면이다. 북조가 불교를 수용할 때 전통이 황제여래皇帝如來였으나 남조는 양 무제 등이 그랬듯 황제보살이라고 했다. 이 양자의 차이가 생각보다 크다. 황제보살은 여래가 아니라 여래의 가르침대로 선정을 베푸는 성왕인 것이다.

원래 인도 불교의 세계관은 내세와 현세로 나누는 이원론이었다. 그런데 중국에 들어와서 내세도 현실의 연장으로 보는 일원적 세계관이 되었다. 해탈에 대한 열망보다 현실의 무병장수가 더 중요해졌다. 특히 유가의 한족이 세운 남조와 달리 북조에서 왕권 강화 등에 동원되며 왕즉불王卽佛 사상까지 대두된 것이다. 예를 들어 남조는 출세간법과 세간법의 차이를 인정하는 분위기여서 사문沙門의 불경왕자不敬王者를 옹호했다. 그래서 현실에 진리가 있다는 '즉사이진卽事而眞'이 중국식 불교의 특징이 된 것이다.

이를 양나라 출신 탁발승 지의智顗(538~597)가 대변하며 문제의 지지를 받아 594년 천태종을 창시했다. 지의는 인도 용수龍樹(150~250)가 속제俗諦와 진제眞諦의 관계를 재정립한 이제설二諦說을 따랐다. 초기 불교는 진리(제諦)를 세간의 진리인 속제, 출세간적 진리인 진제眞諦로 구분했다. 속제는 인과因果로 이루어진 것이고, 진제는 언어로 표현할 수 없으며 일체를 부정하는 비인비과非因非果였다.

그래서 윤회의 사슬을 끊기 위해 개인의 해탈에 주력하는 아라한의 경지를 목표로 삼았다. 그러다 보니 아공법유我空法有를 주장한다. 아我는 없지만 법法은 있다는 것이다. 법은 다르마dharma이며 사물의 '궁극적' 실재를 의미한다. 이에 대해 용수는 아공은 물론 당연하고, 법도 역시 공하다는 아공법공我空法空이라며 일체법공一切法空을 주장했다.

부처가 보리수 아래서 깨달은 연기緣起에 비추면 일체 만물은 의존

수나라 관음보살상

관계로 자성自性이 없는 무아無我일 수밖에 없으며, 그러므로 공하다는 것이다. 이 공의 세계를 더 심화하면 유무有無, 단상斷常, 고락苦樂의 양극단을 버리고 일체의 판단을 하지 않는 중도中道의 세계가 전개된다. 이것이 곧 깨달음의 세계다.

세상의 현상은 가假의 모습이며, 이를 지탱하는 바닥은 한결같이 공이다. 이런 이치로 용수는 공가중空假中이 곧 존재의 진실성이라고 했다. 따라서 즉공즉가즉중卽空卽假卽中으로 일심삼관一心三觀하여 집착에서 해탈하는 깨달음의 길로 중생을 구제해야 한다. 이것이 용수의 이제설에서 비롯된 대승불교다. 이러한 관점은 지의가 절강성 천태산에 머물며《법화경》등을 연구한 끝에 나온 것이다.

이로써 남북조시대에 여러 학파로 존재한 불교가 수당 이후 종파 형태로 변화한다. 문제는 불교를 가까이하면서도 도교나 유교에도 관대했다.

문제의 실책, 고구려 침공

문제가 선정을 베푸는 가운데 문중자文中子라고도 불리는 젊은 유학자 왕통王通(582~616)이 찾아와 '태평십이책太平十二策'을 올렸다. 그 내용에 공감하여 등용하려 했으나 대신들의 반대로 그만두었다.

왕통이 '동정지가東征之歌'를 읊으며 귀향하니 많은 제자가 따랐는데, 그중 당 태종의 명신 위징魏徵도 있었다. 그는 《지학止學》에서 재주나 이익, 감정, 고뇌, 명예, 언어 등에서 멈출 줄 알아야 한다고 했다.

'큰 지혜는 멈출 줄 알고, 작은 지혜는 계속 재주만 부린다(대지지지大智知止 소지유모小智惟謀). 그런 지혜는 한계가 있으나 도는 무궁하다(지유궁이智有窮而 도무진재道無盡哉).'

그는 공맹은 나아감과 성취로, 노장은 멈춤과 버림의 관점으로 보았다. 그래서 《중용》을 노자의 관점으로 가르치며 전진과 멈춤, 채움과 비움의 조화를 강조했다. 또한 교육의 기본을 인의仁義의 실천에 두고, 박학다식博學多識보다 도道를 관통하는 교육을 했다. 그러면 누구나 성인聖人이 될 수 있다고 본 것이다. 특히 혼례婚禮의 중요성을 강조했는데, '결혼할 때 재산을 따지는 것은 야만인이나 하는 짓(혼인이논재婚姻而论財 이로지도야夷虏之道也)'이라고 했다.

만일 왕통의 책략을 수 문제가 수용했다면? 문제의 혼란스러운 말년도 없었을 것이고, 2대 수 양제의 출현도 막았을 것이다. 문제가 흔들리기 시작한 것은 고구려와의 관계 때문이었다. 598년 고구려의 기병대가 요서 지방을 침략하더니 다음 해 문제가 조공을 요구해도 무시했다.

그해 초여름 수나라 대군이 수륙 양면으로 고구려를 총공격한다. 마침 남조의 진陳나라를 정복하여 통일한 지 10년째였다.

일찍이 문제가 고분고분하지 않은 고구려에 이런 국서를 보낸 적이 있었다.

'요수의 넓이가 어찌 장강과 같겠는가. 그렇다고 고구려 인구가

진나라보다 많지도 않다(요수지광遼水之廣 하여장강何如長江 고구려지인高句麗之人 다소진국多少陳國).'

고구려보다 훨씬 조건이 좋은 진나라도 자신에게 굴복했다는 뜻이다. 그래서일까, 진나라를 공략할 때 50만 군사였다면 고구려를 공격할 때는 30만 군사를 보냈다. 이렇게 수나라의 고구려 1차 침공전이 일어났다.

지나간 중국 역사상 물자, 영토, 인구 등에서 최강국이 된 수나라였다. 당연히 고구려 정도는 금세 정복하리라 믿었다. 하지만 문제의 예상과 달리 머나먼 요동 행로에서 수군은 풍랑을, 육군은 홍수를 만난 데다 고구려 기병대의 치고 빠지는 전략 때문에 고구려 땅은 밟아 보지도 못하고 퇴각해야 했다. 당시 수나라 병사의 80퍼센트 이상이 쓰러졌다.

큰 충격을 받은 문제는 일단 고구려 원정 계획을 전면 중단하고 다시 내치에 관심을 기울인다.

독고가라 황후의 결단력과 독점욕

수나라는 황제가 둘이라는 소문이 돌았다. 문제와 황후인 독고가라獨孤伽羅(543~602)였다. 문제는 정치적 결정을 내릴 때마다 독고황후의 의견을 따랐다. 독고가라는 서위의 대장군이며 선비족 최고의 실력자 독고신獨孤信의 딸인데 양견과 결혼할 때 조건이 '자신 말고는 어떤 여자와도 자식을 두지 않을 것'이었다.

독고가라는 양견이 외손자인 정제를 제거할 것인지 망설일 때도 결단을 촉구했다.

"큰일을 앞두고 짐승의 등에 올라탄 형세이니 내릴 수 없습니다."

여기서 호랑이 등을 탔다는 '기호지세騎虎之勢'가 나왔다.

이처럼 독고황후가 탁월한 정세 분석력과 결단력까지 갖추었기에 수나라도 건국될 수 있었다. 자연스레 문제가 심리적으로 깊이 의존할 수밖에 없었다.

신하들도 부부의 공동 통치를 좋게 보고, 부부를 이성二聖(두 성인)이라며 존중했다. 황실의 근검절약 풍조도 독고황후가 주도했다. 모든 면에서 탁월한 독고황후는 특히 남편에 대한 독점욕이 엄청났다. 문제가 명색이 통일제국의 황제인데도 후궁을 가까이 못 하게 막았다. 만일 몰래 만나면 그 여인은 기어코 죽였다. 황후의 독점욕에 지친 황제가 "천하를 가졌어도 자유가 없다"며 홀로 산속으로 피신한 적도 있었다.

수 문제의 다섯 아들도 독고황후에게서 태어났다. 문제는 외적으로 거대 권력을 장악했으나 내적 부자유에 시달리고 있었던 것이다. 그런 딜레마가 해결된 것은 602년 8월 독고황후가 서거한 날이었다.

문제는 그때부터 후궁들과 실컷 즐기며 평상시와 다르게 행동했다. 민심을 현혹한다며 금지시킨 미신과 점술에 빠져든 것이다. 냉철하게 사태를 성찰하고 행동하던 문제가 왜 그랬을까? 의심 많은 문제가 결단을 내리도록 붙잡아 준 사람이 독고황후였던 것이다.

　사태 분석만 하고 행동하지 않으면 고민거리만 늘어난다. 결국 문제는 미신을 찾았는데, 미신이란 문자 그대로 현실 감각을 더 무디게 하고, 급기야 자신도 믿지 못하게 만든다. 주체로서 자기 확신이 무너지면 자아 통제도 어려워지는 법이다. 권력자가 그렇게 되면 그 피해를 조직 전체가 감수해야 한다. 그토록 영민한 군주였던 문제도 미숙한 집착으로 의심증이 증폭되면서 완전히 변했다. 법전 대신 몽둥이를 지니고 있다가 마음에 들지 않으면 원로대신이라도 때려 죽였다.

수 양제는 발가벗은 원숭이였다

　문제가 광인처럼 돌변했을 때 해괴한 일이 벌어졌다. 문제가 새로 총애하는 선화부인宣華夫人 진씨陳氏가 산발散髮로 찾아와 통곡하는 게 아닌가.

　"태자 양광에게 강간당했습니다."

　마침 문제의 손에 태자가 반역을 도모한다는 극비 보고서가 들려 있었다. 더 이상 참을 수 없어 태자 교체 교서를 내리려는데, 태자가 먼저 군대를 몰고 와 황실을 점령해 버렸다. 그날 밤 문제의 측근들이 모두 도륙되고 문제도 살해되면서 그 피로 내전의 병풍이 붉게 물들었다. 그 태자가 바로 위선의 달인 수 양제 양광이다.

양광은 문제의 차남으로 태자는 원래 장남인 양용楊勇이었다. 그런데 양광이 어머니 독고황후를 이용해 태자 자리를 낚아챈 것이다. 양광은 근검절약이 몸에 밴 황후의 눈에 들기 위해 일부러 초가집에 살면서 누추한 옷을 입었다. 수시로 황후를 찾아가 형이 가정도 돌보지 않고 사치해서 걱정이라고 아양을 떨었다. 여기에 넘어간 독고황후가 양광이야말로 기질이 소박하여 나라를 다스릴 만하다며 문제에게 수시로 태자 교체를 종용해 600년에 성사시켰다.

양광은 2년 뒤 황후가 세상을 떠나자 피눈물을 흘리더니 귀가하여 잔치를 벌였다. 그동안 모후 때문에 억눌러 온 본성을 드러내기 시작했다. 공처가였던 문제가 조울증을 보이며 실정을 거듭하자 측근 양소楊素와 집권 대비책까지 논의했다. 그 문서를 부왕이 손에 넣어 양광이 궁지에 몰렸는데, 자신이 겁탈한 선화부인까지 부왕을 찾아가 하소연했던 것이다.

양광은 궁중에 첩자를 심어 두고 돌아가는 소식을 가장 먼저 보고받았다. 화들짝 놀라서 그날 밤 우문술宇文述 등을 동원해 하극상의 반란을 감행한 것이다. 이 사건으로 포장의 달인 양광의 포악한 기질이 유감없이 드러났다.

무명의 선비가 당시의 비극을 두고 '무지막지가 몸에 밴 원숭이가 결국 발가벗었다(개우습다나경원豈愚習多裸輕猿)'라는 시구를 남겼다. 여기서 우습다愚習多란 말이 나왔는데, 본뜻은 어리석은 습관이 배어 있다는 것이다.

고구려 살수대전

양제가 문학 재능이 있어 시도 잘 지었지만, 탁월한 시를 보면 엄청나게 질투했다. 설도형薛道衡의 시 〈텅 빈 대들보에 제비집 흙만 떨어지네(공량낙연니空梁落燕泥)〉와 왕주王冑의 시 〈뜨락의 풀은 사람이 없으니 힘껏 푸르렀네(녹정초무인수의녹綠庭草無人隨意綠)〉가 인기를 끌자 요역과 전쟁에 동원되어 쓸쓸해진 정경을 암시한다는 누명을 씌워 두 시인을 죽였다.

유달리 질투가 많은 양제는 시인뿐 아니라 누구든 자기보다 주목받으면 참지 못했다. 부모도 예외가 아니었다. 사치를 금지한 문제와 독고황후를 비웃듯 사치를 부리며, 수도인 낙양성과 장안성도 호화롭게 다시 지었다.

605년부터 황하와 회수를 잇는 등 여러 운하 공사도 시작했다. 6년 동안 매월 200만 명 이상 동원되어 2,000킬로미터를 정비했는데, 운하가 완성된 날 방패를 든 호위병들이 수로 양옆에 늘어선 가운데 양제 일행이 뱃놀이를 즐겼다. 그 선단의 길이만 무려 600리가 넘었다.

이 거대한 운하가 도성 중심으로 물동량을 묶어 주면서 중국 전체가 단일 경제권으로 정리되기 시작한다. 덕분에 후대 왕조들이 엄청난 번영을 누렸다. 양제의 뚝심이 아니면 해낼 수 없는 역사적인 쾌거였다. 그러나 산이 깊으면 골도 깊은 법. 당시 손이나 발이 없어 징집되지 않는 경우를 '복수복족福手福足'이라며 부러워할 정도였다.

 대운하가 마무리되자 양제가 고구려 원정 조서를 내렸다. 원근 각지에서 징발된 병사 113만이 북경 부근 탁군涿郡에 집결하고, 612년 위용을 자랑하며 고구려로 향했다. 그러나 을지문덕의 살수대첩에 걸려 막대한 피해를 입고 퇴각해야 했다.

 자존감이 상한 양제가 613년 2차 고구려 공격을 단행하여 요동성을 에워쌀 때였다. 하필 군량미 운송 책임자인 양현감楊玄感이 반란을 일으켜 철군해야만 했다. 양현감의 반란을 제압하기는 했지만, 크고 작은 반란이 일어나기 시작했다.

 그런데도 양제가 고집을 부려 3차 고구려 정벌을 감행한다. 1, 2차 때와 달리 징병도 힘들었고 진격 중에 도주하는 자가 부지기수였다. 결국 사상자만 속출하고 말았다. 장백산에서 탈영병을 모아 약탈을 일삼던 왕박王薄이 헛되이 죽는 요동엔 가지 않으리라는 〈무향요동랑사가无向辽东浪死歌〉를 퍼뜨려 세상을 더 요동치게 했다.

수 양제

 전국 3대 봉기 세력인 하남 지역의 적양翟让과 이밀李密, 하북 지역의 두건덕窦建德, 강회 지역의 두복위杜伏威와 보공우辅公祐가 있었고, 무천진의 북변 전진 기지인 진양의 이연李淵·이세민李世民 부자와 유주의 나예羅藝, 삭방의 양사도梁師都

등도 군웅을 자처하고 나섰다.

한편 수나라 군대가 패배를 거듭하자, 절망한 수나라 장군 우문화급宇文化及이 수건으로 수 양제의 목을 졸라 질식사시켰다. 양제의 조카 양호楊浩를 황제로 세웠지만 독살하고 황제를 자처했다. 그 뒤 두건덕의 공격에 무릎을 꿇었다.

이때 장안을 점거한 이연이 양제의 손자 공제恭帝를 내세웠다가 곧바로 선양을 받고 당나라를 건국했다.

11

당나라

—

《오경정의》

역대 황제

1대 고조高祖 이연李淵(618~626) - 2대 태종太宗 이세민李世民(626~649) -

3대 고종高宗(649~683) - 4대 중종中宗(684~684, 705~710) -

5대 예종睿宗(684~690, 710~712) - 무주武周 측천무후則天武后(690~705) -

6대 현종玄宗(712~756) - 7대 숙종肅宗(756~762) - 8대 대종代宗(762~779) -

9대 덕종德宗(780~805) - 10대 순종順宗(805) - 11대 헌종憲宗(805~820) -

12대 목종穆宗(820~824) - 13대 경종敬宗(824~826) - 14대 문종文宗(827~840) -

15대 무종武宗(840~846) - 16대 선종宣宗(846~859) - 17대 의종懿宗(859~873) -

18대 희종僖宗(873~888) - 19대 소종昭宗(888~904) - 20대 애제哀帝(904~907)

당 고조高祖 이연李淵은 수나라를 세운 양씨처럼 무천진 출신이었다. 군벌 귀족인 관롱집단이며, 이 집단의 실세는 북주의 우문씨, 수나라의 양씨, 당나라를 세운 이연 그룹이었다. 당나라가 들어섰어도 관중 지역 중심에만 세력이 미칠 뿐 지역마다 반발 세력이 할거하고 있었다.

고조가 둘째 아들 이세민에게 이들을 정리하게 하니, 이세민이 낙양의 왕세충王世充을 공격했고, 수세에 몰린 왕세충이 두건덕에게 도움을 청했다. 621년 두건덕의 군대가 급히 달려오다 이세민의 매복군에 걸려 궤멸당했다. 이세민이 천하무적으로 소문나자 이세민의 형인 태자 건성建成과 동생 원길元吉이 고조의 후궁 장첩여張婕妤와 윤덕비尹德妃를 시켜 이세민이 왕위를 찬탈하려 한다고 참소했다. 이때부터 고조가 이세민을 의심하기 시작했다.

위기에 몰린 이세민이 장안성 북문인 현무문玄武門에 심복을 숨겨두었다가 들어오는 형과 동생을 죽였다. '현무문의 변變'으로 이세민이 전권을 장악하니, 고조도 양위해야 했다.

당나라 300년 중 초반의 사회 분위기는 노자를 최고로 여겼다. 도교의 도사들이 고조 이연에게 노자 이이李耳와 같은 성씨라고 조상이라 부추겼기 때문이다. 이후로 이연과 이세민 부자는 노자를 시조로 모셨다. 이는 선비족 출신 이세민 부자의 통치 권력이 정당하다는 정통성 확보에도 도움이 되었다. 그러면서도 태종은 천축天竺에서 귀국한 현장법사를 도와주었다. 정치는 유교에, 종교는 도교와 불교에 맡긴 것이다.

그 뒤 고조가 노자 다음으로 공자, 마지막에 석가를 두면서 도선
불후道先佛後 정책이 확립되었다. 당 황실이 유교를 관학으로 삼되
도교로 민심을 관리하던 흐름과 달리 측천무후 때 일시적으로 불
교 중흥책이 시행된다. 당의 도교 우대 정책은 현종 때 더욱 두드
러졌다.

과거시험에 유교 경전 외에 《도덕경》을 추가하면서 전국의 집집
마다 《도덕경》을 한 부씩 나눠 주었다. 그 뒤 무종武宗은 도교를 숭
상하여 불교가 혹세무민하고 면세 특권을 누린다며 없애 버리다시
피 했다. 이후 불교는 100년간 하락기에 접어들었다.

정관의 치

태종 이세민은 연호를 정관貞觀으로 정했는데 정치가 워낙 탁월하
여 역사에 '정관지치貞觀之治'라 기록된다. 즉위한 지 3년 뒤였다. 돌
궐에 내분이 생기자 이정李靖을 보내 항복을 받아 내고, 특별히 돌
궐 왕의 비妃 소황후蕭皇后(567~647)를 데려왔다. 무엇 때문일까?

그녀는 남조 양梁 명제의 딸로 수 양제의 황비였다. 덕행이 있어
독고태후에게 총애를 받았다. 그런데 우문화급이 수 양제를 죽이
고 소황후를 비로 삼은 뒤부터 여러 나라의 왕과 돌아가며 혼인하
는 희귀한 삶을 산다.

우문화급 다음에는 두건덕의 아내가 된다. 그때 북방의 돌궐 왕

에게 시집간 수 양제의 여동생 의성공주又成公主가 올케인 소황후를 수소문하고 있었다. 두건덕은 대항할 여력이 없자 소황후를 돌궐로 보낸다. 돌궐 왕이 소황후를 보더니 첫눈에 반해 또 왕비로 삼았다. 머지않아 그 왕이 죽자 돌궐 풍속에 따라 또다시 새 왕의 비가 되었다. 남북조부터 수나라를 거쳐 당나라까지 6명의 군주가 소황후를 스치니, 소황후는 당대 동북아 역사의 산증인인 셈이다.

소황후가 이정을 따라 장안에 온 것은 누구의 뜻이었을까. 태종이 그녀를 만나더니 후궁으로 삼고 소용昭容에 봉한다. 태종이 소황후를 곁에 둔 이유는 그녀가 당시 중원과 동북아 정세의 산증인이기도 했지만, 무엇보다 수 양제의 전철을 밟고 싶지 않아서였다. 당 태종에게 수 양제는 반면교사反面敎師였다.

이세민은 수 양제의 이종 조카인 데다 처한 환경도 비슷했다. 둘 다 창업 군주의 차남이라 태자가 되지 못했고, 황제가 되기 위해서 혈육을 제거해야만 했다. 태종도 방심하면 수 양제 꼴이 될 수 있었다.

태종이 처음 만난 소황후에게 비유적으로 '수나라와 당나라의 궁전 차이'를 묻자 소황후가 "새 나라를 여신 군주께서 어찌 망국의 군주와 비교하시렵니까"라고 대답했다. 고국 양나라부터 시작해 여러 나라의 흥망을 몸소 체험한 사람답게 당 태종의 '수 양제 콤플렉스'를 꿰뚫어 보고 있었다. 이 때문에 태종은 소황후를 곁에 두어 심기를 다스리려고 했다. 물론 군주라면 예외 없이 연모하는 소황후를 태종도 그리워했으리라.

여하튼 태종은 수 양제의 전철을 밟지 않으려고 의도적인 노력을 기울였다. 우선 사치를 멀리하고 3,000명의 궁녀를 내보내 자유를 주었다. 또한 관료 조직에서 불필요한 인력을 대폭 줄였다. 이처럼 황제와 신하들이 먼저 절약하자 백성들의 세금 부담이 줄었다.

태종은 유교적 세계관을 신봉하여 천자는 백성을 어루만져야 하고 신하는 천자가 성군이 되도록 보필해야 한다고 보았다. 그래서 1인 통치의 한계를 신하들이 보완하도록 기획에 능한 방현령房玄齡, 결단력이 강한 두여회杜如晦, 사리분별이 밝고 예리한 위징魏徵 (580~643), 전략통인 이정과 이적李勣 등 분야별로 참모를 활용했다.

그 과정에서 '방현령의 지략과 두여회의 판단력(방모두단房謀杜斷)'이라는 말이 나왔다. 태종식 의사소통의 큰 장점은 신하들이 벼슬에 구애받지 않고 소신껏 의견을 피력하여 개진하도록 한 것이다.

제왕학의 교본,《정관정요》

태종과 각기 다른 장점을 지닌 참모들의 언행을 기록한 책이《정관정요貞觀政要》다. 이 책은 중국뿐 아니라 고려, 조선, 그리고 일본에서도 제왕학의 교과서가 되었다. 태종의 성세는 스스로 왕도 정치를 펴겠다고 매일 결심하면서 이루어졌다. 온화한 얼굴을 하여 신하들이 편하게 간언하도록 했다. 신하들이 태종에게 "너무 음란하십니다"라거나 "공주를 시집보내며 너무 사치를 부립니다"라고 할 정도였다. 그래도 태종은 기꺼이 받아 주었다.

태종에게 쓴소리를 가장 많이 한 신하가 위징이다. 사실 그는 태종을 죽이려고 한 태자 건성의 책사였다. 태종에게 독한 소리를 한 것도 건성을 죽인 태종을 받들고 있다는 자책감 때문이었다. 그래서 더 죽기를 각오하고 바른 소리를 했다. 태종도 모를 리 없지만 두 가지 효과를 노렸다.

먼저 위징을 포용하여 건성 일파 전체를 자기 편으로 만들었고, 실제로 태종의 포용력에 더 많은 인재가 감탄하며 몰려왔다. 또한 목숨도 아끼지 않는 위징의 쓴소리야말로 경청할 가치가 있었다.

태종은 먼저 국내를 안정시키고 나서 대원정을 감행했다. 동돌궐, 서돌궐, 그리고 토욕혼吐谷渾 등을 복속시키고 실크로드와 오아시스까지 지배하는 등 미증유의 성취를 이루어 냈다. 그때부터 장안이 국제 교역의 중심지가 되어 전무후무한 번영을 구가하는 가운데 승려 현장玄奘이 17년간 서역을 순례하고 《대당서역기大唐西域記》를 펴냈다.

태종은 강해진 국력에 맞춰 한나라 때부터 시작된 책봉 관계를 주변국에 요구한다. 일종의 조공무역으로 동아시아의 질서를 세우는 외교 전략의 하나였다. 여기에 반기를 든 나라가 고구려였다. 그 때문에 수나라도 고구려를 침공하고, 당 태종도 연개소문을 응징한다며 원정을 떠났다. 하지만 안시성 앞에서 물러서야 했다. 전쟁에서 한 번도 져 본 적 없는 당 태종이라 큰 충격을 받고 이때부터 자주 병에 걸렸다.

그러나 물러날 태종이 아니었다. 다시 대규모 원정을 준비하는

사신을 접견하는 당 태종

가운데 왕현책王玄策이 인도 갠지스강 유역의 중천축中天竺을 격파하고 방사方士 나라이사파매那羅邇娑婆寐를 데려왔다. 그는 나이가 200살이라며 불로장생약을 제조한다고 했다. 현실적인 태종이지만 고구려에 패한 뒤로 자주 병석에 누우면서 방사의 말에 현혹되었다. 방사가 제조한 단약丹藥을 처음 먹고 위약僞藥 효과로 좋아지는 것 같아 장기간 복용하다 수은에 중독되었다. 결국 일어나지 못했는데, 신라의 김춘추가 나·당 동맹을 성사시키고 귀국한 직후였다.

측천무후, 부계 세습을 능멸하다

태종은 임종 시 아들 고종高宗의 유약함을 걱정하면서 "다시는 고구려와 전쟁에 휘말리지 말라"고 했다. 천하의 영웅호걸 태종이 숨질 때, 요동전쟁을 멈추라고 했다는 사실을 변방 이민족들이 알고 준동하기 시작했다.

티베트 고원의 토번吐蕃에서도 사신이 찾아와 실권자인 태위太尉 장손무기長孫無忌를 만나더니 "누구든 새로 즉위한 천자에게 불충하면 토벌하겠다"라고 거드름을 피웠다. 이런 토번을 달래느라 고종은 종이, 맷돌, 술, 양잠 기술자들을 보내 주었다.

돌궐 세력도 다시 궐기하여 651년부터 7년간 전쟁을 벌인 끝에 겨우 평정했다. 태종의 부재로 국제 정세가 격동하는 가운데 태종과 전혀 다른 측천무후가 부상한다.

그녀의 이름은 무조(625~705). 열네 살에 태종의 궁녀가 되었으나 태종이 죽자 도교 사원 감업사感業寺로 가야 했다. 하지만 일찍이 무조를 마음에 품은 고종이 즉위 후에 환속시켜 궁중으로 데려왔다. 심약한 고종은 거침없고 강인한 무조에게 카타르시스를 느끼며 더 의지했다. 당연히 무조가 고종을 조종하기 시작한다. 먼저 황후에게 누명을 씌워 살해하고 황후 자리를 차지하려는데, 이적, 이의부李義府, 허경종許敬宗 등은 찬성했지만 장손무기, 저수량褚遂良 등이 격렬하게 반대했다. 고종이 무시하고 656년 무조를 황후로 세웠다. 물론 반대자들은 모두 숙청한다. 태자 이충李忠도 폐위하고 무조의 아들 이홍李弘을 세웠다.

그 뒤에도 갈수록 고종이 심약해져 측천무후가 전권을 행사한다. 그런데 태자가 여러 대신의 신임을 받더니 측천무후의 전횡을 견제하려고 했다. 측천무후는 태자를 독살하고 둘째 아들 이현李賢을 태자로 세웠다가 다시 셋째 아들 이철李哲로 교체했다. 미래 권력인 태자를 연달아 교체하면서 자신의 등극 의지를 드러낸 것이다. 그런 와중에도 660년 신라의 요청을 받아 나·당 연합군을 결성하여 백제를 점령하고, 668년 내분이 일어난 고구려도 정벌했다.

고종은 측천무후가 아들까지 연달아 죽이는 것을 보고 기겁한 뒤 수시로 혼절하더니 683년에 병사했다. 고종에 이어 즉위한 중종中

宗이 어머니를 과소평가하고 장인 위현정韋玄貞을 발탁하려 했다. 위황후가 치맛바람을 일으킨 것이다. 이를 좌시할 무후가 아니었다. 중종이 즉위한 지 두 달 만에 동생 예종睿宗으로 교체하고, 예종도 아예 별궁에 유폐하다시피 했다. 종실과 대신들이 무후가 나라의 기강과 풍속을 망가뜨렸다며 일제히 반대하고 나섰다.

이적의 아들 이경업李敬業은 684년 9월 양주揚州에서 거병했다. 그가 중종 복위를 외치며 전국에 '토무조격討武曌檄'이라는 격문을 뿌리니, 10만의 병사가 모여들었다. 측천무후 측에서 백제 유민 흑치상지 등을 장군 삼아 30만 대군을 급파했다. 이들의 화공으로 이경업의 반란이 진압되었다.

측천무후는 기득권 세력의 힘을 깨닫고 무력화하는 작업에 돌입한다. 먼저 혹리酷吏를 세운 다음 엄형준법严刑峻法을 만들고 기존 관례를 들먹이는 종실과 대신 등의 죄를 날조해서 제거했다. 그들의 빈자리를 한미한 가문 출신으로 채웠는데, 용의주도한 유인궤劉仁軌, 행정의 달인 대지덕戴至德, 유가적 교양에 능한 학처준郝處俊, 빈민 구제를 교리로 내건 불교 종파인 삼계교三階敎 신자 배행검裴行儉 등이었다.

이로써 당나라 조정에 가문보다 개인의 능력을 우선하는 분위기가 확산되었다. 동시에 개국 이후 조정을 장악해 온, 북주 이래의 전통 귀족인 관롱집단이 붕괴되었다. 전래적 기득권층에겐 치명적이지만 여론은 측천무후 편이었다. 이런 상황에서 측천무후의 남총男寵 설회의薛懷義가 승려 법명法明과 공모하여 측천무후에게《대운경大雲經》을 지어 바쳤다. 붓다의《열반경》을 듣던 공주가 여신으로 환생했다가 700년 뒤 전륜성왕이 된다는 내용인데, 그 전생의 공주가 바로 측천무후라는 것이다.

주나라 황제 무조

측천무후는《대운경》을 받아 본 뒤 중생을 구원할 미륵불임을 자처하며 천하에 넌지시 유포시켰다. 이렇게 형성된 전국적인 옹호 분위기로 상층부의 반발을 누르며 690년 아들 예종을 폐위하고 친히 황제가 되어 국호까지 주周로 변경했다.

측천무후는 그동안 혁명을 일으켜 왕조를 뒤엎은 황제들이 지켰던 선양 절차도 무시했다. 선양은 하·은·주 이래 중국 사회의 '통념collective mental state'이었다. 한 공동체의 구성원이 함께 기억하고 느끼고 이해하는 방식이 통념인데, 이를 무시하면 그 사회의 이단자가 되는 것이다. 통념은 보편 가치가 아니지만 집단 내에서는 절대 가치처럼 수용된다. 여기에 측천무후가 반발한 것이다. 왜 황제의 아들만 계승자가 되어야 하는가?

측천무후는 자기의 권력욕대로 혈연 중심의 공고한 가부장 구조를 농락했다. 하필 나라 이름을 '주'라고 했을까? 주나라야말로 씨족 중심의 예법禮法을 세운 나라 아닌가. 측천무후는 다시 주라는 이름으로 주나라의 전통 예법을 거꾸로 뒤집으려 한 것이다.

역대 남자 황제들이 후궁을 두었듯이 측천무후도 3,000여 남총男寵을 두었다. 그중 나이 어린 장역지張易之, 장창종張昌宗을 가장 총애했다. 측천무후가 통치하는 50년 동안 당나라 관례를 완전히 벗어나는 바람에 지배층 내부에서 격렬한 권력 투쟁이 일어났다. 그럴 때마다 혹리 내준신來俊臣과 주흥周興 등을 동원해 대규모 연좌 사건으로 몰아서 제거했다.

그런데도 백성의 삶은 더 좋아져 정관의 치에 이어 '무주의 치武周之治'라 평가받는다. 국방도 상대적으로 강해져 당 태종도 포기한 고구려까지 정벌할 수 있었다. 측천무후는 82세가 되는 705년에 기력을 잃고 눕는다.

재상 장간지張柬之 등이 무후에게 당나라의 복원을 강요하여 중종을 복위시켰다. 그러자 중종의 비 위황후가 측천무후처럼 되겠다는 야심을 품고 측천무후의 조카 무삼사武三思 등과 손잡은 뒤 위무韋武 외척 그룹을 만들어 710년 중종을 독살했다.

드디어 위황후가 전횡을 휘두르자 예종의 아들 이융기李隆基가 측천무후의 막내딸 태평공주太平公主와 연대하여 위황후 일당을 타도했다. 다시 예종이 즉위했다가 2년 만에 물러나고 이융기가 즉위하여 현종玄宗이 되었다.

현종과 양귀비

현종도 측천무후가 그랬듯 구습에 구애받지 않고 자유롭게 인재를 등용했다. 그중 요숭^{姚崇}과 노회신^{盧懷愼}을 재상에 앉히고 국정 운영의 묘를 살렸는데, 노회신은 청렴하지만 소심해서 일처리가 느린 반면, 요숭은 산적한 업무도 능수능란하게 마무리하고 노회신이 못다 한 업무도 금세 정리했다. 노회신은 요숭 덕에 먹고산다며 반식재상^{伴食宰相}이라 했고, 요숭은 때맞춰 일처리를 잘한다 하여 구시재상^{救時宰相}이라 했다.

역량 없는 인성은 성과를 못 내고, 인성 없는 역량은 공동체를 파괴하는 법, 현종은 청렴하고 성실한 노회신을 인성의 귀감으로 삼아 역량이 뛰어난 요숭과 호흡을 맞추게 한 것이다. 이런 용인술은 '차별과 대립을 포용하면 질서가 이루어진다'는 장자의 교훈에 바탕을 둔 것이다. 현종은 장자를 남화진인^{南華眞經}이라 칭할 만큼 존경했다.

당시 국제 무역이 급증했는데, 통일신라를 비롯해 일본, 임읍^{林邑}(베트남), 진랍^{眞臘}(캄보디아), 표국^{驃國}(미얀마), 천축^{天竺}(인도, 파키스탄, 방글라데시), 파사^{婆娑}(페르시아), 대식^{大食}(아라비아) 등 사방의 나라들과 활발히 교역했다. 그때 조로아스터교, 경교, 마니교 등도 전파되었다. 국제 교류가 빈번해지자 무역 보호와 경비를 위해 변방에 10명의 절도사를 파견했는데, 출중한 능력을 보이면 다시 중앙의 재상으로 불러들였다.

현종의 치세 전반기는 '개원의 치開元之治'라 부를 선정을 베풀었다. 이런 호황에 도취된 탓일까. 현종은 후반기 들어 이임보李林甫 등에게 정무를 위임하며 혼탁해졌다. 이임보는 마음에 검을 숨기고 달콤하게 말하는 구밀복검口蜜腹劍의 인물로 별명이 '육요도肉腰刀'였다. 한번 그의 눈 밖에 나면 표도 안 나게 기어이 해친다는 말이다. 왜 이런 간신을 의지했을까? 심리적으로 조종 대상이 필요했던 측천무후와 달리 손자 현종은 심리적으로 의존할 인물이 필요했던 것이다.

측천무후는 아무리 호황이어도 누군가를 통해 관리해야 직성이 풀렸으나, 현종은 계속되는 번영에 취하여 간신들의 달콤한 세 치혀에 안주해 버렸다. 이런 현상이 치세 후기로 갈수록 심해졌다. 이임보가 병사하자 더 기민하게 처세하는 양국충楊國忠이 나타났다. 현종은 양귀비楊貴妃와 함께 양국충을 우리 '호도지랑好度支郞'이라며 좋아했다.

현종는 양귀비와 밤새 즐기느라 다음 날 조회를 주재하지 못할 때가 많았다. 그 정경을 당대 시인 백거이白居易(772~846)가 이렇게 묘사했다.

'봄밤이 짧디짧아 어느덧 해가 높이 솟았다(춘소고단일고기春宵苦短日高起).'

양국충만큼이나 권력 향방에 민감하고 맞춤식 언어 구사에 능한 사람이 안녹산安祿山이었다. 자신보다 열 살 어린 양귀비의 양아들을 자처할 정도였다. 덕분에 3개 지역의 절도사를 겸하면서 더 욕

심을 부렸다. 천하가 평화로워 나라의 군사력도 방치되다시피 했
는데, 안녹산이 군량을 비축하고 군사를 조련하는 등 조용히 반란
준비를 끝냈다. 그리고 '간신 양국충 타도'를 명분 삼아 난을 일으
켰다. 파죽지세로 남하하여 낙양과 장안을 점령하니, 현종이 양국
충과 양귀비를 대동하고 서쪽 사천으로 떠났다.

피난 도중 병사들이 모든 화인禍因은 양귀비와 양국충 때문이라고
항의하자 현종도 어쩔 수 없이 둘을 처형해야 했다. 급기야 장수들
의 요청으로 아들 숙종肅宗에게 양위했다.

천자를 만들어 내는 환관들

숙종 때 환관 이보국李輔國과 장황후張皇后가 군권을 장악했다. 이
들 때문에 조정에 소용돌이가 일자 충격을 받은 숙종이 급사하고,
이보국이 나서서 대종代宗을 옹립했다. 중국 역사상 최초로 환관에
의해 황제가 된 대종은 이보국을 칭찬하면서 승상에 임명했다. 이
로써 이보국도 환관 역사상 첫 승상이 된 셈이다. 그러나 몇 달 뒤
같은 환관인 정원진程元振에 의해 암살당한다.

그때 이미 안녹산 진영에 내분이 일어 안녹산과 일족이 죽고 안
녹산의 부장 사사명史思明의 아들 사조의史朝義가 이끌었는데, 당나라
명장 곽자의郭子儀(697~781)에게 격파당했다. '안사의 난'이 8년 만에
끝났지만 후유증은 엄청났다. 각지에 반란 기운이 엄연한 군벌이

건재했지만, 당나라는 이들을 전멸할 힘이 없었다. 당 조정도 별수 없이 그들을 근거지의 절도사로 임명하며 달래야 했다.

그중 하북삼진河北三鎮인 유주 절도사 이회선李懷仙, 위박魏博 절도사 전승사田承嗣, 성덕成德 절도사 이보신李寶臣 등은 명목상으로만 조정에 복종할 뿐 사실 독립된 할거 세력이었다. 그나마 덕종德宗 때부터 순종順宗, 헌종憲宗까지, 즉 780년 이후부터 820년까지 40년 동안 절도사 억제 정책을 펴며 겨우 황제권을 지켜 냈다. 이들 중 헌종이 가장 강력하게 번진을 평정하여 일시나마 통일을 이루었는데, 환관 왕수징王守澄과 진홍지陳弘志에게 시해당했다. 그다음 목종穆宗도 절도사들의 병사를 해마다 8퍼센트씩 줄여 가는 소병銷兵 정책을 내놓았다가 강력한 반발에 부딪쳤다.

이 시기에 귀족 출신들은 이덕유李德裕를 중심으로 이당李黨을, 과거시험 출신들은 우승유牛僧孺를 중심으로 우당牛黨을 결성했다. 이후 당파들끼리 '우이붕당지쟁牛李朋黨之爭'을 벌인다. 관직을 놓고 서로 다투는 것이라 이와 무관한 환관 세력만 더 커졌다. 이로 인해 40년 후부터 환관 세력이 전횡한다.

목종이 재위 4년째인 824년에 급사한 뒤 그의 아들 경종敬宗도 2년 만에 환관의 손에 죽고, 아우 문종文宗까지 환관을 일망타진하려다 누설되어 환관들에게 일거수일투족까지 감시당한 끝에 독살당했다. 이어지는 황제들, 즉 무종武宗, 선종宣宗을 비롯해 의종懿宗, 희종僖宗, 소종昭宗 등이 모두 환관에 의해 옹립되었다. 당나라의 마지막 황제 애제哀帝만 후량을 건국한 주전충朱全忠(본명 주온)이 904년에 옹립했다.

이처럼 덕종 이후 황제들은 환관에 의해 즉위했고, 그 영향으로 요절했다. 이것이 '정책국로定策國老 문생천자門生天子'였다. 환관들이 자신을 국로라 칭하며 국사를 좌지우지하고 천자도 만들어 낸 것이다.

소금 장수들의 난

한편 안사의 난 이후 국가 재정이 급격히 나빠져 소금 등을 국가가 전매하면서 소금 행상들을 밀거래자로 몰아 처벌했다. 그때부터 소금 장수들이 비밀리에 전국적 연락망을 만들어 정부보다 훨씬 싼 가격에 소금을 팔고 다녔다. 전국 연락망을 통해 소금 행상인 왕선지王仙芝가 먼저 난을 일으키고, 875년 황소黃巢가 병사를 모아 합류했다.

이들 반란군은 마치 소금 장수가 행상하는 것처럼 전국을 순회하고 다녔다. 조정에서도 진압할 여력이 부족하여 유화책을 내놓았다. 왕선지가 투항하려는데, 황소가 반발하면서 반란 세력이 양분되었다. 얼마 후 왕선지는 피살되었고, 황소가 반란군을 추슬러 당나라 최고의 무역항인 광주까지 휩쓸며 다시 북상하더니 규모가 점점 커져 60만 대군을 이루었다.

880년 이들이 장안으로 들어간다. 그동안 황하를 두 번, 장강을 네 번씩 건너며 전국을 누빈 황소군이었다. 장안 입성 이후 2년씩 안주하고 나서 특유의 기동력이 약해질 때, 서쪽 성도成都로 도망간 희종이 군벌은 물론 이민족과 도적떼까지 총동원해 공격을 시작했다. 진양晉陽 절도사인 사타족沙陀族 출신 이극용李克用이 앞장서서 황소군 부장으로 장안 동부를 수비하는 주전충과 협력해 황소를 궁지에 몰았다. 이로써 황소의 10년 난이 끝났다. 그 공로로 이극용은 진왕晉王에 봉해졌다. 이후 주전충과 패권 다툼에서 지고 진양으로 돌아갔다.

당 조정을 장악한 주전충은 소종 때 궁중의 환관을 모조리 주륙하고 도성을 자신의 근거지인 개봉開封 근처 낙양으로 옮겼다. 얼마 안 되어 주전충이 소종을 시해하고 애제를 세운 다음 4년 만에 양위를 받아 후량後梁을 건국한다. 이로써 찬란했던 당나라가 300년으로 최후를 맞이했다. 후량이 건국되었지만 이극용은 끝까지 복종하지 않고 버티다가 다음 해 아들 이존욱李存勖에게 주전충을 제거하라는 유언을 남기고 숨졌다.

당 사회의 가치관, 《오경정의》

당 사회의 가치관은 무엇이었을까. 우선 당 태종의 명으로 공영달孔穎達, 안사고顏師古 등이 편찬한 《오경정의五經正義》를 들 수 있다. 노장 취향의 현학이 풍미한 위진시대 이래 오경《시경》《서경》《역경》

《춘추》《예기》의 해석이 제각각이었는데 이를 통일한 것이 《오경정의》였다.

그 안에 한나라 경학자 정현, 위나라 왕필 등 뛰어난 주석가들이 인용되어 있으며 한당 유학의 특징이 잘 나타나 있다. 《오경정의》도 결국 한나라 동중서가 마련한 제국 통치의 청사진과 같은 맥락이었다. 동중서에 의해 군주에게 덕성을 요구하는 맹자가 무시되었고, 오륜五倫보다 삼강三綱을 강조하여 군신, 부자, 부부 사이의 상호성이 사라지고 일방향성만 부각되었다. 그뿐 아니라 맹자의 사단에서 오상까지 만들어 내며 삼강오상이라 했다. 여기에 황제의 초월적 권위를 세우기 위해 천인감응설, 음양오행설을 부가했다.

이처럼 동중서가 기원전 6세기 공자의 출현 이후 맹자, 순자가 형성해 놓은 원시 유학을 제국의 통치 이념으로 재구성했다. 이를 신유학이라 했는데, 이때부터 유가는 유교가 되었고, 공자는 신이 되었다.

전한 말기 유흠 등 고문학파가 여기에 반대하며 고문에서 본래적 유가를 찾고자 했다. 이들은 공자를 신이 아닌 위대한 스승으로 보았다. 유흠이 신나라 왕망을 도우면서 원시 유가가 한때 주목을 받았다. 하지만 후한 광무제가 다시 금문경학을 중시하면서 고문경학은 연구자 중심으로만 남아 있다가, 후한 장제가 두 학파의 대립을 조정해 《백호통의白虎通義》를 간행한 것이다.

그 뒤 유교의 경학은 금문과 고문이 경쟁 속에 상호 융합하여 발전하며 당나라까지 내려왔다. 역시 당나라도 유교를 관학으로 삼고, 《오경정의》를 만들에 이 책으로 과거시험을 보았다. 따라서 당 사회의 가치관, 즉 초자아는 유교의 경서였다.

그러나 현실은 달랐다. 고조 이연은 노자 이이가 자신의 시조라며 삼교三敎의 순서를 도교, 유교, 불교 순으로 정했고, 태종 이세민도 《도덕경》 등에 심취했다. 다만 통치를 위해 유교를 높였을 뿐이다. 측천무후는 더했다. 통치술로도 남녀유별을 강조하는 신유학을 채택하기 어려워 불교를 가까이했다. 설회의가 측천무후 앞에서 《대운경》을 읽으며 그녀를 환생한 전륜성왕이라 추켜세웠고, 측천무후는 이를 근거로 자신의 통치 행위를 정당화했다. 그 뒤 전국에 무수한 대운사를 건립하고 《대운경》을 대대적으로 배포했으며 불교를 나라의 공식 규범인 유교보다 위에 두었다.

또한 당나라 전반에 육조의 기풍도 남아 있어 진사과進士科 시험에 시詩를 필수 과목으로 둘 만큼 경학보다 시부詩賦를 더 중시했다. 덕분에 당나라에 예술의 황금시대가 열렸다. 이백李白, 두보杜甫, 백거이白居易, 한유韓愈 등의 시인을 비롯해 부자지간인 화가 이사훈李師訓과 소도昭道, 시인이면서 산수화가인 왕유王維, 그리고 구양순歐陽詢, 노세남盧世南, 저수량褚遂良 등의 서예가가 등장했다.

과거시험도 암송 능력을 평가하는 정도라 공맹의 깊은 사상을 체화하기는 어려웠다. 관리를 등용하는 기준도 풍채, 언변, 글솜씨, 판단력 순으로 보는 신언서판身言書判이었다. 이것만 보아도 당나라의 풍조를 알 수 있다. 만일 유교의 가치관에 충실했다면 '판서언신'이 되어야 맞다.

당나라가 《오경정의》를 사회의 이상 원칙으로 정했으면서도 현실은 유가의 교훈과 전혀 달랐다. 이처럼 사회가 지향하는 이상 원칙과 현실에 통용되는 현실 원칙이 크게 차이 나면 권력을 추구하는 자의 자아는 과대 팽창하고, 그 외는 선종禪宗처럼 각자 자기 속으로 깊이 도피하는 경향이 있다.

이 현상은 안사의 난 이후 더 두드러졌다. 환관들은 천자 축출과 옹립을 반복했고, 각지의 절도사들은 국세를 갈취하는 한편 자기 영역 내 15세부터 70세까지 남자를 징발하여 이마에 입묵入墨까지 했다. 이것을 경면날수黥面涅手라 했는데, 유주 절도사 유인공劉仁恭은 휘하 20만 병사 이마에 '정패도定覇都', 팔목에 '일심사주一心事主'라 새겨서 탈영을 막고자 했다.

당나라 말기가 선종의 황금기였는데, 마조馬祖(709~788)가 주도했다. 그는 마음 그대로가 곧 부처라는 '즉심시불卽心是佛'과 평상심이 곧 도라는 '평상심시도平常心是道'를 설파했다. 마조의 수천 제자 중에 널리 알려진 선사만 88명이나 되었다.

당나라 초기 국론 방향으로 내놓은 《오경정의》가 선언적 의미에 그치는 데 대해 한유韓愈(768~824)가 안타까워하며, 헌제에게 불교나 도교를 배척하고 요순우탕문무주공과 공자, 맹자로 이어진 유가의 인의仁義를 기본으로 삼아야 수신제가치국평천하가 이루어진다고 건의했다.

한유가 누군가? 성性은 태어날 때부터 있고(성야자性也者 여생구생야與生俱生也), 정情은 물物에 접接하며 생겨난다(정야자情也者 접어물이생야

接於物而生也)고 하여, 사대부의 학문인 송학의 원류가 된 인물이다. 성은 본성이고 정은 사물을 접하며 생기는 감정이라는 것이다. 인간의 감정이 타고난 것이라기보다 사회적 조건의 산물이라고 보는 관점으로 정서 심리학자 배럿Lisa Feldman Barrett의 구성감정론Theory of Constructed Emotion과 동일하다.

한유는 자신의 산문집 《원도原道》에 인仁, 의義, 도道, 덕德에 대한 입장을 이렇게 밝혔다.

'널리 사랑하는 것이 인이며, 마땅히 할 일을 하는 것이 의(박애지위인博愛之謂仁 행이의지지위의行而宜之之謂義)다. 이를 따르는 것이 곧 도이며, 스스로 족한 것을 덕이라 하니(유시이지언지위도由是而之焉之謂道 족호기무대어외지위덕足乎己無待於外之謂德), 인과 의는 정명이며 도와 덕은 공허하다(인여의仁與義 위정명爲定名 도여덕道與德 위허위爲虛位). 이것이 한유가 주장한 노불배척론老佛排斥論의 핵심이다. 공자 이후 100년, 한 무제의 동중서 이후 900년 만에 또다시 유가에 북극성 같은 인물이 나타난 것이다. 여기서 도통道統의 계보가 나와 훗날 송나라 주자朱子가 완성한다.

헌종이 한유의 권고를 뿌리친 이후 당나라에 하극상의 풍조가 더욱 만연했다. 결국 황소의 난까지 일어났고, 주전충이 황소를 배신하며 절도사가 되더니 급기야 당나라까지 무너뜨리고 후량을 세우며 5대10국시대가 열렸다.

12

5대10국

—

간경하사

5대(화북) 역대 황제

[후량後涼]
1대 태조太祖 주전충朱全忠(907~912) − 2대 영왕郢王(912~913) − 3대 말제末帝(913~923)

[후당後唐]
1대 장종莊宗(923~926) − 2대 명종明宗(926~933) − 3대 민제愍帝(933~934) −
4대 말제末帝(934~936/937)

[후진後晉]
1대 고조高祖(936~942) − 2대 출제出帝 소제少帝(942~947)

[후한後漢]
1대 고조高祖 유지원劉知遠(947~948) − 2대 은제隱帝(948~950)

[후주後周]
1대 태조太祖 곽위郭威(951~954) − 2대 세종世宗(954~959) − 3대 공제恭帝(959~960)

10국 역대 황제

[오吳]
1대 태조太祖 무제武帝(902~905) − 2대 경제景帝(905~908) − 3대 선제宣帝(908~920)
− 4대 예제睿帝(920~937)

[전촉前蜀]
1대 고조高祖 왕건王建(907~918) − 2대 후주後主(918~925)

[민閩]
1대 태조太祖(909~925) − 2대 사왕嗣王(926) − 3대 혜제惠帝(927~934) −
4대 강종康宗(935~938) − 5대 경종景宗(939~943) − 6대 공의왕恭懿王(943~945)

[오월吳越]
1대 무숙왕武肅王(907~932) − 2대 문목왕文穆王(932~941) − 3대 충헌왕忠獻王(941~947)
− 4대 충손왕忠遜王(947~948) − 5대 충의왕忠懿王(948~978)

[남한南漢]
1대 고조高祖(917~942) − 2대 상제殤帝(942~943) − 3대 중종中宗(943~958) −
4대 후주後主(958~971)

[남평南平]

1대 무신왕武信王(924~928) - 2대 문헌왕文獻王(929~948) - 3대 정의왕貞懿王(948~960)

- 4대 고보욱高保勖(960~962) - 5대 계충繼沖(962~963)

[초楚]

1대 무목왕武穆王(927~930) - 2대 형양왕衡陽王(931~932) - 3대 문소왕文昭王(932~947)

- 4대 폐왕廢王(947~950) - 5대 공효왕恭孝王(950~951)

[후촉後蜀]

1대 고조高祖(934) - 2대 후주後主(934~965)

[남당南唐]

1대 열조烈祖(937~943) - 2대 원종元宗(943~961) - 3대 후주後主(961~975)

[북한比漢]

1대 세조世祖(951~954) - 2대 효화제孝和帝(955~968) - 3대 폐제廢帝(968) -
4대 영무제英武帝(968~979)

황소의 난이 한창 기승을 부릴 무렵 5대10국 50년을 풍미할 풍도 馮道(882~954)가 태어났다. 5대五代는 907년 황하 유역의 중원 지역에서 당이 주전충에게 멸망한 이후 53년간 후량後梁, 후당後唐, 후진後晉, 후한後漢, 후주後周로 잇달아 대체된 다섯 나라다. 10국十國은 그 외 지방에 난립한 오吳, 전촉前蜀, 오월吳越, 민閩, 남한南漢, 남평南平, 초楚, 후촉後蜀, 남당南唐, 북한北漢 등이다. 이 15왕조는 모두 군벌이 세운 나라다. 당말 이후 절대 강자가 없는 가운데 절도사들이 상호 견제 속에 흥망을 거듭하며 교체된 것이다. 이 시기에 단명한 왕조가 가장 많이 나왔다. 이런 미증유의 혼란기를 지나며 대대로 내려오던 뿌리 깊은 문벌 귀족이 완전히 몰락했다.

수나라가 선거제란 이름으로 처음 과거를 시작한 이유는 위진남북조시대에 중앙 귀족과 지방 호족 중심으로 관료를 선발하던 구품중정제를 혁파하기 위해서였다. 그래야 세습 귀족을 꺾고 왕권을 강화할 수 있으며 능력 있는 백성에게 기회를 줄 수 있기 때문이었다.

과거제도는 당나라 때 확실히 정착했지만, 여전히 문음門蔭 제도를 통해 귀족 자제가 시험 없이 벼슬할 길을 열어 두었고, 과거에도 신언서판이라는 면접을 두어 귀족 자제에게 유리하게 작용했다. 이처럼 끈질기게 대대손손 부귀영화를 누리던 귀족 문벌이 5대의 황제들에게 완전히 도륙당했다. 이것이 훗날 송나라의 신사대부가 중심이 되는 문치 사회를 여는 결정적 배경이 된다.

풍도, 5대10국시대를 풍미하다

풍도는 유인공의 아들인 유주 절도사 유수광劉守光(911~914) 밑에서 첫 벼슬을 시작했다. 최말단인데도 워낙 일처리가 깔끔하여 중원을 넘어 거란까지 소문날 정도였다. 유수광은 사실 야심만 컸지용렬한 사람으로 진왕 이존욱과 싸우다 참살당했다. 그 뒤 환관 장승업張承業이 풍도를 이존욱에게 천거했다.

마침 후량에서 주전충의 후계 자리를 놓고 다툼이 일어, 913년 말제末帝가 형 영왕郢王을 쫓아낸 뒤였다. 그 말제를 이존욱이 제거한 뒤 이씨 당나라를 잇는다는 뜻으로 923년 국호를 후당이라 하고 개봉을 떠나 당의 동도東都였던 낙양으로 천도했다. 그가 장종莊宗이다. 이로써 화북의 3대 군벌인 사타족, 하북 안사安史 집단의 후예, 후량에 남은 황소의 무리가 통합되었다.

세력이 커진 장종이 사천 일대에 황소의 난 때 공을 세운 왕건의 전촉을 정복했다. 그 뒤 환관들과 연극 놀이에 빠져 지내다 친위대에 살해당했다. 그리고 926년 명종明宗이 즉위하며 풍도가 재상에 올랐다. 이후 7년간 안정기를 누렸는데, 둘째 아들이 반란을 일으켜 진압은 했지만 충격으로 일어나지 못했고, 다섯째 아들 이종후李從厚가 황제가 되었다. 그가 민제閔帝인데, 워낙 어리석었다.

풍도가 재상에 유임되었지만 도와줄 도리가 없는 차에 명종의 양자 이종가李從珂가 반란을 일으켰다. 그런데도 민제가 대항하기는커녕 도성을 빠져나가는 바람에 백관들이 민제의 향방을 찾느라 수

소문하기에 바빴다. 그사이 도성 밖에 반란군이 몰려들고 있었다.

그때 풍도가 백관들을 타일렀다.

"사라진 황제를 찾지 말고 찾아온 황제를 모십시다."

이렇게 상황이 종료되어 후당에 말제가 즉위했다. 하지만 명종의 사위 석경당石敬瑭이 요遼나라의 도움을 받아 말제를 타도했다. 요나라는 거란족이 세운 나라로 926년 발해를 점령한 뒤 중원을 노리고 있는데, 석경당이 찾아가 원군援軍을 받는 조건으로 연운 16주燕雲十六州(만리장성 아래 북경 주변)를 할양하고 해마다 공납하기로 약조했던 것이다. 그렇게 중국의 손을 떠난 연운 16주는 400년이 지난 뒤 명나라 때에서야 수복한다.

말제를 제거한 석경당은 936년 후진後晉을 세우고 고조高祖로 즉위했다. 동시에 풍도를 재상에 임명하고 도성을 개봉으로 환원했다. 그리고 풍도에게 서둘러 요나라 태종 야율덕광耶律德光을 만나라고 했다.

요나라 태종도 풍도의 명성을 아는 터라 신하가 되어 달라고 했지만 거절당했다. 942년 석경당의 조카인 석중귀石重貴가 소제少帝로 등극했을 때, 한족들 사이에 '거란 저자세 정책'을 개탄하는 분위기가 일어, 소제가 풍도를 남양으로 내려보내고 요나라와 관계를 단절했다.

이 일로 요나라 태종의 대군이 후진을 침공하기 시작한다. 두 번은 잘 막아 냈으나, 세 번째 공격 때 개봉이 함락되며 후진이 무너졌다. 상황이 이렇게 되자 석경당이 후진을 세울 때 공을 세운 하동 절도사 유지원劉知遠이 광무제의 후손을 사칭하며 947년 후한後漢을 세우고 자신을 고조라 칭했다.

한편 후진의 멸망 소식을 들은 풍도는 개봉으로 올라와 요나라 태종을 다시 만났다. 8년 만인데도 요나라 태종이 기뻐하며 태부太傳에 임명했다. 당시 요나라 기병들이 중원 각지에 수시로 출몰하여 약탈하고 다니며, 한족들의 집단 유격술에 낭패를 당하곤 했다. 풍도는 태종에게 "양측 다 살육이 심합니다. 이를 멈출 분은 부처도 아니고 오직 폐하뿐입니다"라고 했다.

요나라 태종이 북방 연운 16주로 철수하면서 이런 말을 남겼다.

"중국인 다스리기가 이리 어려울 줄 몰랐다(아부지중국인난제여차我不知中國人難制如此)."

요나라 군대가 퇴각하니 중원무주中原無主 상황이 되어 후한의 고조가 개봉을 점령하고 도읍지로 삼았다. 그 고조에게 이미 육십 중반을 넘긴 노정객 풍도가 찾아가니, 고조도 별말 없이 명예직을 주어 우대했다.

얼마 뒤 고조가 죽고, 아들 은제가 평상시 시기하던 명장 곽위郭威를 죽이려 한다. 곽위는 마침 거란의 남침 기별을 듣고 출정해야 한다며 은제를 피해 활주滑州로 북상했다. 그곳에서 군부의 추대로 황

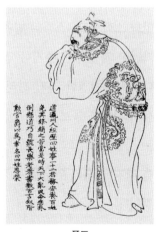

풍도

제가 되고, 은제를 역습하여 주살했다. 이로써 3년 만에 끝난 후한
은 중국에서 가장 단명한 왕조로 남는다.

5대10국인들의 풍도 평가

5대10국인들은 풍도를 어떻게 보았을까? 당대 제왕들이야 피아
를 가리지 않고 풍도를 중용했으니 그 가치를 인정했다. 백성들도
그랬다. 왕조가 바뀌어도 여전히 중책을 맡은 풍도에게 안정감을
느꼈다. 정권 교체기마다 풍도의 처신으로 백성들의 희생이 줄었
기 때문이다. 그래서 백성들은 풍도를 태산처럼 관후^{寬厚}한 재상이
라고 했다.

처세술에 능한 사람은 사치를 부리고 약자에게 권위적이며 가혹
한 경우가 많은데 풍도는 정반대였다. 낡은 숙소의 짚더미에서 잘
만큼 소박했고, 스스로 밭을 갈며 청렴하게 살았다. 녹봉을 받아도
가난한 자들에게 주거나 전쟁 포로를 돌보며 귀향 여비로 내주었
다. 그는 치열한 자기 관리로 개인적 성공을 노린 것이 아니라 난
세의 민중을 돌보려 한 거였다. 풍도를 절조 없는 인물이라 비판하
는 사람들도 그의 재주, 즉 실무 능력만큼은 인정했다. 일의 경중
을 따져 선후와 완급을 조정하는 역량은 누구도 따라갈 수 없었던
것이다.

풍도가 인생 말년에 펴낸《장락노자서^{長樂老自敍}》에 자신은 '군주가

아니라 백성과 나라를 섬겼다'고 밝혔으며 처세의 기본을 '설시舌詩'
로 표현했다.

입이 화를 부르는 문이라면(구시화지문口是禍之門)
혀는 몸을 베는 칼이다(설시참신도舌是斬身刀)
입을 닫고 혀를 감추면(폐구심장설閉口深藏舌)
어느 곳에서나 편안하리로다(안신처처뢰安身處處牢)

풍도는 항상 말조심을 하고 자신의 능력을 과신하지도 않았다.
군주가 되겠다는 야심도 품지 않으니 당대 군주들에게 최고의 인
기를 얻을 수밖에 없었다. 풍도는 5대10국의 사회 구조에 최적화된
인재였으며 말년에는 불교에 심취한다.

5대10국을 통일한 송나라는 당연히 풍도와 다른 인물을 필요로
하는데, 그가 왕안석王安石이다. 잠시 풍도와 왕안석을 비교해 보자.
풍도와 왕안석은 달랐다. 불가인 풍도에게 보시가 중요했다면 유
가인 왕안석은 지조가 중요했으며, 풍도가 적응의 천재라면 왕안
석은 변혁적이며 주도적인 리더십을 가졌다. 이런 상반된 입장인
데도 왕안석은 풍도의 삶이 '제불보살諸佛菩薩'의 행적이었다고 칭찬
했다.

명군 세종의 통치 계획

951년 후주를 세운 곽위는 태조가 되어 70세가 된 풍도를 다시 승상에 등용한다. 이로써 풍도는 후량, 후당, 후진, 오랑캐인 요나라에서 다시 후한과 후주에 이르기까지 벼슬을 하게 되었다.

어렵게 자란 곽위는 백성의 고충을 충분히 이해했다. 본인부터 검소했고 가렴주구하는 관리들을 엄벌에 처했다. 그런 곽위의 후계자 세종이 바로 5대10국시대 최고의 명군이다. 세종 역시 풍도를 승상으로 삼고 30년 통치 계획을 밝혔다.

"10년 안에 천하를 평정하고 다음 10년간 백성을 보살펴 10년 태평성대를 연다."

신하들에게도 공자가 말한 '임금 노릇이나 신하 노릇이나 다 어렵다(위군난위신불이론爲君難爲臣不易論)'란 뜻이 무엇인지 깊이 생각하라고 했다. 신하가 임금에게 하기 어려운 이야기라도 과감히 진언하라는 뜻이다.

세종이 즉위하고 요나라의 지원을 받은 북한이 침략해 왔다. 북한은 곽위가 후한을 없애고 후주를 세울 때, 후한 고조의 동생 유숭劉崇이 산서성 일대에 가서 세운 나라였다. 지역도 좁은 데다 인구도 적어 그동안 요나라의 도움을 받았던 것이다. 이들 연합군과 후주의 세종이 고평高平에서 격돌했다. 후주는 장군 조광윤趙匡胤(927~976)의 분전으로 연합군을 물리쳤다. 북한은 크게 힘을 잃고 이후 험한 지형에 의지해 조용히 지내며 10국 왕조 중 가장 오래

버티다 979년 송 태종에게 접수된다.

승전한 세종이 귀국한 지 몇 달 안 되어 풍도가 73세를 일기로 세상을 떠났다. 풍도는 40년간 5개 왕조의 8개 성姓을 가진 12명의 왕과 함께 일했다. 어제까지 적이었던 왕에게 등용된 적도 많았다. 그것도 승상이라는 최고위직에. 과연 처세의 달인이었으나 후세의 평가는 대부분 부정적이었다. 사마광司馬光(1019~1086)은 《자치통감資治通鑑》에서 풍도를 '간신의 표상'이라 했고, 당송팔대가인 구양수歐陽修(1007~1072)도 풍도를 무염치자無廉恥者라 했다. 둘 다 지조志操를 중시하는 유가이니 당연했다.

그러나 같은 유가에서도 이단아라 불리는 이탁오李卓吾(1527~1602)는 맹자의 '민위귀民爲貴 사직차지社稷次之 군위경君爲輕'이란 말을 인용해 풍도가 사직보다 임금보다 백성을 더 귀하게 여겼다며 높이 평가했다.

같은 시기 중원은 물론 아시아 동북 지방과 한반도에도 큰 변화가 일고 있었다. 926년 거란족인 요나라가 발해를 멸망시켰고, 936년에 왕건이 삼한을 통일한 것이다.

통일 전쟁

세종이 북한과의 전쟁에서 돌아온 뒤 난세에 최적화된 풍도가 임종했다. 이에 낙심한 세종은 사흘간 애도 기간을 보낸 뒤 30년 계획의 조기 실현을 위한 작업에 착수했다. 군대를 정비하는 한편 유랑민들에게 경작지를 주고 공평 과세를 했다. 또한 폐불령으로 절 3만여 개를 폐사하고 전 승려의 75퍼센트인 20만 승려를 환속시켜 생산에 종사하게 했다.

엄청난 양의 구리 불상도 몰수해서 동전을 주조해 유통했다. 불교는 당나라 무종 때 유학자 이덕유李德裕의 건의로 대부분의 사찰이 폐쇄되고 30만 승려 중 26만 이상이 환속했는데, 100여 년 만에 대형 법난을 당한 것이다. 이후 불교는 중국에서 번창하지 못한다. 세종은 폐불령 등을 통해 국가 재정을 튼튼히 한 다음 본격적인 통일 전쟁에 나서서 955년 후촉의 사천 지역을 공략한다. 후촉은 후당에 변란이 일어났을 때 후당 태조 이극용의 조카사위 맹지상孟知祥이 성도成都에 세운 나라였다. 세종에게 영토 일부를 빼앗긴 후촉은 10년 뒤 송나라에 멸망한다.

세종은 후촉의 기세를 꺾은 바로 그해 겨울에 10국 중 최강국인 강남 지역의 남당南唐을 공격했다.

남당은 강동 지역의 오, 서쪽의 초, 동남쪽의 민을 흡수하고 천하 통일을 국시로 삼고 있었다. 참고로 오나라의 창건자는 도적 출신으로 당나라 회남 절도사였던 양행밀楊行密이다. 초나라는 당나라 무안武安 절도사인 마은馬殷, 민나라는 후당의 절도사 왕심지王審知가 세웠다.

남당의 2대 원종元宗과 3대 후주後主의 이름이 이경李景, 이욱李煜인데, 둘 다 시와 그림, 문장 등 예술에 뛰어나 남당이주南唐二主라 불린다. 이경은 초와 민을 정벌하며 국토를 넓혔으나 사치가 심했다. 5대10국시대 최고의 문학가 풍연사 등을 수시로 불러 주연을 열고 시를 지었다.

　어느 날 왕궁 누각에 풍연사가 앉아 '건들 부는 봄바람에 일렁이는 연못(풍사기취추일지춘수風乍起吹皺一池春水)'이라고 읊었다. 조용히 듣고 있던 이경이 "연못이 일렁이는 것과 그대가 무슨 상관인가(간경하사干卿何事)"라며 놀렸다. 풍연사도 웃으며 "폐하께서도 '망루에 들리는 옥피리 소리 차갑기만 하구나(소루취체옥생한小樓吹徹玉笙寒)' 하지 않으셨습니까"라고 맞받았다.

　이경이 지은 시 중에 전선에 나간 남편을 그리는 아내의 심정을 그린 시가 있다. 그중 위 내용은 '보슬비 소리에 잠에서 깨니 변방에 닭 울음소리 아득하구나(세우몽회계새원細雨夢回鷄塞遠)'라는 구절 다음에 나온다. 군주와 재상이 매일 벌어지는 전쟁의 참상이 자신과는 별 관계가 없는 일인 듯 추상적인 존재론적 비애를 읊고 있었던 것이다. 이후 간경하사干卿何事는 별 느낌 없이 남의 일에 간섭할 때 쓰는 말이 되었다.

　남당은 세종의 3년 공세를 받고, 결국 일부 영토를 양도하며 매년 세공歲貢을 바치는 조건으로 화평을 맺었다. 후주의 세종이 남당을 굴복시켰다는 것은 천하의 패자와 같은 상징성이 있지만, 실제로도 큰 이득이 있었다. 남당이 양도한 땅이 장강 이북과 회수 이남 사이였는데 그곳이 회남염장淮南鹽場이었다. 이곳을 장악한 세종에게 양자강 유역의 나라들이 제압될 수밖에 없었다.

남방의 패자였던 남당을 굴복시킨 세종의 다음 행보는 당연히 북방 영토였다. 먼저 거란족이 점거한 연운 16주 수복에 나서 주요 요충지부터 탈환해 가며 승기를 굳혀 나갔다. 그런데 아쉽게도 세종이 39세의 젊은 나이로 군중軍中에서 병사했다. 북벌은 중단되어야 했지만 천하 통일의 초석은 닦아 놓았다.

아들 공제恭帝가 뒤를 이었으나 일곱 살 철부지라 근위군 대장 조광윤에게 선양하고 말았다. 그가 송나라 태조太祖(960~976)다.

13

송나라(요나라, 금나라)

동아시아의 준칙, 주자학

5대(화북) 역대 황제

[북송]

1대 태조太祖 조광윤趙匡胤(960~976) − 2대 태종太宗 조광의趙匡義(976~997) −

3대 진종眞宗(998~1022) − 4대 인종仁宗(1023~1063) − 5대 영종英宗(1064~1067) −

6대 신종神宗(1068~1885) − 7대 철종哲宗(1086~1100) − 8대 휘종徽宗(1100~1125) −

9대 흠종欽宗(1126~1127)

[요]

1대 태조太祖 야율아보기耶律阿保機(907~926) − 2대 태종太宗(926~947) −

3대 세종世宗(947~951) − 4대 목종穆宗(951~968) − 5대 경종景宗(969~982) −

6대 성종聖宗(983~1031) − 7대 흥종興宗(1031~1055) − 8대 도종道宗(1055~1100) −

9대 천조제天祚帝(1101~1125)

[남송]

1대 고종高宗(1127~1162) − 2대 효종孝宗(1163~1189) − 3대 광종光宗(1190~1194) −

4대 영종寧宗(1195~1124) − 5대 이종理宗(1125~1164) − 6대 도종度宗(1265~1174) −

7대 공종恭宗(1274~1176) − 8대 단종端宗(1276~1278) − 9대 위왕衛王(1278~1279)

[금金]

1대 태조太祖 아구타(1115~1123) − 2대 태종太宗(1123~1135) − 3대 희종熙宗(1135~1149) −

4대 해릉왕海陵王(1150~1161) − 5대 세종世宗(1161~1189) − 6대 장종章宗(1190~1208) −

7대 위소왕衛紹王(1208~1213) − 9대 선종宣宗(1213~1224) − 10대 애종哀宗(1224~1234)

[서하]

1대 경종景宗 이원호李元昊(1038~1048) − 2대 의종毅宗(104849~1067) −

3대 혜종惠宗(1068~1086) − 4대 숭종崇宗(1086~1139) − 5대 인종仁宗(1140~1193) −

6대 환종桓宗(1194~1206) − 7대 이종襄宗(1206~1211) − 8대 신종神宗(1211~1223) −

9대 헌종獻宗(1223~1226) − 10대 남평왕南平王(1226~1227)

천하 대세란 정반합$正反合$으로 순환한다. 그 과정에서 '분구필합$分久必合$ 합구필반$合久必分$'이 반복된다. 나뉘면 합쳐지고, 합치면 다시 나누어지는 이치대로 한나라가 위진남북조로 나뉘고 당나라로 합쳤다가 다시 5대10국으로 나뉘더니 또 송나라로 합쳤다.

나라는 어느 때 나뉘는가? 사회적 이상 원칙과 현실 원리의 차이가 극에 달할 때 나뉜다. 이상 원칙은 그 사회의 이념이나 가치관과 더불어 권력이 강제하는 모든 수단이 다 포함된다. 이상 원칙이 너무 강압적이면 사람들은 자유를 갈구한다. 그러다가 자유에 대한 억압이 기존 사회 시스템보다 강해질 때 나라나 조직이 해체되는 것이다.

어느 때 나라가 다시 합쳐지는가? 조각난 사회가 자유를 넘어 방종으로 흐르면 불안 심리가 팽배해진다. 다시 어떤 시스템 안에 안주하고 싶은 열망이 인다. 이를 프롬$^{Erich Fromm}$은 '자유로부터의 도피$^{Escape from freedom}$'라고 보았다.

5대10국시대가 그랬다. 그 혼돈에 대한 반동으로 송나라의 도덕주의가 나온 것이다. 참고로 송나라를 북송과 남송으로 나누는데, 북송은 북부의 황토 평원인 개봉에 도성을 두었을 때이고, 남송은 북송이 금나라에 강북을 빼앗긴 뒤 강남 임안$臨按$에 도입지를 정한 시기다.

태조 조광윤, 주자학의 기반을 조성하다

송나라가 당면한 첫 과제는 군벌이 다시 준동하지 못하도록 하는 것이었다. 그 대안이 문치주의였다. 우선 외국인을 제외한 자국민의 노예 제도를 완전히 없앴다. 모든 백성이 황제 아래 자유민으로 평등한 권리를 누렸으며, 사농공상士農工商이라는 직능별 구분을 두되, 신분에 관계없이 과거에 응시할 수 있었다. 이렇게 형성된 그룹이 송나라의 문인 관료, 즉 사대부였다. 이들이 몰락한 세습 귀족을 대신해 지도층이 된 것이다. 이들 송나라 선비의 모토는 백성보다 먼저 근심하고 나중에 즐긴다(선우후락先憂後樂)였다. 이러한 송나라 도덕주의의 극점에 관념론의 최고봉인 주자(1130~1200)의 성리학이 있다.

물론 그 전에 태조 조광윤과 태종太宗이 주자학이 탄생할 사회적 여건을 조성했다. 먼저 두 황제는 후주의 세종이 미완으로 남겨 둔 통일 과업을 종결했다. 태조 조광윤은 개국공신 조보趙普의 책략 '선남후북先南後北 선이후난先易後難'을 따라 먼저 남방의 약한 나라인 형남, 후촉, 남한, 남당을 순서대로 점령했고, 태조의 동생인 태종도 오월과 북한을 굴복시켜 분열 시대를 끝냈다.

물론 송나라 300년의 틀은 태조가 세웠다. 태조는 직접 나서지 않으면서도 자신의 의도가 성사되도록 주변을 치밀하게 조정하는 사람이었다. 즉위 과정도 그랬다. 후주 절도사 시절 철부지 공제가 즉위 직후 북한과 거란 연합군의 남침을 막는다며 개봉 북쪽 진

교역陳橋驛에 머물 때였다. 어느 날 조광윤이 술에 취해 잠든 척했는데, 동생 조광의, 책사 조보 등이 황제의 옷을 입혀 놓고 공제의 양위까지 받아 냈다. 이것이 황포가신黃袍加身으로 후주를 세운 곽위의 사례를 답습한 것이다. 보통 선양 형식으로 즉위한 건국자들은 전조의 황족을 모두 죽였다. 하지만 조광윤은 정중히 예우했다. 공신들도 토사구팽하지 않으면서 영향력을 축소시켰다.

즉위 직후 석수신石守信, 왕심기王審琦 등 5대 공신을 불러 주연을 베풀었다.

"그대들 아니면 내 어찌 황포를 입었겠소."

그들의 공적을 치하한 뒤 속내를 털어놓았다.

"황제가 되어 보니 참 불안한 자리요. 나야 경들을 전적으로 믿지만, 경들이 내게 그랬듯이 경들의 부하 중 또 누가 경들에게 황포를 입히면 어찌 하겠소?"

공신들이 기겁을 하며 엎드렸다.

"저희가 어리석으니 어찌 해야 합니까?"

"각자 고향에 내려가 여생을 편안히 보내시오."

다음 날 모든 공신이 태조에게 병권을 넘기는 대신 막대한 재물과 노비를 하사받고 낙향해야 했다. 술 한잔에 병권을 회수했다 하여 '배주석병권杯酒釋兵權'이라 한다. 태조는 당나라 말기부터 5대10국 내내 최대 불안 요인이던 절도사들의 병권을 회수하고, 그들의 병력을 중앙의 금군禁軍과 지방의 상군廂軍으로 재편했다. 또한 그동안 세습되던 지방 번진의 수를 줄이고 수장도 문신으로 교체했는데, 임기까지 정해 수시로 교체했다. 이로써 지방 반란의 가능성을 원천 봉쇄했다. 또한 재상에게 집중된 권한을 군정은 추밀원樞密院, 민정은 중서성中書省, 재정은 삼사三司로 분산했다. 이러한 권한 분산은 지방 단위에도 적용되었다. 모든 관리의 분산된 권한을 황제권의 강화로 귀결시켰다.

이로써 급증한 문신 관료는 과거로 선발했다. 수나라 때 처음 시작한 과거제도가 송 태조에 이르러 비로소 정착된 것이다. 과거의 공정성을 위해 답안지의 이름을 가리고 채점하는 호명법糊名法, 응시자가 답안지에 쓴 필적筆跡을 다른 종이에 옮겨 적고 채점하는 등록법謄錄法을 시행했다.

이로써 과거를 통한 송대의 문치주의가 확립되고 황제권도 역사상 어느 시대보다 안정되었다. 태조는 유교를 장려하면서도 도교의 도사와 불교의 승려를 우대했다. 유학자들도 심성心性을 연구할 때는 불교 선학禪學의 불립문자不立文字, 견성오도見性悟道, 직지인심直指人心 등을 활용하고, 우주론을 연구할 때는 노자의 《도덕경》을 참조했다.

송, 요와 서하에 돈을 주고 평화를 사다

송나라 사대부는 유교의 교양으로 무장해도 유유자적하는 기풍이 있어 당쟁을 일으킬망정 황제권까지 탐내지는 않았다. 이것이 송나라 문치주의의 강점이지만, 그 대신 상무 정신常武情神이 대폭 약화되어 우월한 경제력에도 불구하고 거란과 서하, 여진과 몽골에 계속 시달린다. 그러면서도 무력 제압을 피하고 재물로 평화를 누리려 했다.

송나라 2대 태종 때부터 그 조짐이 나타난다. 태종도 형 태조의 문치주의 정책을 그대로 이어 가면서, 건국 이래 최대 숙원 사업인 연운 16주 회복 전쟁에 나섰다. 요나라가 중원 전략의 발판인 이 지역을 포기할 리 없었다.

요나라의 출발은 야율아보기耶律阿保機가 거란 8족을 아우르면서부터였다. 다음 태종 때 후진의 서경당을 도와 연운 16주를 차지하고 국호를 '요'라 정했다. 그 뒤 세종世宗, 목종穆宗, 경종景宗을 거쳐 6대 성종聖宗 때 최고의 전성기를 누린다.

태종 조광의는 979년에 북한을 멸망시키며, 그 여세로 연운 16주를 공격했으나 북경 서쪽의 고량하高粱河에서 요군이 밤중에 도강하여 기습하는 바람에 전군이 붕괴되고 조광의도 나귀를 타고 겨우 대피해야 했다. 7년 뒤 다시 요나라를 공격했을 때도 보급로가 차단되어 궤멸당할 정도였다. 요나라와 벌인 두 번의 전쟁이 실패로 끝나자 송나라는 공격 전략에서 방어 전략으로 선회한다.

대신 요나라는 수시로 변경에 출몰하여 노략질을 일삼았다. 그 경험으로 송나라의 허점을 파악하여 1004년 성종과 소태후蕭太后가 직접 20만 대군의 선두에 서서 남진을 시작했다.

이 소식을 접한 송 황제 진종眞宗과 사대부들이 공포에 떠는 가운데 차라리 장강 남쪽으로 피신하자는 이야기까지 나왔다. 그때 강직한 재상 구준寇準이 나서서 천도 운운하는 자들을 모조리 죽이고 민심을 수습한 뒤 황제가 친정하여 강산을 보존해야 한다고 주장했다. 진종도 할 수 없이 황하의 북방 연안 전연澶淵으로 나가 요나라와 대치했다.

요군이 공세를 퍼부어도 송군은 성에 의지해 방어만 했다. 그러다가 두 나라 사이에 '전연의 맹약'을 맺고 강화했다. 그 내용은 다음과 같다.

'두 나라가 형제지국이 되며, 진종이 성종의 모친을 숙모라 부른다. 국경은 현상을 유지하고, 매년 송이 요에 은 10만 냥, 비단 20만 필을 보낸다.'

송나라가 돈으로 평화를 얻은 것이다. 이후 송나라와 요나라는 1세기가량 평화를 유지하며 경제적 문화적 교류를 했다.

중국 역사상 남북 관계가 이례적으로 안정된 가운데 서방의 서하西夏와 묘한 기류가 형성된다. 서하는 서북쪽 티베트계 탕구트족黨項族인데, 황소의 난 때 수장 탁발사공拓跋思恭이 당나라를 도와 장안 수복에 공을 세웠다. 그 보답으로 이씨 성을 하사받고 하주夏州, 수주綏州, 은주銀主, 유주宥州, 정주靜州 등 5주를 통치하는 하국공夏國公에 임명되었다. 그런데 1038년 탁발사공의 후손 이원호李元昊가 서하를 세우고 경종景宗으로 집권하면서 송과 동등한 황제국을 자처했다.

이에 송 황제 인종仁宗이 반발하며 양국간 7년 전쟁이 벌어졌다. 이 전쟁도 큰 승패 없이 1044년 평화 조약 체결로 끝났다. 서하가 형식적으로 송의 속국이 되는 대신 송이 서하에 매년 은 5만 냥, 비단 13만 필, 차 2만 근을 주기로 한 것이다. 명분은 송이, 실리는 서하가 취한 셈이다.

다음으로 서하는 요나라에 송나라와 전연의 맹약을 체결한 뒤 잠식해 간 오르도스鄂爾多斯 북부를 돌려 달라고 요구했다가 거절당하자 요나라 흥종興宗과 전면전을 치른다. 서하군이 요군을 자국 영토로 깊숙이 유인하여 군량미가 소진될 즈음 일격을 가해 물리쳤다. 그 뒤 흥종이 기회를 엿보다 서하에 의종毅宗이 즉위하자 군량미를 넉넉히 준비하여 침공했다. 이번에는 태후까지 사로잡는 등 성과를 거두었지만 완강한 저항에 부딪쳐 물러서야 했다.

서하와 요는 서로 다투다가 송나라만 좋은 일 시킬 수 있다며 화의를 맺었다. 이를 기점으로 송, 요, 서하 삼국 간에 다시 평화 국면이 조성된다. 이때도 송나라는 여전히 호경기였다.

인종의 권학문

송나라는 건국 후 요, 서하와 전쟁도 벌였지만 일시적이고, 100년이 다 되도록 번영을 누렸는데, 중국 역사상 유례가 드문 일이었다. 당시 송나라 동경東京 개봉부開封府는 전 세계 최고의 번화가였다. 도로 양측에 노점상이나 가게가 즐비했고, 새벽 4시면 중앙에 위치한 상국사相國寺에서 목어木魚 소리와 종소리가 울렸다. 이를 신호로 성문과 가게가 문을 열어 그때부터 온종일 인파로 북적였다.

연출 무대가 모여 있는 와자瓦子에서 곡예사, 마술사, 화가, 야담 꾼들이 구경꾼을 모으고, 송나라 극장인 구란拘欄도 몇 십 명부터 수천 명까지 관객을 불러들였다. 해 질 녘이면 요정마다 등불을 밝혔다. 요정의 주인을 다반양주박사茶飯量酒博士라 불렀으며, 종업원은 태백太伯이라 했다.

역사상 최초로 석탄을 이용한 용광로에서 쇠붙이를 만들었다. 나날이 경제가 성장해 재정이 넘치니, 북방의 거친 나라들도 물질로 다스렸다. 그러다 보니 물질이 최고라는 분위기가 형성되며 부가 쏠리기 시작했다. 10퍼센트의 지도층이 천하 경작지 80퍼센트를 차지하고, 나머지 20퍼센트만 농민이 소유했다. 관료를 배출한 가문은 관호官戶라 하여 면세免稅, 면역免役 등의 특권을 누렸다. 당나라 때 관청의 관노를 관호라 했는데, 송나라에 와서 바뀐 것이다. 과거로 출세한 관호의 고관이 자제를 천거해 관직을 제수받기도 했다. 이들이 누리는 특권의 부담은 모두 백성의 몫이 되었다.

관리자의 수는 업무량과 관계없이 증가하는 경향이 있다. 이것이 '파킨슨의 법칙Parkinson's Law'인데, 관리자는 경쟁자보다 부하를 늘려 업무를 세분화하려 한다. 그래야 업무를 분담시킨 부하들끼리 경쟁이 일어나 본인의 지위가 더 공고해지기 때문이다. 그 부하들은 또 자기 업무를 분담시킬 수하를 늘려 가려고 한다. 이런 식으로 업무 보고 초안, 수정, 취합, 반려, 재작성 등을 반복하면서 불필요한 업무량이 폭증한다. 이 과정에서 정작 중요한 과제는 간과 되고 엉뚱한 문제에 매달리면서 '사소함의 법칙Law of Triviality'이 공룡화된 조직을 지배하는 것이다.

과거는 지방에서 치르는 1차 향시鄉試, 중앙의 예부禮部에서 치르는 2차 성시省試, 황제 앞에서 치르는 3차 전시展試로 구성된다. 3차 전시는 3년마다 300~400명씩 선출하는데 그 석차는 황제가 결정했다. 이들이 천자의 문생門生이 되어 평생 수족처럼 충성했다. 반면 군대는 용병제였는데, 그나마 무인을 경시하는 풍조라 수준이 형편없었다.

글만 읽으려는 사회적 기풍이 강했는데, 진종까지 평생의 뜻을 이루려면 '육경근향창전독六經勤向窓前讀'하라고 권했다. 교과서 《육경》을 창문 앞에 두고 읽고 또 읽으면 그 속에 온갖 곡식, 황금 집, 말과 수레, 옥과 같은 반려자가 있다는 것이다. 이것이 진종의 권학문勸學文이다. 후임 인종仁宗도 이에 버금가는 권학문을 남겼다.

'세상의 수많는 사물 가운데 무식한 자와 비교할 게 무엇이랴(세간 무한물世間無限物 무비무학인無比無學人).'

황제가 이러니 온 세상이 이론 위주로 돌아갔다. 실전을 무시한 진종은 거란에, 인종은 서하에 재물을 주고 평화를 사야 했다.

도교를 숭상한 진종은 도교와 유교의 조화를 꾀하며, 도교의 옥황과 유교의 상제를 합쳐 옥황상제라 칭한 뒤 송나라 시조 조현랑趙玄郎에게 옥황상제의 위격을 부여했다. 옥황은 당나라 때 도교에서 천天을 신격화하며 시작되었고, 상제는 원래 유교에서 천天을 지칭할 때 사용하는 말이었다.

〈청명상하도淸明上河圖〉. 청명절(4월 5일경) 수도 개봉의 모습이다.

그래도 인종 때는 범중엄范仲淹(989~1052), 구양수歐陽脩(1007~1072), 포청천包靑天(999~1062) 등 명신이 많기로 유명했다. 범중엄은 '천하가 근심하기 전에 먼저 근심하고, 천하가 기뻐한 뒤에야 기뻐한다(선천하지우이우先天下之憂而憂 후천하지락이락여後天下之樂而樂歟)'라고 했다. 이것이 문관의 사풍士風이었다. 그러면서도 문관 사이에 알력이 심했다. 특히 재상 여이간呂夷簡이 자기 사람들을 요직에 대거 앉히는 바람에 범중엄이 1036년 백관도百官圖를 만들어 인종에게 보여 주며 사사로운 인사를 지적했다. 화가 난 여이간이 범중엄을 붕당주의자라고 공격했다.

그때 구양수가 인종에게 붕당론朋黨論을 올려 범중엄을 변호했다.

"붕당은 좋은 것입니다. 소인들이 재물과 이득을 좇아 결탁과 이산을 반복하는 거짓 붕당이야 비난해야겠지만, 진리와 도덕을 추구하는 군자들의 붕당이야말로 천하를 다스릴 수 있습니다."

그리고 범중엄 등과 함께 과거제도와 인사 관리의 공정한 시행을 추진하다가 비방을 당해 인종의 신임을 잃었다.

구법당 대 신법당

문관을 우대하는 분위기 때문에 군대 가는 사람은 이류 인생 취급을 받았다. '잘난 사람은 군인이 되지 않고, 좋은 쇠는 문이 되지 않는다(호남부당병好男不當兵 호철불타정好鐵不打釘)'라는 말이 유행할 정도로 너도나도 문관만 되려고 했다.

하지만 상비군이 140만가량 되어 나라 예산의 80퍼센트가 투자될 정도인 데다 문관 수가 거듭 늘고, 요나라와 서하 등에 매해 지불하는 거금이 들어가 나라의 재정 부담은 해마다 늘어만 갔다. 물론 재정 적자의 가장 큰 요인은 용관冗官, 용병冗兵, 용비冗費의 삼용三冗이었다. 불필요한 관료, 불필요한 군인, 불필요한 비용을 줄여야만 했다.

그 상황에서 구양수의 추천을 받은 왕안석王安石(1021~1086)이 인종에게 〈만언서萬言書〉를 올려 대상인, 대지주, 관료들의 횡포를 개혁해야 한다고 주장했으나 수용되지 못했다. 다시 전국에 도적떼가 늘고 농민 반란도 일어나기 시작했다.

마침내 영종英宗 때 국가 재정이 적자로 돌아섰다. 그 뒤 신종神宗이 국가 개조의 뜻을 품고 왕안석을 참지정사參知政事에 임명했다. 왕안석은 파격적인 친서민 정책인 신법新法(청묘법靑苗法, 시역법市易法,

균수법均輸法)을 내놓았다. 청묘법은 정부가 농민에게 20퍼센트 이하의 저금리로 융자하여 100퍼센트 이상을 받는 고리대금업자의 갈취를 막자는 것이다. 시역법은 국영 유통사를 두고 대상인들의 시장 과점寡占을 막는 것이며, 균수법은 지역별 편차가 심한 물자의 과잉과 희귀 현상을 해소하려는 것이었다.

왕안석의 신법에 대한 사대부, 대지주, 고위 관료 등의 저항은 상상 이상이었다. 이들은 구법당舊法黨을 결성했다. 사마광, 구양수, 소동파蘇東坡 등이 중심을 이루어 신법당인 왕안석, 채확蔡確, 장돈章惇, 여혜경呂惠卿 등을 공격했다. 마침 신법을 시행하는 중에 특히 청묘법에서 예기치 못한 부작용이 나타났다. 일선 집행 기관에서 융자가 필요 없는 농가까지 강요하고 대출 금액도 농가에 부담시킨 것이다. 이때부터 구양수도 적극적으로 반대했다. 게다가 1074년 화북 지역에 큰 가뭄이 들자 구법당에서 신법당이 전통을 파괴하여 하늘이 진노했다는 여론을 조성하는 한편 문관들과 후궁들을 매수했다. 그리고 신종에게 '나라가 백성과 이利를 다투어서는 안 된다'고 강조했다.

이들이 말하는 백성은 바로 기득권층이었다. 신종도 견디지 못하고 1076년 왕안석 등을 지방으로 내려보내야 했다. 그러나 신법의 정책 기조는 여전했고, 덕분에 재정도 흑자로 돌아섰다. 이를 기반으로 1081년 신종이 다시 서하를 침공했다.

서하의 혜종惠宗은 서하 특유의 전법을 구사했다. 송군을 자국 영토 안으로 깊숙이 끌어들인 다음 초원에 불을 놓고 보급로를 차단했다. 이로써 송군 20만이 몰살되었다. 충격을 받은 신종이 갈피를 잡지 못하다가 2년 뒤 38세로 세상을 떠나고 열 살 철종哲宗이 뒤를 이었다. 섭정을 맡은 선인태후宣仁太后(1032~1093)는 곧바로 신법당을 제거했다. 이렇게 왕안석의 개혁 시도가 좌절되었다.

그리고 1,000년 뒤 케인스John Maynard Keynes(1883~1946)가 거시경제학을 내놓았는데 왕안석의 신법과 기조가 같았다. 케인스도 가격 담합 같은 독과점으로 인한 시장 실패를 보면서 자유방임의 허구를 발견했다. 특히 공공재는 나라가 적절하게 개입해 유효 수요를 늘려야 한다고 주장했다. 개별 경제 주체들을 취급하는 미시경제학과 달리 거시경제학은 국가 등 총제적인 것을 다룬다. 그러다 보면 개인에게 이로운 행위라도 사회 전체 시각에서 부정적인 경우를 발견한다. 왕안석은 이러한 '구성의 모순'을 해결하려 한 것이다.

신법당은 왕안석을 비롯해 강남 출신의 신흥 중소 지주들이었으며, 구법당은 화북 출신의 고급 관료와 대지주, 독점 상인이 많았다. 이해관계가 달라 사회를 보는 시각도 달랐는데, 신법당이 송의 구조적 모순에 더 민감할 수밖에 없었다. 기존 구조에서 가장 억압받는 곳이 익명일 수밖에 없는 다중의 바닥이다. 바닥은 그 구조의 심층적 이미지를 투영하며 구조를 균열 내고 뒤바꿀 수 있는 기초가 되기도 한다.

왕안석은 구법당의 도전을 넘지 못했지만, 백성들에게 공맹 다음 가는 성인으로 존중받으며 중국이 대동 사회를 지향하는 데 큰 영향을 미쳤다.

금나라에 맞선 흠종의 귀신 동원 전략

왕안석의 개혁 정책이 흐지부지되면서 송나라는 다시 극심한 재정 압박을 받기 시작한다. 선인태후가 죽고 철종이 친정을 시작하면서 곧바로 구법당 800명을 처벌하고 다시 신법당을 중용했다. 그러나 휘종徽宗이 즉위할 때 섭정을 맡은 상태후向太后가 또 구법당을 중용했다. 그 뒤 휘종이 친정하며 다시 신법당의 채경蔡京 등이 정권을 잡았다. 왕과 태후가 선호하는 정체 세력이 달랐던 것이다.

이때는 신법당의 인물들도 왕안석 같은 신념이 없었고, 구법당도 출신 지역에 따라 삼분화되어 양쪽 다 정권욕을 위해 움직이는 인물이 많았다. 원래 신법당이었다가 구법당으로 전향한 채경 같은 경우가 더 심했다. 지방관으로 있을 때 구법당이 권력을 잡자 구법당의 구미에 맞게 움직이고, 휘종이 친정하며 신법당을 부활하려하자 구법당을 비난하며 휘종의 비위를 맞춰 실권을 차지했다. 휘종은 복잡한 정치보다는 예술가 기질이 강한 사람이었다.

이처럼 휘종이 대신들의 탐욕에 휘둘리며 국력이 저하되어 갈 때, 서하는 숭종崇宗 치세에서 전성기를 보내고 있었다. 이와 달리 요나라는 불교에 빠져 거액의 시주를 하며 국고를 낭비한 도종道宗과 그 후임인 어리석은 천조제天祚帝가 통치하면서 송나라처럼 하락 일로를 걷는 중이었다. 이 시기 요나라에 복종했던 흑룡강 유역의 여진족 추장 아골타阿骨打가 1115년 금나라(1115~1234)를 세웠다.

송 휘종이 좋은 기회로 여기고 사신을 보내 금나라와 '해상海上의 맹약'을 맺는다. 함께 요나라를 멸망시키는 대신, 송이 요나라에 보내던 세폐歲幣를 금나라에 보내고, 금나라는 송나라에 연경 6주를 귀속시켜 준다는 내용이다. 이에 따라 송·금이 연합하여 1121년 요나라를 협공했다.

금나라가 파죽지세로 요나라를 점령해 나가는데 송나라는 뒤늦게 출병했다. 산동 양산박 송강宋江의 도적떼와 강남 마니교 두목 방랍方臘의 난이 일어나는 바람에 늦어진 것이다. 그리고도 요나라 군대에 수시로 패배하여 금군이 독자적으로 요나라를 공략하다시피 한다. 전쟁 도중 금나라 태조가 병사하고, 동생인 태종 오걸매吳乞買가 1125년 요나라를 석권했다.

금나라는 해상의 맹약으로 송과 연합해 요와 전쟁을 치러 보더니, 송이 정치도 부패하고 군사적으로도 무능하다는 것을 간파하여, 1125년 동서 양쪽에서 송나라를 공격하기 시작한다. 황하를 건넌 금의 군대가 송나라 도성 개봉으로 육박해 오자, 휘종은 아들 흠종欽宗에게 양위하고 채경 등과 함께 남쪽 박주亳州로 도망쳤다.

그 뒤를 따라 흠종도 도망치고 싶었다. 하지만 백성들이 도성 사수 결사대를 조직해 압박하는 바람에 마지못해 머물러야 했다. 혼비백산한 흠종에게 도교 술사 곽경郭京이 기상천외奇想天外한 전략을 내놓았다. 육갑신술六甲神術로 적을 물리친다는 것인데, 생일이 같은 신병神兵 7,777명을 모아 흰옷을 입힌 다음 일주일간 하루 세 번씩 제단 앞에 향불을 피워 하늘에 기원하자고 했다. 독실한 신자인 흠종은 그 전략을 그대로 추종했다.

휘종 때 비단을 두드리는 궁정 여인들

신병을 모집한 지 열흘 만에 7,777명이 모였고, 7일 동안 기원 의식을 행한 뒤 흠종과 문무 대신들이 성루에 올라앉았다. 그동안 굳게 닫았던 성문을 활짝 열고 신병들을 출병시키며 승전의 기적을 기대했다. 신앙심으로 무장한 신병들이 거침없이 행군하는데, 금군이 달려들어 순식간에 도륙하고 도성으로 몰려 들어왔다. 역사상 거대 제국이 가장 허무하게 무너진 '정강의 치욕靖康之恥'이었다. 흠종은 금 태종 앞에 끌려나가 무릎 꿇고 칭신청죄稱臣請罪한 뒤 황후와 후궁, 황족 3,000여 명과 함께 포로로 끌려가야 했다.

남송의 악비

송나라 황족이 금나라에 끌려갔지만, 다행히 휘종의 아홉째 아들 조구趙構가 일부 황족과 사대부를 데리고 강남으로 내려가 송나라의 명맥을 유지했다. 이때부터 남송(1127~1279)이라 하고 조구는 고종이 되었다. 금군이 송나라의 뿌리를 뽑으려고 고종을 추격했으나 명장 악비가 고군분투 끝에 잘 막아 냈다.

이제 금은 화북을 완전히 점령했고 그 지역의 한인들은 의병 운동을 시작해야 했다. 남송 조정에서도 악비 중심의 주전파들이 화북을 회복해야 한다고 강력하게 주장했다. 그 상황에서 '정강의 치욕' 때 금나라에 포로로 잡혀간 진회秦檜가 탈출하여 돌아왔다. 진회가 금나라에 포로로 있을 때 금 태조 아골타의 사촌 동생이며 실력자인 달뢰撻懶 아래 있었다. 달뢰는 금 내부의 주화파라서 양국 간화평을 위해 탈출을 가장하여 진회를 보냈다는 소문도 돌았다. 여하튼 진회가 돌아오자 고종이 기뻐하며 재상에 임명했고, 1139년 양국 간 화친 조약이 체결되었다.

같은 해 중순 금나라에서 주전파에 의해 달뢰가 살해당하고, 다음 해 금나라 희종熙宗의 군대가 다시 남하한다. 주전파인 악비를 중심으로 한세충韓世忠, 장준張俊 등이 금군을 저지한 다음 고종에게 이 기세로 북벌해야 한다고 주장했다. 당시 군벌들은 군사를 사병처럼 2~3만 명씩 데리고 있었는데, 정강의 치욕 이후 문관 체제가 일시 붕괴되자 세력을 잡더니 고종 때에 이르러 군벌화된 것이다.

진회는 전쟁을 그만둬야만 군벌을 해체할 수 있다고 판단, 고종을 설득하여 악비 등에게 12차례나 회군 명령을 내렸다. 그래도 듣지 않자 논공행상을 명분으로 불러들여 추밀사 등의 고위 벼슬을 준 뒤 병권을 회수했다. 얼마 안 되어 모반죄로 조작하여 악비를 제거했다. 주전파가 사라지자 진회가 금나라를 찾아가 평화 교섭에 나선다.

국경선을 동쪽 회수부터 서쪽 대산관까지 그어 위아래로 금과 남송이 다스리기로 했다. 그 대신 남송이 금나라에 신하의 예를 갖추며 해마다 은 25만 냥, 비단 25만 필을 바치기로 했다. 굴욕적 조약을 체결한 진회는 고종의 신뢰를 받으며 죽을 때까지 재상 노릇을 했다. 한편 금 희종은 송과 강화를 체결한 뒤 방심한 탓인지 과음으로 정신착란까지 일으켰다. 술주정을 부리며 대신들을 패고 무고한 사람을 죽이다가 가장 믿었던 사촌 해릉왕海陵王에게 침실에서 제거당했다.

금나라 해릉왕이야말로 희대의 위선자이면서 폭군이었다. "권세를 쥐면 천하에 맑은 바람이 일게 하겠다(대병약재수大柄若在手 청풍만천하淸風滿天下)"라고 하더니, 황제가 되자 정반대로 행동했다. 자신의 욕망에 걸림돌이 되면 누구든 죄가 없어도 시형에 처하여, 훗날 '형살불문유죄刑殺不問有罪'라는 평가를 받았다. 그러면서도 사서삼경을 애독하는 등 한족 문화를 애호했다. 여진의 관례상 대사를 앞두면 신분 고하를 막론하고 들에서 대사를 의논했는데, 이도 버리고 황제 중심의 중국풍을 따랐다. 요직도 한인으로 채웠으며 회령會寧에 있는 도성도 연경燕京(북경)으로 옮겼다. 그 뒤 진정한 천하의 주인이 되려면 동쪽 고려, 서쪽 서하, 남쪽 남송을 정복해야 한다고 선언했다.

동시대 최고의 명군, 남송 효종과 금 세종

금나라 해릉왕은 천하를 정복하려면 먼저 배후를 안정시켜야 한다며 1156년 몽골의 추장 암바가이칸俺巴亥汗을 잡아다 못을 박아 죽였다. 암바가이칸의 후계자 카불칸合不勒汗의 아들 쿠툴라칸忽圖剌汗도 금나라와 싸우다 사망했다. 그 카불칸의 손자가 바로 칭기즈칸이다. 이렇게 하여 몽고와 금나라는 불구대천의 원수지간이 되었다.

해릉왕은 나름대로 몽고의 기를 죽였다 여기고 1160년 남정을 선언하며, 반대하는 대신들과 심지어 모후까지 처형했다. 그렇게 남송과의 평화 조약을 깨 버리고 50만 금군으로 장강까지 내려왔다. 그러나 남송보다 수전 기량이 떨어져 도강하지 못한 채 배회하다 진중 반란을 만나 암살되고 세종世宗이 즉위한다. 그리고 1년 뒤 남송의 고종이 양자인 효종孝宗에게 양위했다.

세종과 효종은 둘 다 명군으로 중흥기를 보냈으며 재위 기간도 비슷했다. 1163년 평화 협정을 맺고 둘 다 내치에 더 치중했다. 상호 정복전을 벌이는 건 무리라는 사실을 깨달은 것이다. 효종도 처음에는 북벌 의지를 가졌지만 무리라는 것을 알았고, 세종도 여진보다 7배가량 많은 화북 지방의 한족을 지배하면서 남송과 장기전을 벌일 입장이 아닌 데다 매해 남송이 보내는 물자를 포기하기도 어려웠다.

세종은 여진 귀족들을 단련시키기 위해 주기적으로 척박한 만주 땅에 보냈다. 여진족이 춥고 배고픈 시절을 견뎌 내던 고유 풍속을 경험시켜 야성을 길러 주려 했지만 한족화의 흐름까지 막지는 못했다.

남송의 효종도 재위 28년 동안 평화와 번영을 구가한다. 수도 임안은 세계 최대의 도시였고, 해상 무역도 아프리카까지 60여 개국에 다다랐다. 이런 번영과 함께 위기 요소(북벌을 요구하는 세력, 언제든 돌변할 수 있는 금나라, 당쟁 등)도 존재했다.

이런 잠재적 불안 속에서 남송 사대부들은 도교적 색채가 짙은 선불교에 심취했으며, 선사들의 어록인 《벽암록碧巖錄》 등을 즐겨 읽었다. '간파홍진看破紅塵'이란 말처럼 번뇌의 세상을 달관하고 싶었던 것이다. 세도가勢道家 출신인 왕중양王重陽도 도교에 귀의한 뒤 산동에서 구처기丘處機, 손불이孫不二, 학대통郝大通 등을 제자 삼아 전진교를 창건했다.

이처럼 달관적이면서 사회적 책임을 포기하는 풍조를 반성하며 동아시아 사회 사상을 지배해 나갈 송대의 성리학性理學이 나왔다. 그 중심에 주자朱子(1130~1200)가 있다. 동시대의 육구연陸九淵(1139~1192)이 주자와 상반된 견해를 펼치기도 했다. 주자의 성즉리性卽理에 반대되는 심즉리心卽理를 주장한 것이다. 육구연의 사상은 훗날 양명학의 뿌리로 남고, 주자의 성리학이 대세를 장악하면서 유가의 도통道統은 요-순-우-탕-문무-주공-공자-맹자에서 주자로 연결된다.

성리학, 동아시아의 초월적 윤리

주자 이후 성리학은 이학理學, 도학道學, 정주학程朱學, 신유학新儒學 등으로 불리며, 불교는 출세간이라 허무하고 도가는 은둔주의라 현실에 도움이 안 된다고 보았다.

그런데 왜 수당시대에 성행했을까? 당시 유교가 존재론적 해답을 내놓지 못했기 때문이다. 이런 시각에서 경전의 본래 의미를 밝히려는 의리義理 학풍이 나타난 것이다. 이처럼 주희 등이 불가와 도가를 비판했지만, 성리학의 사유 체계 안에 불가의 선禪과 도가의 도道 사상도 수용했다.

그 결과 송대의 성리학은 한당 유학에 비해 사변적 형이상학이 강화되었다. 주자가 차용한 선불교와 도가의 논리는 다음과 같다. 선불교는 일체 중생 안에 불성이 있다고 본다. 이를 깨달아야 번뇌망상이 떠나고 열반의 경지에 이른다. 도가의 도는 근원적 시원이며 존재의 본원이다. 도는 무규정적 근원자이기 때문에 인간 의식에 투영되는 순간 인간 인식의 한계에 의해 제약받는다. 그래서 대도무극大道無極이다. 이러한 존재의 비개성적 개념화가 현대 양자물리학 이론과 맥락이 닿아 있다. 주자는 유교의 가치론에 도교의 우주론과 불교의 심성론을 보완한 것이다.

사물마다 각각의 이치理致가 존재한다. 이치란 그래야만 하는 것으로 각 사물의 극極이라고도 한다. 닭은 닭대로, 사람은 사람대로, 개는 개대로 예외가 없다. 각각의 이치를 포괄하는 것이 천지만물의 궁극 근원인 태극太極이다. 태극은 궁극의 이치이기 때문에 곧 무극無極인 것이다. 그리하여 태극에서 양의兩儀(음양)가 나오고, 음양에서 사상四象(태양太陽, 소양少陽, 태음太陰, 소음少陰)이 나오며, 사상에서 팔괘八卦가 나온다(태극생양의太極生兩儀 양의생사상兩儀生四象 사상생팔괘四象生八卦).

태극이 움직이면 양을 낳고 고요하면 음을 낳는다. 우주의 근원인 태극은 서양의 하나님처럼 멀리 떨어져 홀로 존재하지 않는다. 각 사물 안에 내재해 있다. 그래서 신묘神妙한 것이다. 주자는 '월영만천月映萬川'으로 설명했다. 하나뿐인 달이 만 개의 강과 바다에 각기 다른 모습으로 빛나고 있다. 이처럼 초월적인 이理가 사람 안에 있는 것을 성性이라 하는데, 성에서 본연지성本然之性과 기질지성氣質之性이 나온다. 전자에서 인의예지仁義禮智의 사단四端이 나오고, 후자에서 희노애구애오욕喜怒哀懼愛惡慾의 칠정七情이 나온다. 주희는 전자의 사단을 이理로, 후자의 칠정을 기氣로 규정한다.

이로써 사단은 동양의 천리天理가 되었다. 천리가 있고 나서 기가 있어야 한다. 이는 사물의 근본이고 기는 사물을 만드는 재료다. 아리스토텔레스식으로 표현한다면 이는 형상form이고, 사물은 질료matter라 할 수 있다. 사물마다 그 본연의 모습을 갖게 하는 것이 이理다. 이런 천리를 보존하고 드러내려면 수양修養해야 한다. 수양의 한 방법이 거경居敬인데, 먼저 정신을 집중하여 자신을 성찰省察한다. 그리고 사물의 이치를 궁리窮理하는데, 이것이 격물치지格物致知다.

사물마다 고유의 이치가 있기 때문에 격물하면 누구나 치지에 이를 수 있다. 그렇게 수신修身한 뒤에야 저절로 제가齊家하고, 치국治國하고, 평천하平天下할 수 있다. 이를 '내성외왕內聖外王'이라 하여 내적으로 성인을 이룬 사람이 왕이 되어야 나라의 근본 역할을 감당해낸다고 보았다.

개인이 가장 먼저 접하는 가부장적 혈연의 윤리가 여타 관계에도 적용된다. 즉 부자, 부부, 군신 등에도 나타나는데 권위와 복종이 그 특징이다. 물론 신뢰가 중요한 붕우유신은 예외다. 성리학의 예는 군신, 장유, 상하의 차별 관계에서 마땅히 지켜야 할 도리를 잘 지켜야만 한다는 것이다. 안 그럴 경우 무례無禮가 된다.

물론 주자의 충이 복종만 강조하는 것은 아니다. 남을 위해 일할 때 자기 일을 하듯, 남을 보살필 때 자기를 보살피듯 해야 한다. 이것이 《대학大學》의 황금률인 '혈구의 도絜矩之道'다. 혈구는 남의 처지를 내 입장과 바꿔 헤아린다는 뜻이다. 여기서 '내가 싫은 일을 남에게 시키지 않는다(기소불욕물시어인己所不欲勿施於人)'가 나왔다. 그래서 성리학은 사욕을 금기시한다. 충과 인 양면이 있지만, 현실 정치에서는 충이 더 강요되었다. 이처럼 성리학이 개인의 내면은 물론 조선을 비롯한 동양의 사회 구조까지 연결되었다.

과거에 합격하여 진사가 된 주희는 관직을 피하고 복건성의 무이산에 머물며 29세부터 20년간 학문에 몰두했다. 처음에는 불가와 도가를 공부하다 스승 이통李侗을 만나 유학으로 돌아섰다. 송나라 신유학 형성에 크게 기여한, 북송오자北宋五子라 일컫는 장재張載, 정호程顥·정이程頤 형제, 주돈이周敦頤, 소옹蘇翁 등의 영향도 받았다. 이

주자

들 중 정호·정이 형제의 학설이 정학程學이며, 주희의 학설과 더불어 정주학이라 부른다.

정호·정이 형제의 스승이 장재인데, 성리학의 존재론적 기초를 확고하게 다졌다. 장재는 태허에는 형체가 없으며 기가 본체라 했다(태허무형太虛無形 기지본체氣之本體). 즉 우주의 본래적 상태는 텅 비어 있기 때문에 기가 모여 만물이 되고 만물이 다시 흩어져 태허가 된다는 것이다. 태허즉기太虛卽氣는 현대물리학의 빅뱅 이론과 맥락이 같다.

주자도 천지에 이가 있고 기가 있다(유리유기有理有氣)고 한 뒤, 이 둘이 하나이면서도 둘이라는 이기이원론理氣二元論을 주장했다. 여기서 이는 형이상학의 도(형이상지도야形而上之道也)이고, 기는 만물생성의 근본(생물지본야生物之本也)이다.

주자가 만든 《사서집주四書集註》(논어, 맹자, 중용, 대학)는 청나라 때까지 누구나 알아야 할 교양이자 보편적 도덕 원리가 되었다.

마녀사냥을 당한 주자

효종이 금 세종과 평화 정책을 맺고 40년 경제 부흥기를 보낸 뒤 1190년 아들 광종光宗에게 양위했다. 광종이 워낙 심약해서 황후에게 눌려 지내자, 이를 우려한 종친 출신 재상 조여우趙汝愚가 외척 한탁주韓侂胄를 매개로 하여 태왕태후의 도움을 받아 광종을 퇴위시 켰다.

그렇게 영종寧宗이 즉위하고도 도학 계통인 조여우는 황제 고문으로 초빙하면서 한탁주는 홀대했다. 앙심을 품은 한탁주가 황태후와 황후를 이용해 1195년 조여우와 주희 등을 몰아냈다. 그 뒤 도학의 무리를 위선자로 규정하고 도학파의 등용을 금했다. 이것이 1196년에 일어난 위학지금僞學之禁으로, 권모술수에 능한 한탁주가 사상 투쟁을 가장해 일으킨 권력 투쟁이었다.

주자를 내쫓을 때 죄목이 '마술을 부려 후진을 미혹시켰다(끽채사마喫菜事魔)'는 것이다. 일종의 마녀사냥이었다. 당시 중국에 들어온 마니교가 채식하며 귀신을 섬기는 종교로 알려져 있었다. 마니교도일 수 없는 주자를 종교적 미혹자로 몰았던 것이다. 그 바람에 주자는 65세에 처음으로 고위직이 되었다가 45일 만에 낙향해야 했다. 그 뒤 주희의 장례식 때 인파가 몰렸고 인망이 더 높아져 결국 위학지금을 풀 수밖에 없었다.

한탁주는 자신에 대한 반대 여론이 점증하자 돌파구로 금나라 토벌을 추진하며 1206년 북벌을 감행했다. 엄청난 국고를 쏟아부으며 일진일퇴를 벌였지만 참패하고 다시 평화 교섭에 나서야 했다. 금나라 장종이 일부 영토 할양과 세폐의 증액 외에도 개전의 책임자로 한탁주를 지목해 그의 머리까지 요구했다. 결국 영종의 묵인 아래 한탁주의 목을 베어 금나라에 보냈다.

그동안 서하는 금과 송이 실랑이를 벌이는 틈새에서 등거리 외교를 구사했다. 덕분에 인종 이후 환종桓宗, 이종襄宗에 이르도록 50년간 평화를 유지했다. 그런 서하에 1205년 봄 무렵 초원을 쟁패한 칭기즈칸의 군대가 나타나 말과 낙타, 양 떼만 약탈하고 물러났다. 그 뒤 이종이 태후와 함께 친금파인 환종을 시해하고 1206년 재위에 올라 몽골에 복종하면서 금나라와 수시로 충돌했다. 그런 이종에게 불만을 품고 조카 신종神宗이 반역을 일으켜 집권했다.

칭기즈칸과 코끼리 부대

서하 조정이 친몽이냐 친금이냐로 혼란을 거듭할 무렵 몽골군은 금나라를 침략하여 만주와 요동 지역을 차지했다. 이 와중에 금나라에 내분이 생겨 1213년 위소왕衛紹王이 암살당하고 선종宣宗이 통치하면서 몽골군에 막대한 배상금을 주고 도성을 연경에서 개봉으로 옮겼다.

1216년 칭기즈칸은 동방 북부를 평정한 뒤 코끼리 부대로 유명한 이슬람 왕국 호라즘을 정벌하러 떠나며 서하 신종에게 출병을 요구했지만 거절당했다. 원정 중인 칭기즈칸은 1222년에 아프가니스탄에서 전진교 도사인 구처기와 그의 제자 이지상을 불러 불로장생의 비결을 물었다. 구처기는 그런 비법은 없고 양생養生을 하면 건강하게 장수할 수 있다고 대답했다. 칭기즈칸은 전진교의 포교를 보호하라는 특명을 내렸다.

그 뒤 서하의 신종은 신하들 반대에 직면해 물러났고, 아들 헌종獻宗도 친금항몽親金抗蒙 정책을 유지했다.

칭기즈칸이 대규모 서역 원정을 성공리에 마치며 귀국길에 서하의 도성 영하寧夏를 곧바로 강타한다. 이때 헌종이 죽고 남평왕을 중심으로 서하가 결사적으로 저항하는데, 1227년 8월 진중에서 칭기즈칸이 서하를 멸절시키라는 유언을 남기고 병사했다. 이로써 서하인은 대대적으로 학살당했으며, 서하의 189년 역사도 종적을 감추었다.

칭기즈칸이 생전에 지목한 후계자는 셋째 아들 오고타이였다. 그러나 칭기즈칸 사후에 열린 부족장 회의인 쿠릴타이에서 칭기즈칸의 넷째 아들 툴루이를 칸으로 지지했다. 툴루이는 혼란을 피하기 위해 2년간 임시로 칸의 자리를 지키다 태종 오고타이에게 물려줌으로써 부친의 유지를 따랐다.

오고타이는 즉위한 다음 해 금나라를 공격하여 1233년 초 개봉을 함락했다. 오고타이는 130만 성민을 전멸하려 했으나 칭기즈칸 때부터 충신이던 거란족 출신 야율초재耶律楚材가 "땅과 백성을 얻으려고 전쟁하는 것인데, 사람이 없으면 아무 소용이 없습니다"라고 만류하여 그만두었다.

금나라 황제 애종哀宗은 황급히 남방의 채주蔡州로 도망가서 남송의 이종理宗에게 도움을 청했다. 그러나 남송은 단번에 거절하고 도리어 몽골과 연대하려 했다. 다급해진 금나라에서 우리가 망하면 다음은 남송 차례라며 '순망치한脣亡齒寒'의 이치를 들어 호소했지만, 남송은 이를 무시하고 몽골과 연대하여 채주성을 공격했다. 견디지 못한 애종이 목을 매면서 금나라도 막을 내렸다.

그해 남송은 몽골이 제2차 유럽 정복에 몰두하는 틈을 타서 송나라의 옛 도읍지 개봉과 낙양 땅을 수복한다. 하지만 배신당했다고 여긴 몽골군의 급습으로 2개월도 채 안 되어 물러나야 했다. 그때 너무 쉽게 들어갔다 나왔다 하여 '단평입락端平入洛'이라 했다. 단평은 이종의 연호다. 이 사건은 몽골이 송나라를 치는 빌미를 제공했다. 이후 몽골은 러시아, 헝가리, 폴란드, 바그다드 등을 정복하는 한편 송나라와도 45년간 전쟁을 벌였다.

그 시기에 몽골의 칸이 정종에서 헌종을 거쳐 세조 쿠빌라이에 이르렀다. 세조는 1271년 몽골제국을 원나라라고 칭하며 연경燕京에 도읍지를 정했다. 그리고 헌종 사후 동생들끼리 분열이 일어나 몽골제국이 러시아 일대의 킵차크한국(1240~1502), 호라즘 일대의 차가타이한국(1226~1402), 몽골고원의 오고타이(우구데이)한국(1224~1310), 아랍 일대의 일한국(1258~1411)으로 나뉘었다. 이후에도 원나라가 느슨하기는 했지만 종주국 역할을 맡았다.

14

원나라

—

라마교와 명리학

역대 황제

1대 태조太祖 칭기즈칸(1206~1227) – 2대 태종太宗 오고타이(1229~1241) –

3대 정종定宗 구유크(1246~1248) – 4대 헌종憲宗 뭉케(1251~1259) –

5대 세조世祖 쿠빌라이(1260~1294) – 6대 성종成宗 테무르(1295~1307) –

7대 무종武宗 카이산(1307~1311) – 8대 인종仁宗 아유르바르와다(1311~1320) –

9대 영종英宗 시디발라(1321~1323) – 10대 태정제泰定帝 예순테무르(1323~1328) –

11대 천순제天順帝 라기바흐(1328) – 12대 문종文宗 투그테무르(1328~1329, 1329~1332) –

13대 명종明宗 쿠살라(1329) – 14대 영종寧宗(1332) –

15대 혜종惠宗 토곤테무르(1333~1368)

※공백기인 1227~1229년 등은 임시 황제의 치세 기간이었다.

원 세조는 1268년부터 남송 공략의 최대 난관인 양양 공격에 나서서 5년간의 공방전 끝에 함락했다. 그 뒤 정신적 미숙아였던 남송의 도종度宗이 외척 가사도賈似道의 꼭두각시 노릇만 하다 죽고, 도종의 어린 아들 공종恭宗 역시 가사도에게 휘둘려야 했다. 조정 안팎에서 가사도가 전권을 행사했으니, 응당 몽골 전선의 최후 보루인 양양이 무너진 데 대해서도 책임져야 한다는 여론이 거셌다.

궁지에 몰린 가사도가 정예군을 이끌고 직접 출전했으나 제대로 싸워 보지도 못하고 패배했다. 1276년 2월 남송이 몽골군에 무조건 항복했고, 임안성에 무혈입성한 몽골군은 공제 등 황족을 연경으로 압송했다.

그 과정에서 일부 문무관이 비밀리에 어린 단종端宗과 위왕衛王 형제를 데리고 홍콩 근처로 내려갔다. 그곳에서 송나라 부흥 운동을 벌이는 중에 단종이 급사하고, 다시 위왕을 중심으로 뭉쳤다. 남송 함대까지 구성해 원나라 함대와 해상전을 벌였지만 역부족이라 신하들이 위왕을 껴안고 함께 바다에 투신했다. 이로써 북방 유목민과 중원 농경민 사이의 기나긴 투쟁도 끝났다.

몽골 전통 유지와 중국식 행정 체제

중국 전체를 차지한 원 세조는 세계 제패를 노리며 고려 삼별초 항쟁을 3년 만에 끝내고, 일본과 인도차이나반도 등으로 동남아 원정을 다녔다. 그러면서도 제국의 안정화 방안을 모색했는데, 그 핵심이 몽골제국의 전통 유지와 함께 한인의 반발을 최소화하는 것이었다. 특히 북방 이민족의 지배가 낯설기만 한 장강 이남의 한인들을 어떻게 다스리느냐가 큰 과제였다.

우선 행정 체제는 중국을 따랐다. 중앙에 행정을 관할하는 중서성中書省, 군대를 관장하는 추밀원樞密院, 감찰 기구인 어사대御史臺를 설치했다. 지방도 주현제州縣制를 그대로 두고 그 위에 10개의 행성行省(영북嶺北, 요양遼陽, 하남河南, 강절江浙, 강서江西, 섬서陝西, 사천四川, 감숙甘肅, 운남雲南, 호광湖廣)을 설치하여 감독관인 다루가치를 파견했다.

향촌에 50호를 1사社로 하는 기층 조직을 만들고 농사에 밝은 연장자를 사장社長으로 앉혔다. 그렇다고 세조가 한인 견제를 등한히 하지는 않았는데 곧 인종 차별 정책이었다. 세조가 처음부터 그런 것은 아니었다. 1253년 성리학자 왕순王恂에게 황태자 친킴眞金의 교육을 맡기고 유병충劉秉忠, 요추姚樞, 허형許衡 등도 가까이했다. 도성까지 몽골의 카라코룸에서 연경으로 옮기며 나라 이름을 《주역》의 대재건원大哉乾元에 입각해 원元나라로 정할 만큼 한나라 문화에 호의적이었다. 그러나 남송 정복 이후에도 남송인들이 끈질기게 항거하는 것을 보고 철저히 견제하기 시작한다.

원나라의 몽골지상주의 정책으로 한족이 하층으로 편입되었는데, 특히 남송 치하의 한인들이 최하위 계층이 되었다. 이에 따라 남송 주희의 학설도 위축되었지만, 원나라가 통치에 필요하여 과거제를 다시 시행하면서 주자학이 화려하게 부활했다.

한편 도교는 왕중양이 창건한 전진교가 북방에서 위세를 떨치자 전통적인 오두미교를 계승해 온 천사도天師道가 정일도正一道로 명칭을 바꾸고 남방에서 유행한다. 원 황실도 라마교를 신봉했지만, 중국에 깊이 뿌리내린 유가와 도가를 존중할 수밖에 없었으며, 이는 곧 원 황실의 한화漢化를 뜻했다.

몽골인은 정복자로서 제1등급이었고, 몽골제국 확장에 도움을 준 색목인色目人(터키인, 아랍인, 이란인, 유럽인 등)이 2등급, 화북 지방의 한인은 3등급인데 여기에 거란과 여진도 포함되었다. 한인 중에서도 끝까지 몽골에 반항한 남송 땅의 주민들을 남인南人이라 하여 4등급으로 차별했다. 고위직과 다루가치도 거의 몽고인이고, 색목인도 지배층으로 우대하며 행정과 재정 등 중요한 실무를 맡겼다. 그래서 베네치아 출신의 상인 마르코 폴로Marco Polo(1254~1324)도 관리가 될 수 있었다. 당시 민족 구성비는 몽고와 색목인 3퍼센트, 한인 15퍼센트, 남인 82퍼센트였다.

몽골인은 수적으로 월등히 많은 집단을 분할 통치divide & rule 방식으로 관리했다. 몽골인과 색목인에게 억눌리는 거대 한인 집단을 일단 강남과 강북으로 분리하여, 강북이 강남보다 우월 의식을 갖도록 조장했다. 만약을 대비하여 군사 거점을 장강 유역에 집중적

쿠빌라이칸의 사냥

으로 설치했다. 그러면서도 소수 한인을 서리胥吏에 임명하여 통치 그룹의 들러리로 세웠다. 서리가 하는 일은 사무 보조 등 기능직이었다. 과거제도도 없앴기 때문에 서리라도 해야 그나마 관가에 발을 디디고 승진 기회가 주어졌다. 그러려면 사대부조차 최고로 여겨 온 유학보다 저급하게 여기는 이학吏學을 배워야만 했다.

《주역》 중심의 유가 사상

　　원나라의 기본은 소수 외지인의 권력 장악과 다수 내지인의 분열 구도였다. 특히 색목인은 피부색만 다른 것이 아니었다. 이슬람의 경우 사상적 이질감도 컸는데 한족의 문화적 자존감이 상할 수밖에 없었다.

　　또한 상업을 장려하며 종교는 방임했다. 아시아와 유럽에 걸친 대제국의 안전한 교역을 위해 각지에 역참도 설치했다. 소수가 절대다수를 억누르는 사회 구조가 화풍에도 잘 표현되어 있다. 송대 회화가 대자연 그대로 만족한다면 원나라는 자연을 깊이 사색하고 화폭에 주조鑄造해 놓은 듯하다.

세조의 종교 관용 정책으로 원나라에 이슬람교, 조로아스터교, 기독교 종파 등 많은 종교가 들어와 융합된 유불선으로 구성된 한인의 심리를 분열시켰다. 그러나 원 황실만큼은 라마교를 신봉했다. 쿠빌라이가 티베트 원정 때 만난 라마승 파스파八思巴(1239~1280)를 국사로 초빙한 것이다. 이로써 티베트 통치에도 활용하고 몽골의 정체성도 지켜 나갔다. 라마교의 독특한 초야권初夜權(신부가 라마승과 먼저 첫날밤을 보내는 것) 풍속도 유목 민족의 전통인 형사취수권과 맞물려 원나라에 번져 나갔다.

몽골인들의 샤머니즘 풍속과 라마교의 주술 의식, 예언 기도 등이 잘 어우러진 결과였다. 이후 원나라에서 라마교가 득세하여 각지에 무수한 사원을 세우고, 대규모 대외 원정을 거듭하느라 재정이 악화되기 시작한다.

이 시기에 아합마阿哈馬처럼 이재理財에 밝은 색목인이 득세했는데, 이들이 세율을 멋대로 정하고 각종 광산업을 독점한 뒤 인플레이션을 조장해 폭리를 취했다. 은본위 통화인 중통원보초中統元寶鈔를 발행하면서 각종 경비 지출이 폭증해 통화 남발이 일어나자 1287년 명목 가치를 5분의 1로 내린 지원통행보초至元通行寶鈔를 다시 발행한다. 이러한 악성 인플레이션이 훗날 원나라 멸망의 한 요인으로 작용했다.

이로 인해 세조 재위 35년에 원나라 최고 전성기를 찍고 후반기부터 내리막길로 간다. 세조 치세 때《황제내경黃帝内經》에 이어 중의학의 또 다른 최고봉인《삼원연수참찬서三元延寿參贊书》가 나온다. 간

황공망, 〈천지석벽도〉

략히 《연수서延壽書》라고도 하는데, 송나라 사대부의 후손으로 보이는 이붕비李鵬飛가 1291년에 펴낸 책이다. 단순한 의학서가 아니다. 《황제내경》의 양생론을 기본으로 유가, 도가 등의 관점을 담았다. 요지는 다음과 같다.

삼원三元은 천지인天地人이다. 하늘이 정한 장수는 감정을 잘 조절하는 자가 누리고(천원지수天元之壽 정기불모精气不耗), 땅과 연관된 장수는 규칙적인 자가 누리며(지원지수地元之壽 기거유상起居有常), 사람과 관련된 장수는 적절히 먹는 자가 누린다(인원지수人元之壽 음식유도饮食有度). 이 세 가지를 잘 지켜야 천수天壽를 누린다. 이러한 사상이 원나라의 유명한 산수화가 황공망의 〈천지석벽도〉에도 잘 나타나 있다.

고대 사상서인 《주역》을 보면 우주의 세 근원인 천지인이 있고, 그 중간에 도가 있어 서로 조화를 이룬다. 이것이 천도天道, 지도地道, 인도人道다.

세조가 즉위하여 국호를 정할 때도 《주역》을 참조하고, 몽골 대칸大汗은 사용하지 않은 연호도 새로 정해 중통中統이라 했다. 한족을 하층 신분으로 억눌렀지만 중국 문화는 그대로 수용했다. 황실에서 몽골족의 토속 종교인 라마교 행사가 벌어졌고, 이와 함께 중국은 《주역》 위주의 유가 사상이 횡행한다. 그 대표 사례가 바로 《연수서》였다.

황위 쟁탈전 26년과 라마교

세조의 뒤를 이은 성종成宗 테무르 때도 탐관오리들이 설치며 가렴주구가 이어졌지만, 명재상 하라하슨哈剌合遜 덕분에 유라시아 지역의 팍스 몽골리카Pax Mongolica 시대를 유지할 수 있었다. 하지만 성종이 재위 13년 만에 후계자 없이 서거하면서 미증유의 혼돈으로 나아간다.

황위 쟁탈전이 마지막 황제 혜종이 즉위할 때까지 26년간 쉬지 않고 전개된 것이다.

수년간 권부를 장악한 성종의 황후 불루간卜魯罕과 그 일파인 아쿠타이阿忽台 등이 성종의 사촌 동생인 안서왕安西王 아난다阿難達를 세우려 하자, 우승상 하라하슨 등 몽골 귀족들이 황후 일파와 아난다를 살해하고, 성종의 조카 카이산海山을 무종武宗으로 옹립했다. 위구르 계통인 바야우트 부족伯岳吾氏의 황후 세력이 옹기라트 부족弘吉剌氏 출신의 궁정 귀족들에게 당한 것이다. 카이산의 모후는 옹기라트 부족이었다. 황후가 지원한 아난다는 옹기라트 부족도 아닌 데다 이슬람교도라서 만일 집권했다면 불교도인 몽골족은 여지없이 축출당할 뻔했다.

그런데 무종이 재위 3년 만인 30세에 급사했다. 무종의 모후 답기答己르가 무종의 두 아들(쿠살라和世剌, 투그테무르圖帖睦爾)이 아직 어리다며 변방으로 쫓아내고, 무종의 동생 아유르바르와다愛育黎拔力八達를 세웠다. 그가 인종仁宗인데 치세하는 동안 모후의 영향력을 조금도

조맹부, 〈조량도〉

벗어나지 못했다.

〈조량도調良圖〉는 송나라 황실 후손으로 절개를 지키지 못하고 원나라 인종 때 벼슬을 했다 하여 비난받은 조맹부의 그림으로, 말을 조련하는 병사가 바람 부는 쪽을 응시하고 있어 인상적이다.

당시 몽고인은 부족 자부심이 대단해 한족 언어와 한문을 익히려 하지 않았다. 그러다 보니 절대다수의 한족을 통치하면서 소통 문제로 힘들 때가 많았다. 그 타개책으로 1314년 인종이 과거제도를 다시 시행했다. 합격자 비율도 몽고인, 색목인, 한인, 남인 등 4대 민족에게 25퍼센트씩 균등하게 배정했으며, 시험 과목은 주희의 《사서집주》로 정했다. 고려인들도 간혹 시험에 응시했는데, 1318년 고려의 안진安震이 과거에 합격한 이후 이색李穡 등 10여 명이 급제했다. 이들은 원나라의 고급 관리가 될 수 있었는데, 만일 귀국하면 고려 조정에서 세계 인재로 특급 대우를 받았다.

불심이 깊은 인종은 수시로 대규모 불사를 행했다. 그때마다 양 1만 마리 이상을 제물로 바쳤다. 이처럼 원 황제들의 라마교 신봉은 지나칠 정도였다. 그중 인종의 아들 영종英宗은 더 심했다. 이때쯤이면 무종의 두 아들이 장성한 터라 조정에서 영종의 즉위에 대해 다른 의견이 나오고 있었다. 이를 기태후가 겨우 억누르는 상황이었다. 영종도 불안감에 도피 수단으로 오로지 불사에만 빠져 지냈다. 결국 조정 재정이 파탄지경에 이른 가운데 1322년 답기가 죽자 어사대부御史大夫 태그시鐵失 등이 순행 중인 영종을 암살했다. 그리고 쿠빌라이의 황태자였던 친킴의 아들 카말라甘麻剌의 차남 예순테무르也孫鐵木兒를 추대한다. 그가 태정제泰定帝인데 모친이 옹기라트 부족 출신이라 즉위의 기회를 얻은 것이다.

태정제는 태그시 일당에게 휘둘리기 싫어 이들을 반역 혐의로 제거해 버린다. 그 바람에 지지 기반이 약해지자 이를 보완하기 위해 무슬림 다랏샤倒剌沙를 기용했다. 당시 라마승의 횡포가 극에 달하고 황하가 수시로 범람하는 등 천재지변까지 잇따랐으며 머지않아 세상을 구원할 미륵불이 나타난다는 요언妖言까지 돌았다. 이런 요언은 통례적으로 민중 봉기가 일어날 징조였다.

당황한 원 조정은 급기야 한인들의 무기 소지 금지령까지 내려야 했다. 뒤숭숭한 정국인데도 태정제는 재상 다랏샤를 이용해 요직에 친위 세력을 배치하며 5년간 잘 버텨 냈다. 그리고 어느 날 사냥에 나갔다가 중병을 얻어 일어나지 못했다. 다랏샤가 태정제의 장남 천순제天順帝를 세웠는데, 바로 한 달 뒤 무종계 왕족들이 반란을 일으켜 무종의 차남 문종文宗으로 갈아 치웠다.

여덟 살에 불과한 천순제는 난리통에 인파에 휩싸여 도망간 뒤 행방이 묘연해졌다. 그다음 해 중앙아시아에 주둔한 문종의 형 쿠살라가 대군의 옹위를 받으며 귀국했다. 위세에 눌린 문종이 양위하여 쿠살라는 명종明宗이 되고 문종은 황태자로 격하되었다. 6개월

뒤 명종이 황태자를 독대하고 난 뒤에 급사했다. 다시 복위한 문종
은 명종의 아들 토곤테무르를 동방의 고려 대청도로 유배 보냈다.

유가 지식인들의 키치 문화

문종은 호학 군주답게 성리학을 후원하고 《경세대전經世大典》을 편
찬했다. 한편 라마교를 깊이 믿어 티베트의 고승을 수시로 불러들
였는데, 그때마다 백관이 마중했다. 문종이 재위 3년 만에 붕어하
며 유언을 남겨 명종의 차남인 여섯 살짜리 영종寧宗을 세웠다. 영
종이 재위 2개월 만에 요절하고 원나라 최후의 황제 혜종, 즉 토곤
테무르가 등극했다. 혜종의 정비가 바로 고려의 공녀 출신인 기황
후奇皇后다.

원나라는 이미 황권을 둘러싼 연이은 골육상잔으로 권력층이 구
심력을 잃었다. 이에 전국이 동요했는데, 특히 차별 정책에 시달린
남인들의 불만이 위험 수위를 넘나들었다. 그런데도 혜종은 어떤
일도 직접 해결하지 못했다. 책임을 미루거나 일을 흐지부지 처리
하는 습관이 있어 정치 과정이 더 복잡해졌다. 그럴수록 혜종은 점
성술에 더 몰두했다. 사실은 군주의 자질보다 목수의 재능이 더 뛰
어났다. 궁궐과 신하들 집까지 설계도를 직접 그리고 대패질도 잘
해서 목수황제라는 별명도 생겼다.

혜종은 원나라 역대 어느 황제보다도 라마교에 깊이 심취했다.

수시로 불사를 열고 도를 닦는다며 방중술에 탐닉했다. 황제의 라마교 광신으로 허약한 원나라는 더욱 기울어져 갔다. 종교란 군주가 교묘히 이용하면 백성의 심리를 조절하는 최고의 수단도 될 수 있다. 그래서 동중서는 유교의 교리를 왜곡하면서까지 천자가 하늘을 대표한다고 했던 것이다.

하지만 군주가 종교에 빠져 버리면 종교를 이용하는 것이 아니라 종교에 이용당한다. 마키아벨리의 명저 《군주론君主論》도 같은 내용이다. 군주는 종교를 백성의 내면을 관리하는 통치술로 활용해야 하는 것이다. 통치술의 목적이 공공의 유익이어야 함은 물론이다. 그 성취 수단으로 신심을 활용해야 한다는 말이다.

그러나 원 황실은 반대였다. 황제부터 라마승들에게 이용당했다. 그 결과 라마승이 상나라의 천자처럼 하늘을 대표해 예언도 하고 주술도 행했다. 원나라는 라마승의 위치를 공식적으로 확보해 주었다. 신분을 관官·이吏·승僧·도道·의醫·공工·렵獵·민民·유儒·개丐 순의 10등급으로 정하고, 그중 승려는 상위 그룹인 관리승에 포함시켰다. 당시 '팔창구유십개八娼九儒十丐'라는 말이 유행했는데, 8등급이 창기라면 9등급이 유생儒生이고 마지막이 거지丐라는 뜻이다.

라마승이 우대받은 것과 달리 유가는 멸시를 당했다. 9등급에 불과한 유가들이 주제를 모르고 탁상공론에 빠져 냄새만 풍긴다는 뜻으로 취노구臭老九라 했다.

이런 분위기에서 지식인들이 무엇을 할 수 있을까? 그들은 더 이상 위진남북조 이후의 전통 귀족 문화를 추구하기 어려웠다. 저명

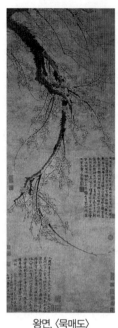
왕면, 〈묵매도〉

한 화가 왕면王冕도 구리산에 은거하며 〈묵매도〉 등 그림을 그리고 거기에 맞춰 시를 짓는 독특한 화풍을 만들었다.

문학 역시 고도의 형식미를 추구하던 귀족 중심의 문어체가 서민들과 밀접한 구어체 중심의 통속으로 변했다. 키치 문화의 일종이었다. 황실의 라마교 숭배와 이슬람 중심의 색목인 지배층 아래에서 그동안 최고의 문화라 자부해 온 유가 중심의 도가적 문화가 여지없이 평가절하되었다. 고급 문화와 저급 문화의 경계가 무너진 키치적 상황이 전개된 것이다.

그래서 송대 이후에 싹튼 도시 중심의 서민 문화가 드디어 만개한다. 속어를 많이 사용한다 하여 백화白話 문학이라 했는데, 그중 극작劇作은 잡극雜劇이라 했다. 이때 나온 희극의 걸작이 왕실보王實甫의 《서상기西廂記》, 고명高明의 《비파기琵琶記》였다. 소설은 나관중의 《삼국지연의》, 시내암의 《수호지》 등이 있다. 이러한 작품들은 대부분 아둔한 황제, 탐관오리의 악행, 여성 주인공의 가부장 사회 도전을 다루고 있다.

원대 문학의 장점은 정경情景, 즉 배경에 감정 묘사가 스며든다는 것이다. 희곡 63편을 남긴 관한경關漢卿의 작품 중 《두아원竇娥冤》에 이런 내용이 나온다.

'땅이여, 선악도 분간 못 하며 땅이라 할 수 있는가. 하늘이여, 현우賢愚를 혼동하면서 하늘이라 할 수 있는가.'

차별에 항거하는 강남 한인들

몽골 지배층에 대한 한인들의 민족적 반감이 고조될수록 원 황실은 라마교에 더 깊이 빠져들었다. 나라 재정의 65퍼센트 이상을 라마교에 보시하면서까지 정신적 피난처로 삼은 것이다. 종교를 이용하기보다 종교에 휘둘리며 나날이 누적되는 재정 적자를 메우기 위해 지폐를 남발했고, 이로 인해 미증유의 인플레이션이 발생한다. 그 와중에 유럽을 휩쓸던 흑사병으로 보이는 전염병까지 유행하며 농촌이 황폐해졌다.

마침내 양자강에서 황실로 가는 조운선을 차단하는 사태가 일어났다. 평상시 원나라 재정의 5분의 4 이상을 담당하면서도 남인이라며 차별받던 강남 한족들의 불만이 폭발한 것이다. 이런 분위기에서 유교 경전인《주역》이 본래의 철학적 수신修身이 아닌 점술서로 사용된다. 당시 원나라는 최고 교육 기관으로 국자감國子監을 만들고, 이곳에 공자 사당까지 지어 배향했다. 그리고 정주학程朱學은 물론 경사經史와 역학易學을 가르쳤다. 이때《주역》에서 철학적 요소를 축소하고 인간의 사주팔자를 해석해 내는 명리학이 크게 발달한다. 전략가이며 시인인 유기劉基가 명리학의 최고봉인《적천수適天

籲》를 펴낸 것이다. 이로써 정주학에 뒤따라 명리학이 고려 등 주변 동아시아 국가로 번져 나갔다.

강남 한족들이 집단적으로 불만을 터뜨린 뒤 전국 각지에서 반란이 일어났다. 그중 1351년 대대로 백련교 집안에서 자란 한산동韓山童이 스스로 송宋 휘종徽宗의 8세손이라며 일으킨 난이 가장 거셌다. 백련교白蓮敎는 도교에 불교가 가미된 종파이며 신선과 미륵불을 믿었다. 동진의 승려 혜원이 염불정토念佛淨土의 신앙을 모토로 만든 백련사白蓮社가 뿌리였다.

이후 남송 초기 승려 모자원茅子元(1069~1166)이 백련종을 만들고 마니교 색채를 곁들였다. 이들이 붉은 두건을 쓰고 봉기하여 홍건적紅巾賊의 난을 일으켰다. 탁발승 주원장朱元璋(1328~1398)도 홍건적 곽자흥郭子興(1302~1355) 군단에 가담한다. 그 뒤 주원장은 곽자흥의 신임을 받고 그의 양녀 마씨馬氏와 혼인했는데, 훗날 그녀의 지혜를 많이 의지한다.

주원장은 곽자흥이 세상을 떠나자 독립하여 1356년 남경南京을 점령하고 본거지로 삼았다. 그 뒤 장량, 제갈량과 더불어 중국의 3대 책사라 불리는 유기를 영입한다. 유기는 위에서 본 대로 명리학의 대가이며, 특히 육효점六爻占을 잘 쳤다. 주원장과 함께 전장을 누비며 승리를 위한 계략을 냈다. 위기를 만나면 육효점도 쳤는데 희한하게도 적중했다. 훗날 명나라 시기의 문학 작품에 유백온劉伯溫으로 등장해 백성의 존경을 받았다.

한편 다른 홍건적 세력은 대북벌(1357)을 개시해 초반에 승리했으나 내부 갈등으로 원나라의 반격을 받고 근거지를 상실한 채 요동으로 몰려갔다. 이들이 고려를 두 차례(1359, 1361) 침략했으나 이성계 등의 활약으로 궤멸당한다.

강남으로 내려간 주원장은 도교 성향인 홍건적이란 이름을 버리고 유교주의를 채택하여 강남 한인들의 지지를 확보했다. 원나라와의 직접 충돌을 피하고 다른 반란 세력들을 차례로 제압하며 화남을 얻어 통일에 이르렀다. 1368년 남경에 명나라를 건국하고 홍무제洪武帝로 즉위하여 북벌을 단행, 북경의 몽골인들을 북쪽 몽골 고원으로 쫓아냈다.

15

명나라

국민교육헌장이 된 주자의 교훈

역대 황제

1대 태조太祖 홍무제洪武帝(1368~1398) – 2대 혜제惠帝 건문제建文帝(1398~1402) –

3대 성조成祖 영락제永樂帝(1402~1424) – 4대 인종仁宗 홍희제洪熙帝(1424~1425) –

5대 선종宣宗 선덕제宣德帝(1425~1435) –

6대 영종英宗 정통제政統帝(1435~1449) · 천순제天順帝(복위 1457~1464) –

7대 경제景帝 경태제景泰帝(1449~57) – 8대 헌종憲宗 성화제成化帝(1464~1487) –

9대 효종孝宗 홍치제弘治帝(1487~1505) – 10대 무종武宗 정덕제正德帝(1505~1521) –

11대 세종世宗 가정제嘉靖帝(1521~1566) – 12대 목종穆宗 융경제隆慶帝(1566~1572) –

13대 신종神宗 만력제萬曆帝(1572~1620) – 14대 광종光宗 태창제泰昌帝(1620) –

15대 희종熹宗 천계제天啓帝(1620~1627) – 16대 의종毅宗 숭정제崇禎帝(1627~1644)

주원장 홍무제洪武帝는 측근에게 폭군이었으나 백성에게는 명군이었다. 빈농에서 태어나 공부하지 못했으며, 굶주림과 전염병으로 부모와 가족을 모두 잃고 탁발승이 되어 연명해야 했다. 아무것도 잃을 것이 없는 상태에서 반란군에 가입하고 전공을 세워 반란군 지도자가 되었다. 그때 내건 기치가 '구축호로驅逐胡虜 회복중화恢復中華'였다. 당시 홍무제 주변의 강남 사대부들이 조언해 준 결과였다.

명나라는 몽골인을 축출하고 한족의 전통을 회복하는 데 주력한다. 이러한 복고적 문화 활동의 주요 역할을 맡은 세력이 신사紳士 계층이었다. 이들은 당대 지식인으로 과거 합격자나 관직 출신 또는 학위 소지자들이었다.

명나라 조정은 이들을 통해 행정을 관리했으며, 이들은 자신이 신봉하는 주자학적 세계관으로 여론을 주도해 나갔다. 특히 지방의 신사인 향신鄕紳은 촌락을 운영하고 그 지역의 식견과 양심의 표준 역할을 했다. 이들은 주자의 천즉리天卽理 관점, 즉 우주의 원리인 이理를 통해 사물의 이치뿐 아니라 사회 문제까지 해결해 나가고자 했다.

명나라 초기의 주자학자 오여필吳與弼(1391~1469)은 인욕人欲을 없애 천리天理를 실천하려고 궁경역식躬耕力食했다. 그러나 세월이 흐르면서 이런 실천궁행實踐躬行의 면모가 사라지고 지배층의 정치적 입장을 옹호해 주는 방향으로 나아간다. 게다가 명나라가 주자학 일색이 되면서 어떤 사상 논쟁도 소멸되고 말았다. 특정 사회 사상이 관학화되었을 때의 폐단이 나타난 것이다.

중기로 가면 황실과 환관은 물론 지방 관리들까지 농민의 세금 수탈이 심했다. 그 부작용으로 농민 봉기가 빈발해지고 유민도 증가했지만 정치화된 주자학으로는 해답을 내놓을 수가 없었다.

이에 왕양명王陽明이 주자의 성즉리性卽理 대신 심즉리心卽理를 시대정신으로 내놓는다. 심즉리는 일찍이 주자의 라이벌 육상산이 주장한 것이다. 성즉리는 지식 위주가 되어 선지후행先知後行으로 갈 가능성이 컸다. 결국 왕양명은 지행합일知行合一을 위해 심즉리를 주장했으며, 심즉리야말로 공맹의 진수라고 확신했다.

국민교육헌장 '육유'

몽골인에게 차별받은 화북의 한족들, 남인이라며 더 차별받은 강남의 한족들은 홍무제가 호로胡虜(오랑캐)를 제거해 한족 사회를 회복시켜 준다고 하니 열광할 수밖에 없었다. 그 열망 속에서 건국했기 때문에 원나라 이전, 즉 당송으로의 복고 정책은 필연이었다. 먼저 한나라를 멸망으로 이끈 십상시의 난 등이 반복되지 않도록 아예 환관의 수를 100명 이내로 제한하고 정치 참여를 완전히 금지했다. 또한 당나라를 본받아 대명률大明律을 정하고 과거제도를 부활하며 호복과 변발을 금지했다. 통치 말년에 이르러서는 주자의 가르침을 '육유六諭'로 요약하여 반포했다.

부모를 잘 섬긴다(효순부모孝順父母)

어른을 받든다(존경장상尊敬長上)

고향 사람과 잘 지낸다(화목향리和睦鄉里)

자식을 잘 기른다(교훈자손敎訓子孫)

각자 자기 삶에 힘쓴다(각안생리各安生理)

비리를 저지르지 않는다(무작비위毋作非爲)

육유는 명나라의 국민교육헌장이 되었다. 고을마다 육유를 붙여두고 함께 모여 낭독한 뒤 늘 외치고 다녀야 했다. 육유의 정서가 명나라뿐 아니라 청나라를 넘어 동아시아 여러 나라에 번졌다.

주원장의 대외 정책은 팽창이 아니라 현상 유지였다. 드넓은 중국 땅만으로도 얼마든지 차고 넘치는데, 굳이 험한 산과 바다로 막혀서 산물도 보잘것없고 부리기도 벅찬 오랑캐를 탐할 필요가 없다는 것이었다. 그래서 정복하지 말아야 할 조선, 안남安南(베트남), 일본, 진랍 등 15개국을 '황명조훈皇明祖訓'에 적시해 놓았다.

주원장이 가장 싫어한 인물은 당 태종이 그랬던 것처럼 수나라 양제였다. 실리 없이 정복욕에 불타서 제국을 잃었다고 본 것이다. 그래서 주원장은 전쟁 대신 사방의 나라를 조공으로 관리하려 했다. 생존 유지를 위해 중원을 약탈해야 하는 북방 오랑캐들에게 물자를 주어 무마하되, 조공을 받아 체면을 유지하는 식이었다. 이처럼 대외 정책은 조공 방식으로 관리하고, 건국 초기답게 대내적인 통치 기반 안정화에 주력했다.

주원장

주원장은 역대 황제 중 가장 밑바닥에서 정상으로 올라왔으면서도 어느 황제보다 황제권을 강화하기 위해 신권을 분산했다. 처음에는 논공행상을 했다. 개국 공신들을 높여 6국공國公 29후候로 봉하며, 죽마고우로 전공을 세운 서달, 주덕흥, 탕화 등도 신흥 군사 귀족이 되었다. 주원장의 소하蕭何라 일컫는 이선장李善長도 한국공韓國公에 임명했다.

그런데 이들은 전공을 과시하며 백성들을 괴롭혔다. 이선장은 동향인 호유용胡惟庸을 승상으로 천거하더니, 그를 중심으로 붕당까지 결성하여 그 뒤 7년 동안 곳곳에 파당이 번져 나갔다. 주원장이 여러 번 경고했지만 그때뿐이었다. 결국 더 이상 좌시할 수 없어 호유용과 그 일파 1만 5,000여 명을 역모로 몰아 몰살해 버렸다. 바로 그때부터 신권을 분산하기 시작했다.

중서성을 폐지하여 좌우 승상의 직위를 아예 없애 버리고 6부六部를 각각 독립시켜 각 부의 상서尙書들이 직접 황제의 결재를 받도록 했다. 지방도 13성으로 나누어 행정 수령인 안찰사按察使와 감찰관인 포정사布政使를 함께 두는 한편 호구대장 황책黃冊과 토지대장 어린도책魚鱗圖冊을 만들고, 향촌 조직으로 이장里長이 중심인 이갑제里甲制를 두었다. 그리고 자신의 아들 24명(과 손자 1명 등 25명)을 국경 지역의 번왕으로 내보냈다.

정보 정치

주원장은 어려서부터 누구의 도움도 없이 자신을 돌보며 살아야 했다. 황제가 되었지만 여전히 아무도 믿지 못하여 1382년 금의위錦衣衛를 만들고 문무백관을 정탐시켰다. 금의위에서 사찰과 체포를 담당하는 사찰원을 제기緹騎라 했다. 제기의 권한은 무소불위였다. 통치 전반기에는 공신 중에서 주로 무신을 사찰했고, 후반기에는 권신과 그 일족이 사찰 대상이었다. 이들에 의해 숙청된 사람만 10만에 가까웠다.

주원장은 사찰 정치로 황제권을 강화했는데, 그 이면에 자신의 과거에 대한 수치심이 있었다. 탁발승 노릇을 하며 동냥하듯 연명하다가 황건적 두목이 된 족적에 대해 지나치게 예민했던 것이다. 누구든 그 흔적을 건드렸다 하면 살아남지 못했다. 그래서 문자옥文字獄도 수시로 일어났다. 글자 중에 승僧, 도盜, 적賊, 광光, 독禿을 특히 싫어했다. 승·도·적을 보면 탁발승과 도적이 떠올랐고, 광·독을 보면 탁발한 대머리를 연상했던 것이다. 생生, 도道, 즉則 등의 글자만 봐도 무도했던 과거의 자신을 비난하는 것으로 오해하여 기겁했다. 상소문에 이런 글자들이 있으면 다른 내용은 보지도 않고 트집을 잡아 작성자를 기어이 죽였다.

또한 경전의 구절 중 군주와 신하의 의리를 언급한 부분을 아주 싫어했다. 예를 들어 맹자가 제선왕齊宣王에게 한 말 중에 '군주가 신하를 티끌처럼 가벼이 여기면 신하도 군주를 원수같이 여긴다(군지시신여토개君之視臣如土芥 즉신시군여구수則臣視君如寇讎'라는 문장이 있다. 어느 날 주원장이 이 문장을 보더니, 《맹자》에서 역성혁명을 정당화할 만한 88개 문장을 뽑으라고 했다. 그렇게 만든 책이 《맹자절문孟子節文》이다. 이 책을 과거시험 교재로 사용했다.

맹자의 기본 철학은 백성이 첫째고, 다음이 사직이며, 마지막이 황제(민위귀民爲貴 사직차지社稷次之 군위경君爲輕)였다. 이런 까닭으로 맹자는 백성의 마음을 얻어야 천자가 되는 것(득호구민이위천자得乎丘民而爲天子)이라 했다. 백성의 마음을 얻지 못하면 천자가 되었더라도 그만둬야 하는 것이다.

주원장은 이러한 《맹자》의 기본 정신을 삭제했다. 이로써 《맹자》에 오직 군주를 위한 왜곡된 내용만 남는다.

송나라와 명나라 사대부의 차이

명나라의 개국은 송나라 개국의 반복이라 볼 수 있다. 두 나라를 세운 주원장과 조광윤은 절륜의 무공으로 원나라와 5대10국을 정리해 나갔다. 둘 다 문치를 표방했으나 그 방식이 달랐다.

조광윤은 선비가 올린 상소 내용이 아무리 불손해도 처벌하지 않았고, 이를 유언으로까지 남겼다. 설령 군주의 뜻과 배치되더라도 그 때문에 사대부를 죽이면 천벌을 받는다고 했다. 송나라에서 사대부의 기개가 드높을 수밖에 없던 이유다.

명나라는 달랐다. 주원장의 롤모델이 한나라 유방이었던 것이다. 한나라가 개국 초기에 공신들을 제거한 것처럼 주원장도 공신들을 무자비하게 죽였고, 특히 문자를 들이대며 자기를 무시한 유학자들을 더욱 탄압했다. 그들이 적은 문서 중에 글자 하나만 눈에 거슬려도 바로 처형했다. 사대부의 기개가 꺾일 수밖에 없었다.

주원장은 황권 도전이 가능한 세력은 무자비한 폭력으로 대했지만, 행정 실무자나 백성에게는 더없이 관대했다. 사대부나 중신들은 주원장을 폭군으로 보고 백성들은 성인이라며 칭송한 이유다.

주원장이 백성을 배려한 정책 중 하나가 복잡한 차 문화를 단순화한 것이다. 중국의 차 문화는 당나라 육우陸羽(733~804)가 《다경茶經》 등을 펴내며 퍼지기 시작해 송나라 때 선불교와 만나면서 극치를 이루었다. 그 뒤 다도茶道란 이름으로 수천 종에 이르는 차를 제조하는 과정부터 마시는 방법까지 까다롭기 그지없었다. 귀족들이 하릴없이 차의 종류와 거품, 맛, 향기를 즐기는 동안 모든 노고는 백성의 몫이었다. 그래서 주원장이 앞장서서 황제가 마시는 용단차龍團茶 제조부터 금지시키고 엽차葉茶로만 한정하며 백성의 노고가 대폭 줄어들었다. 또한 조세도 감면하고 치수와 개간 등을 통해 백성의 생활도 풍족해졌다.

이처럼 익명의 대중에게 자비롭고 측근에게 가혹해 늘 외로웠지만 마황후馬皇后가 든든하게 버텨 주었다. 그랬던 그녀가 먼저 죽고 황태자 주표朱標마저 가고 난 뒤부터 후대에 대한 불안감과 고독에 시달려야 했다.

주원장은 내심 태자의 빈자리에 넷째 아들 연왕 주체朱棣를 세우고 싶어 했다.

아마 마태후가 살아 있었더라면 그대로 했을 것이다. 그러나 마태후가 사라진 뒤 유학자 유삼오劉三吾를 중심으로 한 대신들이 예법을 거론하며 황태손 주윤문朱允炆을 세워야 한다고 주장했다. 하지만 건문제 주윤문은 조부 주원장과 너무 달랐다. 학문을 좋아하고 착하기만 할 뿐 우유부단했다. 사실 이 때문에 30년 서슬퍼런 치세에서 고생한 학자들이 주윤문을 선호했던 것이다.

영락제의 원정은 건문제 색출 작업이었다

건문제 등극 이후 비로소 시서詩書에 능한 황자징黃子澄, 제태齊泰, 방효유方孝孺 같은 유학자들이 요직을 차지했다. 이들은 당시 정세를 전한前漢 초기 경제 때 칠왕지란이 일어나기 직전과 흡사하다고 분석하여, 번왕들의 세력을 제거하는 삭번 정책削藩政策을 추진한다. 주요 타깃은 야망도 크고 세력도 강한 북경의 연왕이었다. 하지만 처음부터 연왕을 상대하기가 부담스럽다며 약한 왕부터 처리하기 시작했다. 이에 따라 주왕 주숙朱肅, 민왕 주편朱楄, 대왕 주계朱桂, 제왕 주부朱溥, 상왕 주백朱柏 등 5명을 차례대로 폐서인했다.

이들이 정치적 희생양이 되는 것을 지켜본 연왕은 극도로 예민해져 사전 대비를 철저히 한 뒤 간신 처단과 나라 정립을 외치며 쿠데타를 감행했다. 이미 주원장이 노련한 장수들을 숙청한 상황이었다. 미숙한 건문제의 군대가 북방 몽골군과 싸워 본 연왕의 군사를 당해 낼 수 없었다.

삼촌과 조카의 내전이 4년간 계속되었다. 약삭빠른 환관들이 연왕과 내통하여 성문을 열어 주었다. 그런데 건문제가 보이지 않았다. 조카를 찾지 못한 연왕은 자신을 반대한 관료들부터 색출하여 처단했다. 이 정난의 변靖難之役으로 중국의 주인이 된 연왕이 바로 명나라의 황금기를 연 성조成祖 영락제永樂帝(1402~1424)였다.

영락제는 칭기즈칸처럼 만국을 통제하려는 야심을 품고 있었다. 대외 원정을 자제하라는 아버지 주원장의 뜻도 저버리고 오출삼려五出三犁라 하여 북방을 다섯 차례나 원정했으며, 1405년부터 환관 정화鄭和의 함대를 보내 동남아시아는 물론 인도, 중동, 아프리카까지 누볐다.

이런 팽창 정책은 영락제의 과시욕도 컸지만, 건문제가 낯선 곳에 숨었을지도 모른다는 불안감 때문이었다. 여러 나라를 수색하듯 순항했고 베트남은 아예 점거해 버렸다. 이런 위세에 눌려 60여 개 나라가 조공 사절을 보냈다. 1407년부터는 북경에 세계 최대의 황궁 자금성을 짓고, 1421년 남경에서 북경으로 천도했다.

영락제는 위압적인 것을 좋아하면서도 매우 용의주도했다. 당시 금의위가 황실 외부의 움직임은 포착해도 황실 내부는 잘 몰랐다. 이를 보완하기 위해 특무特務 기관인 동창東廠을 설치하고, 수장으로 남경 함락 때 도움을 준 환관을 세웠다. 동창은 역모, 요언 등에 대한 수색과 취조는 물론이고 금의위까지 견제했다. 정보 기관이 정보 기관을 견제하여 정보의 왜곡을 막은 것이다.

그때부터 환관들이 동창의 감군監軍이라는 신분으로 각지의 주둔군에 나가 동향을 수집했다. 덩달아 환관 숫자도 몇 천 명으로 늘어나서 주원장이 그렇게 꺼려 했던 환관의 세력이 대폭 확대되기 시작했다. 주원장 때 기득권은 오직 황제뿐이라 누구든 카르텔을 형성할 기미만 보이면 제거당했는데, 영락제에 이르러 또 하나의 카르텔인 환관 무리가 작동한 것이다.

영락제는 다중 캐릭터로 주원장과 칭기즈칸과 송 태종의 혼합형 같았다. 의심도 많고 잔혹하면서도 만백성이 각자 원하는 바를 이루도록 인자하게 다스리고 싶어 했다. 그러려면 자신이 세계의 중심이 되어 만국을 통어統御해야 한다고 생각했다. 조카의 제위를 찬탈했다는 오명을 벗으려는 보상 심리에서 비롯된 야망이지만, 덕분에 대외 원정도 성공했고, 신유가의 천명 사상과 연결되어 찬탈도 합리화되었다.

찬탈에 대한 심적 부담을 털어 낸 영락제는 1414년《맹자절문》을 폐기 처분하고, 한림원翰林院 학사學士 호광胡廣 등에게 일러《사서대전四書大全》《오경대전五經大全》《성리대전性理大全》을 편찬했다.

이 세 권이 영락 삼대전이다. 주희의 집주를 중심으로 송 원대 성리학자들의 주석을 편집해 수록했다.《영락대전》이 국정 교과서로 채택되자 성리학은 당나라 때《오경정의》를 능가하며 명나라의 권위 있는 체제 교학이 되었다. 또한 자금성에 학술 기관인 문연각文淵

閣 등을 두고 한림원 학사들을 불러 벼슬은 낮지만 천자의 자문에 응하게 하며 황태자의 교육까지 맡겼다. 그들 중 양사기楊士奇, 양영楊榮, 양부楊溥를 삼양三楊이라 일컬었는데, 특히 양영은 근엄한 영락제 앞에서 신하들이 얼어붙으면 재치 있는 유머로 영락제를 웃겼다.

영락제는 치세 22년이 되는 해, 5차 몽골 원정에 직접 나섰다가 귀국길에 파란만장한 삶을 마감한다.

그 뒤의 인종仁宗 홍희제洪熙帝는 내각內閣 제도를 만들었다. 비서실의 일종으로 삼양을 대학사에 임명하여 주관하게 했다. 주원장이 없앤 승상을 둘 수는 없어 대학사에게 승상 역할을 맡긴 것이다.

홍희제가 재위 8개월 만에 단명하자 선덕제宣德帝가 즉위했다. 이 시기에 대학사로 황제 비서역만 맡던 삼양이 상서까지 겸한다. 양사기가 병부상서, 양영이 공부상서, 양부가 예부상서를 맡은 것이다. 이때부터 대학사들이 국정을 주도한다.

대학사의 주요 임무가 표의권票擬權인데, 황제에게 백관이 올린 문서가 전달되기 전에 의견을 표시하는 일이었다. 이를 보고 황제가 결정하면 6부 상서가 통보를 받아 집행한다. 이때 문서를 보관, 전달하는 품의稟議 과정은 환관 조직인 사례감司禮監이 맡았다.

권력의 두 축, 내각과 환관

환관이 황제의 문서 전달 과정을 이용해 내각과 더불어 권력의 한

축으로 등장했다. 그 위세는 6대 황제 정통제政統帝부터 두드러지는데, 초기에는 삼양의 보필로 태평했다. 그러나 장태후張太后와 삼양이 잇달아 죽고 나니, 사례태감 왕진王振이 안하무인으로 설치기 시작했다. 황궁 앞에 주원장이 세워 놓은 철책까지 없앴는데, 환관의 정치 개입을 금한다는 '내신부득감어정사內臣不得敢於政事'라고 새겨져 있었다. 이런 무엄한 짓을 해도 누구 하나 지적하지 못했다. 그가 동창은 물론 금의위까지 장악하며 모든 기밀을 쥐고 있었던 것이다.

이런 상황에서 예기치 않은 사건이 일어났다. 몽골 부족인 오이라트족의 공격을 받은 것이다. 이들은 명나라에 말을 조공으로 보내고 그 값만큼 식량과 의류 등을 가져갔는데, 갈수록 말값을 올리고 숫자도 속였다. 그래서 왕진이 조공 무역을 제한하자 격분하며 침략해 온 것이다.

그런데 정통제가 왕진의 말을 듣고 친정하는 중에 포로로 잡히는 '토목보지변土木堡之變'이 발생했다. 이 일로 왕진은 호위장군 번충樊忠의 철퇴를 맞았다. 전란 중에 황위를 비워 둘 수 없다는 우겸于謙 등 대신들의 주장을 받아들여 손태후孫太后가 정통제의 동생 경태제景泰帝를 세웠다. 그래서 경태제를 대종代宗이라고도 한다.

영종을 인질로 잡아 한몫 챙기려던 오이라트도 새 황제가 들어서자 곧바로 정통제를 돌려보냈다. 이때부터 전임 황제 정통제와 동생 경태제 사이에 묘한 긴장이 흐른다. 8년 뒤 경태제가 와병 중일 때 기회만 노리던 정통제의 측근 서유정徐有貞, 석형石亨, 환관 조길상曹吉祥 등이 '탈문의 변奪門之變'을 일으켰다. 이 쿠데타가 성공해 복위했다.

그 뒤 경태제의 측근 우겸 등이 죽었지만, 복위 공신들 사이에도 내분이 생겼다. 특히 권력욕과 질투심이 강한 조길상은 어떤 신하든 황제의 총애를 받고 밀담을 나누기만 하면 어린 환관에게 엿듣게 했다가 퍼뜨려 그 신하가 황제의 의심을 사서 죽게 만들었다. 급기야 모반까지 꾀하다가 사전에 발각되어 숙청당했다.

환관들이 황제의 눈과 귀를 빼앗으며 전횡하는 동안 내치는 엉망이 되었다. 건국 80년 만에 제국의 말기 징조가 나타나기 시작한 것이다. 다음 성화제成化帝에 이어 홍치제弘治帝가 명나라 마지막 명군이라 할 만큼 선정을 도모했지만 백성에게 파급되지는 못했다. 이미 각지에서 민중 반란이 일어났다. 1446년 처주處州 은산銀山 광부의 난, 1448년 소작료 착취에 항거한 등무칠鄧茂七의 난 등이 대표적이다. 1464년에는 대규모 유민의 난까지 터졌다.

세상이 어수선해지며 성화제 때 밤마다 자금성에 요망한 여우가 출몰한다는 '요호야출妖狐夜出'이란 말까지 돌았다. 이때 도인 이자룡李子龍이 황궁을 드나들며 사술을 부려 궁인들을 미혹했다. 성화제가 뒤늦게 알고 정보 기관의 한계를 극복한다며 1477년 서창西廠을 만들었다. 수장으로 환관 왕직汪直을 임명하고 전국 각지에 정보원을 보내 조금만 의심이 가면 가차 없이 처벌했다.

이런 시대 상황을 고민하는 학자가 있었는데, 오여필의 제자 중 백사라 불리는 진헌장陳獻章(1428~1500)이었다. 그도 주자의 가르침인 '이理'를 구하고자 격물치지한 뒤 '심心'의 작용이 크다는 것을 깨달았다. 삶의 이치가 논리를 넘어 인간의 오묘한 심리 작용으로 이루어진다는 것이다. 그 뒤 백사는 제자들에게 자신의 마음에서 이理를 구하라고 하며, 정좌靜坐하고 망아忘我하여 무욕無欲하는 방식의 수양을 가르쳤다. 이것이 백사의 수양으로, 주자가 거경궁리居敬窮理를 위해 경敬을 수양의 방법으로 제시한 것과 차이가 있다. 훗날 왕양명의 심즉리心卽理가 태동할 기미가 나타난 것이다.

성화제를 이은 홍치제는 성리학자 구준丘濬의 《대학연의보大學衍義補》를 치국의 교과서로 삼는 등 모범을 보이며, 군신이 직접 대면하는 정치를 부활했다. 그러나 그의 아들 정덕제正德帝는 또 달랐다. 산스크리트어에 능통하고 영민했으나 방탕아 기질이 있었다. 궁안에 하렘을 만들고 역할 놀이를 하거나 희귀한 동물만 골라서 길렀다. 정덕제가 기행을 일삼을 때, 유근劉瑾 등 8인의 환관이 3대 특무 기관을 서로 견제시키며 교묘한 정보 공작을 통해 국정을 농단한다. 이들 팔호八虎가 권세를 누리면서 번영으로 향하던 효종孝宗 18년이 무색해졌다. 이에 반발해 1506년 간관 대선戴銑, 박언휘薄彦徽가 탄핵 상소를 올렸다가 정보 공작에 걸려 투옥되었다.

왕양명이 쓴 성리학 반성문

병부주사兵部主事 왕수인王守仁(1472~1528)이 앞장서서 억울하게 갇힌 대선과 박언휘를 옹호했다. 하지만 왕수인 역시 팔호의 덫에 걸려 곤장을 맞고 귀주성貴州城 용장龍場의 역승驛丞으로 좌천된다. 왕수인은 낯선 지역에 근무하며 수시로 풍토병에 걸리는 등 힘겹게 지내다 어느 날 크게 깨달아서 양명학陽明學이 탄생했다. 이를 용장의 대오大悟라고 했는데 무엇을 깨달았을까?

일찍이 왕수인은 주자의 격물치지를 신봉했다. 모든 만물은 각각의 이치가 있어 궁리窮理하면 만물의 이치에 도달한다는 믿음으로 집 근처의 대나무 숲에 앉아 골똘히 관찰했다. 그러나 대나무를 아무리 살펴도 이理에 도달하기는커녕 몸만 망가졌다. 그때 정치적으로 관학화된 성리학의 한계를 절감했다. 위정자들이 경전 지식으로 곡학아세만 할 뿐 주자학의 기본인 자기 수양은 멀리했다는 것을.

어쩌다가 성리학이 간신배들의 혹세무민용으로 전락했을까? 이런 의문이 용자의 대오로 풀렸다. 이치를 연구해야 성인이 되는 것이 아니다. 성리학의 주장대로 앎을 이루어야만 선해진다면 그 전의 행동은 무시하게 된다. 이것이 격물치지의 약점으로 악행에 면죄부를 준 것이다. 학식이 많다고 인격이나 정치력까지 덩달아 훌륭하다고 보면 안 된다. 학식과 인격은 별개다.

그러면 어떻게 해야 할까? 치지격물致知格物해야 한다. 그래야 지행합일知行合一에 이를 수 있다. 인간 속에 천리天理를 알 수 있는 근원적 지知가 있다. 그것이 곧 양지良志다. 양지를 자가준칙自家準則으로 삼으면 성인으로 사는 것이다. 양지를 극진히 하는 치지를 해야 곧 격물에 이르는 것이다. 사물의 이치를 외부에서 구하지 말고 내부에서 찾는 치양지致良知가 중요한 이유다.

효가 따로 있어 효를 하는 것이 아니라 효를 하니 효의 의미를 얻는 것이다. 성즉리性卽理가 아니고 심즉리心卽理이며, 선지후행先知後行이 아니라 지행합일이다. 그래서 객관적 수행보다 주체적 수행, 자기 주도적 학습이 더 중요하다. 왕양명은 주자가 《대학》에 나오는 '대학지도재명명덕재신민大學之道在明明德在新民'에서 친민親民을 신민新民으로 개정했다고 보았다. 이로써 《대학》의 도가 덕을 밝히고 백성과 친해지는 데 있다는 본래 의미에서 백성을 새롭게 한다는 뜻으로 변질되었다. 이때부터 성리학이 백성을 교화 대상으로 본 것이다.

양명학은 이를 비판하고 본래 뜻처럼 백성은 지배층이 더불어 지내야 할 대상이라고 보았다.

'마음을 떠난 이치도 없고 마음을 떠난 일도 없다(심외무리심외무사 心外無理心外無事).'

꽃도 보기 전에는 적막 속에 있다가 눈으로 보았을 때 비로소 존재한다. 마음속에 진리가 있다는 깨달음을 얻은 왕수인의 사상을 제자들이 모아 놓은 책이 《전습록傳習錄》이다.

한편 팔호가 나라 재정에 버금갈 만큼 뇌물을 긁어 대다가 결국 농민 반란까지 야기한다. 환관 유근의 가노家奴가 유육劉六·유칠劉七 형제를 수탈하려 했는데, 유 형제가 이를 거절하여 역적으로 몰리자 난을 일으켰다. 그제야 정덕제가 유근 일당을 능지처참한다. 팔호가 사라진 뒤 황제가 금의위 수장에 환관 전능錢能의 양아들 전녕錢寧을 임명했다.

교활한 전녕은 표방豹房이라는 라마교 절을 짓고 황제를 방중술에 빠뜨린다. 황제가 라마교에 탐닉하여 권위가 실추되자, 1519년 종실인 영왕寧王 주신호朱宸濠가 강서성江西省 남창南昌에서 거병했다. 왕수인이 앞장서서 진압했지만, 북경 귀족의 질투에 시달려야 했다.

환관들의 특무 정치

정덕제의 후사가 없어 방계인 가정제嘉靖帝가 대통을 이었다. 가정제의 부친은 홍치제의 동생 홍원왕興獻王이었다. 이 때문에 예송 논쟁인 '대례의大禮議'가 일어났다. 내각 수보首輔 양정화楊廷和를 비롯해 장면蔣冕, 모기毛紀 등이 주자학 관점에서 가정제가 홍치제를 황고皇考, 즉 아버지라 하고, 홍원왕을 황숙고皇叔考, 즉 숙부라 불러야 한다는 것이다.

처음에는 가정제가 이들의 의견을 수용하는 듯했다. 그런데 정덕제의 폐정을 일소하고 조세 감면, 환관 억제 등 개혁을 단행하면서 궁지에 몰린 보수파 석서席書, 장총張璁, 계약桂萼 등이 회심의 카드를 내민다. 가정제에게 천륜이 우선이라며 홍원왕이 황고라고 주장한 것이다. 가정제는 이들의 손을 들어 주었다. 이에 유생들이 '공인인 천자가 사적 부자 관계를 주장해서는 안 된다'며 궐문에 모여 격렬하게 반대했다. 그 뒤 3년간 대논란이 벌어졌으나 가정제가 개혁파를 모두 사직시키고 말았다.

이 논쟁은 100년 후 조선 현종 시기 예송 논쟁의 역사적 사례가 된다. 이때부터 가정제는 개혁 의지를 상실하고 도교에 빠져들었다. 도사들이 불로장생약이라며 건넨 수은이 든 단약과 최음제를 먹고 중독되어 수시로 착란을 일으켰다. 가정제의 성적 탐닉을 견디다 못한 궁녀들이 시해 계획까지 세웠다가 발각되어 모조리 처형당하기도 했다.

안 그래도 성화제 이후 황제들이 조회에 무관심하여 환관들의 특무 정치가 횡행했는데 가정제의 45년간 더 극심해졌다. 나라 재정이 어려워지면서 군정도 혼란에 빠져 그 어느 때보다 '북로남왜北虜南倭(북쪽 오랑캐, 남쪽 왜구)'에 시달려야 했다.

결국 가정제의 아들 융경제隆慶帝는 쇄국 정책을 포기해야만 했다. 복건성 하문廈門을 포함한 장주항漳州港을 열었으며, 최초의 가톨릭 선교사 마테오 리치의 입국도 허락했고, 포르투갈의 후원으로 마카오대성당도 건축했다. 기울어 가는 나라를 융경제 치세 6년 동안 어느 정도 바로잡을 수 있었다.

그의 어린 아들 만력제萬曆帝가 내각 책임자로 임명한 장거정張居正(1525~1582)이 관료 사회부터 업적 위주로 평가하면서 강기숙정綱紀肅正을 단행했다. 세법도 일조편법一條鞭法으로 단순화했다. 이로써 기존의 복잡한 세법이 야기한 불공정 과세를 막고, 전면적인 토지 조사를 실시해 향신 세력 등 지방 유력자들의 누락된 토지를 적발하여 과세했다. 명나라 최고의 재상답게 차근차근 국정을 쇄신해 나간 것이다. 장거정은 기득권을 침해받은 조정과 지방 향신 세력의 불만에도 꿋꿋이 버티다가 집권 10년째 과로사했다.

기다렸다는 듯 조정에 파벌 싸움이 일었고, 조선 땅에서 일어난 임진왜란에 참전하며 나라 재정까지 파탄 난다. 이런 혼돈의 시기에 진사 벼슬을 지낸 주장춘朱長春이 유불선을 종합하여 《진인도통연계眞人道通聯系》를 펴냈다.

이탁오, 동심을 찾기 전까지 나는 한 마리 개였다

왕수인의 문하생 중에 인재가 많았다. 그중 급진파가 경서와 수양을 완전히 무시하고 인간 본성의 자연스러운 발현만을 강조했다. 이에 대해 온건파는 주자학을 참고하면서 점진적 수양의 필요성을 역설했다.

당시 강남 일대에 양명학이 풍미하며, 많은 사람이 양명학의 제자가 되었다. 그중 이슬람교도인 하남성 관리 이탁오李卓吾(1527~1602)가 유달리 주목을 받았다. 그는 62세까지 25년간 가족과 동생 7명의 부양을 마쳤다. 유교 윤리를 지킨 것이다. 이후 삭발하고 친구인 신사紳士들의 도움을 받으며 사회 모순을 풍자하는 기행을 벌였다.

'오십 이전에 나는 한 마리 개였다. 앞에 있는 개가 짖으면 나도 따라서 짖었다(시여오십이전진일견야是余五十以前眞一犬也 인전견폐형因前犬吠形 역수이폐지亦隨而吠之).'

공자 왈, 맹자 왈, 노자 왈, 장자 왈 등 어떤 성인이 무슨 말을 했다더라며 앵무새처럼 되뇌고 살아온 이탁오 자신을 반성한 말이다.

주체적 반성 없는 추종자의 삶을 개 짖는 행위로 규정한 것이다.

이탁오는 왜 성인의 도리를 개 짖는 소리라 했을까? 그는 도리를 앞세우는 지식인들을 이렇게 보았다.

'자신들의 위선을 정당화하는 도구로 도리를 이용하며 혹세무민하고 있다. 세상을 초월하는 천리天理가 있는 것처럼 주장하여 자신을 기만할뿐더러 백성의 욕구와 의지를 억제시키며 자신들의 사욕을 채운다. 한마디로 군자연하면서 명예와 부는 다 누리고 있다.'

이탁오는 명나라의 이념인 공자와 주자의 권위도 부정하며, 차라리 《수호전》을 읽으라고 했는데, 과연 그의 지향점은 무엇일까? 동심童心이었다. 동심은 사회 제도, 관습, 지식, 도덕 등 어느 것에도 물들지 않은 첫 마음이라 지극히 순수하다. 첫 마음을 잃으면 참된 마음을 잃는 것이고 참된 나, 즉 진심眞心을 상실하는 것이다. 동심 앞에서는 공맹도 권위를 가질 수 없다.

이탁오가 동양 사회 심리의 최고봉인 유교, 특히 관학화된 공맹의 허구성을 지적한 지 300년 뒤 니체Friedrich Nietzsche(1844~1890)도 서양 사회 심리의 최고봉인 형이상학적 신의 존재론적 허구성을 드러낸다. 플라톤의 이원론과 기독교적 세계관의 전면 해제를 선언한 것이다. 플라톤 이후의 모든 철학, 모든 종교는 헛수고였다. 그런 사실은 존재하지 않고 다만 해석일 뿐이기 때문이다. 단지 해석에 불과한 환영 위에 세워진 종교나 도덕을 부정하고, 절대자 신을 상실해야만 본래적인 도덕에 이를 수 있다. 이것이 이탁오의 동심과 일맥상통한다.

고귀한 인간성이란 자신의 본성에서 나온다. 사회적 신분이나 체면에 구애받지 않고 자기를 긍정하며 스스로 충만해야 힘의 감정이 넘쳐 나오는 것이다. 시작이 곧 끝이고, 끝이 곧 시작인 영원회귀는 어디에 있는가. 사회 통념에 매이지 않을 때, 기존의 인습화된 낡은 기억을 망각할 때, 그래서 빈자리가 있는 그곳에, 그렇게 운명 지어진 자기 삶 자체를 사랑할 때, 바로 그곳에 있다. 비우면 채우고, 다시 비우고, 또 채우는 바로 그곳에 영원회귀가 있다. 따라서 삶과 죽음은 모순이 아니다. 니체의 영원회귀를 보면 마치 원시 도가의 사유를 보는 느낌이다.

신의 죽음을 선포한 니체를 근대 유럽 사회에서 이단異端이라 규정했듯이 이탁오도 명나라 사회에서 이단이라 규정했다. 그러자 이탁오는 기꺼이 이단을 자처했다. 이러한 태도가 수많은 적을 만들어 투옥되었는데 자살로 생을 마감했다.

그의 본명은 이지李贄(1527~1602), 소속은 양명학 좌파, 대표 저서는 《분서焚書》, 주소는 니체식 표현으로 영원회귀.

신사의 나라

명나라 때 관직은 한정되어 있건만 과거 합격자는 나날이 누적되어 갔다. 이들을 우호 세력으로 묶어 두기 위해 요역 감면 등 몇 가지 특권을 주었다. 여기서 신사층이 형성된다. 문자 그대로 신紳은 전현직 관리이며 사士는 학위 소지자다. 학위 소지자란 부府·주州· 현縣의 생원生員이나 국자감國子監의 감생監生, 향시鄕試—회시會試—전시 展試로 진행되는 과거시험 과정에서 1차 향시에 합격한 자를 말한다.

이들은 중앙에서 벼슬을 하지 못했어도 전국에 퍼져 향촌의 지식 인 역할을 했다. 그래서 향신층이라고도 했다. 이들 신사층이 만력 제 때 급성장한다. 만력제가 장거정 사후 환관들하고만 정무를 결 정하더니, 장자 상락常洛을 황태자로 임명하지 않고 계속 미루기만 했다. 총애하는 정귀비의 복왕福王을 염두에 둔 것이다. 정무에서 소외된 유생들, 현직 관료 대부분, 그리고 지방의 유력 신사층이 고헌성顧憲成(1550~1612)을 중심으로 대거 동림당東林黨을 결성하여 동 림학파라고도 했다.

이들의 요구로 상락이 태자가 되었는데, '한 달 천자'라 불리는 태 창제泰昌帝였다. 뒤이어 등극한 천계제天啓帝 치세는 시정잡배 출신의 환관 위충현魏忠賢이 동창의 수장이 되어 반발 세력인 동림당을 가 차 없이 체포, 투옥, 고문하며 제거했다. 권력에 취한 위충현은 무

소불위의 신이라도 된 듯 착각하여 각 지방에 자신을 위한 생사生祠를 짓기 시 작한다. 그 와중에 즉위한 의종毅宗 숭정 제崇禎帝도 위충현의 위세에 치를 떨었지 만 참을 수밖에 없었다.

반면 그동안 숨죽이고 있던 국자감 유 생과 관직이 낮은 벼슬아치들 중심으로

환관 위충현

위충현 탄핵 상소가 봇물 터지듯 올라왔다. 위충현은 상황이 불리해지자 겁을 먹고 자살했다. 그러나 각지에서 일어난 유적流賊, 난민亂民 등의 소요로 나라가 위기에 빠졌다. 그제야 의종이 동림학파 인사를 중용했지만 이미 늦은 뒤였다.

여러 농민군 중 역관과 전직 병사들을 모은 이자성李自成(1606~1645) 집단이 가장 두각을 나타냈다. 당시 명나라는 만주에서 일어난 후금군後金軍을 막기에도 여념이 없었다. 그사이 이자성 부대가 화북 지역을 잠식하며 1644년 북경까지 함락한다. 이로써 명나라 277년 역사가 종지부를 찍었다.

16

청나라

―

유교식 변법자강운동, 도교식 의화단

역대 황제

1대 태조太祖 천명제天命帝(1616~1626) ─ 2대 태종太宗 숭덕제崇德帝(1677~1643) ─

3대 세조世祖 순치제順治帝(1644~1661) ─ 4대 성조聖祖 강희제康熙帝(1661~1722) ─

5대 세종世宗 옹정제雍正帝(1723~1735) ─ 6대 고종高宗 건륭제乾隆帝(1735~1796) ─

7대 인종仁宗 가경제嘉慶帝(1796~1820) ─ 8대 선종宣宗 도광제道光帝(1821~1850) ─

9대 문종文宗 함풍제咸豊帝(1850~1861) ─ 10대 목종穆宗 동치제同治帝(1861~1874) ─

11대 덕종德宗 광서제光緒帝(1875~1908) ─

12대 공종恭宗 선통제宣統帝(1908~11/12) 푸이溥儀

청나라는 여진족의 후금이 나라 명칭을 바꾼 것이다. 여진족은 명나라 만력제 초기까지도 눌려 지내다 점점 강성해지더니 누르하치가 팔기군八旗軍을 창설하고 전 부족을 통합하며 1616년 후금을 세웠다. 그리고 누르하치는 태조太祖 천명제天命帝가 되었다.

기본적으로 청나라는 정통 주자학의 수호를 내걸고 중화의 계승 자임을 과시했다. 이는 명나라 말기부터 청나라 초기까지 주자학의 본래 정신으로 복귀할 것을 촉구한 재야의 중심 세력인 동림학파의 역할이 컸다. 그중 동림학파의 거두 유종주劉宗周(1578~1645)는 학문이 실생활에 이익을 주어야 한다는 경세치용經世致用을 주장했다. 이 사상이 청대 사회에 그대로 이어졌다. 청초 3대 사상가인 고염무顧炎武(1613~1682), 황종희黃鍾禧(1610~1695), 왕부지王夫之(1619~1692)가 모두 동림학파인데 황종희는 유종주의 제자였다.

청나라 역대 황제들은 도사들의 축귀逐鬼 행위만 금지했을 뿐 민심을 다스리는 차원에서 도교를 방치했다. 강희제康熙齊는 도교의 정일도正一道를 창시한 장도릉張道陵이 기거한 용호산龙虎山에 상청궁上淸宮을 지어 주고 이런 시를 읊었다.

이미 지나간 물과 해를 어찌 되돌리겠는가(퇴파일하개능회頹波日下豈能回)
지금은 도불道佛이 멀어졌거늘(이씨우금자가원二氏于今自可遠)
하필 옛것에 매이겠는가(하필필관사유니고何必筆關邪猶泥古)
한낱 자료로 남아 시조의 소재가 될 뿐이로다(유자주경여시재留資晝景與詩材)

이 시에 청나라 황제들이 도불道佛을 바라보는 시각이 잘 나타나 있다.

두 번 치른 황제 즉위식

누르하치의 아들 태종太宗 홍타이지가 내몽골을 평정한 뒤 요령성遼寧省 심양瀋陽을 수도로 정하고 1636년 청나라로 국호를 정했다. 이로써 홍타이지는 몽골족과 만주족의 황제가 되었다. 같은 해 조선을 침략하여 병자호란을 일으키고 소현세자, 봉림대군 등을 인질로 잡아갔으며, 그 여세를 중국으로 돌려 하북과 산동을 휩쓸기 시작한다.

1643년 홍타이지가 급사하고 여섯 살짜리 아들 세조世祖 순치제順治帝가 즉위했는데, 그사이에 이자성의 반란군이 먼저 북경을 점령했다. 명나라 숭정제는 자금성 북쪽 산에 올라 자살했다. 명나라 오삼계吳三桂 장군이 북방 요새 산해관을 지키다 북경의 비보를 듣고, 황급히 청군을 찾아가 무력 원조를 요청한다. 좋은 기회라 여긴 청군은 오삼계 측의 안내를 받으며 북경으로 향했다. 이자성은 명나라 군대를 요격하듯 청나라 기병을 상대했다가 도리어 포위당해 궤멸하자 자금성의 금을 모아 야반도주를 해 버렸다.

그해 9월 세조 순치제가 도성을 심양에서 북경으로 옮기고 즉위식을 한 번 더 열었다. 이 모든 과정은 황부皇父 섭정왕 攝政王 도르곤

(1612~1650)이 주도했다. 도르곤은 일곱 살짜리 세조의 숙부인데도 황부라 칭한 이유가 있다. 명청이 교체하는 과정을 원활하게 이끌었고, 섭정기에 전권을 행사하면서도 조카의 황위를 찬탈하기는커녕 황권을 공고하게 세워 주었던 것이다.

도르곤은 오삼계와 함께 숭정제의 원수를 갚는다는 명분을 세우고 선두에 서서 북경을 장악했다. 이로써 청군이 명나라의 사회 질서를 유지하기 위해 한족 출신 이자성의 반군을 제거했다는 평판을 확보했다. 이 과정에서 혁혁한 전공을 세운 오삼계를 비롯해 상가희尚可喜, 경중명耿仲明 등을 각기 운남성, 복건성, 광동성의 번왕藩王으로 임명했다. 이들이 삼번이며 자체 군사 보유를 허락받았다.

한편 명나라 숭정제가 북경에서 자살한 뒤 남경에 있던 만력제의 손자 복왕福王이 남경에서 남명南明 정권을 세웠다. 도르곤이 이들 잔존 세력을 제거하려고 군대를 보냈는데, 양주성에서 극렬한 저항에 부딪치며 큰 피해를 입었다. 청군은 이들을 모두 도륙하기로 결정하고 1645년 4월 25일부터 5월 5일까지 열흘 동안 80만 성민을 학살했다. 이 양주 대학살은 현장에서 겨우 피신한 왕수초王秀超가 《양주십일기揚州十日記》를 써서 세상에 알렸지만, 곧바로 금서가 되었다. 그 뒤 변발령弁髮令을 내렸는데, '신체발부수지부모身體髮膚受之父母'라며 저항하는 한인을 탄압한다.

도르곤이 섭정한 지 6년째 되는 해 사냥 도중 낙마로 죽고, 순치제가 친정할 무렵 관습에 따라 몽골 여인인 효장태후의 조카와 결혼한다. 만주족과 몽골족이 만몽통혼滿蒙通婚을 통해 명나라와 대응한 전통에 따른 것이었다. 그런데 웬일인지 순치제가 처음부터 황후를 싫어하고 후궁들만 가까이하는 거였다.

이유가 무엇일까? 태종 홍타이지가 급사한 뒤 순치제의 어머니 효장황후가 시동생 도르곤과 재혼했는데, 여진 풍속에 따르면 형사취수는 자연스러웠다. 그 뒤 도르곤은 황제 자리를 노리는 다른 황족을 설득해서 어린 순치제를 세웠다. 그렇게 황제가 된 순치제는 이전 황제들과 달리 중국 문화의 세례를 받고 자란다. 자금성에서 수많은 경전을 읽고 유학자들의 교육을 받으며 가치관의 변화가 일어났던 것이다. 유가적 관점에서 볼 때 숙부와 모친의 재혼은 큰 수치였다. 그 감정이 어머니의 동족인 황후에게 전이된 것이다. 결국 첫 황후가 쫓겨났는데 두 번째 황후도 효장모후의 일족이라며 역시 멀리했다.

순치제가 아낀 여인은 만주족인 후궁 동고씨棟鄂氏(1639~1660)였다. 그녀가 1660년 천연두로 죽자 순치제도 삶의 의욕을 잃고 한족 후궁인 동씨佟氏의 여덟 살짜리 아들 강희제에게 왕위를 물려주더니, 얼마 못 가 천연두에 쓰러졌다.

강희제와 함께 부활한 순자

강희제의 재위 기간은 61년으로 중국 역대 황제 중 가장 길었다. 청나라 황제 중 처음으로 태어날 때부터 유교를 접했으며 만주어와 중국어까지 유창하게 구사했다. 학문을 즐겼는데 특히 주자학을 선호했다. 즉위 후 삼번이 강남 통치에 방해가 된다고 여겨서 1673년 전격적으로 철번撒藩을 결정했다. 그래서 오삼계를 중심으로 다른 두 번藩까지 합세한 대규모 '삼번의 난(1673~1681)'이 일어났지만, 강희제가 약관의 나이에 8년에 걸친 싸움을 지휘하며 승리했다.

이 내란은 청조의 중국 지배에 대한 최후의 시금석이었다. 삼번이 반란의 명분으로 흥명멸청興明滅靑을 내걸었기 때문이다. 이후 한인들의 저항이 확연하게 미미해지면서 청조의 만주족도 한화되기 시작했다.

대륙을 안정시킨 강희제는 바다 건너 대만의 정성공鄭成功 정권까지 제압했다. 광활한 중국을 마지막으로 통일한 강희제는 한족을 배제하고는 통치하기 어렵다는 사실을 잘 알았다. 그래서 한족을 무마하기 위해 한만병용漢滿倂用 정책을 세웠다. 한족을 관직에 등용하고 공문서도 만주어와 중국어를 함께 사용한 것이다.

이 시기에 은전銀錢과 곡물 등이 너무 쌓여서 경기 침체가 우려될 정도였다. 그래서 인두세를 폐지하고, 국고의 잉여금을 지출하는 사업으로 《강희자전康熙字典》과 역사 이래 모든 서적을 집대성한 《고금도서집성古今圖書集成》 등을 펴낸다. 이런 걸작 앞에서 명나라의 향신층도 환호하지 않을 수 없었다.

강희제는 이들의 지위를 인정해 주면서 지식인층을 포섭하려는 적극적인 정책을 내놓는다. 1678년 특별 채용 과정인 '박학홍유과博學鴻儒科'를 실시하여 많은 학자를 천거받고 최종 합격자 주이존朱彝尊

등 50명을 등용했다.

강희제는 물론 청나라 황제들은 대체로 송나라 황제들처럼 예술을 좋아했다. 하지만 유민遺民 화가라 하여 공현龔賢처럼 반청 의식으로 그리는 화가도 많았다. 이들의 그림은 중국 고유의 사상이 짙게 스며 있다. 기氣의 묘妙가 살아 있으면서도 평정平靜과 중화中和를 이룬다.

청나라 초기부터 의고주의擬古主義 바람이 분 것은 명나라 말기부터 비판적이던 송명이학宋明理學, 즉 맹자 중심의 성리학에 대한 반동이었다.

강희제가 등용한 유학자들은 순자의 '예禮'를 모든 것의 출발점으로 삼았다. '예'야말로 자기 감정과 타인의 상호 작용을 조절하고 사회 질서를 유지하는 덕목이라고 본 것이다. '예'의 근본 기능은 분分을 식별하는 것이

공현, 〈총림중산도〉

다. 이 분分은 공자가 언급한 정명正名의 명名과 같은 것으로 사회적 역할을 의미했다. 분分이 균형을 이루고 의義롭게 행해질 때 사회의 화和가 이루어진다.

강희제 때부터 청나라를 대하는 유학자들의 반감이 조금씩 누그러졌다. 이들의 언행은 백성들의 주목을 받기 때문에 곧 사회적 조

류가 되었다. 이런 분위기에서 예학에 조예가 깊으며 실사구시를 주장하는 대진戴震(1723~1777), 능정감凌廷堪(1755~1809) 등의 학자가 배출된다. 이들은 신유학자들이 불교 도래 이후 유교와 혼합해 주석한 문헌보다 위진시대 이전의 주석을 더 중시했다. 그래야 고대 성인의 도道를 식별할 수 있다는 것이다.

성리학자들이 언급한 이理가 추상적이며, 따라서 수양의 방법으로 제시한 궁리복성窮理復性도 잘못이라고 했다. 도리어 욕구와 예의가 조화를 이룰 때 인간의 본성이 회복된다고 보았다. 사회란 인간이 자연 속에서 군群을 이룬 것으로 분分이라는 질서가 예禮라는 객관적 규범을 통해 합合을 이루며 유지된다. 이런 예교주의를 좋아한 것은 사대부 지주들이었다. 이들은 명청 시기에 지주가 소작농에게 토지를 나누어 주는 지주전호제가 확산되면서 형성되었디. 이들이 곧 향신이며, 분分이라는 질서 잡힌 예교주의를 선호할 수밖에 없었다.

청초 3대 사상가

박학홍유과에 천거받았지만 고염무, 황종희처럼 거절한 경우도 많았다. 이 두 사람과 왕부지 등 청초 3대 사상가는 모두 반청 의식이 강했으며, 정계 진출을 거절하고 은거한 채 명나라가 멸망한 까닭을 성찰했다.

이들은 유교가 본래 관념이 아니라 실용적 경세經世였다는 프레임으로 연구했다.

먼저 고염무는 대표 저서《일지록日知錄》에서 '천하흥망天下興亡 필부유책匹夫有責'이라 했다. 천하흥망은 군주와 귀족뿐 아니라 백성에게도 그 책임이 있다는 것이다. 나라의 정치 수준은 백성의 의식 수준과 같다는 뜻으로 전제 국가에서 가히 혁명적인 발상이었다.

다음으로 왕부지는 한족이 중시하는 '인의신지용仁義信智勇' 등의 덕목이 이적夷狄에게 적용될 수 없다고 주장했다. 극단적 화이華夷 사상 같지만, 한족과 이적의 문화가 달라 덕목도 다를 수밖에 없다는 뜻이다. 주자가 중용에 대해, 중中은 치우치지 않는 것이며 용用은 평상平常이라 해석한 것에 대해, 중은 본체이며 용은 작용이라고 재해석했다. 따라서 중용은 도道의 작용이다. 작용은 명령이 아니라 원리로서 천도天道가 곧 물도物道이고, 물도物道가 곧 천도天道다. 이는 북송 장재의 태허설太虛說을 그대로 이어받은 것이다. 기를 우주의 유일한 존재(원기우주적유일존재元氣宇宙的唯一存在)로 파악하고, 도는 기器에 의뢰하는 것(도시의뢰우기道是依賴于器)이며, 따라서 규율과 도리 역시 구체적 사물에 의뢰한다고 했다. 이처럼 철저한 유물론적 시각을 지닌 왕부지는 어떤 가치관을 수양의 수단으로 삼느냐보다도 주체적 시각으로 수양해야 한다고 주장했다.

그래서 학습과 실천 사이의 관계를 이렇게 설명했다.

'배우긴 쉬워도 좋아하긴 어렵고, 행하긴 쉬워도 꾸준하긴 어렵고, 부끄러워도 왜 부끄러운지 알기는 어렵다(학이이호난學易而好難 행

이이역난行易而力難 치이이지난恥易而知難).'

마지막으로 황종희는 《명이대방록明夷待訪錄》에서 아예 전제 군주 제도를 비판하고, 그 대안으로 '민주군객民主君客'을 제시했다. 군주란 인민을 위해 정치하는 손님이라는 뜻이다. 청조에서 《명이대방록》을 금서로 묶었다.

옹정제의 완벽증과 문자의 옥

강희제는 반청 지식인들을 권력층으로 회유하면서도 제국주의에 위해가 되는 사상은 탄압했다. 이것이 '문자의 옥'인데 다음 황제인 옹정제雍正帝 때 더 극심했다. 강희제가 관용을 바탕으로 한족의 인심을 샀다면 옹정제는 엄정한 기강을 세우는 데 중점을 두었기 때문이다. 거기서 오는 스트레스를 풀기 위해 선학禪學에 깊이 심취했다.

1729년 강남의 선비 증정曾靜이 명말 학자 여유량呂留良의 서적에 담긴 주자화이朱子華夷 사상에 감명받고 반청 투쟁을 시도하다 발각되었다.

옹정제가 증정을 불러 공개 토론을 했다. 그 결과 옹정제가 주장하는 화하華夏와 외이外夷가 본래의 차이는 없고 다만 문화 차이뿐이기 때문에 군이 화이를 구분할 필요가 없다는 논리가 통했고, 증정은 참회록을 펴낸다. 옹정제는 이때의 대화 내용을 담아 《대의각미록大義覺迷錄》을 편찬하여 전국에 배포했다. 이후 반청 사상이 담긴

건륭제의 영국 사절단 접견

저작을 펴내거나 소지만 해도 가차 없이 처벌했다. 그는 완전무결을 추구하는 군주였다. 신설한 군기처軍機處를 통해 상주문上奏文을 받아 보고 일일이 주비硃批(붉은 서명)를 했다.

그 뒤 건륭제乾隆帝도 선대 두 황제의 선정 혜택을 누리며 소위 150년 '강옹건康擁乾 성세'가 이어진다. 강옹건의 미묘한 성품 차이도 성세 유지에 도움이 되었다. 셋 다 호학 군주였지만, 강희제는 개방적이며 탐구열이 높아 분야를 가리지 않고 장점을 취할 줄 알았다. 내성적인 옹정제는 강희제가 벌여 놓은 정책의 내실을 다져 나갔다. 다음 건륭제는 예술 감성이 풍부하여 화려한 것을 좋아했다.

건륭제 때인 1793년 영국의 왕 조지 3세가 사절단을 보내 교역을 요구했다. 그때 건륭제의 대답이 이랬다.

'땅은 넓고 없는 것이 없어 필요한 대로 다 채울 수 있으니 굳이 교역할 필요가 없다(지대물박地大物博 응유진유應有盡有).'

과연 그 호언대로 태평성대를 구가했고 인구도 100년 전에 비해 두 배가 늘어난 3억에 이르렀다. 그래서 건륭제가 막대한 전비戰費를 들여 베트남, 티베트, 미얀마 등을 정복하며 중국 영토를 최대한 늘릴 수 있었다.

150년 전성기의 여파

전성기가 150년가량 이어지다 보니 어느덧 관료 사회가 부패해지고 있었다. 건륭제도 여기서 자유롭지 못했다. 만주족 출신 화신和珅(1750~1799)을 총애했는데 같은 라마교도로 라마교 행사에 동행했으며, 화신의 딸을 며느리로 삼을 정도였다. 이런 신임을 바탕으로 화신은 비리를 저지른 전국 각지의 관료들에게 뇌물을 받고 사면해 주며 중국 역사상 최대의 치부를 했다. 그 바람에 탐관오리들이 더 기승을 부렸고, 이완된 사회 분위기에 맞춰 동인도 등에서 아편 수입이 급증하며 무역 수지까지 역전된다. 그만큼 무역 결제 수단인 은도 엄청나게 유출되었다.

넘치는 자원 때문에 도리어 정치가 부패하고 경제 순환이 막히는 '자원의 저주resource curse 현상'이 나타난 것이다. 외국으로 유출되는 은의 가격만큼 세금 부담이 급증했고, 견디지 못한 농민들은 유민이 되거나 백련교, 천지회 등에 가입해 반체제 활동을 이어 갔다. 건륭제 말기에 이미 청나라의 쇠퇴 조짐이 나타난 것이다.

건륭제는 1741년부터 천하의 모든 서적을 수집하여 《사고전서四庫全書》를 펴내라는 황명을 내린다. 40년 뒤에야 초벌이 나올 만큼 어마어마한 작업이었다. 조선의 정조正祖도 이 소식을 듣고 1776년부터 《사고전서》를 구하려고 백방으로 노력했다. 《사고전서》에 동원된 학자만 1만 명이 넘었고, 수록된 책만 8만여 권에 달했다.

이 사업의 목적은 왕조 차원에서 소실 우려가 있는 자료를 보전

한다는 의미도 있었지만, 반청 지식인인 한유漢儒 등을 달래는 동시에 청조에 불리한 판목板木 등을 부수거나 고치기 위해서였다. 편집 총책임자는 기윤紀昀이었고, 기윤의 추천으로 청조 중기의 대사상가 대진戴震(1724~1777)도 찬수관纂修官이 되었다.

대진은 실증주의자였으며《맹자자의소증孟子字義疏證》《원선原善》《원상原象》 등의 저서를 남겼다. 그는 인간이란 존재를 출생 지점부터 객관으로 존재하는 자연自然과 나아가야 할 지점인 필연必然의 두 축으로 놓고 보았다. 필연은 이理에 밝은 도덕이다. 그런 의미에서 자연과 필연은 긴밀하게 연결된다. 자연에서 필연으로 가는 동력이 곧 기氣다.

기氣는 자연에서 파생된다. 기氣를 통해 필연에 이르기 때문에 대진은 기氣와 정情을 긍정하며 기일원론氣一元論을 주장했다. 인욕은 천리와 같이 있다. 따라서 인욕을 제거하는 것은 천리를 어기는 것이 된다. 도道의 실체가 곧 기氣이고, 도道 안에 도道가 운행하는 규칙인 이理가 있다는 것이다.

기氣를 가지고 필연으로 갈 때 무엇이 필요할까? 충忠과 신信과 서恕다. '진력을 다하는 것이 충忠이며, 사리에 맞는 것을 신信이라 하며, 평상시에 베푸는 것을 서恕라 한다(갈소능지위충竭所能之謂忠 이소명지위신履所明之謂信 평소시지위서平所施之謂恕).' 이 세 가지에 힘쓰면 심지心知가 흐려지지 않는다.

대진은 송 명리학이 선진先秦 유학을 왜곡했다고 판단하여 맹자의 성선설을 기반으로 이욕일체론理欲一體論을 편 것이다. 이로써 중국 유교는 이理가 옳고 정情은 나쁘다는 이분법적 관점을 넘어서며 민본주의 철학의 기초를 놓았다. 이것이 대진의 독특한 원선설原善說이다.

건륭제 때 이미 나타난 청나라의 하락 징조는 건륭제의 열다섯 번째 아들 인종仁宗 가경제嘉慶帝 때 현실로 나타난다. 건륭제가 재위 60년째 되는 해, 조부 강희제의 통치 기록을 깨고 싶지 않아 가경제에게 양위하고 여전히 화신을 중용하며 막후 통치를 했다. 화신의 운명은 가경제가 친정하면서 바로 끝난다. 화신에게 목매어 자결하도록 한 것이다. 재산을 몰수해 보니 청나라의 20년 조세 수입과 맞먹을 정도였다. 이를 보며 '화신이 쓰러지니 가경의 배가 불렀다(화신질도和珅跌倒 가경흘포嘉慶吃飽)'라고 했다.

가경제는 원칙을 중시하며 인仁의 군주가 되려고 노력한다. 하지만 재정 고갈과 부패가 야기한 반란을 피하기 어려웠다. 그중 즉위 1년 만에 터진 백련교의 난이 10년 동안(1796~1804) 지속되며 부정부패로 해이해진 관료의 대처 능력과 팔기군의 허약한 실체까지 드러났다. 이로써 세기를 넘어 구가해 온 평화가 깨졌다.

아편전쟁

영국 동인도회사가 1773년경부터 중국에 아편을 수출한 이후 아편 중독자가 급증한다. 1800년 가경제가 아편 수입을 금지했지만 큰 효과가 없었다. 급기야 선종宣宗 도광제道光帝 때인 1839년 아편 금지 강경론자인 임칙서林則徐를 흠차대신欽差大臣으로 임명한다.

그즈음 청나라 말기의 혁명 사상에 영향을 미치며 중국 최초의 근대인이라 일컫는 공자진龔自珍(1792~1841)이 등장했다. 그는 임칙서와 더불어 개혁파 인사들의 모임인 선남시사宣南詩社를 결성했다. 《기해잡시己亥雜詩》 등을 통해 청나라의 멸망을 예견하며 전제 정치를 비판하고 나라를 구할 인재를 간절히 원했다. 그런 인재는 풍뇌신風雷神을 믿지 않고 격식을 무시해야 한다(불구일격항인재不拘一格降人才). 수많은 예법과 율령이 과감한 개혁의 장애물이 되고 있으며, 이런 속박이 사라져야 나라가 활력을 찾을 수 있다는 것이다. 더불어 당대 지식인들도 비판했다. 선비들이 부끄러움을 모르니 나라의 큰 수치다(사부지치士不知恥 위국지대치爲國之大恥). 지식인들의 곡학아세를 비판하는 내용이다. 이런 흐름을 타고 강유위康有爲, 양계초梁啓超) 등의 변법자강운동이 나온다.

임칙서는 외국 상선이 들어오는 광동 해안에서 아편 수만 상자를 폐기 처분했다. 그해 5월 '엄금아편연장정嚴禁阿片烟章程'을 반포해 아편 단속을 강화했다. 1840년 아편 무역이 끊기자 곤란해진 영국이 전쟁을 일으켰다. 2년간의 아편전쟁에서 청나라가 패배하고 영국에 유리한 남경조약南京條約(1842)을 체결해야 했다. 광동을 포함해 상해 등 5개 항구를 개항하여 외국인 거주를 하락한 데다 막대한 전쟁 배상금을 물고 홍콩까지 할양해야 했다.

이 같은 불평등 조약의 협상 과정에 중국어와 영어에 능통한 모

리슨Morrison 같은 선교
사들이 깊이 개입하
면서 선교사들에게 유
리한 치외법권 혜택이
적용되도록 했다. 이
후에 계속된 불평등
조약에도 선교사들이

아편전쟁

개입했다. 자존심 강한 중국인에게는 서구 선교사들이 서구 제국
의 확장을 위한 첨병으로 비쳤다.

　선교사들은 치외법권이라는 특권을 이용해 중국 관료들에게 호
통을 치기도 했다. 중국은 어떤 외래 종교도 배척하지 않았다. 그
런데 선교사들이 구미 제국에 편승하며 특권적 태도로 접근하자
배척당한 것이다. 상해를 개항하자 외국인들이 중국 물자를 더 싸
고 풍부하게 구매하면서, 이후 열강의 대 중국 무역 중심지가 광동
에서 상해로 이동한다.

태평천국의 난과 서태후

　도광제를 이은 함풍제咸豐帝 때도 내우외환은 이어졌다. 즉위한
해에 태평천국의 난(1850~1864)이 일어난 것이다. 그동안 중국의 종
교와 관련해 발생한 난은 전통적인 도교와 불교의 영향을 받은 단

체가 일으켰다. 태평천국의 난은 서구 기독교의 영향을 받았다.

광동 청년 홍수전洪秀全(1814~1864)이 과거시험에 수차례 낙방하고 자책감에 시달리다, 꿈속에서 하나님과 예수를 만나 지상낙원을 건설하라는 계시를 받는다. 그 뒤 교주가 되어 배상제회拜上帝會란 단체를 만들고 열심히 전도했다. 그리고 1850년 태평천국을 선포하자 여러 부류가 몰렸는데, 남경조약으로 중국의 대외 물류 창구가 광동항에서 상해로 바뀌면서 실직당한 운송 노동자들이 먼저 모였다. 그 외에 백련교의 난 때 각지에서 향용鄕勇으로 징병되었다가 아편전쟁이 끝난 뒤 실직자로 떠도는 사람들, 전쟁 배상금 때문에 과도한 조세 부담을 견디지 못한 유민들, 그 외 비밀 결사 회원들, 삼합회, 도시 빈민, 빈농, 광부까지 대거 몰려들어 50만까지 늘어났다.

이들을 모아 1853년 남경까지 점령하고 수도로 정했다. 태평군은 남경을 점령하자 북정과 서정을 동시에 진행한다. 그때 함풍제의 어명으로 증국번曾國藩(1811~1872)이 호남성에서 의병인 상군湘軍을 조직하고 이홍장李鴻章(1823~1901)과 좌종당左宗棠(1812~1885)을 발탁했다. 증국번이 서정 중인 태평군과 장강 일대에서 공방전을 벌일때, 북벌을 떠난 태평군은 2년 만인 1855년 6월에 패배한다. 그다음부터 내부 분열로 태평군의 세력이 약화되어 장강 유역까지 증국번에게 빼앗긴다.

이 와중에 1856년 광동항에서 애로호 사건이 발생한다. 청나라 관리가 애로호 선원을 해적 혐의로 체포한 것이다. 마침 영국과 프

태평천국의 난

랑스가 획기적인 교역 증대 기회를 모색하는 때였다. 영국과 프랑스는 애로호 사건을 빌미 삼아 제2차 아편전쟁(1856~1860)을 일으켜 1858년 천진조약을 체결했다. 내용은 10개 항구의 개방과 기독교 선교의 자유 보장 등이었다.

다음 해 청나라가 천진조약의 폐기를 요구하자 영국·프랑스 연합군이 다시 북경을 공격했다. 청 조정은 혹시 영국·프랑스 연합군이 태평천국과 연대할까 두려워서 러시아의 중재로 배상금 지불은 물론 외국 사절의 북경 주재권 인정, 러시아에 연해주 할양 등 천진조약보다 더 불리한 북경조약을 체결해야 했다.

청나라는 외국과 불리한 조약을 체결하면서 외교 전담 기구의 필요성을 깨닫고 총리아문總理衙門을 설치했다. 이런 혼란 속에 함풍제가 서거하고 외아들 목종穆宗 동치제同治帝가 즉위했다. 여섯 살짜리 동치제를 대신해 어머니 서태후西太后(1835~1908)가 막후 통치를 시작한다.

　서구 열강들은 청군과 태평군 양쪽에 무기를 팔아 수익을 올리면서 관망하고 있었다. 그런데 청나라와 유리한 협정을 맺고, 태평군 지도부가 분열을 일으키자 1861년경부터 청나라를 지원하기 시작했다. 이로써 15년간 2천만 명 넘게 사망한 태평천국의 난이 마무리된다.

변법자강운동

　태평천국의 난 때 세운 공으로 (한인) 이홍장이 청 조정의 최고 권력자가 되었다. 그가 앞장서서 근대 기술을 수용하는 양무운동洋務運動을 펴며 국력이 일시 회복되었다. 이를 동치중흥同治中興이라 했는데, 이에 고무된 동치제가 정치 전면에 나서려 했다. 그러자 서태후가 환관을 시켜 동치제를 환락가에 보내 정치를 등한시하도록 조장했다. 환락의 취미에 물든 동치제는 19세에 직계도 없이 병사했다.

　그 뒤 서태후의 뜻대로 황제의 자리는 동치제의 사촌 동생 덕종德宗 광서제光緒帝가 차지했다. 광서제도 네 살에 불과해 서태후의 시대는 여전했다. 광서제가 장성하여 1889년 친정을 선포하고 서태후를 황실의 별장 이화원에 머물게 한다. 그리고 1894년 청일전쟁에 패배하면서 조선에 대한 영향력 상실은 물론 대만과 요동반도까지 할양해야 했다. 이 전쟁으로 서구 열강들 앞에 청나라의 허약한 실체가 더 드러났고, 광서제의 통치 능력까지 의심받는다. 청일전쟁 이후 개혁을 요구하는 단체도 우후죽순처럼 생겨났다.

광서제도 개혁의 필요성을 절감하고 여러 사람을 접견하기 시작했다. 그리고 1898년 강유위의 무술변법戊戌變法을 돌파구로 내세운다. 강유위는 변법자강운동變法自彊運動을 주장하고 다녔다. 그의 사상은《대동서》에 잘 나와 있다. 공자를 도교와 불교, 서구 학문까지 동원해 재정립하면서 지구촌 유토피아를 구상했는데, 주요 내용은 다음과 같다. 모든 분쟁의 원인인 사유 재산 제도와 가족 제도를 폐지한다. 계약 결혼을 허용하되 1개월 이상 1년 이내로 한다. 황제는 물론 국가도 없애고 모든 공직자를 인민이 선거로 뽑는다. 이러한 사회를 강유위는 유교 경전《예기禮記》에 나온 대동 사회라고 보았다.

강유위를 기용한 광서제는 온건 개혁을 주장하던 관료들을 퇴진시켰다. 그리고 강유위와 그의 제자 양계초를 황제의 고문으로 삼아 혁신적 칙령을 만들어 반포했다. 물론《대동서》의 급진적 내용보다는 훨씬 더 순화된 내용이었다. 그동안 무기 등 서구 기술 도입을 중시한 양무운동을 넘어서서 일본의 메이지 유신처럼 입헌군주제, 언론 자유 보장, 조세제도, 과거제도 등 사회 체제를 완전히 유신維新하자는 거였다.

광서제는 이상을 추구하는 성품인 데다 서태후의 막후 조종에도 신물이 나서 강유위의 변법을 적극적으로 받아들였다. 이들 유신파는 역사의 법칙을 신진대사新陳代謝로 보았다. 신新을 용用하여 낡은 진陳을 제거해야 역사가 발전한다는 것이다. 2,000년 전 공자가 그렇게 개혁하여 지난 2,000년을 소강小康 사회로 보냈으니, 공자처럼 청나라도 새 시대에 맞게 대동 사회로 변혁하자는 것이다.

그 수단으로 군민동치君民同治를 내세웠다. 그래도 양무파는 군신공치君臣共治 입장에서 군주제를 지지했지만 유신파는 백성의 참정권까지 보장하려 했다. 경전 중심의 과거제도를 폐지했고, 뒤이어 각종 근대식 학교를 설립했으며, 계약 결혼과 동성 결혼도 허용하고 입헌군주제까지 실시하려 했다. 이런 내용을 〈만국공보〉 등을 통해 널리 알리며 야심 차게 추진했다. 걸림돌이 되는 고위 관리들도 교체했는데, 총리아문대신 이홍장 등 대부분이 서태후 일파였다.

19세기 말 청나라 풍자도

첩자를 통해 황실의 동정을 보고받던 서태후가 은밀히 보수파 중신들을 불렀다. 유신파도 이 첩보를 듣고 조선에 주둔한 청군 사령관 위안스카이袁世凱(1859~1916)를 불러 이화원을 포위하라고 지시했다. 그러나 서태후와도 은밀히 교감해 온 위안스카이는 서태후 측이 유리하다고 판단하여 밀고했다. 군대를 동원한 서태후가 9월 21일 새벽 광서제의 침전에 들어서더니 모든 정사를 자신이 맡는다고 선언했다. 이로써 변법자강운동은 '103일 유신'으로 끝이 났다.

광서제가 연금되고 유신파 인물들이 속속 처형되는 가운데 강유위와 양계초는 간신히 일본으로 피신했다. 변법 중 근대적 학교 설립 등 온건한 개혁 정책은 계속 유지되었지만, 과거제도가 다시 부활하는 등 혁신 정책은 모두 취소되었다. 청나라 황제가 주도한 마지막 개혁, 국운 상승의 마지막 기회가 그렇게 끝났다. 하지만 서태후 역시 권력은 잡았어도 북경에 들어온 서구 열강들이 광서제의 조속한 복위를 촉구하는 바람에 곤혹스러워졌다.

의화단과 신해혁명

아편전쟁 후 거듭되는 불평등 조약과 고압적 기독교 선교에 대한 거부감으로 지방 향신층 사이에서 구교운동仇敎運動이 확산되고 있었다. 그중 하나가 백련교 계통에서 출발한 의화단義和團 등 비밀 결사 단체였다. 이들의 목적은 분명했다.

반청멸양反淸滅洋 반청복명反淸復明.

무장봉기로 외세를 배격하고 청나라를 전복하여 명나라를 되찾겠다는 것이다.

청 조정이 이들을 분쇄하려고 했으나 성공하지 못했다. 그 서태후 세력이 의화단을 인정하면서 북경에 주재하는 서구 열강을 공격하도록 부추겼다. 당시 중국인들은 청일전쟁에 패배한 뒤 서구 열강이 광산, 철도 부설, 영토 할양, 불평등 조약 등 각종 이권 쟁탈전을 벌이는 것을 지켜보며, 청나라 왕조의 존망이 문제가 아니라 중국 자체가 유실된다는 위기 의식이 고조된 상태였다.

이를 잘 아는 서태후가 유교 질서 중심의 중국을 강조하며 외세 배척을 강조하는 의화단을 활용한 것이다. 이후 의화단의 표어가 반청 대신 부청멸양扶淸滅洋으로 바뀌었다. 의화단원들이 북경에 몰려와 '서양 귀신을 쫓아내자'며 외국 공사관, 교회 등을 방화하고 외교관들을 테러했다.

미국, 영국 등 열강 8국 연합군이 자국 공관 보호라는 명분으로 북경에 무차별 포격을 가하며 쳐들어와 청나라가 신축조약辛丑條約을 체결하지 않을 수 없었다. 막대한 배상금은 물론 외세 축출 운동을 탄압하고 베이징과 상해 간 철로 주변 등 교통 요지와 공사관에 외국 군대 주둔을 허용하는 등의 불평등한 내용을 '북경의정서'에 담았다. 외세 축출 운동에 편승한 서태후가 의화단을 반란 세력으로 규정한 것이다.

의화단은 북경전투에서 열강 8국과 싸워 패배한 뒤에도 각지로 흩어져 교회와 철도를 파괴하는 등 저항을 이어 갔다. 이에 민족주의 열풍이 불며 만주족을 몰아내고 민주주의 공화국을 수립하려는 혁명 단체가 속속 결성되었다. 그중 손문孫文(1866~1925)이 민족, 민권, 민생을 내세운 삼민주의를 제창하며 무장봉기를 시도했다가 실패했다.

손문의 삼민주의는 여민쟁리與民爭利하지 말고 여민동락與民同樂해야 한다는 오랜 사상을 담고 있다. 민족주의는 국수주의가 아니다. 중국 내 각 민족의 일률평등一律平等이며 열강의 침략에 맞선 자주해방이었다. 다음 민권주의는 자산 계급 위주의 근대 법률 제도를 바꿔 평민과 소수자 등에게도 동등한 권리를 줘야 한다는 것이다. 민생주의는 서구 자본주의의 병폐인 빈익빈 부익부를 막으려면 평균자본平均資本 개념을 도입해야 한다는 주장인데, 이를 절제자본節制資本이라고도 한다. 강유위와 마찬가지로 손문의 삼민주의도 공자와 노자의 이상향인 대동 사상이 담겨 있다.

1905년 일본으로 건너간 손문은 화교들과 중국혁명동맹회中國革命同盟會를 결성했다. 그리고 미국, 유럽 등지를 돌며 교포들에게 혁명 동참을 호소하고, 1907년 중국에 들어와 1908년까지 여섯 차례나 무장봉기를 시도했다. 그러나 탄약 부족, 당국의 사전 차단 등으로 거듭 실패했다. 한편 광서제가 유폐된 채 눈을 감자 서태후가 광서제의 세 살짜리 조카인 선통제宣統帝 푸이溥儀를 옹립했다.

그다음 날 48년 막후 통치자 서태후마저 숨을 거두었다. 위안스카이가 독살했다는 소문도 나돌았다. 선통제의 친부 재풍

중국혁명동맹회 입회 원서

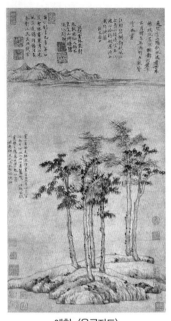

예찬, 〈육군자도〉

載灃이 섭정하며 위안스카이가 물러났지만, 1911년 손문이 주도한 신해혁명辛亥革命을 계기로 내각 총리대신이 되며 다시 군권을 장악했다. 그 뒤 위안스카이는 특유의 양다리 걸치기로 혁명군과도 내통하면서 상황을 주시했다. 분명히 청군이 우위였다. 정규군인 데다 무기까지 충분히 갖추고 있었던 것이다.

옆의 그림은 중국 오천년 중국 왕조사에서 최고의 명작으로 꼽히는 원대元代 화가 예찬倪瓚의 〈육군자도六君子圖〉이다. '육군자'란 덕이 높은 요堯, 순舜, 우禹, 탕湯, 문文, 무武왕을 가리키는데 이들을 비유하는 듯 그림에 여섯 종류의 나무인 소나무, 잣나무, 녹나무, 굴거리나무, 느릅나무, 회화나무를 그려 넣었다.

한편 손문의 혁명군은 오합지졸인 데다 군자금도 부족했지만 민심이 워낙 거세게 지지하고 있었다.

그 열기 속에 손문이 신해혁명을 일으켜 1912년 1월 1일 중화민국을 세우고 남경에서 임시 대총통으로 취임했다. 청군의 실세 위안스카이가 손문을 만나 협상을 벌였다. 손문은 청조 멸망과 공화제를 요구했고, 위안스카이는 새 정부의 대총통을 요구했다. 양측

사이에 타협이 이루어져 위안스카이의 압력으로 2월 12일 청나라
마지막 황제 푸이가 퇴위해야 했다.

주요 참고 문헌

- 김한규, 《고대 중국적 세계질서 연구》, 일조각
- 도광순, 《동아시아 문화와 한국문화》, 교문사
- 동양사학회, 《동양사》, 지식산업사
- 徐連達·吳浩坤·趙克堯, 중국사연구회 역, 《중국 통사》, 청년사
- 서울대학교 동양사연구회, 《강좌 중국사 I~IV》, 지식산업사
- 이은자, 《의화단 운동 전후의 산동》, 고려대학교출판사
- 任繼愈, 권덕주 역, 《중국의 유가와 도가》, 동아출판사
- 中村元, 김지견 역, 《중국인의 사유방법》, 까치
- 錢穆, 이완재·백도근 역, 《주자학의 세계》, 이문출판사
- F.W. 모트, 김용헌 역, 《중국의 철학적 기초》, 서광사
- 패멀라 카일 크로슬리, 양휘웅 역, 《만주족의 역사》, 돌베개
- 풍우란, 정인재 역, 《중국 철학사》, 형설출판사
- 江灝 等, 《今古文尚书全译》, 贵州人民出版社
- 谷口規矩雄 等, 劉靜貞 等 譯, 《中國通史》, 稻鄉出版
- 唐君毅, 《人文精神至重建》, 新亞研究所叢刊
- 童床炳, 《中國古代心理詩學與美學》, 中華書局出版
- 牟宗三, 《中國哲學的特質》, 學生書局
- 石源華·胡禮忠, 《東北漢文化圈与中國關係 胡禮忠》, 中國社會科學院
- 深圳大学 國學研究所, 《中國文化与中國哲學》, 東方出版社
- 楊榮國, 《中國古代思想史》, 太學社
- 楊榮國, 《簡明中國哲學史》, 人民出版社
- 燕國財, 《先秦心理思想研究》, 湖南人民出版社
- 葉郎, 《中國美學史大綱 一~二》, 滄浪出版
- 王志遠, 《宋詞与佛道思想》, 今日中國出版社
- 趙忠文, 《先秦思想要論》, 遼寧教育出版社
- 周一良, 《魏晉南北朝四禮記》, 中華書局
- 陳清 編, 《中國古今哲學家評說》, 北京語言學院出版社
- 蔡德貴·劉宗賢, 《十大思想家》, 上海古籍出版社
- 《春秋左氏傳》
- 《管子》
- 《司馬遷 史記》
- 黃仁宇, 《中國大陸史》, 聯經出版
- Amaury Riencourt, 《The Soul of China》, Harper
- David A. Graff, 《Medival Chinese Warfare 300~900》, Routledge
- Edited by Wright Arthur F., 《The Confucian Persuasion》, Stanford University Press
- John King, 《The Great Chinese Revolution》, Fairbank
- Frederick Brandaue·Huang Chun-chieh, 《Imperial Rulership and Cultural Change in Traditional China》, University of Washington Press
- Herrlee G. Creel, 《What is Taoism? and Other Studies in Chinese Cultural History》, University of Chicago Press
- James Legge, 《Confucius》, Dover
- Liu Wu-Chi, 《A Short History of Confucian Philosophy》, Penguin Books
- Max Weber, 《The Religion of China》, Macmillan
- Sechin Jagchid·Van Jay Symons, 《Peace, War, and Trade Along the Great Wall》, Indiana University Press
- Thomas Barfield, 《The Perilous Frontier: Nomadic Empires and China 221 B.C. to AD 1757(Studies in Social Discontinuity)》, Blackwell
- Wing-tsit Chan, 《Chinese Philosophy》, Princeton Press
- Wright Arthur F., 《Buddhism in Chinese History》, Stanford Press
- Wright Arthur F., 《Studies in Chinese Thought》, University of Chicago Press